PISA後のドイツにおける
学力向上政策と教育方法改革

久田 敏彦 監修

ドイツ教授学研究会 編

八千代出版

執筆者一覧

久田　敏彦	大阪青山大学	監修、終章
高橋　英児	山梨大学	はじめに、序章
吉田　成章	広島大学	第1章、おわりに
清永　修全	東亜大学	第2章
藤井　啓之	日本福祉大学	第3章
辻野けんま	大阪市立大学	第4章
髙木　　啓	千葉大学	第5章
樋口　裕介	福岡教育大学	第5章
熊井　将太	山口大学	第6章
早川　知宏	島根大学	第6章
渡邉眞依子	愛知県立大学	第7章
吉田　茂孝	大阪教育大学	第8章
中山あおい	大阪教育大学	第9章

＊本刊行物は、独立行政法人日本学術振興会 2019 年度科学研究費助成事業（科学研究費補助金）（研究公開促進費）課題番号 19HP5200 の助成を受けたものである。なお、いうまでもなく、本研究の成果は、著者たちの独自の見解に基づくものであり、所属研究機関、資金配分機関及び国の見解等を反映するものではない。

はじめに

OECD（経済開発協力機構）が 2000 年に開始した国際学力調査（PISA 調査）から 20 年近くが経とうとしている。この PISA 調査が各国の教育政策にもたらした影響は大きく、PISA 調査が示した新しい学力モデル「リテラシー」「コンピテンシー」は、世界の教育課程・カリキュラム改革および教育方法改革をコンピテンシー・ベースへと向かわせた。わが国においても、2007 年の「全国学力・学習状況調査」や「習得・活用・探究」の学習を提起した 2008・2009 年の『学習指導要領』の改訂から、「育成すべき資質・能力」を明示しその獲得のための方法として「主体的・対話的で深い学び」を提唱した 2017 年・2018 年改訂の『学習指導要領』まで、その影響は現在まで続いている。ドイツでも、PISA 型学力の向上ならびにそのための教育スタンダードの設定、これに基づく成果の検証と教育方法の改善、成果検証に関わる教師の専門性の改善、成果志向の評価に基づく学校と授業の質の保証と改善、移民背景のある生徒を含めた低学力生徒の学力向上、半日学校から福祉的側面を含めた終日学校への転換など、大規模かつ急速な教育改革が進行してきている。

本書は、PISA 後のドイツの教育改革の動向や現状について理論的・実践的に検討した久田敏彦監修・ドイツ教授学研究会編『PISA 後の教育をどうとらえるか―ドイツをとおしてみる―』（八千代出版、2013 年）に続くものであり、学力向上政策とその下で展開されている教育方法の改革に焦点をあてて、PISA 後のドイツの教育改革の特徴と課題を明らかにすることを目的として編集されたものである。

本書の内容のもととなっているのは、先の『PISA 後の教育をどうとらえるか』の成果を踏まえて着手された調査「PISA 後のドイツにおける学力向上政策と教育方法改革」（平成 26〜28 年度科学研究費補助金 基盤研究（B）（海外学術調査）課題番号 26301037 研究代表者：久田敏彦）と、その成果として刊行された最終報告書（2017 年 3 月）である。この調査では、PISA 後のドイツ教育改革の特質を「学力向上」のための改革として位置づけ、ドイツにおける学力向上政策が、

i

国レベル－州レベル－学校レベルという各レベルでどのように実施・展開されているのか、また、それらの政策を踏まえて実践レベルではどのような教育方法の改革が展開しているのかという視点から、東・西・南・北のそれぞれの州・地域における学力向上政策の内容とその具体化、さらにそれぞれの地域での学校を中心とした教育実践の展開について調査し、学力向上政策とその下で展開されている教育方法の改革の特徴と課題を明らかにすることを試みた。

本書では、上記の共同研究・調査の成果を発展的にまとめた論考と、個人研究の関心と本書のテーマとを重ねながら執筆された論考を3つのテーマに分けて配置している。各章とも、ドイツの教育改革に即しながら、なおかつ日本の状況を視野に入れて執筆されている。

第1部は「カリキュラム改革の動向とドイツ教育学議論の特質」とし、「コンピテンシー志向のカリキュラム改革と授業づくりの意義と課題」（吉田成章）、「ドイツにおける教育改革と『文化的陶冶』の興隆」（清永修全）、「学びの保障から資格付与へ—ベルリンにおける『生産的学習』の変遷を手がかりに—」（藤井啓之）の3つの章を設定した。これらは、教育改革で追求されている「学力」（コンピテンシー、陶冶など）について、理論的かつ実践的な視点から検討を試みたものである。

第2部は、「学力向上政策の学校教育への影響とその余波」とし、「国家の学校監督と『教育上の自由』の現在—ポスト国民国家時代の公教育の相克—」（辻野けんま）、「コンピテンシーテストに基づく授業開発の方法」（髙木啓・樋口裕介）、「現代ドイツにおける規律と指導のルネサンス」（熊井将太・早川知宏）の3つの章を設定した。これらは、学力向上政策が、学校づくりや日常の実践にどのような影響を与えているかを明らかにすることを試みたものである。

第3部は、「多様な子どもの学びと育ちに対応する教育方法改革」とし、「コンピテンシー志向の幼児教育改革の意義と課題」（渡邉眞依子）、「障害者権利条約批准後のインクルーシブ教育政策とインクルーシブ授業」（吉田茂孝）、「多様な子どものための個別支援—ドイツの学力向上政策に焦点を合わせて—」（中山あおい）の3つの章を設定した。これらは、学力向上政策において、特に重視されているマイノリティへの支援や就学前教育での教育方法改革の特徴を明

らかにすることを試みたものである。

　そして、これら3部を、本書刊行の文脈と研究の射程および共同研究・調査の成果を概観した「ドイツにおける学力向上政策と教育方法改革の射程」（高橋英児）の序章と、PISA後の教育改革のあり方と方向性を追求する「ポストPISAの教育のゆくえ―啓蒙の教授学へ―」（久田敏彦）の終章とで挟み込む構成とした。

　これは、われわれドイツ教授学研究会のメンバーの問題意識が、「PISA」によって規定されている教育改革の現状から、この「PISA」自体を相対化し、さらにその先の「ポストPISA」の教育をどのように展望していくのかを本書全体を通して問いたいと考えているからである。こうした意図の背景には、PISA後の資質・能力あるいはコンピテンシー・ベースのカリキュラム改革と授業改革が進行する今日にあって、その転換そのものを問う動きが各国で生まれていることがある。知識基盤型社会におけるコンテンツ重視からコンピテンシー重視への転換に対して、近年は、コンテンツとコンピテンシーの統合や人格形成の重要性が逆に主張され、パフォーマンス評価やテストなどによる成果の実証主義的研究の功罪が議論されている。また、多様な子どもの学びと育ちに対応する教育方法が模索され、スタンダード化に対する「教育の自由」が議論されているなど、新たな教育のあり方を模索する動きがドイツだけでなく日本にも広がりつつある。

　本書は、このような動向に対して、日本とドイツという枠組みを超えた教育の本質的な問題、ドイツと日本に通底する課題に迫り、これからの教育の可能性を探る手がかりとなるものにしたいと考えている。われわれのこうした挑戦に対して、読者諸氏からの忌憚のないご批正を賜れれば幸いである。

高橋英児

ドイツ連邦共和国

（広島大学大学院生　宮本勇一作成）

●は、本書のベースとなった研究「PISA後のドイツにおける学力向上政策と教育方法改革」（平成26～28年度科学研究費補助金　基盤研究（B）（海外学術調査）課題番号26301037　研究代表者：久田敏彦）において訪問調査を実施した地域である。

目　　次

はじめに　*i*

序　章　ドイツにおける学力向上政策と教育方法改革の射程……………………1
  1.　ドイツにおける教育改革—学力向上政策と教育方法改革の構図—　*1*
  2.　質保証における調査・評価制度と学校の自律性に関する課題　*4*
  3.　質保証における「評価」の問題—コンピテンシーをめぐる懸念—　*14*
  4.　「良い学校」「良い授業」とは何か—教育観・学力観の転換がはらむ
    矛盾—　*16*
  5.　ドイツにおける教育方法改革の特徴　*23*
  6.　PISA 2015をめぐるドイツの議論　*28*
  7.　今後の学力向上政策と教育方法改革の射程　*34*

第1部　カリキュラム改革の動向とドイツ教育学議論の特質

第1章　コンピテンシー志向のカリキュラム改革と授業づくりの
**　　　　意義と課題**………………………………………………………47
  1.　「コンピテンシー」導入のカリキュラム改革とその帰結　*47*
  2.　コンピテンシー志向の授業づくりの動向　*62*
  3.　コンピテンシー志向のカリキュラム実践と授業実践　*71*
  4.　ポストコンピテンシー・ポスト資質能力の公教育の課題　*87*

第2章　ドイツにおける教育改革と「文化的陶冶」の興隆………………………97
  1.　「文化的陶冶」とは何か　*97*
  2.　「文化教育学」の歴史の中で　*101*
  3.　「文化的陶冶」の興隆とその背景　*104*
  4.　終日制学校への移行とその余波—「文化学校」という構想と課題—　*106*
  5.　「強靭な主体」というコンセプト—「批判的文化教育学」の確立に
    向けて—　*110*

第3章　学びの保障から資格付与へ
**　　　　—ベルリンにおける「生産的学習」の変遷を手がかりに—**………………127
  1.　生産的学習—導入の経緯とその後の発展—　*127*

v

2. ドイツにおける生産的学習の内容構成と理論的基礎　*130*

3. ベルリンにおける生産的学習の実際　*135*

4. 生産的学習の成果と課題―日本の教育への示唆―　*144*

第2部　学力向上政策の学校教育への影響とその余波

第4章　国家の学校監督と「教育上の自由」の現在
―ポスト国民国家時代の公教育の相克― ················· *151*

1. 国民国家の公教育としての限界　*151*

2. 「国家の学校監督」の概観　*153*

3. 最高学校監督庁の視点　*155*

4. 上級学校監督庁の視点　*157*

5. 下級学校監督庁の視点　*160*

6. 「PISA」後に学校監督はどのように変容したのか　*163*

7. 研究者の視点　*166*

8. 子どもから見る学校監督の変容　*167*

9. ポスト国民国家時代の公教育の相克　*168*

第5章　コンピテンシーテストに基づく授業開発の方法 ················· *175*

1. 『KMKの構想』におけるVERAと授業開発との連関―学校でのデータに
　支えられた開発サイクルのイメージ―　*177*

2. 連邦レベルでの授業開発に向けたVERA活用の意図　*179*

3. 各州レベルでの授業開発に向けたVERA活用の意図　*192*

4. 教師の自律性を保障した授業開発の可能性　*198*

第6章　現代ドイツにおける規律と指導のルネサンス ················· *201*

1. ドイツ語圏における規律と指導問題のこれまでと現在　*202*

2. ブエブ論争による規律と指導の再問題化　*206*

3. 現代ドイツ教育学における規律と指導の議論の動向　*210*

4. ドイツにおける規律と指導をめぐる議論からの示唆　*220*

第3部　多様な子どもの学びと育ちに対応する教育方法改革

第7章　コンピテンシー志向の幼児教育改革の意義と課題 ················· *229*

1. ドイツにおける幼児教育政策の動向　*230*

2.　幼児教育カリキュラムにおけるコンピテンシーの位置　234

　　3.　幼児教育領域におけるプロジェクト活動の展開　238

　　4.　幼児教育領域におけるコンピテンシー育成と幼小接続の課題　246

第8章　障害者権利条約批准後のインクルーシブ教育政策と
　　　　インクルーシブ授業……………………………………………………… 257

　　1.　障害者権利条約批准後のインクルーシブ教育改革　258

　　2.　インクルージョンの実現に向けた教育政策―ブレーメン州を中心に―　262

　　3.　ドイツにおけるインクルーシブ授業の展開―ブレーメン州を中心に―　267

　　4.　ブレーメン州におけるインクルーシブ教育からの示唆　268

第9章　多様な子どものための個別支援
　　　　―ドイツの学力向上政策に焦点を合わせて―……………………… 273

　　1.　学力の低い生徒のための促進戦略　274

　　2.　学力の低い生徒のための促進戦略の報告　277

　　3.　バーデン・ヴュルテンベルク州での取り組み　283

　　4.　まとめにかえて　285

終　章　ポストPISAの教育のゆくえ―啓蒙の教授学へ―……………… 289

　　1.　PISAショック後の教育改革の主な経緯と特徴　290

　　2.　PISAと教育改革に対する批判　297

　　3.　新たな啓蒙の探究　304

　　4.　啓蒙の教授学に向けて　309

おわりに　321

参考文献・資料一覧　323

事項索引　344

人名索引　349

序 章

ドイツにおける学力向上政策と
教育方法改革の射程

1．ドイツにおける教育改革
―学力向上政策と教育方法改革の構図―

　本章では、PISA 後のドイツにおける学力向上政策が、教育実践の場におい
て具体的にどのような教育方法の改革として現れているかを、われわれ共同研
究グループが 2014 年度から 2016 年度に行った現地調査をもとに概観する[1]。

　いわゆる「PISA ショック」後のドイツの教育改革の主な経緯と特徴につい
ては、終章の久田敏彦による詳細な論考があるのでそれに譲るが、ドイツの教
育改革は、2001 年の常設の各州文部大臣会議（KMK）による教育改革に関す
る 7 つの行動領域を起点として、2008 年の各州文部大臣会議と連邦教育研究
省（BMBF）による新たな重点設定に関する共同勧告などによって拡充されな
がら進んできている。2008 年に示された新たな重点設定は、この 7 つの行動
分野を引き継ぐ形で、①特に中等段階 I の成績困難な生徒への支援のより強力
な集中、②透過性（Durchlässigkeit）を改善し、移行（Übergänge）を達成し、修
了（Abschlüsse）を保障する、③授業をさらに発展させ、教員の資質を向上させ
る（qualifizieren）、の 3 つが示されており、より学力向上のための改革に重点が
置かれている[2]。

　ドイツの一連の教育改革の特徴についてはすでに多くの先行研究で論究され
てきているが[3]、われわれ共同研究グループによる現地調査を踏まえれば、ド
イツにおける学力向上政策と教育方法改革の特徴は、①「教育の質保証」
（Qualitätssicherung）、②「コンピテンシー志向の授業」（Kompetenzorientierter Un-
terricht）、③「インクルーシブな授業」（Inklusiver Unterricht）、という 3 つのキー

1

【個々の特別なニーズに応じた支援】

障害者権利条約の批准 (2009)

インクルーシブ教育 (Inklusive Erziehung und Bildung) の推進 (2009～)
- 多様な背景（移民、障害、階層）のある子どもへの教育
- 多様性・異質性 (Heterogenität) を排除しない学校・教室空間
- 学校制度の改革：インクルーシブな学校制度・学校づくりの推進

（複線型から単線型（総合制）の学校制度への改革／特別支援学校と普通学校の統合
移民・難民の子どもへの対応 (Vorbereitungsklasse など)）

【学習状況に応じた個別支援】

教育の質保証 (Qualitätssicherung)（PISAショック以降～）

学力向上政策

- カリキュラムの国家基準の策定 (Bildungsstandards)
- すべての子どもへ保障すべき教育の質の明確化
- 良い (gut) 教育から効果のある (effektiv) 教育へ
- エビデンスベースの教育・学力観の転換 (Bildung から Kompetenz へ)
- 才能に応じた支援の基本原則の確立 (2009～)
- 学力の低い生徒のための促進戦略の推進 (2010～)
- 学力の高い生徒のための促進戦略の推進 (2015～)

【連邦】スタンダード（基準）の開発と学力調査 (IQB)
- 教育スタンダードの達成状況調査・テスト開発 (VERA)
- 教育システムのモニタリング（州間比較）

【各州】学校づくりを支援するためのフィードバック体制の整備
- 州独自のテスト開発・学力調査による結果のチェック
- 外部評価による教育過程のチェック

【学校】学校づくりの推進

教育方法改革

【学校】コンピテンシー志向の授業 (Kompetenzorientierter Unterricht) とインクルーシブな授業 (Inklusiver Unterricht) の接合

〈コンピテンシー志向の授業〉
- 個々の学習状況に応じたスタンダード（コンピテンシー）の獲得
・主体的・活動的・自律的な学習／生産的学習
・個に応じた学習（内的分化）(Individualisiertes Lernen)
- 低学力層／成績上位層への支援
・それぞれがともに学ぶ（空間）(Gemeinsam Lernen) の保障

〈インクルーシブな授業〉
- 個々の「ニーズ」に応じた教育・支援

図序-1 ドイツの学力向上政策と教育方法改革の特徴の概観（執筆者作成）

ワードからとらえることができる。これらのキーワードから、ドイツの学力向上政策と教育方法改革の特徴をまとめたのが図序-1である。

　特徴の第一として挙げた「教育の質保証」は、学力向上政策を中核にしており、そのための制度が連邦－州－学校各レベルで整えられてきている。連邦レベルでは、すべての子どもに保障すべき教育の水準（初等教育修了、中等教育修了）のための連邦統一の教育課程（カリキュラム）の基準（KMKの教育スタンダード）の策定と、それに基づいた各州のカリキュラム開発、教育の質開発研究所（IQB）による教育スタンダードの達成状況についての調査（州間比較調査による教育システムのモニタリングと、VERA〔Vergleichsarbeiten in der Schule〕による個々の生徒の達成状況調査）が実施されている。州レベルでは、連邦レベルの調査に加えて、州が独自でテスト開発・学力調査を実施すると共に、学校の教育活動の外部評価を実施し、教育システムのモニタリングと教育の質を保証する学校づくりのためのフィードバックが進められている。

　特徴の第二と第三に挙げた「コンピテンシー志向の授業」と「インクルーシブな授業」は、ともに学力向上政策を実現するための教育方法改革の中核に位置づけられている。それぞれが登場した背景は異なるが、個々の子どもの多様な学習状況に応じた達成目標・内容・方法の個性化（個に応じた学習）という点で結びついており、一人ひとりが主体的に個別に学ぶこと（「個別化・個性化された学習」）（Individualisierutes Lernen）と、それぞれがともに学ぶこと（「共同の空間での学習」）[4]（Gemaisam Lernen）とを、一つの教室空間の中で実現させようと志向する中で、双方が結びついて展開されている様子が調査対象となった各州（ザクセン州、バイエルン州、ブレーメン州、ハンブルク州、バーデン・ヴュルテンベルク州）に共通して見られた。

　以下では、学力向上政策の中核としての質保証、これらと連動した学習の個別化・個性化に力点を置いた教育方法改革、それぞれの特質について、『PISA後のドイツにおける学力向上政策と教育方法改革』（2014〜2016年度科学研究費補助金 基盤研究（B）（海外学術調査）最終報告書 研究代表者：久田敏彦）の各報告者の内容に基づいてその要点をまとめてみたい。

2. 質保証における調査・評価制度と学校の自律性に関する課題

(1) 質保証制度の概要[5]

連邦レベルでは、教育の質開発研究所（以下、IQB）による教育システムのモニタリングのための州間比較（抽出調査）と、教育スタンダードの達成状況を確認するためのテスト VERA[6] の開発と調査（悉皆調査）の2つの調査が行われている。

州間比較調査は、各州の教育システムの特徴などドイツ全体の傾向を明らかにするために、結果に影響を与える諸要因（性別、移民背景、社会的背景、授業時間など）の相関など、統計的な処理に基づいた分析を行うことに主眼があり、分析結果が報告書として公表されている。VERA は、個々の学校・授業の改善のための診断的な情報の提供を行うために様々な情報を提供することに主眼がある。VERA に基づいたテスト問題の開発や授業改善のための取り組みについては、第5章の樋口裕介・髙木啓の論考を参照してほしい。

これらの調査はともに教育スタンダードの達成に関わる事実を提供するもので、その事実をどのように運用していくかは各州に委ねており、州、学校、教師の自律性の確保に配慮した取り組みとなっている点に特徴がある。

州レベルでは、IQB と同様に、教育の質保証のための州独自の機関を設け、①州独自のテスト開発および調査とフィードバック、②外部評価による教育の過程の評価とフィードバック、の主に2つの取り組みを行っている。例えば、共同研究グループが訪問した州では、「教育モニタリング・質開発研究所」（Institut für Bildungsmonitoring und Qualitätsentwicklung：以下、IfBQ）（ハンブルク州）、「学校の質と教育研究のための州立研究所」（Staatinstitut für Schulqualität und Bildungsforschung München：以下、ISB）（バイエルン州）、「質支援エージェント―州学校研究所」（Qualitäts- und Unterstützungs Agentur – Landesinstitut für Schule：以下、QUA-LiS）（ノルトライン・ヴェストファーレン州：以下、NRW 州と略す）などがある。

このように各州では、質保証のための機関を中核にして、結果としての達成状況だけでなく、その達成までの教育の過程もチェックする制度を設けている。

Land	Mindeststandard nicht erreicht（%）	Regelstandard erreicht（%）	Optimalstandard erreicht（%）
Bayern	7.9	73.9	13.2
Sachsen	7.2	73.9	11.8
Schleswig-Holstein	8.8	69.7	10.9
Hessen	10.6	68.2	10.4
Sachsen-Anhalt	9.9	68.1	10.0
Saarland	11.5	67.4	11.8
Thüringen	10.2	66.9	7.8
Mecklenburg-Vorpommern	11.4	66.4	10.1
Deutschland	12.5	65.5	10.2
Hamburg	14.2	65.0	9.3
Brandenburg	12.5	64.1	10.4
Rheinland-Pfalz	13.8	63.8	9.3
Niedersachsen	13.0	63.6	10.0
Baden-Württemberg	13.4	63.4	9.5
Nordrhein-Westfalen	15.7	60.5	8.5
Berlin	20.0	57.0	10.1
Bremen	25.5	47.6	5.2

0 10 20 30 40 50　0 10 20 30 40 50 60 70 80　0 10 20 30 40 50

■ I　　■ III ■ IV □ V　　□ V

□ ドイツ全体値より統計的に有意に高い（*p* <.05）
┆ ┆ ドイツ全体値より統計的に有意に低い（*p* <.05）

図序-2　IQB による州間比較調査　ドイツ語のコンピテンシー分野「読むこと」のスタンダードの達成状況[7]

　以下では、州独自のテスト開発・調査・フィードバックと外部評価による教育の過程の評価とフィードバックの状況について述べる。

(2) 州独自のテスト開発・調査とフィードバック

　上記の州の機関は、独自のテスト問題を開発し、教育の「成果」の点検とフィードバックを定期的に行っている。例えば、バイエルン州では、上述のISB によって州の教育課程の達成度を測る目的で、第6、第8、第10学年の2

序　章　ドイツにおける学力向上政策と教育方法改革の射程　　5

年ごとに数学、ドイツ語、英語を対象にした「学年段階テスト」(Jahrgangsstu-fenarbeiten) を行っている。なお、第2学年ではオリエンテーション試験として計算のみを対象として実施し、第8学年段階では VERA との兼ね合いから、各学校の権限で選択的に活用することができるシステムとなっている[8]。

これに対して VERA を利用して行う州もあり、例えば、「学習状況調査」(Lernstandserhebungen)（ヘッセン州および NRW 州）、「KERMIT（Kompetenzen er-mitteln)」（ハンブルク州）、「コンピテンシーテスト」(Kompetenztests)（ザクセン州とテューリンゲン州）といった呼称で実施している州がある。テューリンゲン州では、第3学年と第8学年に行う VERA を第6学年でも実施する形で州独自の調査「コンピテンシーテスト」を行っている[9]。一方、ハンブルク州の「KERMIT」は、第2学年から第10学年まで毎年行っている（第3学年と第8学年は VERA と共通の問題を用いて実施）。これらの調査は対象学年ごとに目的が異なっており、学校種だけでなく、障害のある子どものための問題の開発も行われるなど詳細な調査が行われている点に特徴がある[10]。

連邦レベルのテスト VERA が教育スタンダードの達成状況を測定するのに対し、これらの州の機関が行う調査は、州の教育課程・教育計画の達成度の測定のために州独自のテスト開発とそれに基づいた調査を行い、教育・授業の質の改善のためのフィードバックを行っている点にその特徴がある。

また、こうしたフィードバックする情報の開示にも、各州独自の工夫が見られ、州によって多様性がある。例えば、テューリンゲン州が教育現場における「実際的な有用性」に重点を置き情報をコンパクトに示すのに対し、ハンブルク州はデータを多様な観点から処理し、綿密なフィードバックを行っている。特に、ハンブルク州の場合、学校ごとの結果、学級ごとの結果、学校が対外的に公開できる結果、児童生徒ごとの結果、学校監督庁へのもの、と5つのタイプのフィードバックに加え、調査対象学校と似た状況にある学校（比較対象となる学校）との比較データ、対象学年の経年変化のデータも示しており、様々な角度から分析したデータのフィードバックを行っている（図序-3）。いずれにせよ、各州がフィードバックした情報への対応は、連邦レベルの取り組みと同様に、学校監督庁、各学校・教員の裁量に委ねられている点は共通している。

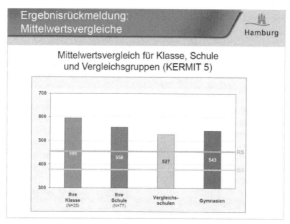

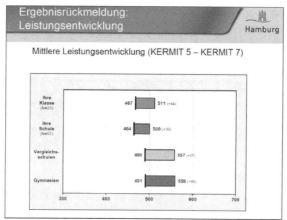

図序-3 IfBQ がフィードバックしているデータ（上：クラス・学校・比較対象となる学校・ギムナジウムの平均点比較 下：KERMIT 5 から KERMIT 7 への平均点上昇の比較）[11]

（3）外部評価による教育の過程の評価—学校評価制度

　以下では、外部評価による教育の過程の評価の特徴について、バイエルン州の「クオリティー・エージェンシー」（Qualitätsagentur）と NRW 州の「質分析」（Qualitätsanlyse）と、いずれも QA と称される外部評価の取り組みを例に述べる[12]。

　これらの外部評価の取り組みは、学校の教育活動を様々な領域にわたって評

価するものであるが、評価者が各学校を訪問し実際に観察を行い、関係者への聞き取りなどに基づいて行うものとなっている。その際、評価の対象となる領域は多岐にわたっており、それぞれの項目ごとに評価基準が示されている。また、この外部評価は、学校の特徴や特色を示すものとして位置づけられており、フィードバックの結果をもとに自律的・主体的に改善を進めることを各学校に保障するような制度設計がなされているという特徴がある。

　評価の対象となる領域と項目については、バイエルン州が、枠組み条件、学校の過程の質、授業と訓育の過程の質、学校での活動の成果、という領域に分けられているのに対して[13]、NRW 州は、学校の成果、学習と教授－授業、学校文化、指導と学校管理、教師集団の専門性、質の発展の目標と戦略という領域に分けられており[14]、多少の相違は見られるが、評価項目の内容を見ると共通する部分も多く見られる。特に、後述する授業に関する評価項目は、それぞれの州が「良い授業」だととらえる授業の特徴を示すものとなっている。

ノルトライン・ヴェストファーレン州の QA の概要

　ここでは、「質支援エージェント」(QUA-LiS NRW) が発行した "Qualitätsanalyse in Nordrhein-Westfalen Landbericht 2016"（以下、『州報告書 2016』）に基づいて、NRW 州の QA について説明する[15]。

　NRW 州の QA で示される評価基準は、Qualitätstableau NRW として以下のような一覧表に示されている。評価領域は、①学校の成果 (Ergebnisse der Schule)、②学習と教授－授業 (Lernen und Lehren - Unterricht)、③学校文化 (Schulkulter)、④指導と学校管理 (Führung und Schulmanagement)、⑤教師集団の専門性 (Professionalität der Lerhkräfte)、⑥質の発展の目標と戦略 (Ziele und Strategien der Qualitätsentwicklung)、の 6 つに分けられている（表序-1、表序-2）。

　この 6 つの評価領域は、以下に示すようにいくつかの観点に分けられ、観点ごとに詳細な評価項目（インディケーター）が示されている。例えば、1. 学校の成果は、5 項目に分けられるが、その中の「修了」の場合、「修了者の割合は州全体の平均程度である。」など 6 つの評価項目が示されている。

　以下の 6 つの評価領域については、2、3 人で 3、4 日間にわたる学校査察で評価を行う。2、3 人の各チームは、だいたい 90 校ほどを査察する。また、こ

表序-1　評価領域と評価項目の概略（執筆者作成）

1．学校の成果
　―①修了（6項目）、②教科コンピテンシー（4項目）、③個人コンピテンシー（5項目）、④鍵的コンピテンシー（4項目）、⑤関係者の満足（4項目）
2．学習と教授－授業
　―①学校内のカリキュラム（7項目）、②達成のコンセプト―達成の要求と達成の評価（4項目）、③授業（12項目）、⑥個人の援助と支援（6項目）、⑦生徒のケアと助言（5項目）　※④、⑤は示されていない。
3．学校文化
　―①生活空間　学校（4項目）、②社会的風土（7項目）、③学校の建物と校庭の設備と形状（4項目）、④参加（6項目）、⑤学校外との協力（6項目）
4．指導と学校管理
　―①校長の指導責任（8項目）、②授業組織（4項目）、③質開発（6項目）、④資源のマネジメント（7項目）、⑤労働条件（4項目）
5．教師集団の専門性
　―①人員数（Personaleinsatz：人員の投入）（5項目）、②職業コンピテンシーのさらなる発達（8項目）、③教師集団の協同（6項目）
6．質の発展の目標と戦略
　―①学校プログラム（6項目）、②学校内の評価（7項目）、③実施計画／年間活動計画（5項目）

の評価領域では、評価領域の6.の①「学校プログラム」がPISA以降は重視されてきている。

　QAでは、各学校への支援をより充実させるために、2015年からVorphase（予備段階）とHauptphase（本段階）という2段階に分けて学校査察を行っている（図序-4）。

（4）評価と学校の自律性をめぐる課題

　連邦レベル、州レベル共に、テストによる成果の評価と外部評価による過程の評価についてのフィードバックを行うが、あくまでもその内容は客観的なデータ（テストによる点数・到達度の割合などの数値、第三者の観察による評価など）による「事実」の提示にとどめており、これらの結果をどう運用するかは、提示された側（州、学校監督庁、学校・教師）の裁量に委ねていたことはすでに述べた。

序　章　ドイツにおける学力向上政策と教育方法改革の射程　　9

表序-2 質一覧表（Qualitätstableau NRW）[16]

Ergebnisse der Schule	Lernen und Lehren – Unterricht	Schulkultur

Ergebnisse der Schule

1.1 Abschlüsse
1.1.1 Die Abschlussquoten entsprechen dem landesweiten Durchschnitt.
1.1.2 Die Abschlussquoten liegen in Relation zum sozialen Umfeld im landesweiten Durchschnitt.
1.1.3 Die Schülerinnen und Schüler erreichen die Abschlüsse ohne zeitliche Verzögerung.
1.1.4 Die Schule hat, bezogen auf den Landesdurchschnitt, deutlich weniger Klassenwiederholungen aufzuweisen.
1.1.5 Die Schule hat, bezogen auf den Landesdurchschnitt, deutlich weniger Abgänge in andere Schulformen aufzuweisen.
1.1.6 Die Schule hat, bezogen auf den Landesdurchschnitt, deutlich mehr Zugänge von anderen Schulformen aufzuweisen.

1.2 Fachkompetenzen
1.2.1 Die Ergebnisse der Zentralen Abschlussprüfungen entsprechen den landesweiten Referenzwerten.
1.2.2 Die Ergebnisse der landesweiten Lernstandserhebungen (VERA, LSE 8) entsprechen den landesweiten Referenzwerten.
1.2.3 Schülerinnen und Schüler erzielen herausragende Ergebnisse bei Abschlüssen und in Prüfungen.
1.2.4 Schülerinnen und Schüler erzielen besondere Ergebnisse bei Wettbewerben.

1.3 Personale Kompetenzen
1.3.1 Die Schule fördert das Selbstvertrauen der Schülerinnen und Schüler (z. B. durch ein Konzept, durch Projekte, im Unterricht).
1.3.2 Die Schule fördert die Selbstständigkeit der Schülerinnen und Schüler (z. B. durch ein Konzept, durch Projekte, im Unterricht).
1.3.3 Die Schule fördert Verantwortungsbereitschaft bzw. soziales Engagement der Schülerinnen und Schüler (z. B. durch ein Konzept, durch Projekte, im Unterricht).
1.3.4 Die Schule fördert Toleranz bzw. Konfliktfähigkeit der Schülerinnen und Schüler (z. B. durch ein Konzept, durch Projekte, im Unterricht).
1.3.5 Die Schule fördert die Bereitschaft zur aktiven Teilnahme am gesellschaftlichen Leben (z. B. durch ein Konzept, durch Partnerschaften, durch ehrenamtliche Tätigkeiten).

1.4 Schlüsselkompetenzen
1.4.1 Die Schule vermittelt mit Hilfe eines Konzeptes die Fähigkeit zum selbstständigen Lernen und Handeln (einschließlich Lernstrategien).
1.4.2 Die Schule fördert die Anstrengungsbereitschaft der Schülerinnen und Schüler.
1.4.3 Die Schule fördert die Fähigkeit der Schülerinnen und Schüler zur Teamarbeit.
1.4.4 Die Schule vermittelt auf der Grundlage eines Medienkonzeptes kommunikative Kompetenzen (einschließlich Mediennutzung).

1.5 Zufriedenheit der Beteiligten
1.5.1 Die Lehrkräfte fühlen sich zufrieden an ihrem Arbeitsplatz.
1.5.2 Die weiteren Mitarbeiter fühlen sich zufrieden an ihrem Arbeitsplatz.
1.5.3 Die Eltern äußern Zufriedenheit mit der Schule.
1.5.4 Die Schülerinnen und Schüler äußern Zufriedenheit mit der Schule.

Lernen und Lehren – Unterricht

2.1 Schulinternes Curriculum
2.1.1 Die Schule hat Ziele und Inhalte der Lehr- und Lernangebote in einem schulinternen Curriculum festgelegt.
2.1.2 Die Schule hat Ziele und Inhalte der Lehr- und Lernangebote ihres schulinternen Curriculums auf die Kernlehrpläne bzw. die Bildungsstandards abgestimmt.
2.1.3 Die Schule sichert die inhaltliche Kontinuität der Lehr- und Lernprozesse in den einzelnen Jahrgangsstufen.
2.1.4 Die Schule sichert die fachspezifischen Umsetzungen des schulinternen Curriculums.
2.1.5 Die Schule hat fächerverbindendes Lernen in ihrem Curriculum systematisch verankert.
2.1.6 Die Schule sichert den Anwendungsbezug und die Anschlussfähigkeit der Lehr- und Lerngegenstände.
2.1.7 Die Lehrerinnen und Lehrer bereiten Unterricht gemeinsam (kollegial) vor und nach.

2.2 Leistungskonzept – Leistungsanforderung und Leistungsbewertung
2.2.1 Die Schule hat für alle Fächer Grundsätze zur Leistungsbewertung festgelegt.
2.2.2 Alle Beteiligten (u. a. Schülerinnen und Schüler) kennen die vereinbarten Grundsätze zur Leistungsbewertung.
2.2.3 Die Lehrkräfte der Schule halten sich an die Grundsätze zur Leistungsbewertung.
2.2.4 Die Schule honoriert besondere Leistungen der Schülerinnen und Schüler.

2.3 Unterricht
2.3.1 Transparenz und Klarheit
2.3.2 Schülerorientierung
2.3.3 Problemorientierung
2.3.4 Umgang mit Sprache
2.3.5 Lehr- und Lernzeit
2.3.6 Lernumgebung
2.3.7 Unterrichtsklima
2.3.8 Selbstgesteuertes Lernen
2.3.9 Individuelle Lernwege
2.3.10 Partner- bzw. Gruppenarbeit
2.3.11 Plenum
2.3.12 Medien bzw. Arbeitsmittel

2.6 Individuelle Förderung und Unterstützung
2.6.1 Die Schule verfügt über Instrumente und Kompetenzen zur individuellen Lernstandsdiagnose und Förderplanung.
2.6.2 Die Schule verwirklicht ein Konzept zur systematischen Förderung leistungsschwächerer Schülerinnen und Schüler.
2.6.3 Die Schule unterstützt die systematische Förderung eines individualisierenden, differenzierten Unterrichts.
2.6.4 Die Schule fördert Schülerinnen und Schüler mit besonderen Begabungen.
2.6.5 Die Schule verwirklicht ein Konzept zur systematischen Sprachförderung.
2.6.6 Die Schule verwirklicht ein Konzept zur Leseförderung.

2.7 Schülerbetreuung und Beratung
2.7.1 Die Schule stimmt im Rahmen eines nachmittäglichen Angebotes Unterricht und Betreuung aufeinander ab.
2.7.2 Die Schule verwirklicht ein akzeptiertes Beratungskonzept für persönliche und schulische Probleme der Schülerinnen und Schüler.
2.7.3 Die Schule kooperiert mit außerschulischen Beratungsstellen.
2.7.4 Die Schule führt regelmäßig Schullaufbahnberatungen in Abstimmung mit aufnehmenden Schulen und Betrieben durch.
2.7.5 Die Schule führt regelmäßig Berufsberatungen und Praktika zur Berufsorientierung durch.

Schulkultur

3.1 Lebensraum Schule
3.1.1 Die Schule macht einen gepflegten Eindruck und wirkt einladend.
3.1.2 Die Schule bietet attraktive Arbeitsgemeinschaften und eine vielfältige und sinnvolle Freizeitgestaltung an.
3.1.3 Die Schule hat Maßnahmen zur Gewaltprävention ergriffen und wacht über die Sicherheit von Personen und Eigentum.
3.1.4 Die Schule reagiert konsequent auf Vandalismus.

3.2 Soziales Klima
3.2.1 Die Schule fördert die Identifikation der Beteiligten mit der Schule.
3.2.2 Die Schule hat eindeutige Regeln für die Umgangsformen festgelegt.
3.2.3 Die Lehrkräfte fühlen sich für die Einhaltung der Verhaltensregeln verantwortlich.
3.2.4 Die Schule reagiert konsequent auf Regelverstöße.
3.2.5 Die Schülerinnen und Schüler fühlen sich in der Schule sicher.
3.2.6 Die Schule herrscht ein respektvoller und freundlicher Umgang zwischen den Beteiligten.
3.2.7 Die Schule hat ein akzeptiertes Beschwerdemanagement entwickelt.

3.3 Ausstattung und Gestaltung des Schulgebäudes und Schulgeländes
3.3.1 Anlage und Ausstattung der Schulgebäude ermöglichen einen Unterricht nach aktuellen didaktischen und methodischen Konzepten.
3.3.2 Anlage und Ausstattung des Schulgeländes unterstützen die Nutzung für Unterricht sowie für sinnvolle Pausen- und Freizeitaktivitäten.
3.3.3 Die Schule nutzt ihre Gestaltungsmöglichkeiten bezogen auf das Schulgebäude.
3.3.4 Die Schule nutzt ihre Gestaltungsmöglichkeiten bezogen auf das Schulgelände.

3.4 Partizipation
3.4.1 Die Schule hat die Zuständigkeiten und Aufgaben in einem Geschäftsverteilungsplan festgelegt und bekannt gemacht.
3.4.2 Die Schule informiert alle Beteiligten regelmäßig über die Beschlüsse der einzelnen Gremien.
3.4.3 Die Schule fördert die Arbeit der Schülervertretung und beteiligt sie am Schulentwicklungsprozess.
3.4.4 Die Schülerinnen und Schüler beteiligen sich aktiv am Schulleben.
3.4.5 Die Schule beteiligt die Eltern am Schulentwicklungsprozess und an der Schulprogrammarbeit.
3.4.6 Die Eltern beteiligen sich aktiv am Schulleben.

3.5 Außerschulische Kooperation
3.5.1 Die Schule kooperiert mit anderen Schulen bzw. pädagogischen Einrichtungen der Region.
3.5.2 Die Schule kooperiert mit betrieblichen Partnern der Region.
3.5.3 Die Schule kooperiert mit gesellschaftlichen Partnern der Region.
3.5.4 Die Schule kooperiert mit externen Einrichtungen im Rahmen des nachmittäglichen Angebotes.
3.5.5 Die Schule nutzt regelmäßig Angebote außerschulischer Lernorte.
3.5.6 Die Schule fördert einen regelmäßigen Schüleraustausch.

Graue Schrift = nicht bewertete Kriterien

10

Führung und Schulmanagement

4.1 Führungsverantwortung der Schulleitung
4.1.1 Die Schulleiterin bzw. der Schulleiter nimmt Führungsverantwortung wahr.
4.1.2 Die Schulleiterin bzw. der Schulleiter hat Zielvorstellungen für die Entwicklung der Schule, insbesondere für die Unterrichtsentwicklung.
4.1.3 Die Schulleiterin bzw. der Schulleiter setzt mit den beteiligten Gruppen Zielvorstellungen in Zielvereinbarungen um.
4.1.4 Die Schulleiterin bzw. der Schulleiter kontrolliert die Umsetzung der Zielvereinbarungen.
4.1.5 Die Schulleiterin bzw. der Schulleiter verfügt über Strategien zur Lösung von Konflikten und Problemen.
4.1.6 Die Schulleiterin bzw. der Schulleiter legt Rechenschaft über die schulische Arbeit und den Stand der Schulentwicklung ab.
4.1.7 Die Schulleiterin bzw. der Schulleiter sorgt für eine angemessene Arbeitsatmosphäre.
4.1.8 Die Schulleiterin bzw. der Schulleiter repräsentiert die Schule selbstbewusst nach außen.

4.2 Unterrichtsorganisation
4.2.1 Die Schule organisiert den Unterricht gemäß den rechtlichen Vorgaben.
4.2.2 Die Schule organisiert den Vertretungsunterricht auf der Grundlage eines vereinbarten Konzepts.
4.2.3 Die Inhalte des Vertretungsunterrichts basieren auf der Grundlage eines gemeinsam erstellten und akzeptierten Konzepts.
4.2.4 Die Schule vermeidet Unterrichtsausfall aufgrund eines schlüssigen Konzepts.

4.3 Qualitätsentwicklung
4.3.1 Die Schule hat ein übergreifendes Konzept für die Unterrichtsgestaltung vereinbart.
4.3.2 Die Schulleiterin bzw. der Schulleiter überprüft systematisch die schriftlichen Arbeiten zur Leistungsfeststellung.
4.3.3 Die Schule verwirklicht ein Konzept zur Teamarbeit im Kollegium.
4.3.4 Die Schule verwirklicht ein Konzept zur Gender-Mainstream-Erziehung.
4.3.5 Die Schule verwirklicht ein Konzept zur Gesundheits- und Bewegungsförderung.
4.3.6 Die Schule verwirklicht ein Konzept zur Umwelterziehung.

4.4 Ressourcenmanagement
4.4.1 Die Schule beteiligt die zuständigen Gremien bei der Festsetzung und Verteilung der Ressourcen.
4.4.2 Die Schule setzt die verfügbaren Ressourcen effizient und zielgerichtet ein.
4.4.3 Die Schule berücksichtigt bei der Verwendung der Ressourcen die Schwerpunkte des Schulprogramms.
4.4.4 Die Schule verfügt über ein Controllingsystem, um die geplante und gezielte Verwendung der Ressourcen nachzuvollziehen.
4.4.5 Die Schule akquiriert erfolgreich zusätzliche Ressourcen.
4.4.6 Die Schule sorgt für personelle Unterstützung aus außerschulischen Bereichen.
4.4.7 Die Verwendung von Ressourcen ist für die Beteiligten transparent und nachvollziehbar.

4.5 Arbeitsbedingungen
4.5.1 Die Schule prüft mindestens jährlich alle Bereiche auf Arbeitsschutz und Arbeitssicherheit.
4.5.2 Mängel im Bereich der Arbeitssicherheit werden erkannt und ihnen wird nachgegangen.
4.5.3 Die Schule kooperiert eng mit einschlägigen Institutionen im Bereich Arbeitssicherheit.
4.5.4 Es gibt Konzepte für eine aktive Gesundheitsvorsorge bei den Lehrkräften und anderen Mitarbeiterinnen und Mitarbeitern.

Professionalität der Lehrkräfte

5.1 Personaleinsatz
5.1.1 Die Schule berücksichtigt bei der Aufgabenübertragung möglichst die Kompetenzen und Interessen der Beschäftigten.
5.1.2 Die Schule verwirklicht ein Konzept zur Unterstützung und Professionalisierung neuer Kolleginnen und Kollegen.
5.1.3 Die Schule verwirklicht ein Konzept zur Unterstützung und Professionalisierung von Lehramtsanwärter/innen und/oder Studienreferendar/innen.
5.1.4 Die Schule nutzt die Kompetenzen externer Fachkräfte und Eltern.
5.1.5 Die Schule schafft – soweit möglich – leistungsorientierte Anreize.

5.2 Weiterentwicklung beruflicher Kompetenzen
5.2.1 Die Schule hat ein Personalentwicklungskonzept für einen festgelegten Zeitraum.
5.2.2 Die Schule orientiert ihr Personalentwicklungskonzept an den Schwerpunkten des Schulprogramms.
5.2.3 Die Schulleitung führt regelmäßige Gespräche mit Mitarbeiterinnen und Mitarbeitern.
5.2.4 Die Schulleitung fördert systematisch den fachlichen Austausch durch Kooperationen und Hospitationen.
5.2.5 Die Schulleitung führt regelmäßig Fortbildungsgespräche durch.
5.2.6 Die Schule verwirklicht ein Fortbildungskonzept für einen festgelegten Zeitraum.
5.2.7 Die Schule berücksichtigt in ihrem Fortbildungskonzept relevante schulspezifische Handlungsfelder.
5.2.8 Die Schule evaluiert die Wirksamkeit des Fortbildungskonzepts und der einzelnen Fortbildungsmaßnahmen für die Schule.

5.3 Kooperation der Lehrkräfte
5.3.1 Die Schule hat festgelegte Verfahren und Instrumente zur Gewährleistung des Informationsflusses.
5.3.2 Die Beteiligten nutzen die Verfahren und Instrumente zur Gestaltung des Informationsflusses.
5.3.3 Die Lehrkräfte pflegen eine offene und konstruktive Kommunikation untereinander.
5.3.4 Die Lehrkräfte praktizieren eine akzeptierte Rückmeldekultur bei Konflikten bzw. Problemen.
5.3.5 Die Lehrkräfte sind es gewohnt, im Team zu arbeiten.
5.3.6 Die Ergebnisse von Fortbildungen werden gemeinsam genutzt.

Ziele und Strategien der Qualitätsentwicklung

6.1 Schulprogramm
6.1.1 Die Schule hat eine regelmäßig tagende Steuergruppe eingerichtet.
6.1.2 Alle Beteiligten werden regelmäßig über den Arbeitsstand der Steuergruppe informiert.
6.1.3 Die Schule hat ihre Entwicklungsziele in einer Planung mit Zeitleiste und unter Angabe der Verantwortlichkeiten festgelegt.
6.1.4 Die Schule stellt die Unterrichtsentwicklung in den Mittelpunkt der Schulprogrammarbeit.
6.1.5 Die Schule arbeitet im Rahmen der Schulprogrammarbeit an Aspekten eines schulinternen Curriculums.
6.1.6 Die Schule überprüft regelmäßig die Wirksamkeit der Schulprogrammarbeit.

6.2 Schulinterne Evaluation
6.2.1 Die Schule führt eine Analyse des Ist-Standes auf der Grundlage vorhandener Daten durch.
6.2.2 Die Schule führt Stärken-Schwäche-Analysen als Entscheidungsgrundlage für den Schulentwicklungsprozess durch.
6.2.3 Die Schule informiert alle Beteiligten über Ergebnisse der Bestandsanalyse und Entwicklungsbedarf.
6.2.4 Die Schule hat ein Konzept für schulinterne Evaluationsvorhaben auf der Grundlage der Bestandsanalyse.
6.2.5 Die Schule verfügt über Instrumente und Kompetenzen zur schulinternen Evaluation ausgewählter Schwerpunkte.
6.2.6 Die Schule stimmt ihr internes Evaluationskonzept mit Maßnahmen externer Evaluation ab.
6.2.7 Die Schule nutzt Ergebnisse von Leistungstests (VERA, LSE 8) für ihre Weiterentwicklung.

6.3 Umsetzungsplanung/Jahresarbeitsplan
6.3.1 Die Schule hat den Schulentwicklungsprozess und die Evaluationsergebnisse dokumentiert.
6.3.2 Die Schule hat mit den schulinternen Gremien Ziele für die Weiterentwicklung des Schulprogramms vereinbart.
6.3.3 Die Schule hat mit den schulinternen Gremien Ziele für die Weiterentwicklung der Evaluation vereinbart.
6.3.4 Die Schule hat den tatsächlichen Stand der Schulentwicklungsarbeit im Schulportrait veröffentlicht.
6.3.5 Die Schule setzt eine Jahresplanung um.

Qualitätsanalyse NRW

序　章　ドイツにおける学力向上政策と教育方法改革の射程　　*11*

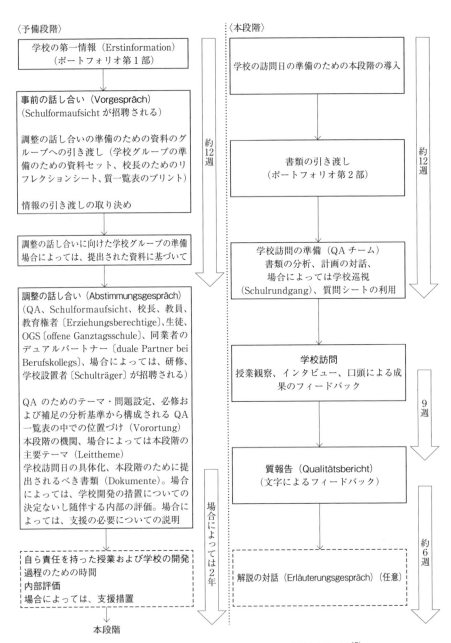

図序-4　予備段階の流れと本段階の流れ（執筆者作成）[17]

このようなテスト開発と評価（フィードバック）制度の意図については、例えば、テューリンゲン州の担当者は、命令によって良い授業をつくらせるのではなく、「『ソフトなプレッシャー』を掛けうる『枠組み条件』をつくり出そうとしている」と語っている[18]。これは、評価制度と学校の自律性のあり方を考える上で重要な点であろう。

　しかし、他方で、こうした質保証のための評価制度が意図した「ソフトなプレッシャー」が内包するリスクについての懸念が、連邦および各州の関係者の発言に見られたことも重要である。例えば、IQB では、統計的な処理に基づいて IQB が示したデータが各州でランキングや制裁につなげて使用され、学校現場に受け入れるまでに時間を要したことや、事実の用いられ方に対する懸念が語られていた[19]。また、NRW 州では授業がテスト志向となってきているというデュッセルドルフ行政区学校監督庁の発言もあった[20]。ただし、バイエルン州では、1 校に対する聞き取り調査ではあるが、学校の外部評価や学力テストの拡充が学校現場へのコントロールを強め、教育実践を歪めるといった事態は見出されなかったという報告[21]もある[22]。

　その意味では、質保証のための評価制度には、検討すべき問題があるということは事実であろう。第一は、現在運用されている評価制度が、現実的に学校の自律性を保障するものとなっているのかどうかを検証するという問題である。なぜなら、現実的には、データをランキングや制裁に用いるような評価制度の運用がしばしばなされ、競争原理による学校の統制に転じるというリスクが懸念されているからである。第二は、仮にこうした外部からの統制が制度的に回避されたとしても、評価の枠組みそれ自体を誰が作成するのかということも検討すべき問題であろう。なぜなら、NRW 州では質評価において評価される項目を各学校が選択する自由はあったが、それは、連邦や各州など学校の外部から与えられた枠組みの中での自律性にすぎないのではないか、という疑問もあるからである[23]。これは、学校の自律性とは何か、という原理的な問いに関わる。いずれにせよ、こうした評価制度が、各学校の自律性をどのように担保しているのかということは、各学校レベルで調査し検討する必要があるだろう。この問題については、国家の学校監督と「教育上の自由」の視点から検討した

序　章　ドイツにおける学力向上政策と教育方法改革の射程　*13*

第 4 章の辻野けんまの論考を参照してほしい。

3. 質保証における「評価」の問題―コンピテンシーをめぐる懸念―

　質保証においては、KMK による教育スタンダードあるいは各州の教育課程・教育計画で示されるコンピテンシーの達成状況が評価されていた。しかし、このコンピテンシーの測定と評価に関しては問題があることも報告されている。特に、テューリンゲン州のプロジェクト・コンピテンシーテスト担当者であるナハティガル氏（Nachtigall, C.）（イェーナ大学）は、この問題の本質を鋭く指摘している。

　ナハティガル氏は、テューリンゲン州のコンピテンシーテストでは、文学的コンピテンシーのように実証的に測定・評価が困難なコンピテンシーはコンピテンシーテストの対象とはなっていないために、学校現場からはコンピテンシーテストに対する不信と批判があることを語っている。また、氏は、獲得すべきものとして想定されるコンピテンシーについて、スタンダード化されたテストによって容易に測定することが可能なものもあれば、測定が困難なものや不可能なもの、そもそも対象とすべきではないものなど、その幅は多様であることを指摘している。例えば、話すことや社会的なコンピテンシーなど、厳密に調査しようと思えば、一人ひとりの生徒を相手にテストを行わなければならないために評価が厳しいものがあるだけでなく、学習者の内心の自由に関わるような倫理的コンピテンシーのように、コンピテンシーテストの対象とすべきかどうかが問われるものがあることなどを、氏は指摘している。このような現状理解から、ナハティガル氏は、現在評価の対象となっているコンピテンシーについて、何が本当の意味での「上位の価値規範」であり「キー・コンピテンシー」であるのか、包括的な社会的ディスコースがドイツではいまだに起こっていないと現状を指摘し、「議論されるべきは、現在試験によって調査が行われているものが本当に『中核コンピテンシー』の全てであるのかどうかということ」と述べているのである[24]。

　氏の指摘は、コンピテンシーテストで測っている「成果」とは何か（「何を」

14

測っているのか）、そしてそれを根拠づける学問的基盤とは何か、という評価制度の根幹に関わる本質的な問題である。

このナハティガル氏の指摘に関わって想起されるのは、ミュンスター大学のテアハルト（Terhart, E.）教授へのインタビュー（2016年3月11日）である。テアハルト教授は、PISA後のドイツの教育の動向を説明する際に、現在ドイツで主流となっているコンピテンシー志向の授業が「効果的な（effective）」授業であるのに対して、改革教育学を基盤としてこれまで展開されてきているプロジェクト授業や行為志向的な授業は「良い（gut）」授業であると対比的に述べている。教授は、「効果的な」授業のイメージを、授業をすればするほど生徒の成績は向上するが、測定しているもののみが向上するものであると説明し、これに対し、「良い」授業は、理念に向かって発展する授業で、価値判断や規範の発達（例えば、クラフキ〔Klafki, W.〕がBildung概念に関わって示した「自己決定」「共同決定」「連帯」という3つの能力など）に関わると説明した。

テアハルト教授の発言は、PISA後にドイツの教育の理論的中核が、これまでのビルドゥング（Bildung）からコンピテンシー（Kompetenz）へと転換したことを念頭に置いた発言であるが、この転換は、大学での教育研究の実証主義的転回――PISA以前の解釈学的研究からPISA後の実証主義的な研究へ――にまで通じるものである[25]。

このように、ドイツの学力向上政策では、教育において保証すべき「質」に関わって、ビルドゥング（Bildung）からコンピテンシー（Kompetenz）へと学力（Leistung）観を大きく転換させ、教育の質を測定可能なものによってとらえようとしている。この考えに基づいた学力向上政策は、「効果的」とテアハルト教授が指摘したように、自らが設定した目標（コンピテンシーの獲得）を達成するという点では確かに一定の成果を収めていると考えられる。しかし、このように測定可能となるコンピテンシーは、一定の行動様式の形で学習者が発現させることで評価可能となるものであるという点に留意する必要があるだろう。なぜなら、学びにおける「当為性」「規範性」の問題、すなわち行動様式の形では容易には現れえないが、学習者の主体の成長・発達にとって重要な要素の欠落に対する懸念もドイツではあるからである[26]。

序　章　ドイツにおける学力向上政策と教育方法改革の射程　15

その意味では、「スタンダード化や経済社会の状況から、教育は生徒の将来への準備に変化し……教養より会社に適応できるということが目指されるようになり、学習観は短期的なものになった」というコッホ (Koch, F.) NRW 州生徒会代表の言葉は、学ぶ側から見た学力向上政策の問題を鋭く指摘するものである。コッホ氏は、「50～60歳の大人が学ぶことを決めるのではなく、生徒自身が『Bildung』について考える、学びたいものを考えるということが大切だ」と述べている[27]。このように、多様な立場から学力のあり方を問い、教育の質保証のあり方を問うような開かれた議論が継続される必要があるだろう。

4.「良い学校」「良い授業」とは何か
―教育観・学力観の転換がはらむ矛盾―

(1) 教育の質を促す条件・環境の問題

　上述したように、質保証においては、教育スタンダードの獲得をテストによって測定し、「成果」（各学校の達成、特に生徒たちの学習結果）を確認し、それを関係者にフィードバックすることで教育の質のさらなる向上を目指す仕組みが整備されていた。これは、クリーメ鑑定書でも強調されていたように、教育の「アウトプット」志向への転換が背景にある。

　しかし、こうした「結果」志向は、「どうすれば期待した結果が生み出せるのか」に関心が集中し、その結果を求める理由（目的）やその結果を導く条件を総合的に検討することが等閑視されることも危惧される。これは、先のナハティガル氏が、PISA 後のドイツでの教育をめぐる議論でしばしば起こってくる「短絡（Verkürzung）」と単純な「対処療法的発想（Rezeptdenken）」のもたらす弊害を再三指摘していたことに現れている[28]。

　もちろん、調査で訪れた諸州では、こうした教育の質保証の制度を絶えず見直し刷新を図っており、ザクセン州や NRW 州の外部評価の試みのように、「結果」だけでなく、結果を生み出すための条件や教育の過程に注目し、教育環境や教育資源（学校が置かれた環境条件をはじめ、学校の設備などの物的資源や教員などの人的資源、さらにその学校の構成員が築き上げている独自の文化など）や、実際の教

育過程（特に、日々の授業など）のあり方も検証しようとする動きもある。

(2) 教育の質を左右するものとしての授業のあり方

　このような教育の条件や教育の過程の評価に関わる外部評価において注目したいのが、外部評価において授業を評価の重要な対象としている、ザクセン州およびNRW州の「良い授業」のイメージである。

　ザクセン州が、①進行（学習時間利用の効率、行動制御の効率）、②説明（説明の構造化、説明の明確さ）、③構成（個別支援、自己制御的な学習の支援、学習意欲の促進、学習成果の保障、教科横断的なコンピテンシーの促進）、④授業風土（授業風土の学習促進性）、という10の基準であるのに対し[29]、NRW州は、①わかりやすさと明瞭さ、②生徒志向、③問題志向、④言葉の扱い、⑤教授時間と学習時間、⑥学習環境、⑦授業の雰囲気、⑧自己制御的な学習、⑨個に応じた学習過程、⑩パートナーないしグループ活動、⑪全体の話し合い、⑫メディアないし活動手段、という12の基準となっており[30]、ザクセン州よりもNRW州の方が、授業の評価基準の項目等は多い。だが、授業のわかりやすさ、効率的な授業時間の配分、自己制御的な学習の支援、個別支援など選ばれる項目には共通点が多いこともわかる。

　なお、NRW州の外部評価で用いられる授業観察シート（Unterrichtsbeobachtungsbogen）では、①わかりやすさと明瞭さ（4項目）、②生徒志向（4項目）、③問題志向（2項目）、④言葉の扱い（2項目）、⑤教授時間と学習時間（2項目）、⑥学習環境（2項目）、⑦授業の雰囲気（3項目）、⑧自己制御的な学習（4項目）、⑨個に応じた学習過程（2項目）、⑩パートナーないしグループ活動（4項目）、⑪全体の話し合い（Plenum）（4項目）、⑫メディアないし活動手段（2項目）という12の基準（Kriterien）に36の評価項目が振り分けられている（表序-3）[31]。

　学校査察ではこのシートに基づいて、査察官が授業を参観しシートの項目にそって評価する。なお、別紙の「授業観察シート　解説」（Kommentierung Unterrichtsbeobachtungsbogen）には、項目ごとに達成の基準が解説されている[32]。

　以上、NRW州を例に外部評価における授業評価の基準を見てきたが、この「良い授業」の評価基準の項目に関しては、さらに検討すべき点がある。

表序-3　NRW 州の授業観察シート（執筆者訳）[33]

2.3　授業

入力統計（Eingangsstatistik）

学校		QP	時間	半分／全体	空間	日付	
学校番号		学校形態	学年段階	クラス名／コース名	コース種／クラス	生徒数	
テーマ		教科／関連教科	教授者の数	構成（BK）	特徴		
コメント						授業形式	

2.3.1　わかりやすさと明瞭さ		あてはまる	あてはまらない
1	わかりやすさと明瞭さが次の点に関わって与えられている。	授業対象		
2		授業目標		
3		行動の方法		
4		刺激ないし課題設定		

2.3.2　生徒志向		あてはまる	あてはまらない
1	意味のある文脈が明らかにされている。		
2	授業は経験ないし予備知識が考慮されている。		
3	授業は、生徒たちが計画を共に作ることを可能にしている。		
4	つまずき（Fehlen）が建設的に扱われている。		

2.3.3　問題志向		あてはまる	あてはまらない
1	授業は、問題設定の扱い（Bearbeitung von Problemstellungen）に焦点を当てている。		
2	問題設定を扱うために、生徒たちは問題解決の方略を用いている。		

2.3.4　言葉の扱い		あてはまる	あてはまらない
1	教師が言葉の模範となっている。		
2	教師は、生徒たちの言葉の使用に注意している。		

2.3.5　教授時間と学習時間		あてはまる	あてはまらない
1	授業の開始および終了は時間通りである。		
2	活動過程の経過の中で、時間の無駄がない。		

2.3.6　学習環境		あてはまる	あてはまらない
1	授業の実施を促進する学習環境である。		
2	学習者が自ら用いることができるような資料が準備されている学習環境である。		

2.3.7　授業の雰囲気	あてはまる	あてはまらない
1　授業は、互いの敬意ある交わりによって形成されている。		
2　教師は肯定的な補強（positive Verstärkung）の機会を役立てている。		
3　教師は、男子と女子を平等に授業に参加させている。		

2.3.8　自己制御的な学習	あてはまる	あてはまらない
1　生徒たちは、活動過程でやり方について決定している。		
2　生徒たちは、自分たちのやり方ないし成果を省察している。		
3　生徒たちは、構造的に組織された支援にアクセスできる。		
4　教師は、教授を必要最低限に抑えている。		

2.3.9　個に応じた学習過程（Individuelle Lernwag）	ある	ない
個に応じた学習過程が見られる。		
	あてはまる	あてはまらない
1　分量ないし時間に応じた分化（Differenzierung）がある。		
2　レベル（Nieveau）に応じた分化がある。		

2.3.10　パートナーないしグループ活動	ある	ない
パートナーないしグループ活動が行われている。		
	あてはまる	あてはまらない
1　パートナーないしグループ活動は、内容に関係したコンピテンシーの獲得を促進している。		
2　パートナーないしグループ活動は、協同的なコンピテンシーの獲得を支えている。		
3　生徒たちは、構成されたパートナーないしグループ活動のルールないし組織形態を熟知している。		
4　活動の成果は、生徒たちがそれを用いるように保障されている。		

2.3.11　全体の話し合い	ある	ない
全体の話し合いが行われている。		
	あてはまる	あてはまらない
1　生徒たちは全体の話し合いに参加している。		
2　生徒たちは、自ら加わることで、全体の話し合いを共に作っている。		
3　生徒たちは、相互に関わり合っている。		
4　生徒たちは、活動の成果を言葉で表現したり、提示したりしている。		
5　活動成果は、生徒たちがそれを自由に用いることができるように保障されている。		

2.3.12　メディアないし活動手段	あてはまる	あてはまらない
1　学習は、組み込まれたメディアないし活動手段の外的な特質（äußere Qualität）に支えられている。		
2　メディアないし活動手段は目標に基づいて組み入れられている。		

序　章　ドイツにおける学力向上政策と教育方法改革の射程　　*19*

第一は、こうした「良い授業」の評価基準によって、各学校の授業の現状が可視化される一方で、その現状から各学校が向かうべき方向性はどのように導き出されるのか、という点である。これは、授業評価によって各項目の達成状況が示され、各学校の授業の現状が可視化されたとき、未達成の評価基準項目を満たすようにしていけば、それぞれの州が求めている「良い授業」となるのか、という問いでもある。なぜなら、学校種や各学校が置かれた状況（地域性、子どもたち・子どもたちの家族の状況など）によって各学校の達成状況にばらつきがあるだけでなく、各学校によって重視される評価項目にも多様性が見られるはずだとすれば、各評価基準項目を偏りなくすべて満たすことは不可能であるからである。

　そうだとすれば、「良い授業」の評価基準がどのように、各学校の実践の多様性を担保しつつ、方向性を指し示しているのか、ということをさらに検討する必要がある。例えば、基準を満たすことが必ず求められるような項目とそうではない項目など評価基準の項目間での相対的な重要度・優先度および達成主体（学校種）の指定の有無とその根拠、各項目間が全体としてどのように体系化・構造化されているのか、といったことなどを明らかにし検討する必要がある。

　第二は、「良い授業」の構成要素として評価基準項目を選択する視点、すなわち「良い授業」の基本像を枠づける学問的基盤に関する検討である。ザクセン州は、ジョン・ハッティ（Hattie, J.）による実証主義的な研究に依拠していたのに対して、NRW州は、ヒルベルト・マイヤー（Meyer, H.）やアンドレアス・ヘルムケ（Helmke, A.）による伝統的な教授学研究（解釈学的研究）に依拠していたにもかかわらず、両者が示す良い授業の基準には大きな相違は見られない[34]。ビルドゥング（Bildung）からコンピテンシー（Kompetenz）へという転換が解釈学的研究から実証主義的な研究への転換と連動していることは先に述べたが、このような教育の「質」をとらえる視点の原理的な転換にもかかわらず、それを導く教育方法（授業）の奇妙な類似性をどのように考えれば良いのだろうか。「良い授業」を導く思想・理念レベルでの相違と構成要素の一致という「矛盾」をどうとらえるべきかということについても、ドイツの実態に即してさら

に検討していくことが求められる。

（3）教育の質保証のためのオルタナティブスタンダード

　このような教育スタンダードを中核とした教育の質保証に対して、良い結果＝良い教育が行われているわけではない、という視点から、良い教育を達成するための学校のあり方（学校の条件や教員の行動なども含めたもの）へ視野を広げ、独自の「良い学校」スタンダードを設定する試みが存在する。NRW 州のビーレフェルト大学附属のビーレフェルト実験学校が創設メンバーの一員となって結成した改革教育を志向する学校連合（Schulverbund）「垣根を越えて見る（Blick über den Zaun）」（1989 年〜）の試みである。

　この「垣根を越えて見る（Blick über den Zaun）」という試みでは、学校づくりに関する独自のスタンダード「良い学校とは何か？ 理想像とスタンダード（Was ist eine gute Schule? Leitbild und Standards）」（2005 年〜）（以下、「良い学校」スタンダード、と略す）を開発している。

　この「良い学校」スタンダードは、民主主義を理解する成熟した市民を育てたいという理念に基づいて開発されており、PISA および連邦の教育スタンダードに足りないもの（特に、教育スタンダードとして示された資質・能力を獲得するための条件）を補完するものであるとビーレフェルト実験学校のガイスト（Geist, S.）教頭は説明している[35]。実際、上述の学校連合の HP では、KMK の教育スタンダードに対して、「何が学校を良くするのか」という問いが視野に入っていないと批判しており、「学校の質を単に中央の教科テストの結果で測定するという現在の傾向は、われわれから見れば、教育学的、教授学的に非建設的（kontraproduktiv）である」と述べている[36]。

　これに対して、「良い学校」スタンダードは、結果ではなく、むしろ過程に注目しており、学校でどのように人々が関わり合っているか、どのように学習が設定され同伴されているか、という学校の教育活動のやり方（Art und Weise）に関わる内容を中心に構想されている。この「良い学校」スタンダードでは、同学校連合が考える良い学校の理想像（Leitbild）を 4 つの基本的信条が示され、表序-4 のように各信条が 4〜5 の項目に分けられている。

序　章　ドイツにおける学力向上政策と教育方法改革の射程　　*21*

表序-4　4つの基本的信条と項目

1．一人ひとりを正当に評価する―個人の支援と挑戦（Herausforderung）
　1.1　個々人への配慮、ケア（Betreuung）
　1.2　学びの個性化
　1.3　支援／統合
　1.4　フィードバック、学びの同伴、達成評価
2．別の学び（Das andere Lernen）―教育的な授業（erziehender Unter-
　　richt）、知の媒介（Wissensvermittlung）、陶冶（Bildung）
　2.1　意味関連のある／経験志向の学び
　2.2　自己が責任をもった自発的な学び
　2.3　学びとものづくり（Gestalten）を楽しむ
　2.4　細分化（Differenzierung）
　2.5　達成の評価と提出のための質的基準
3．共同体としての学校―民主主義を学び生活する
　3.1　敬意あふれる交わり／学校の雰囲気
　3.2　生活・経験空間としての学校
　3.3　民主主義的共同体と保護の場（Bewährung）
　3.4　学校の開放／社会への参加
4．学ぶ機関としての学校―"内側から"そして"下から"の改革
　4.1　学校プロフィールと学校づくり（Schulentwicklung）
　4.2　労働環境と組織
　4.3　評価
　4.4　継続教育

　各スタンダードは、表序-5に示すように、これらの項目ごとに教育学的行為（pädagogisches Handeln）、学校の大綱的条件（schulische Rahmenbedingungen）、組織的な大綱的条件（systemische Rahmenbedingungen）に分けられて示されている。また、教授学的行為に関しては生徒と教師、学校の大綱的条件に関しては担任、教師集団、学校、組織的な大綱的条件に関しては学校が主として達成すべきことが示されている。また、各スタンダードの達成の評価は、学校の自己評価および相互評価（peer reviews）を通して行うことが示されている[37]。

　このようなオルタナティブスタンダードの試みは、KMKによる教育スタンダードとは異なるコンセプトに立つものであり、テストによる結果の評価と外部評価による過程の評価から成る教育の質保証制度のあり方を、教育観・学校観・学力観のレベルから批判的に問い、あるべき教育と学校の姿を模索する試みであるといえよう。

表序-5　スタンダードの例—1.1　個々人への配慮、ケア[38]

1.1　個々人への配慮、ケア		
教育学的行為のためのスタンダード	*学校の大綱的条件のためのスタンダード*	*組織的な大綱的条件のためのスタンダード*
毎日、生徒たちは、登校の際には歓迎のあいさつをされ、下校の際には別れのあいさつをされる。	どの学習グループも、毎日、学級担任あるいは学級担任の代理の教師の下で、授業を受けている。 どのグループも、大人2人に世話されている。	
生徒たちは、自分がどこに所属しているか、自分のものがどこにあり、他者のものはどこにあるかを知っている。生徒たちは、自分たちの教室空間がきちんと整理されていることを知っている。	教室空間は、生徒たちが必要とするもののすべてが、はっきり一目瞭然と整理されて整備されている。	空間の設備のために、資源資材が十分に用いられている。

5.　ドイツにおける教育方法改革の特徴

（1）コンピテンシー志向の授業とインクルーシブ授業の特徴

　調査対象となった各州の学校でわれわれが参観した授業は、教育スタンダードの獲得に主眼を置いたコンピテンシー志向の授業となっていた。これはドイツ全体の傾向ともいえる。これまでに、各州文部大臣会議（KMK）と教育の質開発研究所（IQB）による『教育スタンダードを活用した授業の開発に関するKMKの構想』（2010年）を始め、各州でコンピテンシー志向の授業づくりの手引き、研究者によるコンピテンシー志向の授業のモデルが提起されてきている[39]。また、このコンピテンシーの授業は、各州文部大臣会議（KMK）「学力の低い生徒のための促進戦略実施状況報告　2013」報告の第一の柱である「個々の生徒を支援し、教育スタンダードを確実にする」で各州が取り組んでいる、個別支援や授業における分化と対応するものであると考えられる。

序　章　ドイツにおける学力向上政策と教育方法改革の射程　　*23*

このコンピテンシー志向の授業の特徴は、コンピテンシーの段階モデルに基づいて各自が到達すべきレベル（目標）をはじめ学習内容・教材、学習方法などを個に応じて構想し、個々の学力保障を確実に行おうとする点にある。いわば、子どもの多様な学習状況に応じて、達成目標・内容・方法のレベルで個別化あるいは個性化（Individualisierung）を行うものである。また、コンピテンシーの獲得は、「知識」の「習得・媒介・応用」の中で達成されるととらえられており、一斉授業を基盤とした受動的な学習ではなく、多様なアクティビティやワークなどを位置づけ、子どもが主体的に取り組む活動を重視している点も特徴として挙げられる[40]。

　ザクセン州、ハンブルク州、ブレーメン州、バイエルン州への現地調査で観察した授業の多くは、従来のような一斉授業の場面は少なく、学習の過程を学習者自身が自ら責任を持って主体的に進めていく自己活動が中心となっており、

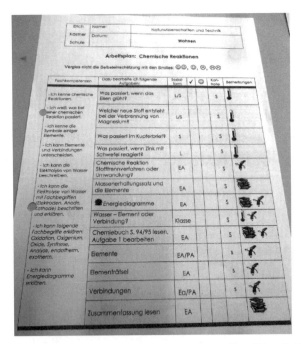

図序-5　ハンブルク州の Erich Kästner Schule の第8学年の化学で用いられていたチェックシート（2016年3月4日撮影）

教師は各学習者の状況を見ながらアドバイスなど個別支援を行う形で授業が展開されていた。また、ハンブルク州のように、獲得すべきコンピテンシー（学習の到達目標）とそれを獲得していくための組織や過程（学習過程・方法の見通し）などが細かく明示されたチェックシート（図序-5）が学習者に配付され、授業で用いられていたり、学習者が毎回自己の学習を記録し、学級担任などが確認して個別にアドバイスをする学習日誌（Logbuch）が用いられたりして、学習の自己活動を支援するための教材開発も行われていた。さらに、他者との関係から切り離された全くの個別的な学習ではなく、必要に応じてペアやグループでの交流も行われるなど、ゆるやかな協同も可能となるように、一つの教室内で学習者の多様な自己活動が同時に展開されるという傾向も共通して見られた。

　なお、コンピテンシー志向のカリキュラムと授業については、第 1 章の吉田成章、また幼児教育におけるコンピテンシーの位置づけと実践については第 7 章の渡邉眞依子の論考を参照してほしい。

（2）インクルーシブな授業の特徴

　ドイツにおけるインクルーシブ教育のこれまでの歴史は、第 8 章の吉田茂孝が報告している[41]のでここでは詳述しないが、ドイツ全体としては、2009 年の障害者権利条約への批准が契機となり、その後、2011 年の各州文部大臣会議（KMK）の勧告「学校における障害のある青少年のインクルーシブ教育」を経て、一人ひとりのニーズに応じた授業改革の志向の中で、個別の学習支援を方法的な中核としたインクルーシブな授業が浸透していったと考えられる。しかし、州によって取り組みの展開には多様性が見られる。

　他方で、インクルーシブ教育は、障害のある子どもだけを対象とするものではないとの理解もある。ビーレフェルト大学のアムライン（Amrhein, B.）教授によれば、ドイツのインクルーシブ教育には、障害のある子どもを主な対象としたインクルーシブ教育を重視するグループと、移民背景のある子どもも含めた多様な子どもを対象としたインクルーシブ教育を重視するグループがあり、インクルーシブ教育のあり方をめぐって議論があるという。アムライン教授は、前者を「狭義のインクルーシブ教育」、後者を「広義のインクルーシブ教育」

と呼んでいた[42]。この枠組みから見れば、ザクセン州のインクルーシブ教育の取り組みは、前者の「狭義のインクルーシブ教育」に近いものであるが、ブレーメン州のインクルーシブ教育は、後者の「広義のインクルーシブ」教育を志向するものと位置づけられると考えられる。

だが、狭義のインクルーシブ教育と広義のインクルーシブ教育が共通して重視しているのは、第8章の吉田茂孝の論考で紹介されているブレーメン州の学校教育法第3条（4）に象徴されるように、子どもたちの多様性・異質性を尊重しながら、すべての子どもが授業および学校の共同体に参加することを保障し、新たな文化を学校から創造していくことであり、これらを通して子どもたちの社会参加を保障していくことにある[43]。

したがって、インクルーシブ教育の下で展開される授業は、一斉授業ではなく、一人ひとりのニーズに応じた個別の支援が同じ教室空間で展開されることになる。その際、個別支援は、言語支援にとどまらず、学習支援や職業移行への支援も含めて行われている。また、教室では、子どもたちの多様性と異質性が積極的に認められており、ペアやグループによる学習などで子どもたちが協同したり交わったりする場面が位置づけられるなど、子どもの社会性の発達も視野に入れられている。これは、先のコンピテンシー志向の授業と同様の形態であるが、インクルーシブな授業では、社会福祉士やスクールソーシャルワーカーなどが協力しながら、子どものニーズに応じた適切な支援を展開していく体制が整えられている点に特徴がある。

(3)「コンピテンシー志向の授業」と「インクルーシブな授業」の結びつき

以上、ドイツにおける教育方法改革の中核であるコンピテンシー志向の授業とインクルーシブな授業の特徴を概観したが、われわれの調査では、それぞれの授業は全く別のものとして展開されているのではなく、両者は密接に結びつきながら展開されている実態が、州を越えて見られた。それらは、図序-1でも示したように、以下の3つの特徴が見られる。

第一は、生徒が主体となった活動的な個別学習が中心となっていることであ

る（〈主体的な個別活動〉）。授業では、一斉授業の形式を極力減らし、個々の学習者が自らの学習に責任を持って主体的に取り組むことが重視されており、学習者は課題に一人で取り組むだけでなく、ペアやグループで協力しながら取り組むものとなっている。そして、教師は、学習の同伴者として一人ひとりの学習者の個別支援を中心に行っている。また、この活動的な学習は、藤井啓之が第3章で検討しているベルリンの生産的学習[44] のように、社会参加に開かれた実践的な学習も含まれている。

　第二は、上述の主体的な個別学習は、個に応じた学習として展開されており、個別化・個性化された学習（Individualisiertes Lernen）となっている（〈個々の学習状況に応じた支援〉）。達成目標・内容・方法が個々の子どもの多様な学習状況に応じて計画されており、第一の特徴として挙げた〈主体的な個別活動〉が〈個々の学習状況に応じた支援〉によって成立していることがわかる。子どもたちには、学習の見通しが明示され、それぞれの学習状況に応じた課題に取り組み、教師から支援を受ける。また、社会教育士など教員以外の関係者と教師による複数の支援も行われている。このような個別化・個性化された学習は、中山あおいが第9章で示しているように、KMK による学力の低い生徒のための促進に重点をおいた勧告だけでなく、トップクラスの生徒の促進についての勧告などを背景にして、すべての生徒の学習指導の方法原理となっていると推測される。

　第三は、第一の特徴で挙げた〈主体的な個別活動〉と第二の特徴で挙げた〈個々の学習状況に応じた支援〉との結びつきが可能となるような、〈それぞれがともに学ぶ〉（Gemeinsam Lernen）空間の中で授業が展開されている点である。この空間では、多様なニーズのある子どもも共に学べるような配慮があり、ペアやグループの活動が位置づけられていたり、個々の学習活動の内容を全体で交流したりするなど、子どもの多様性・異質性の尊重と出会いが促されるように学習の共同・協同の場面の工夫がされていた。

　以上の3つの特徴が、「コンピテンシー志向の授業」と「インクルーシブな授業」とが結びついて展開される授業の特徴である。PISA 後に展開されてきたドイツの学力向上政策は、「教育スタンダード（統一基準）に基づく教育」と

「インクルーシブ教育」の2つを軸にして展開してきた結果、教育方法においては、教育スタンダードに対応したコンピテンシー志向の授業での学習の「個別化・個性化（Individualisierung）」の文脈が、特に狭義の「インクルーシブ教育」と結びついていったのではないかと考えられる。そして、このような教育スタンダードの達成に向けた個々の学習状況に応じた支援と、インクルーシブ教育による個のニーズに応じた支援との結合によって、われわれが多くの州で見たように、1つの教室の中に能力の幅の多様性が存在しつつ、その多様性に応じた授業形態が浸透してきたのではないだろうか。すなわち、「個別化・個性化された学習」（Individualisiertes Lernen）と「共同の空間での学習」（gemeinsam Lernen）という形式の結合である。

6. PISA 2015 をめぐるドイツの議論

以上、われわれの現地調査がとらえたドイツにおける学力向上政策と教育方法改革の特徴を見てきた。では、こうした学力向上政策と教育方法改革によって、ドイツは現在、どのような成果を収めているのか。ここでは、最新のPISA 2015 の調査結果とドイツでの議論を要約[45]と報告書[46]に基づいて概観する。

（1）PISA 2015 までのドイツの傾向

PISA 2000 を契機とした PISA ショック以降のドイツの状況は、その後の様々な学力向上政策によって、一定の改善傾向が見られていた。

まず全体的な傾向では、PISA 2000 では読解リテラシー、数学的リテラシー、科学的リテラシーすべての分野が OECD 平均以下であったが、PISA 2003 では、数学的リテラシーと科学的リテラシーが OECD 平均を超え、PISA 2006 では3分野すべてが OECD 平均を超え、それ以降はこの状況を維持してきている。

また、PISA ショック当初課題とされた学力格差の問題も改善傾向にあることが確認されてきた。例えば、読解リテラシーを調査した PISA 2000 と PISA

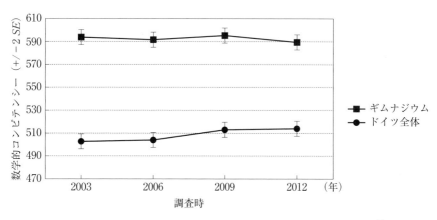

図序-6 数学的リテラシーのドイツ全体とギムナジウムの平均の変化[47]

2009の結果を比較すると、「学力」の階層間格差と移民背景を含んだ社会階層格差については、下位層の生徒の割合の半減や社会階層低位および移民背景のある生徒の得点の向上などが見られ、格差については改善が見られるという特徴が指摘されている[48]。

一方で、このように階層の学力改善による全体的な学力向上の傾向に対して、上位層の学力の伸び悩み、特にギムナジウムの生徒の学力の停滞が指摘されてきた。例えば、図序-6に示すように、ギムナジウムの生徒の得点は平均よりは高いが、年度によって上下する傾向が見られていた。また、このような課題への対応として、学力困難な生徒への支援だけでなく、学力の高い生徒への支援対策も打ち出されてきている[49]。

(2) PISA 2015のドイツの結果

PISA 2015は、2000年から3年ごとに調査の重点分野を変えて実施されてきたPISA調査の6サイクル目の調査であった。しかし、他方で、PISA 2015からは、これまでのペーパーテストからコンピューター使用型調査へ全面的に移行するとともに[50]、協同問題解決能力調査も革新分野として実施されるなど新たな試みも始まっている。そのため、ドイツの報告書では、6回のサイクルを、単純に2(回)×3(各分野)のサイクルと見るのではなく、5+1のサイクル

表序-6　PISA 2015 の各分野の得点（執筆者作成）

	PISA 2015 ドイツ／（OECD 平均）	PISA 2012 ドイツ／（OECD 平均）
科学的リテラシー	509 点（493 点）	524 点（501 点）
数学的リテラシー	506 点（490 点）	514 点（494 点）
読解リテラシー	509 点（493 点）	508 点（496 点）

ととらえ、PISA 2015 を第二の出発点と見ている[51]。これは、コンピューター使用型のテストの導入など方法の刷新によって、PISA 2012 までの調査結果との単純な比較には慎重な姿勢をとっているからである。

　PISA 2015 のドイツの結果は表序-6 に示すとおりである。今回の調査でもドイツは、全分野で OECD 平均を上回る結果となっている。報告書では、3 分野とも OECD 平均を上回った OECD 加盟国 15 ヵ国のうちの 1 つにドイツが位置づけられており、2000 年から 2015 年まで比類のない肯定的な発展傾向にあるという成果が強調されている[52]。

　各分野の結果を見てみると、科学的リテラシー得点は 509 点であり、OECD 平均 493 点よりも 16 点高いという結果であり、ドイツは国際的に比較して高い水準にあると認識されている。また、今後成績が上昇する可能性も認識されている。その理由として、PISA 2006 と比較してギムナジウムの成績が低下しているが、ギムナジウム以外の学校種ではこうした傾向が見られていないことなどが挙げられている。授業の課題としては、教師による支援が十分でなく、フィードバックや学力に応じた分化（Differenzierung）も少ないこと、生徒が自分で実験を行うような活動（"Hands-on" Aktiviäten）が少ないこと、自然科学的な現象に原理を用いたり生徒の日常的な生活世界と関わらせたりすることが授業に十分に位置づけられていないことなどが挙げられており、PISA 2006 調査と比較してこうした授業の構造は変化していないと指摘されている[53]。

　数学的リテラシーについては、506 点と OECD 平均 490 点を 16 点上回っているが、PISA 2012 と比較して結果は大きく変わってはいない。また、学力のばらつき（Leistungsstreuung）は減少している一方で、成績には男女差があり性

差が最も大きい OECD 国家であること、PISA 2012 と比較して成績困難な生徒の割合は減少していないこと（それでも PISA 2000 よりは減少しているが）およびギムナジウムでの成績上位層が減少していること（非ギムナジウムの学校はそのような傾向はない）などが課題として指摘されている[54]。

　読解リテラシーは 509 点と OECD 平均 493 点を上回り、上位 3 分の 1 のグループに属しており、成績上位のグループの割合は OECD 国家平均より高く、成績困難なグループの割合は著しく低い傾向が見られた。ギムナジウムの生徒は他の学校種の生徒よりもより読解リテラシーが高いこと、女子の方が男子よりも読解リテラシーが高いが性差は減少傾向にあること、PISA 2009 ではドイツの結果は平均的だったが、それ以降は男子の成績の向上や成績上位層の拡大など良い傾向が見られることが指摘されている[55]。

（3）PISA 2015 の結果をめぐる議論

　上記のような結果に対して、ドイツでは総じて「PISA ショック」後の教育改革が一定の成果を収めてきているとの認識を持っている。他方で、PISA 調査開始から 15 年間を総括した Reiss, K./Sälzer, C.（2016）は、PISA 調査 15 年間の成果と課題をふまえ、さらに取り組むべきテーマとして、不均衡（Disparitäten）と上位層の促進（Spitzenförderung）を挙げている。以下では、Reiss らなどの論文に依拠しながら、PISA 2015 の結果とそれをめぐって到達点と課題がどのように議論されているかを概観する。

1）不均衡の問題

　不均衡については、PISA 2015 では改善傾向にはあるものの、依然として、男女間、移民背景のある者とない者との間、社会的出自による格差が課題であるとの認識が示されている[56]。

　まず、男女間の不均衡であるが、読解リテラシーと数学的リテラシーで男女格差があることが指摘されている（表序-7）。読解リテラシーは 6 回の調査とも女子が男子よりも高いのに対し、数学的リテラシーは男子が女子より高い傾向が続いている。科学的リテラシーは、以前の調査に比べて男子が著しく改善傾向にあることが指摘されている[57]。

序　章　ドイツにおける学力向上政策と教育方法改革の射程　　31

次に、移民背景のある者とない者の間の不均衡であるが、移民背景のある生徒の成績は上昇傾向にあるものの、さらなる改善が必要であるとの見方が示されている（表序-8）。PISA 2009（読解リテラシー）および PISA 2012（数学的リテラシー）では、移民背景のない若者の点数は変わらないかほぼ同じ水準であっ

表序-7　PISA 2015 ドイツの男女別平均得点（報告者作成）

	男子平均／（OECD 平均）	女子平均／（OECD 平均）
科学的リテラシー	514 点（495 点）	504 点（491 点）
数学的リテラシー	514 点（494 点）	498 点（486 点）
読解リテラシー	499 点（479 点）	520 点（506 点）

表序-8　PISA 2015 移民背景のない生徒とある生徒の平均点の比較[58]

	移民背景なし	移民背景あり			
		移民全体	親のどちらかが外国生まれ	第 2 世代	第 1 世代
自然科学	532	**471**	**497**	**461**	**433**
数学	524	**476**	**493**	**471**	**445**
読解	530	**481**	**502**	**478**	**429**

＊太字は、移民背景のない生徒との統計的な有意差があることを示す。

表序-9　PISA 2000 と PISA 2015 の社会的下位層の得点（読解力）の比較[59]

社会階層	PISA 2000 平均点	PISA 2015 平均点	変化
上級職（階層Ⅰ）	538	542	4
中級職（階層Ⅱ）	531	529	−2
ルーティンワーク職（階層Ⅲ）	470	496	**26**
自営業（階層Ⅳ）	480	501	**21**
資格労働者（階層Ⅴ，Ⅵ）	459	496	**37**
未熟練労働者、農業労働者（階層Ⅶ）	432	476	**44**

＊太字は統計的に有意差があることを示す。

たのに対し、移民背景のある若者の点数は増加傾向が示されていたが、PISA 2015（科学的リテラシー）ではこうした傾向は見られず、PISA 2006 と比較して移民背景のある生徒もない生徒も顕著な改善は見られないとしている[60]。

　また、社会的出自による不均衡については、読解リテラシーの格差が縮小傾向にあり、労働者階層の生徒の成績が改善傾向にあることが示され、この間の教育政策が社会的下位層の底上げによる社会的不均衡の改善で成果を収めていることが指摘されている[61]。表序-9 でも明らかなように、ルーティンワーク職（階層Ⅲ）、自営業（階層Ⅳ）は 20 点程度、資格労働者（階層Ⅴ、Ⅵ）、未熟練労働者（階層Ⅶ）は 40 点程度高くなっている。

　このように、ドイツではこの間の教育改革によって、不均衡（Disparitäten）の状態は改善してきており、今後もその政策を継続していくことが求められている。

2）上位層の促進

　こうした生徒の移民背景や社会的出自は、その後の学校種の選択にも関わり、ドイツではギムナジウムとそれ以外の学校種による得点の差があることも問題となってきた。しかし、PISA 2015 では、非ギムナジウムの生徒の得点は前回調査より高くなり、低学力層の割合も減少するなど改善傾向にあることが報告されているのに対し、ギムナジウムの生徒はそのような傾向が見られないことが問題となっている。特に、PISA 2006 と比較すると、ギムナジウムの生徒の科学的リテラシーの得点は下がったのに対し、非ギムナジウムの生徒はそのような傾向はないとの結果から、「ドイツは、自然科学教育における才能のより良い促進のために、分化した学校システムの潜在的可能性をいまだ不十分にしか活かしていない」と結論づけている[62]。

　こうしたギムナジウムの生徒の得点傾向については、PISA 2012 から問題になり、PISA 2012 以降、上位層の促進（Spitzenförderung）と才能開発（Talententwicklung）が課題となってきたが、PISA 2015 の結果によって、この課題への一層の取り組みの必要性の認識が高まったといえる。事実、PISA 2012 とPISA 2015 の科学的リテラシーのコンピテンシー段階について、ギムナジウムの生徒の結果を見てみると、コンピテンシー段階Ⅳ以降の生徒の割合が若干で

序　章　ドイツにおける学力向上政策と教育方法改革の射程　　*33*

あるが減少傾向が読み取れる[63]。

このようにドイツでは、PISA ショック時には、生徒間格差、階層間格差（移民背景のある生徒、社会階層）、地域間格差、の３つの格差が問題となったが、PISA 以降の学力向上政策に力点を置いた教育改革によって、現在は一定の改善傾向にあり、その上で、さらなる格差の縮小という継続的な課題に加え、学力上位層の促進という新たな課題が自覚されてきているのである。

7. 今後の学力向上政策と教育方法改革の射程

以上のように、ドイツの学力向上政策と教育方法改革の特徴とその到達点について、われわれの共同研究が明らかにしてきたことを述べてきた。これらを踏まえ、今後の研究の課題について、学力向上政策に関わる研究課題と教育方法改革に関わる研究課題に分けて述べたい。

(1) 学力向上政策に関わる研究課題

これまで見てきたように、ドイツでは、教育の質を保証するための指標＝教育スタンダードを開発し、それに基づいた教育政策を行ってきた。その特徴は、クリーメ鑑定書でも強調されているように、教育のアウトプット・コントロール（出口管理）を基調とするもので、教育の成果を恒常的に点検し、関係者にその結果をフィードバックし、教育の質の改善を行うというものであった。

しかし、質保証のための制度をめぐっては、学校は自由でありながら教育スタンダードとその達成比較によって不自由であるというアイロニーが早くから自覚されており[64]、質保証をめぐっては、現在も議論とその改善が模索されている。以下の点を今後のわれわれの検討の課題として挙げたい。

第一は、教育の質保証のための「指標」（「学力」としてのコンピテンシー）のさらなる検討である。

教育の質保証の政策の特徴は、教育の質を測る指標として、Kompetenz（コンピテンシー）概念を採用している点にあった。しかし、このコンピテンシー志向の現状に対しては、行動として直ちにあるいは容易には現れ得ないが、学習

者の主体の成長・発達にとって重要な要素（特に、学びにおける「当為性」「規範性」）が軽視されることについての懸念や問題を指摘する声があったことはすでに述べた。特に、3節でも紹介したように、コンピテンシー志向の教育が社会適応に主眼が置かれ、学習観が短期的なものになったというNRW州生徒会代表のコッホ氏の指摘は、コンピテンシーに基づく教育が「現在資本主義（知識経済）下の労働に準備させる教育」であるとの批判[65]と通じるものである。氏の発言は、教育の質を示すものとしての「学力」が社会に適応するためのものとなっている現状を学ぶ側から厳しく批判するものである。この批判は、第3章で藤井啓之が生産的学習の課題として指摘しているように、学校で形成すべき「学力」がエンプロイアビリティ（雇用され得る能力）に矮小化され、かえって硬直的な学力形成に陥ってしまうという問題と通じるものである。

　このように、教育の質保証のための「指標」（「学力」としてのコンピテンシー）は、依然として検討すべき重要な事項であることは明らかである。今後はさらに、この質保証の指標としての「学力」について、ドイツで現在も続いている議論に即して検討していく必要がある。その際、グローバル経済社会への適応ないし生き残るために必要な資質・能力を備えた人材養成の視点から「学力」を構想する、現在の傾向を批判的に検討することが必要である。そして、グローバル経済社会によって生じている諸矛盾や諸問題の解決を志向し、子ども・若者一人ひとりの成長と発達の可能性を保障するような社会・世界を創造するという視点と、そのために必要な資質・能力を備えた社会的主体・生活主体を育てるという視点（ドイツの議論でいえばBildungの視点）から「学力」を問い、そのあり方を検討していくことが求められるであろう。これは、学力向上政策に対して、学力向上を自己目的化させるのではなく、学力保障から学習権の保障、そして一人ひとりの自由と幸福の追求と実現へと向かうことを求めるものである。こうした課題を追究していく上で、ポストコンピテンシー・ポスト資質能力の公教育の課題を検討した第1章の吉田成章、「批判的文化教育学」を検討した第3章の清永修全、「啓蒙の教授学」を提起した終章の久田敏彦の論考は重要な手がかりとなるだろう。

　第二は、質保証のための基準としてのスタンダードの設定とその運用が、各

学校・教師の自律性をどのように担保し、教育の多様性をどのように保障しているのか、ということの検討である。これは、学校の自律性とは何か、という原理的な問いと共に、この学校の自律性を保障する「基準」とは何か、その運用のあり方をどう考えれば良いのか、という問いを含むものである。

今回の調査で明らかにしたように、連邦や州の教育行政機関は、教育の質を保証するための指標としてだけでなく、その質の保証に向けた各学校の取り組みの自律性を尊重するものとして、教育スタンダードや外部評価の基準を設定し、評価制度を構想していた。しかし、本章の2節の（4）や第4章の辻野けんまが検討したように、評価の枠組みが学校・教師の「外側」で決定されている状況では、自律性が「強いられた自律性」となり、与えられた枠組みの中で学校・教師がその自律性を発揮しているにすぎないという見方もできる。

その意味では、現在の質保証のための制度の中で、学校・教師の自律性がどのように発揮されているのか、ということを、各学校の学校づくりの過程に即して具体的に調査し、検証していくことが課題となるだろう。

（2）教育方法改革に関わる研究課題

教育の質保証を中核とした学力向上政策の下では、「コンピテンシー志向の授業」と「インクルーシブな授業」が結びつき、学習の個別化・個性化を主な特徴とする教育方法改革が展開されてきた。このような教育方法改革は、多様性と異質性を包摂する空間の中で、個々の子どもに確かな学力を保障するだけでなく、社会性の発達も保障し、社会参加にひらかれた学習を志向するものであった。

しかし、このような肯定的な側面だけでなく、主に「学び」に関わる視点から見ると課題も残されている。以下の点を今後の検討の課題としたい。

第一の課題は、多様性の保障に関わる課題の検討である。これは、スタンダードに基づく教育とインクルーシブ教育の結びつきがもたらした「矛盾」をどう考えるのか、という問いでもある。

教育スタンダードによる個別支援は、同一の目標に対する多様な展開（方法、時間、教材など）を可能にしている。その意味では、学びの個別化・個性化は、

学習の多様性を保障しているように見えるが、その多様性とは何かが問われなければならないだろう。なぜなら、このような授業で保障されている多様性は、同一の評価軸の中で、到達の度合いとそれに至る進度の多様性ではないかと考えられるからである。これは、ザクセン州のコンピテンシー志向の授業の手引きにおいて、「授業を終わりから計画すること」と示されており[66]、従来の工学的アプローチによるカリキュラム（階段型カリキュラム）開発が志向されていることとも関わる。その意味では、コンピテンシーの獲得に向けた個別支援に基づく学習は、学習者にとっての学びの意味とその学習の過程を重視するいわゆる登山型カリキュラム（羅生門的アプローチ）でいわれてきた「ゴール・フリー」な学習として展開されているかどうかということも検討すべきであろう。

　第二の課題は、共通性の確保に関わる問題である。どの州も子どもの多様性・差異を積極的に認め、それらに応じた教育を進めていたが、ザクセン州とバイエルン州のコンピテンシー授業を調査した渡邉眞依子が指摘するように、「方法だけでなく達成レベルの差異を認めることは、『できない』者の切り捨てであるという批判も起こりうる」問題であり[67]、共通にそれぞれに保障されるべき学力としてどのレベルまでを各州・各学校では考えているかということも検討されるべきであろう。

　第三の課題は、個別化・個別支援と共同的な学びとの関係の問題である。多くの州では、子どもたちが共同で学び合う場面を積極的に位置づけていた。しかし、他方で、その「共同」や「学び合い」の内実はどのようなものか、ということも検討すべき課題である。ザクセン州でのインクルーシブ授業を分析した渡邉は、「コンピテンシー志向の授業や今日のインクルーシブ教育には、多様な者との学び合いによって、より認識が深まる授業づくりという発想はないように感じた」と指摘している[68]。今回のわれわれの調査では、学習者にとっての意味の発見やいわゆる自己・他者・対象世界との意味と関係の編み直しを志向するような学習の場面は、残念ながら十分に観察することはできなかった。第3章で藤井啓之は、生産的学習の課題として学びの個人化が個別化に矮小化されているという懸念を示し、わが国での学習の個別化とも共通する課題として、意味論的な水準である学習の個性化と、形態的な水準である個別化を区別

した議論の必要性を指摘している。これらも踏まえて、コンピテンシーの獲得を目指す個別的な学習が、どのような対話や共同を導いているのか、ということを学びの質に関わってさらに検討する必要があるだろう。

第四の課題は、多様性と異質性を包摂し、一人ひとりの学力と学習権そして社会的な存在として他者と関わり合いながら共に発達していく権利を保障するような教室空間をどのように構築していくのかという問題である。この点については、ドイツにおける「規律と指導のルネサンス」の議論を検討した第6章の熊井将太・早川知宏の論考が示唆的であろう。ドイツは、規律や指導を子どもの従属や統制という視点ではなく、学力形成や授業づくりを豊かにするための措置として位置づけようとしているという指摘は重要である。なぜなら、ドイツも日本も共に学力向上のために規律に注目している点では同じであるが、日本の場合は、授業だけでなく生活の様々な場面での行動の画一化・規格化を志向する「スタンダード」設定によって、学力向上のための措置が、かえって子どもたちの主体性の形成を阻むだけでなく、多様性・異質性の排除に進むことが懸念されているからである[69]。

以上、学力向上政策と教育方法改革とに分けて本研究の課題を述べてきたが、今後は、この学力向上政策と教育方法改革の結びつきの具体的な姿の検討、すなわち、教育の質保証政策が、各学校のレベルでどのような教育の質を生み出しているのかを問うことである。そのためには、学校を単位にして、カリキュラム編成、教育組織と連携の体制、日々の授業実践などをさらに具体的に検討する必要がある。また、これらの検討を可能とするような調査方法や分析の視点などについても検討していく必要があるだろう。

（高橋英児）

〈付記〉なお、本章は、久田敏彦・高橋英児「ドイツにおける学力向上政策と教育方法改革の特質―研究成果の概要―」『PISA後のドイツにおける学力向上政策と教育方法改革』（2014～2016年度科学研究費補助金 基盤研究（B）（海外学術調査）最終報告書 研究代表者：久田敏彦）、2017年に大幅な加筆・修正を加えている。

■注

1）現地調査は、ドイツの東・西・南・北の代表的な州・地域における学力向上政策の内容とその具体化、さらにそれぞれの地域での学校を中心とした教育実践の展開を調査目的として、2014年9月調査（ザクセン州・ライプツィヒ）、2015年3月調査（ベルリン、テューリンゲン州、バイエルン州）、2016年3月調査（ハンブルク州、ブレーメン州、ノルトライン・ヴェストファーレン州）、2016年9月調査（ノルトライン・ヴェストファーレン州、バーデン・ヴュルテンベルク州）の計4回にわたり行ってきた。

2）Vgl. KMK: 296. Plenarsitzung der Kultusministerkonferenz am 05./06. Dezember 2001 in Bonn.（https://www.kmk.org/aktuelles/artikelansicht/296-plenarsitzung-der-kultusministerkonferenz-am-0506dezember-2001-in-bonn.html［2019年5月22日閲覧］）und KMK/BMBF: Ergebnisse von PIRLS/IGLU 2006-I und PISA 2006-I: Gemeinsame Empfehlungen der Kultusministerkonferenz und des Bundesministeriums für Bildung und Forschung. Neue Schwerpunkte zur Förderung der leistungsschwachen Schülerinnen und Schüler bei konsequenter Fortsetzung begonnener Reformprozesse（Beschluss der Kultusministerkonferenz vom 06.03.2008）（https://www.kmk.org/fileadmin/Dateien/pdf/PresseUndAktuelles/080306-pisa.pdf［2019年5月22日閲覧］）

3）例えば、久田敏彦「ポスト『PISAショック』の教育」久田敏彦監修・ドイツ教授学研究会編『PISA後の教育をどうとらえるか―ドイツをとおしてみる―』八千代出版、2013年をはじめ、柳澤良明「ドイツにおける学力向上政策と学校経営の動向（1）『PISAショック』後の学力向上政策の特質」および「ドイツにおける学力向上政策と学校経営の動向（2）学力向上政策から生じた学校経営の新たな課題」『香川大学教育学部研究報告第Ⅰ部』第139号、2013年、原田信之「ドイツはPISA問題にどのように取り組んでいるか」日本教育方法学会編『教育方法37　現代カリキュラム研究と教育方法学』図書文化、2008年、原田信之「ドイツの教育改革と学力モデル」原田信之編著『確かな学力と豊かな学力』ミネルヴァ書房、2007年、原田信之「教育スタンダーズによるカリキュラム政策の展開」『九州情報大学研究論集』第8巻第1号、2006年、坂野慎二「学力と教育政策―ドイツにおけるPISAの影響から―」論文集編集委員会編『学力の総合的研究』黎明書房、2005年など。

4）Gemaisam Lernenは訳すと「共同的に学ぶ」となるが、われわれが参観した限りでは、それぞれが必要に応じてペアになったりグループになったりするなど、共同性はゆるやかな形で展開されていたため、そのイメージを表すものとして、本文のように訳出した。

5）樋口裕介「ドイツの学力向上政策における教育の質開発研究所（IQB）の位置と役割」『PISA後のドイツにおける学力向上政策と教育方法改革』（2014〜2016年度科学研究費補助金 基盤研究（B）（海外学術調査）最終報告書 研究代表者：久田敏彦）、2017年、27-31頁。なお、IQBでは、①教育スタンダー

ドを点検するためのテストの開発と教育スタンダードの実現に向けた支援、
②全州の教育スタンダードの実現状況を点検する州間比較（抽出調査）の実施、
③ VERA の開発（悉皆調査）、④様々な研究データの提供およびそうしたデー
タ分析に関わる研修やワークショップの開催など、の４つを主要な課題領域と
している。

6) VERA は、第 3 学年と第 8 学年を対象にした調査（テスト）であり、第 3
学年ではドイツ語と数学のうちから最低 1 教科、第 8 学年ではドイツ語、数学、
第一外国語（英語、フランス語）の 3 教科が対象となっている（https://www.
iqb.hu-berlin.de/vera［2019 年 5 月 22 日閲覧］）。

7) Stanat, P./Schipolowski, S./Rjosk, C./Weirich, S./Haag, N.（Hrsg.）: IQB-
Bildungstrend 2016 Bericht, 2017, S. 131.（https://www.iqb.hu-berlin.de/bt/
BT2016/Bericht/BT2016_Bericht.pdf［2019 年 5 月 22 日閲覧］）

8) 熊井将太「学校の外部評価の展開と学校現場への影響―バイエルン州調査か
ら―」『PISA 後のドイツにおける学力向上政策と教育方法改革』（2014 ～ 2016
年度科学研究費補助金 基盤研究（B）（海外学術調査）最終報告書 研究代表
者：久田敏彦）、2017 年。

9) 清永修全「教育現場における『問い返しの文化』の創造に向けて―テューリ
ンゲン州の学力向上政策と『コンピテンシーテスト』―」同上書、2017 年、
32-34 頁参照。

10) 髙木啓「学校改善・授業改善に向けたコンピテンシーテスト―ハンブルク・
KERMIT の取り組み―」同上書、2017 年、40-43 頁参照。

11) 同上論文、41 および 42 頁。

12) NRW 州については、高橋英児「NRW 州における教育の質保証のための取
り組み―NRW 州における質分析（QA）と実験学校の良い学校のためのスタ
ンダード―」同上書、2017 年および、辻野けんま「ドイツにおける学校監督
の現在―BW 州と NRW 州における三段階の学校監督機関への訪問調査から
―」同上書、2017 年で報告されている。また、バイエルン州は、熊井将太、
前掲論文に報告されている。以下の内容は、上記の報告をもとに記述を行って
いる。なお、ドイツの質保証政策の動向と特徴および各州の実施状況について
は、坂野慎二『統一ドイツ教育の多様性と質保証』東信堂、2017 年が詳しい。
また、各州の外部評価の基準については、熊井将太「PISA 後ドイツの学力向
上政策における学級指導・学級経営の位置づけ―各州の『参照枠組』『分析枠
組』の検討から―」『山口大学教育学部研究論叢』第 68 巻、2019 年が詳しい。

13) 熊井将太、前掲論文、48 頁以下参照。

14) 高橋英児、前掲論文、54 頁以下参照。

15) Ministerium für Schule und Weiterbildung des Landes Nordrhein-Westfalen:
Qualitätsanalyse in Nordrhein-Westfalen Landbericht 2016, 2016.（https://
www.schulministerium.nrw.de/docs/Schulentwicklung/Qualitaetsanalyse/
Download/index.html［2019 年 5 月 22 日閲覧］）

16) Ebenda, S. 58. なお、この一覧表は QA 導入時のもので、その後、修正・変更

が加えられ続けており、2017 年 9 月より、評価領域や評価項目を修正・変更した新しい一覧表に基づいて外部評価が行われている。新しい一覧表では、①期待される結果と成果（Erwartete Ergebnisse und Wirkungen）（3 項目）、②教授と学習（Lehren und Lernen）（11 項目）、③学校文化（Schulkultur）（7 項目）、④指導と管理（Führung und Management）（7 項目）、⑤大綱的条件と拘束的な基準（Rahmenbedingungen und verbindliche Vorgaben）（8 項目）、の 5 つの評価領域と 36 項目に統合され、全体で 79 の評価基準（うち 37 が義務的なもの、42 が補足的なもの）となっている（https://www.schulentwicklung.nrw.de/unterstuetzungsportal/index.php［2019 年 5 月 22 日閲覧］）。

17）Ministerium für Schule und Weiterbildung des Landes Nordrhein-Westfalen, a. a. O., S. 9.

18）清永修全、前掲論文、33 頁参照。

19）樋口裕介、前掲論文、30 頁以下参照。

20）辻野けんま、前掲論文、124 頁参照。

21）熊井将太、前掲論文、50 頁以下参照。

22）なお、こうした質保証のための評価制度が、学校実践の自律性にどのような影響を及ぼしているかについては、吉田成章「現代ドイツのカリキュラム改革―教育の自由はどのように守られているか―」広島大学大学院教育学研究科附属教育実践総合センター『学校教育実践学研究』第 24 巻、2018 年のように、事例研究に基づいたさらに検討が必要であろう。

23）久田敏彦、前掲論文、21 頁参照。

24）清永修全、前掲論文、32 頁以下参照。

25）同上論文、34 頁以下参照。

26）同上論文、34 頁以下参照。この点に関わっては、第 2 章の清永修全および終章の久田敏彦の論考が、「文化的陶冶」「啓蒙」という観点から検討しているので参照してほしい。また、このほかにも、例えば、高橋英児「現在・未来を生きる子どもに必要な教育とは」久田敏彦監修、ドイツ教授学研究会編『PISA 後の教育をどうとらえるか―ドイツをとおしてみる―』八千代出版、2013 年なども参照のこと。

27）辻野けんま、前掲論文、128 頁以下参照。

28）清永修全、前掲論文、34 頁以下参照。

29）熊井将太、前掲論文、47 頁以下参照。

30）高橋英児、前掲論文、57 頁以下参照。

31）Ministerium für Schule und Weiterbildung des Landes Nordrhein-Westfalen, a. a. O., S. 59f.

32）Vgl. Kommentierung Unterrichtsbeobachtungsbogen.（https://www.schulministerium.nrw.de/docs/Schulentwicklung/Qualitaetsanalyse/Download/Vorphase/Kommentar-zum-UBB-MSB.pdf［2019 年 5 月 22 日閲覧］）

この授業観察シートの解説も継続的に修正がなされており、ここで挙げたものは 2017 年のものである。なお、2013 年のものと比べると、評価項目自体は

変わっていないが、項目に対する説明が若干修正されている。

33) Ministerium für Schule und Weiterbildung des Landes Nordrhein-Westfalen, a. a. O., S. 59.

34) 熊井将太、前掲論文、51頁以下参照。

35) 高橋英児、前掲論文、59頁以下参照。

36) Vgl. SCHULVERBUND BLICKÜBERZAUN: Unsere Standards, 2005.（http://www.blickueberdenzaun.de/?p=377［2019年5月22日閲覧]) この「良い学校」のスタンダードは、2005年に公表されている。Groeben, A. v. d. : Unsere Standards, In: *Neue Sammlung*. Jahrgang 45, Heft 2, 2005.

　　なお、同ウェブサイトでは、クリーメ鑑定書の示すStandardsは、「経験的に点検可能な『である』叙述」（empirisch überprüfbare Ist-Beschreibungen）に対して、「良い学校」スタンダードは、良い学校についての同連合のイメージ（Vorstellung）を示すもので、要求が高いものであり、教育学的に、原則的に「『あるべき』条件値」（Soll-Vorgaben）であると説明している。

37) Vgl. SCHULVERBUND BLICKÜBERZAUN: Unsere Standards, a. a. O.

38) Vgl. ebenda.

39) 吉田成章「ドイツにおけるコンピテンシー志向の授業論に関する一考察」広島大学大学院教育学研究科教育学教室『教育科学』第29号、2013年、高橋英児「ドイツにおけるコンピテンシー志向の授業論に関する一考察」山梨大学教育人間科学部附属教育実践総合センター編『教育実践学研究』第21巻、2016年など。

40) 高橋英児、同上論文、12頁以下参照。

41) このほか、吉田茂孝・髙木啓・吉田成章「インクルージョンとコンピテンシーに着目した個別の学習支援の特質と教育方法改革—ハンブルク州・ブレーメン州調査を中心に—」『PISA後のドイツにおける学力向上政策と教育方法改革』（2014〜2016年度科学研究費補助金　基盤研究（B)（海外学術調査）最終報告書　研究代表者：久田敏彦）、2017年、79-92頁参照。

42) 辻野けんま、前掲論文、128頁以下参照。インタビューは、2016年9月14日に行った。

43) このような一人ひとりの子どもの参加の保障に関わる各州の取り組みの特徴は、先に述べたKMKの『教育スタンダードを活用した授業の開発に関するKMKの構想』（2010年）の「4．移民背景のある生徒への支援を強め、多様性をチャンスとして利用する」および「5．特別な教育的ニーズのある生徒にも基幹学校の修了証書を」に示されている。興味深いのは、従来の三分岐制の学校から総合制の学校制度への改革なども進んでいる点である。

44) このほか、藤井啓之「ザクセン州における『生産的学習』（Produktives Lernen）と教育の質保障」『PISA後のドイツにおける学力向上政策と教育方法改革』（2014〜2016年度科学研究費補助金　基盤研究（B)（海外学術調査）最終報告書　研究代表者：久田敏彦）、2017年、93-114頁参照。

45) Reiss, K./Sälzer, C./Schiepe-Tiska, A./Klieme, E./Köller, O.（Hrsg.）: PISA

2015 – Zusammenfassung, 2016a.（PISA 2015: Deutschland im internationalen Bildungsvergleich）（http://www.pisa.tum.de/pisa-2000-2015/pisa-2015/［2019 年 5 月 22 日閲覧］）

46）Reiss, K./Sälzer, C./Schiepe-Tiska, A./Klieme, E./Köller, O.（Hrsg.）: *PISA 2015. Eine Studie zwischen Kontinuität und Innovation*, Waxmann, Münster, 2016b.

47）Prenzel, M./Sälzer, C./Klieme, E./Köller, O.（Hrsg.）: *PISA 2012. Fortschritte und Herausforderungen in Deutschland*, Waxmann, Münster, 2013, S. 91.

48）久田敏彦、前掲論文、5-9 頁参照。

49）KMK: Grundsatzposition der Länder zur begabungsgerechten Förderung, 2009.（Beschluss der Kultusministerkonferenz vom 10.12.2009）und KMK: Förderstrategie für leistungsstarke Schülerinnen und Schüler, 2015.（Beschluss der Kultusministerkonferenz vom 11.06.2015）（https://www.kmk.org/themen/allgemeinbildende-schulen/individuelle-foerderung/foerderung-leistungsstaerkere.html［2019 年 5 月 22 日閲覧］）

50）ただし、すべての参加国がコンピューター使用型調査へ移行したわけではないことと、コンピューター使用型調査のために新規に開発された問題は、今回の重点領域である科学的リテラシーのみである点に注意を促している。文部科学省国立教育政策研究所「OECD 生徒の学習到達度調査―2015 年調査国際結果の要約―」、2016 年（http://www.nier.go.jp/kokusai/pisa/index.html#PISA2015）［2019 年 5 月 22 日閲覧］、6 頁参照。

51）報告書では、ドイツの生徒は OECD 諸国と比較してコンピューターへの習熟は低く、コンピューターを使用した今回のテストの方が困難であり、PISA 2015 の結果にも影響を及ぼしているとの見方も示されている。Vgl. Reiss, K. u. a., a. a. O., 2016a, S. 4ff. なお、今回の調査では、3 分の 1 の学校は調査に必要なコンピューター環境が整っていなかったことも指摘されており、インフラなどの大綱的条件によって改善の可能性もあると示唆されている。Vgl. Reiss, K./Sälzer, C.: Fünfzehn Jahre PISA: Bilanz und Ausblick, In: Reiss, K. u. a.（Hrsg.）: *PISA 2015. Eine Studie zwischen Kontinuität und Innovation*, Waxmann, Münster, 2016, S. 376.

52）Vgl. Reiss, K./Sälzer, C., ebenda, S. 381. 一方で、PISA 2012 の結果と比べると読解リテラシーを除いて得点は下がっているが、報告書では、この点については特に問題視していない。

53）Vgl. Reiss, K. u. a., a. a. O., 2016a, S. 4ff.

54）Vgl. ebenda, S. 7.

55）Vgl. ebenda, S. 7f.

56）Vgl. ebenda, S. 10.

57）Vgl. Reiss, K./Sälzer, C., a. a. O., 378. なお、科学的リテラシーは、PISA 2012 では男女平均点が同じだったが、PISA 2015 では再び男子が上回る結果となっている。

58）Reiss, K. u. a., a. a. O, 2016b, S. 466. 作成にあたり、元の表から標準誤差などの数値を省略して作成している。

59）Ebenda, S. 307. 作成にあたり、元の表から標準誤差などの数値を省略して作成している。

60）Vgl. Reiss, K./Sälzer, C., a. a. O., S. 378.

61）Vgl. ebenda, S. 379.

62）Vgl. ebenda, S. 380.

63）それぞれのグラフを比べてみると、PISA 2012 では、コンピテンシー段階Ⅳ～Ⅵまでの生徒の割合はおよそ 75％であるが、PISA 2015 ではおよそ 65％となっている。Vgl. Prenzel, M. u. a., a. a. O., S. 208. und Reiss, K. u. a., a. a. O., S. 86.

64）久田敏彦、前掲論文、2013 年、21 頁参照。

65）中野和光「グローバル化の中の教育方法学」日本教育方法学会編『教育方法 44　教育のグローバル化と道徳の「特別の教科」化』図書文化、2015 年、21 頁参照。

66）渡邉眞依子「コンピテンシー志向の授業の展開と特質—ザクセン州とバイエルン州の調査をもとに—」『PISA 後のドイツにおける学力向上政策と教育方法改革』（2014 ～ 2016 年度科学研究費補助金 基盤研究（B）（海外学術調査）最終報告書 研究代表者：久田敏彦）、2017 年、66 頁。

67）同上論文、73 頁。

68）同上論文、69 頁。

69）高橋英児「教育の『基準』をひらく—スタンダードとは何だろう—」教育をひらく研究会編『公教育の問いをひらく』デザインエッグ、2018 年および高橋英児「教育のスタンダード化がもたらす諸問題と対抗の可能性」日本生活指導学会編『生活指導研究』No. 36、2019 年参照。

第1部

カリキュラム改革の動向と
ドイツ教育学議論の特質

第1章

コンピテンシー志向のカリキュラム改革と
授業づくりの意義と課題

　「資質・能力」ベース（Kompetenz-basiert, competency-based）のカリキュラム改革が世界的潮流となりつつある。多くの国において知識基盤社会に対応するカリキュラムと授業のあり方を方向づけるものとして「コンピテンシー」・「資質・能力」に注目が集まっている。こうした動向は、国家レベル・地域レベルのカリキュラム改革にどのような影響を与えてきているのであろうか。また、教育学議論において「コンピテンシー」・「資質・能力」はどのようにとらえられているのであろうか。さらにそれらを背景として、学校カリキュラム実践・授業実践はどのような課題に直面しているのであろうか。

　本章では、PISA調査を受けて「コンピテンシー」導入によるカリキュラム改革を早期に断行し、「コンピテンシー志向の授業づくり」に着手してきているドイツの動向[1]を映し鏡に、わが国における「資質・能力」ベースのカリキュラム改革下における授業づくりの意義と課題を検討する。

1.「コンピテンシー」導入のカリキュラム改革とその帰結

（1）ドイツのカリキュラム改革における「コンピテンシー」概念の導入[2]
　1）社会科学議論における「コンピテンシー」から教育学議論へ

　ドイツ語圏では日常的な用語でもある「コンピテンシー」がPISA後ドイツの教育学議論の中でどのように位置づけられてきたのかを明確にするために参照されるのは、心理学者ホワイト（White, R. H.）、言語学者チョムスキー（Chomsky, N.）、心理学者マクレランド（McClelland, D. C.）、政治哲学者ハーバーマス（Habermas, J.）といった社会科学（Sozialwissenschaft）における議論である[3]。動機づけの有用性を主張したホワイトや動機づけ研究をベースとしながら人材

47

マネジメントにも携わったマクレランドといった心理学者以上に取り上げられるのが、「コンピテンシー」と「パフォーマンス（Perfoemanz）」とを区別したチョムスキーと、その理論を「ドイツ語圏の社会科学議論において実り豊かなものとした」[4] ハーバーマスのコミュニケーションコンピテンシー（Kommunikative Kompetenz）である点が、ドイツにおける社会科学議論の特徴である。

　こうした社会科学議論の中でのコンピテンシー概念をグルーネルト（Grunert, C.）は、自己と世界との対話の中で、知識をベースとしつつ特定の問題状況の中で発揮されるとする「コンピテンシー」理解こそが、「不平等」の是正と「解放」・「社会改革」を原理としたハーバーマスのコミュニケーション理論を呼び込み、教育学議論へと導入されるととらえている[5]。

　ドイツの教育学議論の中に「コンピテンシー」概念を位置づけたのは、「教育人間学（Pädagogische Anthropologie）」の提唱と「教育学研究における現実主義的転回（die realistische Wendung in der pädagogischen Forschung）」で知られるロート（Roth, H.）である[6]。ロートは『教育人間学　第二巻』（1971 年）の中で、次の 3 つのコンピテンシー概念を提示した[7]。

a）自己コンピテンシー（Selbstkompetenz）

b）事象コンピテンシー（Sachkompetenz）

c）社会コンピテンシー（Sozialkompetenz）

　自己コンピテンシーとは、「自らに責任を持って行為することができる能力（Fähigkeit）」であり、「成人性への教育（Mündigkeit zur Erziehung）」[8] の重要性が語られ[9]、コンピテンシー概念が「啓蒙思想的な陶冶概念の伝統と直接的に結びつけられ」[10] ている。事象コンピテンシーとは、「事象領域に対して判断し、行為することができる能力」であり、社会コンピテンシーとは、「社会的・契約社会的・政治的に重要な事象領域あるいは社会領域に対して判断し、行為することができる能力」である[11]。この 3 つのコンピテンシーが、彼自身の研究の中心的テーマの一つであった人間の「行為（Handlung）」を理論づけるものとして提起されたのである[12]。行為コンピテンシー（Handlungskompetenz）のための理論的な枠組みとして提起されたロートの 3 つのコンピテンシーのとらえ方は、彼自身も中心的役割を果たした 1974 年のドイツ教育審議会（Deutsche Bildungsrat）のコンピテンシー概念を通して、教育政策と教育実践に対して直接的な影響を与えていった[13]。

1970年代のドイツは、伝統的な精神科学的教育学とレアプラン理論の見直しが、学校体制とカリキュラムの改革とに接続して活発になされている時代であった。アカデミックな陶冶概念と職業的な資格付与（Qualifikation）構想とを媒介するために、1974年にドイツ教育審議会は後期中等教育段階の改変（Neuordnung）に向けた勧告を出した。この勧告におけるコンピテンシー理解が、PISA後のドイツにおけるコンピテンシー概念の位置づけと教育政策とに結びついている。ドイツ教育審議会の1974年勧告においてコンピテンシーは、①専門コンピテンシー（Fachkompetenz）、②人間的なコンピテンシー（humane Kompetenz）、③社会的－政治的コンピテンシー（gesellschaftlich-politische Kompetenz）の3つの枠組みでとらえられ、生活場面における行為能力（Handlungsfähigkeit）の重要性が強調された[14]。

ロートの自己コンピテンシーが人間的なコンピテンシーに、事象コンピテンシーが専門コンピテンシーに、社会コンピテンシーが社会的－政治的コンピテンシーに対応し、具体的な生活状況において発揮されうる行為能力の形成へと至る学習過程が重要視されていることがわかる。このロートとドイツ教育審議会によって提示された3つ組（Trias）のコンピテンシー理解が、今日のドイツにおけるコンピテンシー議論においても重要な位置を占めている。

この1970年代におけるコンピテンシー概念への着目には、学校での教育と職業生活とをどのように結びつけるのかという資格付与をめぐる議論が背景となっている。行為能力や職業領域が強調されるのはこのためである。この議論は、ドイツでは「鍵的資質（Schlüsselqualifikation）」をめぐる議論として提起された[15]。上述した1974年のドイツ教育審議会勧告の中では、「専門的な資格付与は学習成果の職業における有用性（Verwertbarkeit）に眼目を置く」[16]のに対して、「専門コンピテンシーは後期中等教育段階とは異なった社会領域における特定の要求に応えうる資格付与を青少年に与えるもの」[17]であるとされた。「資格付与」が議論される場合には、特定の職業養成教育のあり方が重要となり、カリキュラム全体の整合性を考慮するために、「コンピテンシー」概念が

第1章　コンピテンシー志向のカリキュラム改革と授業づくりの意義と課題　49

提起されたのであった。これに対して鍵的資質は、労働社会の変化に対応するための鍵として、より広義の概念として提起された。したがって、「陶冶は目的フリーの一般的なものと結びつき、資格付与は目的関連的な特殊なものと結びついているのに対して、鍵的資質構想はこれらの要素の連結を成すもの」[18]とされ、鍵的資質議論は 1990 年代の教育改革にも大きな影響を与えてきた[19]。

　こうした職業教育全般にも影響を与える概念としての「鍵的資質」の議論を経て、2002 年の「教育フォーラム（Forum Bildung）」専門委員会報告書において、「陶冶と資格付与の目標としてのコンピテンシー」が提起される。同報告書において、「陶冶と資格付与は人格の発達、社会への参加、就業能力を目標とする」こと、さらに「内容的知識と知識活用の能力の媒介が等閑視されることはあってはならないし、社会コンピテンシーとパーソナルコンピテンシーの獲得も同様である。これらは相互に関連づけられるときにのみ獲得されうる」ことが提起された[20]。PISA 後のドイツにおいて定着している「コンピテンシー」理解を提供したヴァイネルト（Weinert, F. E.）も、本報告書の執筆メンバーの一人であった。

　PISA 後ドイツのカリキュラム議論において定着している「コンピテンシー」理解は、DeSeCo プロジェクトにおいて「コンピテンシーの構想」を担当した心理学者ヴァイネルトによるものであることは、すでにたびたび指摘されてきた[21]。彼はコンピテンシーを次のように定義した。コンピテンシーは、「ある特定の問題を解決するための、個々人の自由意志によって操作可能な、あるいは習得可能な認知的能力・技能であり、（中略）認知的能力・技能と結びついた動機的・意欲的・社会的構えや能力である」[22]。続けて彼は、次の 3 つのコンピテンシーを提示した[23]。すなわち、教科コンピテンシー（fachliche Kompetenz）、教科横断コンピテンシー（fachübergreifende Kompetenz）、そして行為コンピテンシー（Handlungskompetenz）である。

　特定の問題を解決するための認知的能力・技能に加えて、動機的・意欲的・社会的構えや能力を「コンピテンシー」とするヴァイネルトの定義は、「教育スタンダード」の導入を具体的に方向づけた通称「クリーメ鑑定書」にも直接引用される[24]。ヴァイネルトによって直接的にはロートの引用・参照はなされ

ないものの、教科コンピテンシーは事象コンピテンシーに、教科横断コンピテンシーは自己コンピテンシーと社会コンピテンシーに対応しており、その上で行為コンピテンシーが設定されている点も共通している。さらに同鑑定書においてコンピテンシーは課題設定に置き換えられ、テスト実施（Testverfahren）によってとらえられるとされた[25]。

　こうして、テスト実施を前提とした「教育スタンダード」が導入された。この点についてクリーメ（Klieme, E.）自身は、1970年代の教育改革、とりわけ「カリキュラム改革（Curriculumrevision）」の挫折（Scheitern）の根拠にも言及しながら、40年前の改革との共通点を認識しつつ次のように述べている。「統一的なスタンダードの制定とテストに基づく教師へのフィードバック体制の構築が、社会的選抜の問題と不足する教育的促進に対する回答とみなされよう」[26]。すなわち、テスト実施による実証的な教育効果の検証と、それを基盤とした教師へのフィードバックと教育的不平等の是正という、わが国の現状と同様の主張がなされているのである。

　「クリーメ鑑定書」を受けて各州文部大臣会議（Ständige Konferenz der Kultusminister der Länder in der Bundesrepublik Deutschland：KMK）は、2003年以降に基礎学校終了段階から「一般大学入学資格（allgemeine Hochschulreife）」段階までの4つの段階で、ドイツ語・数学・外国語・自然科学の4つの領域の「教育スタンダード」を提示してきている。「教育スタンダード」は各学校の終了段階のコンピテンシーを規定したものであるため、それぞれの学年で到達すべき「コンピテンシー段階」はすぐには提示されてこなかった。その後、フンボルト大学に設置された「教育の質開発研究所（Institut zur Qualitätsentwicklung im Bildungswesen：IQB）」によって、「コンピテンシー段階モデル（Kompetenzstufenmodell）」が提示されてきている。これまでに提示されてきた「教育スタンダード」と「コンピテンシー段階モデル」を一覧にしたものが、表1-1である。なお「コンピテンシー段階モデル」については、2011年の州間比較（Ländervergleich）の結果を受けて基礎学校終了段階のドイツ語と数学が2013年と2015年に、2012年の州間比較の結果を受けて中等教育段階の数学が2013年に改訂されている。

表1-1　ドイツにおける「教育スタンダード」と「コンピテンシー段階モデル」一覧[27]

	基礎学校修了段階 （第4学年）	基幹学校修了段階 （第9学年）	中等学校修了段階 （第10学年）	一般大学入学資格
教育スタンダード（KMK）	ドイツ語（2004年） 数学　　　（2004年）	ドイツ語（2004年） 数学　　　（2004年） 外国語　　（2004年）	ドイツ語（2003年） 数学　　　（2003年） 外国語　　（2003年） 生物　　　（2004年） 化学　　　（2004年） 物理　　　（2004年）	ドイツ語（2012年） 数学　　　（2012年） 外国語　　（2012年）
コンピテンシー段階モデル（IQB）	ドイツ語（聞く、読む、正書法） （²2013年、2010年） ドイツ語（言語使用） （²2015年、2010年） 数学 （²2013年、2008年）	ドイツ語（読む、聞く、正書法）（2014年） 数学　　　（²2013年、2011年） 外国語　（英語）（2014年）	ドイツ語（言語使用、書く） （2014年） 外国語（フランス語） （2009年） 生物・科学・物理 （2013年）	

2）各州の「教育課程の基準」における「コンピテンシー」概念の導入

　各州の「教育課程の基準」において、コンピテンシーはどのように位置づけられているのであろうか。樋口ら（2015）において、基礎学校段階におけるコンピテンシーの位置づけが検討されてきている。ここでは樋口ら（2015）で作成された表に、中等教育段階におけるコンピテンシーの位置づけを加筆する形で表にまとめている（表1-2参照）[28]。なお、主な分析対象としたのは基幹学校あるいは総合制学校とギムナジウムの前期中等教育段階（Sekundarstufe I）の、ドイツ語・数学・自然科学・体育科である。以下では、ヴァイネルトの3つのコンピテンシー枠組み、すなわち教科コンピテンシー、教科横断コンピテンシー、行為コンピテンシーという視点から分析を行う。

　まず第一に、基礎学校の「教育課程の基準」におけるコンピテンシーの位置づけとの明確な違いとして、中等教育段階における「コンピテンシー」の位置づけは教科コンピテンシーに大きな比重が置かれており、また教科ごとに異なったコンピテンシー領域を設定している州が多いという点を指摘できる。学級担任制の基礎学校とは違い、中等教育学校では教科担任制がとられていると

いうことももちろん関係しているだろうが、むしろ各州・各教科におけるコンピテンシーの位置づけは、「教育スタンダード」に示されたコンピテンシー領域に明確に対応していると分析できる。「教育スタンダード」が設定されていない体育科では、「包括的な行為コンピテンシー」の下に運動領域やスポーツ領域などといった内容領域が設定される州（NW州・RP州）もあるが、多くの州では教科を越えたコンピテンシーに加えて内容領域が設定されている。

　第二に、「教科を越えたコンピテンシー（überfachliche Kompetenz）」は多くの州で位置づけられているものの、基礎学校と教科コンピテンシーに比べてその位置づけ方は消極的だという点である。「教科を越えたコンピテンシー」を明確に位置づけているのは7州（HH州・HE州・RP州・SL州・ST州〔数学〕・SH州・TH州）である。その中でも、「学習コンピテンシー」が5州（HH州・HE州・ST州・SH州・TH州）で位置づけられている。

　第三に、「行為コンピテンシー」は4州（BE州・MV州・NW州〔体育〕・RP州〔体育〕）において設定されているが、これも基礎学校と比べてみればその位置づけはかなり後退しているといえる。ロートの3つのコンピテンシーの区別も参照しながら、行為コンピテンシーを上位概念として、①事象コンピテンシー、②方法コンピテンシー、③社会コンピテンシー、④パーソナルコンピテンシーを配置するコンピテンシー理解[29]は、「レーマン／ニーケ型コンピテンシー・モデル」として多くの州に取り入れられてきていることはすでに指摘されてきたとおりである[30]。基礎学校では若干の違いはあるものの、11もの州（BW州・BY州・BE州・BB州・HB州・HH州・HE州・MV州・RP州・SN州・TH州）で導入されている。中等教育段階では、部分的な参照を含めても7州（HB州〔体育〕・HH州・HE州・MV州〔基幹学校〕・SL州・SH州・TH州）である。さらにこの7州の中で「行為コンピテンシー」を位置づけているのはMV州のみであり、上述した「学習コンピテンシー」と関連づけて3つあるいは4つのコンピテンシー枠組みを設定する州が多い。

　以上の分析からまず、基礎学校と同様に中等教育段階においても、すべての州でコンピテンシー概念が導入されていることを指摘できる。さらに、基礎学校と比して「教科コンピテンシー」の位置づけが前面において強調され、「教

第1章　コンピテンシー志向のカリキュラム改革と授業づくりの意義と課題　　53

科を越えたコンピテンシー」と「行為コンピテンシー」は多くの州で設定されているものの、教科コンピテンシーに比べてその位置づけは後景に退いている

表1-2　各州の「教育課程の基準」におけるコンピテンシーの位置づけ[31]

		学校分岐			基礎学校
		Gymnasium	Realschule	Hauptschule	
BW	バーデン・ヴュルテンベルク	Gemeinschaftsschule			①パーソナルコンピテンシー、②社会コンピテンシー、③方法コンピテンシー、④専門（・事象）コンピテンシー（2004）
			Werkrealschule und Hauptschule		
			Realschule		
BY	バイエルン		Realschule	Mittelschule	パーソナル、認知的、情動的、社会的基礎コンピテンシー（：変化や負荷とのコンピテンシーのある関わり、学習・方法コンピテンシーの前提）、事象コンピテンシー（2014）
				Wirtschafts-schule	
BE	ベルリン	integrierte Sekundarschule			行為コンピテンシー（上位概念）：①事象コンピテンシー、②方法コンピテンシー、③社会コンピテンシー、④パーソナルコンピテンシー（2004）
BB	ブランデンブルク	Gesamtschule			行為コンピテンシー（上位概念）：①事象コンピテンシー、②方法コンピテンシー、③社会コンピテンシー、④パーソナルコンピテンシー（2004）
		Oberschule			
HB	ブレーメン	Oberschule			行為コンピテンシー（上位概念）：①事象コンピテンシー、②方法コンピテンシー、③社会コンピテンシー、④パーソナルコンピテンシー（2004）
HH	ハンブルク	Stadtschule			教科を越えたコンピテンシー（：①自己コンピテンシー、②社会・コミュニケーションコンピテンシー、③学習方法コンピテンシー）と教科コンピテンシー（2011）
HE	ヘッセン	kooperative Gesamtschule			教科を越えたコンピテンシー（：①パーソナルコンピテンシー、②社会コンピテンシー、③学習コンピテンシー、④言語コンピテンシー）と教科コンピテンシー（2011）
		Integrative Gesamtschule			
		Realschule	Hauptschule		
			Verbundene Haupt- und Realschule		
			Mittelstufenschulea		

54　第1部　カリキュラム改革の動向とドイツ教育学議論の特質

といえる。ロートの提起した３つの概念は多くの州において形を変えながら、とりわけ「学習コンピテンシー」という用語で導入されているものの、批判理

前期中等教育学校（中等教育学校／ギムナジウム）
・全教科横断の６つの主導的観点（Leitperspektive）：「持続可能な発展のための教育」・「多様性への寛容と受容のための教育」・「予防とヘルスプロモーション」・「職業志向」・「メディア教育」・「消費者教育」（2016） ・「プロセス関連的コンピテンシー（prozessbezogene Kompetenz）」と「内容関連的コンピテンシー（inhaltsbezogene Kompetenz）」（2016）
・「基礎知識」と「キーコンピテンシー」（2004） ・各教科で「復習・練習・適応・深化」のルーブリック作成 ・「バイエルン州学校の質・教育研究所」の HP には各教科ごとに各学年修了段階のコンピテンシーが明記。内容は教科内容領域
・コンピテンシーの獲得や発達が強調されるが、明確な定義はなく、教育スタンダードに準拠→内容領域ごとに設定（2006） ・「行為コンピテンシー」が明記
・コンピテンシーの獲得や発達が強調されるが、明確な定義はなく、教育スタンダードに準拠→内容領域ごとに設定（2008） ・2017/18 年度から BE 州と BB 州とで共通の新しいプランが実施→「スタンダードと内容の関連づけ」が改訂の焦点
・教科ごとにコンピテンシーのとらえ方が異なる←教育スタンダードの領域に準じる ・「数学」（2010/2006）：「教科関連的コンピテンシー」の中に「プロセス関連コンピテンシー」と「内容関連コンピテンシー」 ・「自然科学」（2010/2006）「コンピテンシー領域」（教科知識・認識獲得・コミュニケーション・価値づけ） ・「体育」（2012/2006）：体育と関連した①事象コンピテンシー、②方法コンピテンシー、③社会コンピテンシー、④パーソナルコンピテンシー
・教科コンピテンシー→「到達されるべきコンピテンシーは要求の形式で記述され、義務的な内容と関連づけられる」、ミニマムな要求としての教科コンピテンシー（2011） ・教科を越えたコンピテンシー（①自己コンピテンシー、②社会-コミュニケーションコンピテンシー、③学習方法コンピテンシー） ・「教育言語コンピテンシー（Bildungssprachliche Kompetenzen）」
「コアカリキュラム」（2011） ・教科を越えたコンピテンシー（①パーソナルコンピテンシー、②社会コンピテンシー、③学習コンピテンシー、④言語コンピテンシー） ・教科コンピテンシー ・「説明文 Begleittext」が７冊刊行（2010）

第１章　コンピテンシー志向のカリキュラム改革と授業づくりの意義と課題　55

		学校分岐			基礎学校
		Gymnasium	Realschule	Hauptschule	
MV	メクレンブルク・フォアポンメルン	Gesamtschule			行為コンピテンシー（上位概念）：①事象コンピテンシー、②方法コンピテンシー、③社会コンピテンシー、④パーソナルコンピテンシー（2004）（HPでは確認できず）
			Regionale schule		
NI	ニーダーザクセン	Gesamtschule			方法関連（プロセス関連）コンピテンシーと内容関連コンピテンシー（2006）
			Oberschule		
			Realschule	Hauptschule	
NW	ノルトライン・ヴェストファーレン	Gesamtschule			包括的なコンピテンシー（：①気づきとコミュニケーション、②分析と省察、③構成と表現、④転移と活用）、言語コンピテンシーにも言及（2008）
		Sekundarschule			
			Realschule	Hauptschule	
RP	ラインラント・プファルツ	Integrierte Gesamtschule			①学習コンピテンシー、②方法・道具的な鍵的コンピテンシー、③社会コンピテンシー、④価値志向の発達（2002）
			Realschule plus		
SL	ザールラント	Gemeinschaftsschule			内容コンピテンシーと一般コンピテンシー（：内容コンピテンシー獲得のための方法、学習ストラテジーなど）（2009）
			Erweiterte Realschule		
SN	ザクセン	Mittelschule			①方法コンピテンシー、②学習コンピテンシー、③社会コンピテンシー（2009）
ST	ザクセン・アンハルト	Gemeinschaftsschule			プロセス関連コンピテンシー（教科を越えたコンピテンシー）と内容関連コンピテンシー（教科関連コンピテンシー）（2007）
		Gesamtschule			
			Sekundarschule		
SH	シュレスヴィヒ・ホルシュタイン	Gemeinschaftsschule			（コンピテンシー概念の枠組みなし→鍵的資質）（1997）
			Regionalschule		
TH	テューリンゲン	Gemeinschaftsschule			学習コンピテンシー（上位概念）：①自己コンピテンシー、②社会コンピテンシー、③方法コンピテンシー、④事象コンピテンシー（2010）
		Gesamtschule			
			Regelschule		

前期中等教育学校（中等教育学校／ギムナジウム）
・「基幹学校」（2002）行為コンピテンシー＋①事象コンピテンシー、②方法コンピテンシー、③社会コンピテンシー、④パーソナルコンピテンシー（2002） ・「ギムナジウム」（2011）教科コンピテンシー、行為コンピテンシー
・「数学」（2013/2015）・「自然科学」（2015/2015）・「体育」（2007）ではプロセス関連コンピテンシーと内容関連コンピテンシー ・「ドイツ語」（2013/2015）は教育スタンダードの内容領域に準じる
・「数学」（2004/2007）教科関連コンピテンシー→プロセス関連コンピテンシー・内容関連コンピテンシー ・「自然科学」（2007/2015）コンピテンシー領域（プロセス）＋内容領域（対象） ・「体育」（2011）では包括的な行為コンピテンシーとパーソナルコンピテンシー・社会コンピテンシー＋教科コンピテンシー
・「数学」（2007）：内容関連数学的コンピテンシー、問題解決コンピテンシー ・「自然科学」（2014）：内容関連数学的コンピテンシー、問題解決コンピテンシー ・「ドイツ語」（1998）：方法コンピテンシー、社会コンピテンシーほか ・「体育」（1998）：包括的な行為コンピテンシー
教科コンピテンシー、教科を越えたコンピテンシー（例えば、社会コンピテンシー、方法コンピテンシー、コミュニケーションコンピテンシー、美的コンピテンシー、多文化コンピテンシーなど）（2014）
・「ドイツ語」（2015）：教科関連コンピテンシー（プロセス領域コンピテンシー＋領域関連コンピテンシー） ・「数学」（2015）：内容関連的数学コンピテンシー＋言語コンピテンシー、学習コンピテンシー、メディアコンピテンシー、社会コンピテンシー ・「自然科学」（2015）：自然科学的行為コンピテンシー ・「体育」（2012）：体育関連的行為コンピテンシー
・個々の生活の構成と社会への参加のための「鍵的資質」（1997） ・①事象コンピテンシー、②方法コンピテンシー、③自己コンピテンシー、④社会コンピテンシー→学習コンピテンシー全体（1997） ・「学校内教科カリキュラム」のための資料（2007）の中で教科会議において「コンピテンシー」を明確にすることが推奨される
・学習コンピテンシー（方法コンピテンシー、自己コンピテンシー、社会コンピテンシー）と言語コンピテンシー（事象コンピテンシー） ・「ドイツ語」（2011）はさらに多文化コンピテンシーが強調 ・「数学」（2012）はさらにメディアコンピテンシーが強調

論を背景とした「行為」の重要性という彼の主張は、各州の「コンピテンシー」の位置づけにおいては後景に退いているといえるのではないだろうか。

(2) 日本の学習指導要領における「資質・能力」の位置づけ

ドイツにおける「PISAショック」がカリキュラム改革における「コンピテンシー」概念の導入へと直結していったのに比して、日本では「学力低下」批判と「ゆとり教育路線」への批判と連動しながら、1990年代までの教育政策の検証を欠いたままに教育政策へと具体化されていった側面が大きい。2008年の中央教育審議会答申では、「『生きる力』は、その内容のみならず、社会において子どもたちに必要となる力をまず明確にし、そこから教育の在り方を改善するという考え方において、この主要能力（キーコンピテンシー）という考え方を先取りしていたと言ってもよい」[32]と指摘し、①言語活動の充実、②理数教育の充実、③伝統や文化に関する教育の充実、④道徳教育の充実、⑤体験活動の充実、⑥外国語活動、の6点を重点事項として取り上げた[33]。この中でもとりわけ「①言語活動の充実」は、「PISAショック」を直接的に反映したものととらえてよいだろう。このことは逆に、PISA調査が提起した「リテラシー」の側面が強調され、「コンピテンシー」の側面は強調されなかったといってもよい。

それに対して、この「コンピテンシー」の側面を強調した2017・2018年版学習指導要領の改訂は、「何を教えるかではなく、学習者が何ができるようになったか」を謳い、「資質・能力」をその中核に位置づけた。「育成すべき資質・能力を踏まえた教育目標・内容と評価の在り方に関する検討会」の「論点整理」（2014年3月）を基盤として[34]、2014年11月20日の文部科学大臣による「諮問」では、「新しい時代を生きる上で必要な資質・能力」として「育成すべき資質・能力」の明確化が求められた。さらに、「『何を教えるか』という知識の質や量の改善はもちろんのこと、『どのように学ぶか』という、学びの質や深まりを重視することが必要であり、課題の発見と解決に向けて主体的・協働的に学ぶ学習（いわゆる『アクティブ・ラーニング』）や、そのための指導の方法等を充実させていく必要があり」、「教育目標・内容と学習・指導方法、学習評価

の在り方を一体として捉え」た学習指導要領のあり方が問われたことは周知のとおりである。

カリキュラムと授業は、子どもたちの学力保証と人格の完成に向けた資質・能力の向上のために構想・実践されてしかるべきである。しかしながら、「育成すべき資質・能力」を日本社会に共通するものとして描くことができるのか、そもそも描くべきなのか、「資質」を含めてよいのかどうかが重要な論点[35]であり、学習指導要領が「方法」と「評価」の側面にまで介入してよいのかどうかが重要な論点となってきている[36]。

こうした経緯を経て、「資質・能力」は2016年12月の中央教育審議会答申において次のような「三つの柱」として提示された[37]。

① 「何を理解しているか、何ができるか（生きて働く「知識・技能」の習得）」

② 「理解していること・できることをどう使うか（未知の状況にも対応できる「思考力・判断力・表現力等」の育成）」

③ 「どのように社会・世界と関わり、よりよい人生を送るか（学びを人生や社会に生かそうとする「学びに向かう力・人間性等」の涵養）」

この定義は、学校教育法第30条第2項のいわゆる「学力の構成要素」（基礎的な知識・技能、思考力・判断力・表現力その他の能力、主体的に学びに取り組む態度）と対応したものであることは明白であり、「学力」と「資質・能力」の定義に整合性をつけたものと見ることができよう[38]。

ただし重要なことは、この「資質・能力」の「三つの柱」と学習指導要領上の文言との関係である。学習指導要領では次のように記述されている。

「どのような資質・能力の育成を目指すのかを明確にしながら、教育活動の充実を図るものとする。その際、児童の発達の段階や特性等を踏まえつつ、次に掲げることが偏りなく実現できるようにするものとする。（1）知識及び技能が習得されるようにすること。（2）思考力、判断力、表現力等を育成すること。（3）学びに向かう力、人間性等を涵養すること」[39]。

すなわち、中教審答申で示された「資質・能力の三つの柱」は「偏りなく実現できるようにする」ことが重要であり、「どのような資質・能力を目指すのかを明確にしながら、教育活動の充実を図る」ための各学校の教育課程編成の

第1章　コンピテンシー志向のカリキュラム改革と授業づくりの意義と課題　59

意義が強調されているのである。したがって各学校では、学習指導要領を語義どおりのスタンダード＝基準として、目の前の子どもたちにどのような資質・能力を目指すのかを明確にしながら教育課程を編成することが求められる[40]。

（3）ドイツにおけるコンピテンシー志向への批判[41]
―「PISA後」教育改革への「コンピテンシー志向」に対する批判―

「コンピテンシー」・「資質・能力」ベースのカリキュラム改革にいち早く着手したドイツの改革に対して、PISA調査結果の漸次的「改善」という意味で肯定的に見る体制的見方もあれば、カリキュラム・授業実践に対する影響への危惧を表明する批判的見解もすでに多く提起されてきている。大まかに概観すれば、①PISA調査とその結果から教育政策を導き出す動向に対して教育学研究から批判する立場、②ドイツに伝統的な「陶冶（Bildung）」論や哲学議論から批判する立場、③「コンピテンシー志向」そのものの動向にはコミットしつつも教育実践をつくる立場からその課題を相対化する立場に整理できよう。

グルーシュカ（Gruschka, A.）はPISA調査への反対声明にも名を連ね、ドイツ教育学界でもPISA後の教育政策に最も批判的な立場を表明する一人である。彼はアドルノの批判理論に依拠しながら、教科の授業の意義を強調しつつ、授業トランスクリプトに基づく実証的な授業研究も展開してきている[42]。「コンピテンシー志向」に対するグルーシュカの立場は端的に、「ここでは（教育スタンダードにおいては――註：引用者）教科的なもの（das Fachliche）はきれいさっぱりと姿を消すことになり、教科的なものはただ単に、読むことや書くことといったユニヴァーサルなコンピテンシー（Universalkompetenz）を練習するための素材（Material）として供されるのみとなってしまう」[43]という指摘に集約されている。すなわち彼によっては、コンピテンシーは脱文脈的で脱教科的な普遍的な能力としてとらえられ、「教科的なものへの哲学的ともいえる問い直し」[44]の重要性からPISA後の教育政策と教育学研究動向が明確に批判されるのである。

カント（Kant, I.）の「理性（Vernunft）」はコンピテンシー化されえないという哲学的立場から批判的言明を行うゲルハルト（Gelhard, A.）のような立場に加

60　第1部　カリキュラム改革の動向とドイツ教育学議論の特質

えて、上記のグルーシュカのように「陶冶」論の立場から、「教育スタンダード」および「コンピテンシー」主導のカリキュラム改革を批判的にとらえる教育学者も数多く存在している。ドイツの主要な教育学雑誌である『教育学誌（*Zeitschrift für Pädagogik*）』は、2015 年第 4 巻にて「陶冶—主導思想のルネッサンス（Bildung – Renaissance einer Leitidee）」を特集テーマに据え、3 本の論文が寄稿されている。「実証的転回」を経て、「陶冶（Bildung）」に着目した著作や論考がめざましく増加している状況を「ルネッサンス」と表現しつつ、教育学というディシプリン（Disziplin）の問題も含めて、「陶冶」論の立場から直接的に「コンピテンシー志向」「アウトプット志向」「エビデンス・ベース」を批判するのではなく、あらためてドイツ語圏に固有な概念である「陶冶（Bildung）」と「訓育（Erziehung）」の意義を浮かび上がらせようとする問題提起である。

　デルピングハウス（Dörpinghaus, A.）はフンボルトの陶冶概念に立ち戻りつつ、「陶冶」とは、経験を介して世界との距離を保ちながら自己と世界を批判的にとらえる「概念的な能力（begriffliche Fähigkeit）」だと提起し、自己と世界における経験と乖離しかねない能力＝コンピテンシー志向を牽制する[45]。ベンナー（Benner, D.）は、旧東ドイツ時代の「陶冶」と「訓育」という用語の区別を引き合いに出しながら、それぞれの関係性を浮かび上がらせるためには授業における発問や指さしといった「方法的な主導的問い（methodische Leitfrage）」を吟味する必要性を提起し、ヘルバルトの「訓育的教授（erziehender Unterricht）」を再検討する視座を提起する。ベンナーは、コンピテンシー志向やエビデンス・ベースに傾倒する実証的教育研究やグルーシュカの授業研究の意義を認めつつも、これまでの実証的教育研究・授業研究ではこうした「方法的な主導的問い」を際立たせるような研究水準に至っていないことを指摘する[46]。特集を組んだザンダー（Sander, W.）は、国際的な教育研究の動向の中でドイツ語圏に特有な概念である「陶冶」と「訓育」の意味を矮小化するのではなく、また単に「陶冶のルネッサンス」を再発見するというのでもなく、これからの研究と理論形成の大きな余地に期待を込めて本特集をしめくくっている[47]。

　コンピテンシー志向の動向にコミットしながら自身の教授学理論を展開する教授学者は、レルシュ（Lersch, R.）や H・マイヤー（Meyer, H.）など数多くいる

が[48]、その中でも教師教育、とりわけ大学における教員養成改革の重要性とい
う視点からコンピテンシー志向の授業づくりに批判的にコミットしようとする
のが、キーパー (Kiper, H.) である。彼女は陶冶理論的教授学の代表者である
クラフキ (Klafki, W.) の授業計画を、「授業における教授－学習過程の構造に関
する問いをほとんど考慮してこなかった」[49] と批判的にとらえ、経験すること
で知識を獲得するといった「学習の基礎モデル (Basismodelle des Lernens)」を
基軸に、子どもの学習という視点から授業計画を支える教授学理論の重要性を
提起する。他方で、「コンピテンシー志向の授業づくり」が安易な「授業に関
する考察における単純化および授業に関する『主観理論 (Subjekttheorie)』の過
大評価」[50] へと陥り、授業づくりが「テーマの定式化 (Themenformulierung)」
と「授業ステップ (Unterrichtsschritt)」へと矮小化されかねない H・マイヤー
の構想も明確に批判し[51]、教師および教員養成段階にある学生が生徒に身に付
けさせるべきコンピテンシーとそのための教科内容をどのように構想するのか
の授業計画理論の重要性を強調するのである。

　これら3つの批判・立場に共通するのは、経験と関連した「陶冶」論の重要
性であり、立場の違いにもかかわらず共通して提示される論点は、経済の論理
から教育をとらえようとするのではなく、教科内容・知識の習得を公教育実践
において重視しようとする点である。

2.　コンピテンシー志向の授業づくりの動向[52]

(1) ドイツにおける「コンピテンシー志向の授業」の政策的位置づけ

　「教育スタンダード」の導入後、各州文部大臣会議は2005年にその解説を著
し、「コンピテンシーを志向すること (die Orientierung an Kompetenzen)」は、次
の3点に帰結することが提起される。すなわち、生徒の学習成果に注意が向け
られること、学習はさしあたり必要のない知識の構築に向けられるだけではな
く要求の克服へと向けられること、学習は累積的な過程として組織されること、
である[53]。このことは、何を教えたかではなく、何が学習されたのかに焦点を
当て、子どもの未来に必要となるであろう知識の学習だけではなく、現在の要

62　第1部　カリキュラム改革の動向とドイツ教育学議論の特質

求に応え、細切れではなく積み重なっていく過程としての学習観を提起した。

「教育スタンダード」導入後から議論されてきた授業論に関する論点を集約しつつ、各州文部大臣会議は、2010 年にコンピテンシー志向の授業開発（Kompetenzorientierte Unterrichtsentwicklung）を「教育の質開発研究所」と共同で公表する。「スタンダードに基づく授業の開発（Entwicklung eines an Standards orientierten Unterrichts）」と題した報告書においては、まず次のことが指摘される。「このことから（レルシュの指摘から——註：引用者）、知識の獲得とコンピテンシー志向は対立するものとして理解されるのではなく、むしろ相互に関連し合って（bedingen）いる」[54]。すなわち、今日の日本における論点と同様に、知識・内容習得の側面である実質陶冶と、技能・方法習得の側面である形式陶冶をめぐる議論が、「コンピテンシー志向の授業（kompetenzorientierter Unterricht）」づくりの下で重要な論点となることが明確に自覚されている。

さらに同報告書では、授業づくりの核となる点として次の 8 つが指摘される。すなわち、①確かな内容理解、②意味形成的学習（sinnstiftendes Lernen）の促進、③知的好奇心をひく過程の援助・促進、④学習内容に対する肯定的な態度の支援、⑤個々の認知的前提と領域特有な既知に基づく学習提供、⑥学習ストラテジーと自己調整学習（selbstregulierten Lernen）の媒介、⑦自信の向上と価値思考の媒介（自己コンピテンシー〔personale Kompetenz〕）、⑧社会的コンピテンシー（soziale Kompetenzen）の構築、である[55]。こうした授業づくりに関わる論点の提示を契機として、いくつかの政策が連動して進められてきている。

第一に、各州における「教育課程の基準」の改訂、すなわちカリキュラム改革の動向である。この動向についてはすでに述べたとおりであるが、2010 年の同報告書を受けて、各州においても同様の報告書や実践提案書が刊行されてきている。

第二に、「学力の低い生徒（leistungsschwächere Schülerinnen und Schüler）」に対する促進戦略である。「資格付与」と修了証の獲得という関連から、移民背景のある子どもや特別な教育的ニーズのある子どもを含めた「学力の低い生徒」に対する促進戦略が、2010 年に各州文部大臣より勧告された[56]。同勧告を受けて 2013 年には状況報告書[57]が刊行され、2017 年に最終報告書[58]が公刊さ

れている。これら2つの報告書においては、9つの取り組み領域のうちの一つに「3. 実践的な授業開発」が設定され、「コンピテンシー志向の授業」づくりについても言及されている。

　第三に、教師教育・教員研修において「コンピテンシー志向の授業」づくりが対応してきている動向である。教員の研修を提供する各州の関係機関において、「コンピテンシー志向の授業」に対する実践的示唆が積み上げられてきている。

　これら3つの政策動向を視野に、16州それぞれの取り組みの状況を一覧にまとめたものが、表1-3である。ザクセン州やバイエルン州のように、「コンピテンシー志向の授業」についての冊子を刊行する州もあれば、「教育課程の

表1-3　「コンピテンシー志向の授業」づくりに関わる各州の政策動向[59]

州		Kompetenz と Unterricht に関わる関係
BW	バーデン・ヴュルテンベルク	・教員研修所の HP で教科・領域ごとに教材や素材を蓄積 ・次の2つの冊子で、コンピテンシー志向の授業づくりのあり方を規定 ・Ministerium für Kultus, Jugend und Sport Baden-Württemberg (Hrsg.): Neue Lernkultur. Lernen im Fokus der Kompetenzorientierung. Individuelles Fördern in der Schule durch Beobachten – Beschreiben – Bewerten – Begleiten, Stuttgart, 2009. ・Landesinstitut für Schulentwicklung Baden-Württemberg (Hrsg.) (2012): Mit Kompetenzrastern dem Lernen auf der Spur. Stuttgart.
BY	バイエルン	・Bayerisches Staatsministerium für Bildung und Kultus, Wissenschaft und Kunst (Hrsg.): Kompetenzorientierter Unterricht. Leistungserhebung, Leistungsdokumentation und Leistungsbewertung, Mittelschule, 2017. の冊子を発行し、コンピテンシー志向の授業づくりを規定
BE	ベルリン	・2州共通で、コンピテンシー志向の授業づくりにかかわる資料・授業例が HP に掲載 Materialien und Beispielaufgaben zum kompetenzorientierten Unterricht.
BB	ブランデンブルク	・「コンピテンシー志向のフィードバック」"Kompetenzorientierte Leistungsrückmeödung" を個別支援のために導入
HB	ブレーメン	・KompoLei (Handreichung für die Kompetenzorientierte Leistungsrückmeldung) の冊子を州学校研究所が発行し、ポートフォリオを用いた個々のコンピテンシーに関わるフィードバックを行う
HH	ハンブルク	・alles»könner というプログラムを 2008～2013 年に実施し 48 校がコンピテンシー志向の授業づくりに取り組む ・2016 年からは同プログラムの第三段階に入り、フィードバックのあり方に重点を置いた取り組みを推進

64　第1部　カリキュラム改革の動向とドイツ教育学議論の特質

HE	ヘッセン	・Hessisches Kultusministerium. Institut für Qualitätsentwicklung (IQ) (Hrsg.): Das hessische Konzept „Bildungsstandards / Kerncurricula", 2009. ・教科コンピテンシーと教科横断コンピテンシーを全教科の授業構成の原理に ・試補段階においてコンピテンシー志向の授業モジュールを設定
MV	メクレンブルク・フォアポンメルン	・2010年以降の Rahmenplan の順次改訂で、「教科の授業の中核はコンピテンシーにある」ことを明記
NI	ニーダーザクセン	・Niedersächsisches Kultusministerium (Hrsg.): Orientierungsrahmen Schulqualität in Niedersachsen, 2014. において、コンピテンシー志向の教授・学習を規定 ・コアカリキュラムにおいてすべての授業をコンピテンシー志向とすることを規定
NW	ノルトライン・ヴェストファーレン	・Ministerium für Schule und Weiterbildung des Landes Nordrhein-Westfalen (Hrsg.): Kompetenzorientierung. Eine Veränderte Sichtweise auf das Lehren und Lernen in der Grundschule, Frechen: Ritterbach Verlag, 2008. においてコンピテンシー志向の授業を規定 ・教員研修プログラム「教科におけるスタンダード・コンピテンシー志向の授業づくり (Fortbildungsprogrammen „Standard- und kompetenzorientierte Unterrichtsentwicklung in den Fächern")」
RP	ラインラント・プファルツ	・試補教員研修所において「授業内容とコンピテンシーとの関係」に関わる研修の提供 ・ラインラント・プファルツ州教育センター (Pädagogische Landesinstitut Rheinland-Pfalz) は「授業観察のための学校 (Hospitationsschulen)」を公開している
SL	ザールラント	・コンピテンシー志向のレアプランに基づく授業構成
SN	ザクセン	・Sächsisches Bildungsinstitut (Hrsg.) (2012): Kompetenzorientierter Unterricht. Ein Leitfaden für die Primarstufe und Sekundarstufe I, 2012. ・教員研修の3つのモジュールのうちの一つが「教授学・コンピテンシー志向の授業開発」
ST	ザクセン・アンハルト	・各教科のレアプランにおいて、各教科独自のコンピテンシーの設定と授業づくりとの関係が規定
SH	シュレスヴィヒ・ホルシュタイン	・州質開発研究所が "Auf dem Weg zum schuleigenen Konzept" や "Individuelle Förderung im Unterricht ausbauen" といった冊子を発行し、コンピテンシー志向の授業づくりも規定
TH	テューリンゲン	・レアプランをコンピテンシー志向で構成

基準」の中で「コンピテンシー志向の授業」のあり方に言及する州もある。ま
た、授業素材などをホームページに掲載し、教師の「コンピテンシー志向の授
業」づくりを実践的に支えようとする州もある。

　第一の動向として、各州の「教育課程の基準」と「コンピテンシー志向の授
業」との関係に着目すると、レアプランやコアカリキュラムにおいて「コンピ
テンシー志向」を設定している州が多い。例えばニーダーザクセン州では、コ
アカリキュラムの中で「コンピテンシー志向」を明確に規定しながら、さらに
「コンピテンシー志向」の授業のあり方については冊子も発行されている。ザ
クセン州およびバイエルン州も「コンピテンシー志向の授業」に関わる冊子を
発行しており[60]、ノルトライン・ヴェストファーレン州も基礎学校に限定して
いるが、「コンピテンシー志向」についての冊子を発行している[61]。

　第二の動向としての、「学力の低い生徒に対する促進戦略」と連動した「コ
ンピテンシー志向の授業」づくりの動向に関わっては、授業における個別支援
(individuelle Förderung) のあり方と授業づくりを支えるネットワークの形成の
問題として取り組まれていることを指摘できる。多くの州において個別支援の
あり方の中でコンピテンシー志向が規定されており、ブレーメン州やニーダー
ザクセン州のように子どもたちへのフィードバックに着目した実践の取り組み
もなされてきている。また、48 の学校でスタートした alles»könner というネッ
トワーク形成の取り組みを進めてきているハンブルク州では、独自のコンピテ
ンシーテストの開発・運営とも連動しながら、コンピテンシー志向の授業づく
りがなされてきている[62]。

　第三の動向としての、教員研修と「コンピテンシー志向の授業」づくりとの
関係については、多くの州で研修プログラムの提供や関連 HP 上での情報蓄
積・提供といった取り組みがなされてきている。例えばバーデン・ヴュルテン
ベルク州では、州の教員養成研究所の HP 上に各学校段階・教科ごとに授業づ
くりのための素材がプールされている。また、冊子の刊行等も通して、積極的
にコンピテンシー志向の授業づくりのあり方を教員研修の俎上に載せてきてい
る。

（2）ドイツにおけるコンピテンシー志向の授業論の展開

ドイツにおけるこうした政策動向は、「コンピテンシー志向の授業」に関わる理論的・実践的検討の蓄積と直接・間接に関わっている。直接的には、多くの州の HP や冊子などに直接引用・参照される理論的考察や実践が存在するという側面を指摘できる。間接的には、こうした政策動向が実際の学校カリキュラム・授業実践に影響を与えてきているという側面を指摘できる。ここでは、前者の「コンピテンシー志向の授業」に関わる理論的・実践的展開を整理してみたい。なお後者については、次節において検討する。

「コンピテンシー志向の授業」に関わる理論的・実践的展開を整理すれば、「教育スタンダード」をカリキュラムと授業に定着させようとしていた 2000 年代までの展開と、各州の「教育課程の基準」に「コンピテンシー」が明確に位置づけられた後の 2010 年代の展開の、大きく 2 つに分けることができる。

2000 年代までの展開では、「教育スタンダード」や「コンピテンシーモデル」、に関わる著作[63] が多く刊行されている。これらの著作の特徴は、上述したようなドイツにおける「コンピテンシー」概念の定義そのものへの言及や、教育社会学あるいは教育心理学研究者による論考が多い点にある。

教師にとっての実践的視座を提供するという意味で、コンピテンシー志向の授業づくりにとって何が「問題（Problem）」となるのかを視点にまとめた Schott/Ghanbari（2008）は、理論的な検討にもたえうる著作となっている。そこで彼らは「コンピテンシー志向の授業づくり」の問題状況を、次のように描いている[64]。「授業目標の優位性に関わる教授学および教授－学習研究の状況」「授業目標と目標志向の学習成果の制御との媒介に関わる教授学および教授－学習研究の状況」「学習心理学の状況」「教師の養成・研修の状況」の 4 つである。この中で、教授－学習研究および教授学研究、学習心理学研究が授業の「目標」を重視した授業づくりを求めている状況と、そうした授業づくりを支える教師教育が求められていることが問題状況として整理されている。

こうした指摘を経て 2010 年代になると、より教育実践・授業実践を「つくる」視点、とりわけ教師教育・教員研修の文脈での著作が多く刊行されるようになる。「学習課題」に関わる著作[65] や教育実践に関わる著作[66]、さらに教員

第 1 章　コンピテンシー志向のカリキュラム改革と授業づくりの意義と課題　　67

研修に携わる著者による著作[67]が刊行されてきている。こうした動向は、各州において質開発研究所が設置され、それぞれの州で質保証のための冊子の刊行や各種の教員研修のニーズが明確になってきている今日の状況を反映したものとみることができるだろう。

こうした動向をあらためて整理する意味で、『コンピテンシー志向の授業ハンドブック』[68]が2012年に刊行されていることに注目してみたい。同書の編者であるペヒター（Paechter, M.）は、グラーツ大学の教育心理学分野の教授であり、コンピテンシー獲得に関わっては学校における教員研修やICT活用による授業づくりを専門とする研究者である。同書は、ドイツ・スイス・オーストリアといったドイツ語圏の大学や文部省、各研究所に所属する著者によって執筆されている。構成は、第1部：コンピテンシー志向の基盤、第2部：諸教科横断的なコンピテンシーの促進、第3部：教科コンピテンシーの促進、第4部：コンピテンシー志向―学校という領域および教師教育にとっての帰結、という四部構成となっている。同書の構成にも明確に現れているとおり、今日的な課題は、「コンピテンシー」をどうとらえるかということよりも、教師教育をどのように進めていくのかに注目が集まっていることがわかる。

（3）日本の授業づくりにおけるコンピテンシー志向をめぐる動向

日本においても、2017・2018年の学習指導要領の改訂に前後して、「資質・能力」とカリキュラム・授業づくりに関わる著作が数多く刊行されてきている[69]。ドイツの政策動向と比した場合、日本の政策動向の特質をどのようにとらえることができるであろうか。第一に「教育課程の基準」に着目すると、2017・2018年の学習指導要領の改訂において「資質・能力」が明確に位置づけられた点はドイツと同様である。ただし、その定義と導入については、ドイツでは社会科学の議論の蓄積を背景としているのに対して、日本では「学力の三要素」との整合性が強調されるきらいがあることも指摘しておきたい。第二に日本の学習指導要領においては、ドイツのように個別支援に重点が置かれているというよりも、「主体的・対話的で深い学び」をカリキュラム・マネジメントの鍵として位置づけながら、カリキュラムレベルで「資質・能力」の育成

を図ろうとしている点はドイツと比した場合の特質として指摘できるであろう。第三の教員研修に関わっては、ドイツと同様に各種の研修において「資質・能力」を視点とした研修プログラムが導入されてきている動向を指摘できるだろう。ここでは、第二の点としてカリキュラム・マネジメントに視点を置いた教育行政の取り組みの典型例として広島県の取り組みに着目し、その動向を検討する。さらに教員研修の取り組みとしては、教職員支援機構との連携の下で取り組みを進めている福岡県の取り組みに着目して、その取り組みの意義と課題を検討してみたい。

　是正指導以降の広島県の方針を色濃く反映しつつ新奇性をも打ち出した広島版「学びの変革」アクション・プランは、その副題に「コンピテンシーの育成」を掲げ、「知識ベースの学び〈受動的〉─知識の習得重視─」から「コンピテンシーの育成を目指した主体的な学び〈能動的〉─資質・能力（知識、スキル、意欲・態度、価値観・倫理観）の育成重視─」への転換[70]を、学習指導要領告示に先行する形で 2014 年 12 月に提示し、2015 年にはパイロット校の選定、2016 年度には実践指定校の選定を経て、2018 年度には全県実施へと踏み出している。IB カリキュラムを提供する広島叡智学園の開学へ歩みを進める一方で、「学びのセーフティネット」構築による子どもたち一人ひとりの学びと育ちの支援という両側面の間に走っているのが、各地域単位で公立学校の教育実践をリードする、「学びの変革」パイロット校事業である。

　広島県の「広島版『学びの変革』アクション・プラン」は、「広島県教育のグローバル化 10 年展開構想」意見交換会の構成メンバーおよびその議事録を見ればわかるとおり、作成された背景にあるのは「グローバル化」であり、「グローバル人材の育成」である。グローバル社会に求められる人材とそのための教育のあり方をめぐる意見交換会の内容は、「グローバル化」を広島でどのように考えていくかという点では興味深い内容でもあるが、管見の限りでは、実際に策定された同アクション・プランそのものの骨子には直接的には関係がないように思われる。それでは、同プランの骨子はどこにあるのであろうか。

　同アクション・プランは、「コンピテンシーの育成」を副題に置きながら、ヨーロッパ中心の OECD「キー・コンピテンシー」やアメリカ中心の「21 世

紀型スキル」などといった幅広い動向を視野に入れつつ提起された、ある種の「問題集」[71] である。このような「学び」を、このような授業を、このような学校運営を、という「答え」は示されていない。こうした姿勢は学校「現場」にはある種の混乱を生む可能性もあるが、教育行政の果たすべき役割としては妥当であるという見方もできる。地方分権の理念を引き受ければ、最も重要な教育の目標規定（この文脈の場合、「育成すべき資質・能力」）と教育方法・評価の決定は、各学校に委ねられる必要がある。「広島版『学びの変革』アクション・プラン」は、県が示した教育の「方針」であり、「答え」のない「問題集」である。明確な方針として打ち出されているのは、「知識ベースの学び〈受動的〉」から「コンピテンシーの育成を目指した主体的な学び〈能動的〉」への転換である。

　同アクション・プランの策定を受けて、その趣旨の徹底をはかるための研修や講習が、広島県立教育センターを中心として数多く開催されている。また、「学びの変革」パイロットスクールとそれを支える「中核教員」も選定・選出され、実践の試行と研修の蓄積がなされてきている。高等学校においても、「高等学校課題発見・解決推進プロジェクト指定校」が選定され、「探究コアスクール」（6校）や「活用コアスクール」（18校）が設定されている。

　福岡県では 2016 年度より、独立行政法人教職員支援機構「新たな学びに関する教員の資質能力向上のためのプロジェクト」の推進地域の指定を受け、「福岡県の子どもたちが、伝統と文化に立脚し、高い志や意欲を持つ自立した人間となるよう、他者と協働しながら主体的に価値の創造に挑み、未来を切り拓いていく力を身に付けることができる教育を創造する」ことを目的に、「新たな学びプロジェクト」事業に取り組んでいる。大学および県教育センターとの協働の下でいくつかの学校が同事業の指定を受け、実践の取り組みが各年度ごとに報告書[72] としてまとめられている。

　福岡県の取り組みは、2001 年設立の独立行政法人教員研修センターが 2017 年に名称を変更した教職員支援機構に設置されている「次世代型教育推進センター」の取り組みの指定・支援の下に展開されている。教職員支援機構は、管理職研修といった各種研修をはじめとしながら、学習指導要領の改訂に関わる

教員研修プログラムを多数提供している[73]。その中でも「次世代型教育推進セ
ンター」は、「主体的・対話的で深い学び」といった新たなテーマ設定に基づ
く教員研修プログラムを、各県の取り組みを牽引・支援しながら提供すること
をミッションとしている。福岡県では、2016年度は6校、2017年度は8校、
2018年度も8校を指定し、取り組みの推進とその報告がまとめられている。
2017年度に2校を加えているが、それぞれの指定校は継続して指定を受け、
すべて公立の高等学校である。

　同プロジェクトの特徴として、高等学校における校内研修の充実とICTの
活用による授業改善を挙げることができる。取り組み最終年度の2017年度の
報告書には、「主体的・対話的で深い学び」として各教科の授業および総合的
な学習の時間をどのように構成したのかが報告されている。同プロジェクトは、
教職員支援機構の指定という文脈上、2018年版高等学校学習指導要領の理念
を実践においてどう具体化するのかに主眼が置かれた取り組みとなっている。

　広島県と福岡県の2つの取り組みを概観すると、取り組みの背景やその規模
は異なるものの、「資質・能力」の育成に向けた授業づくりに向けて、教育セ
ンターといった教員研修の提供を含めた教育行政の取り組みとして、学校レベ
ルでの教員研修の充実をはかろうとしている。学校における校内研修として授
業改善に係る教員研修を実施することができる点は、ドイツと比した場合の日
本の取り組みの特徴の一つとして指摘することができるだろう。

3. コンピテンシー志向のカリキュラム実践と授業実践

　これまでに検討してきたカリキュラム改革および政策動向は、学校における
授業実践にどのような影響を与えてきているのであろうか。ここでは、コンピ
テンシー志向のカリキュラム実践と授業実践が、「授業づくりの長期的視点」
を求めている点、さらに授業における個別支援を含めた「個別化の問題」と、
社会的コンピテンシーの形成にとどまらない「集団化・共同化の側面」に関
わっていることに鑑み、この3つを視点としてドイツと日本の実践を取り上げ
て検討していきたい[74]。

（1）授業づくりの長期的視点―単元レベルでの授業づくりと子どもの自己評価

　単元レベルでの長期的な視点で授業を構成する取り組みとして、2016 年 3 月 8 日（火）および同年 8 月 31 日（水）に訪問したブレーメンの基礎学校である Grundschule an der Gete 校を取り上げたい。同校は、生徒数は約 280 名、学級数は 12、教員数は約 20 名の中規模校である。教育意識の高い地域にある終日制学校であり、重度の障害のある子どもは通学していない。同校では数学教育に研究の重点が設定され、ブレーメン大学との協働の下で、校内での授業研究なども行いながら、数学を中心とした学校カリキュラムの開発と授業づくりが行われている。

　2016 年 3 月 8 日（火）に参観した 4 年 a 組の数学の授業を検討してみよう。同学級の児童数は 20 名であり、学級担任でもあるクリスティアン・フーノル

8:15-	電子黒板の前に子どもたちを集めて車座で授業を開始する。日本からのお客の紹介をしたのち、ANNA-Zahlen の復習をする。日本からのゲストに対する説明という意味で子どもたちに挙手を促し、ある女子生徒（おそらく学力的には高い生徒）がその場で口頭で説明をする。いくつかの数字の組み合わせの計算を子どもたちに挙手させて答えさせる。教室まで案内してくれた男の子が見事に正答を答え、ニヤッとこちらに目配せする。いくつかの計算を確認し、ANNA-Zahlen に潜む「数学的法則性」を見つけ、それを根拠を持って説明することを本時の目標として確認したのち、より具体的に検討するために、2 人の生徒のノートを電子黒板に掲示する。
8:23-	ある男の子のノートは、いろいろな数字の組み合わせからいろいろな計算を試してみたことがわかる。1 つ数字をずらすと差は 891 となり、2 つ数字をずらすと差は 1782 となることに気づくノートである。担任教師は「$9889-8998$」と「$8778-7887$」は最初の数字をどちらも 1 つ下げているが、どちらも差は「891」であることを電子黒板で確認する。
8:29-	2 人目の女子生徒のノートは、「1・2」「1・3」「1・4」……と「1」を固定して 2 つ目の数字を 1 つずつ大きくしていき、1 つのグループとしてきれいに赤のペンで囲っている。電子黒板に表示された自分のノートについて、自分で説明をする。担任教師は、差が 891、1782、2673……と増えていくが、いずれも差は「891」であることを電子黒板上で確認する。
8:36-	「$2673 = 891 + 891 + 891$ 　　　　$= 3 \times 891$」 を電子黒板に書き込み、「なぜ『$\times 3$』になるのか？」と子どもたちに問いかけ、再度、「数学的法則性」を見出すことを共通の課題・目標として確認した上で、個別・ペアでの学習を指示する。

72　第 1 部　カリキュラム改革の動向とドイツ教育学議論の特質

8:40-	子どもたちはそれぞれ自分たちの席に座り、自分のノートを使いながら学習を進める。教室の右半分に5つの机があり、ペアが3組、個別が2人（合計8名）、教室の左半分には8つの机があり、ペアが4組、個別が4人（合計12名）である。
	共通の目標・課題は共有しつつ、それぞれの学習の取り組みは多様である。4桁の計算を練習している女の子、新しい数字の組み合わせで様々な計算をしながら「数学的法則性」を競って見出そうとする男の子のペア、これまでにまとめてきたノートを参照しながら2人で一緒に「数学的法則性」を見出そうと議論する女の子のペア、などである。
	担任教師はそれぞれの机を回りながら、声をかけたり、一緒に計算をしたり、様子を見守ったりしている。個別・ペア学習の時間として子どもたちには9:00までと伝えていたが、なかなか集まってこない子どもたちの様子を見て担任教師は電子黒板で音楽をかける。おそらく、音楽がなることは急いで車座で集合するようにという意味として子どもたちにも解釈されており、子どもたちはワイワイと電子黒板の前に集まってくる。
9:02-	車座になって集まった子どもたちを前に担任教師は再度、「なぜ『×3』になるのかというのが僕たちの疑問だったよね」と確認しながら、子どもたちに説明を促す。なお、一番前に座っていた男の子が手遊びをして注意を受けたが、再び手遊びをして音をたてたので自分の席に座って参加するように担任教師より指示される。その男の子はしぶしぶ観念して自分の席に戻るが、「そう！」「え〜」などと発言しながら議論には参加している。
9:03-	ある生徒が最初の数字の組み合わせ（Startziffern）の差を「2」としたときには、いずれも「2×891」となることを説明し、担任教師が電子黒板に書き込む。最初の数字を2ずらした場合の計算の結果を答えるように子どもたちに挙手を促し、すかさずある女の子を指名する。彼女は正しい計算結果を答える。彼女は個別学習の時間にずっと4桁の計算に取り組んでいた生徒であり、担任教師も長めに時間をとって丁寧に4桁の計算の仕方に付き合っていた生徒である。
9:07-	電子黒板に「2×891」と書いた後で、担任教師は再度子どもたちに問いかける。「で、『2』はどこから来たのか？」と。電子黒板を見やすく構成しながら、「最初の数字の組み合わせの差は常に2である」ことを板書しながら確認する。その上で、「891×2（の2）は……の差である」と板書し、しばらく子どもたちの様子を見守りながら「891×2（の2）はANNA-Zahlenの差である」と板書する。一人で自分の席に座ることになった男の子は大きな声で「891×2（の差）は、最初の数字の組み合わせの差！」と発言するが、教師の板書内容が違ったため「あ〜」と大きなリアクションを見せる。それでも数学的な考え方の内容としては合っている。以上から、「4」と「9」の組み合わせの場合は最初の数字の組み合わせの差が「5」であるため「5×891」となることを確認する。
9:15-	電子黒板の「891×2（の2）はANNA-Zahlenの差である」を本時のまとめとして生徒たちは自分のノートに書き込む。その様子を確認したのち担任教師は「研究者の問い（Forscherfrage）」を提示する。唐突な様子を感じさせないところから、数学の授業ではしばしばこの「研究者の問い」に取り組んでいることがうかがえる。本時の「研究者の問い」は、「Warum ist es immer ein Vielfaches von 891?」というものであった。いつもならばこの問いに取り組むのであろうが、次の音楽の教師も教室の前に来ているため、次の授業での課題とすることを担任教師は子どもたちに告げ、授業を終了した。

第1章　コンピテンシー志向のカリキュラム改革と授業づくりの意義と課題　73

ド（Christian Hunold）教諭による授業である。単元は、ANNA-Zahlen であった。この単元は、ドイツでは第3・4学年で取り扱う内容としては比較的一般的な内容のようである。ANNA の A と N にそれぞれ1つずつ数字をあてはめる。担任の教師が授業の中で示した例でいえば、「9」と「8」をあてはめると、「9889」となる。逆にすると「8998」となり、その差は 891 となる。1つずつ数字を下げても、8778－7887=891 となる。この2つの数字の組み合わせからなる4桁の数字の関係性から、計算能力の向上と数学的法則性（mathematische Regelmäßigkeit）の発見を狙って設定されている題材である。なお、同学級 4a では、2年生のときに2桁の組み合わせの学習（AB）を、3年生のときに3桁の組み合わせの学習（ABA）をしている。本時は、同単元の第2時である。前時に学習した「ANNA-Zahlen」の学習の復習から本時は始まる。以下は、参観した授業の概要である。

　同校で力を入れて開発されてきているのが、子どもたちがどのように学びを進めていくのかの「学びの地図（Lernlandkarte）」と「学びの場（Lernland）」である（図1-1 および図1-2参照）。2016 年8月31日（水）に同校を訪問した際にフーノルド教諭より提供していただいた資料をもとに、同校の取り組みをより詳細に描いてみたい。

　図1-1で示した「学びの地図」は、数学教育の縦の系統性と横の横断性の教材研究を踏まえた上で、あくまで子どもたちが自分自身で描いた地図である。この図に表現されている「学びの地図」の中では、計算や時間や図表の考え方が動物園のマップのような形で表現されている。

　図1-2の「学びの場」に示されているのは、コンピテンシー・リストとその評価表である。ここでは長さの単元において獲得されるべきコンピテンシーが教科内容とともにリスト化されている。注目すべきは、子どもたち自身がそのコンピテンシーの獲得状況をグラデーションで段階的な自己評価を行う項目である。同校では、子どもたち自身が描く学びの地図や子ども自身の自己評価の意義を強調しながら、コンピテンシー志向のカリキュラム実践が展開されてきている。数学教育の縦の系統性と横の横断性の教材研究を踏まえた上で、あくまで子どもたちが自分自身で「学びの地図」を描く点、および各単元において

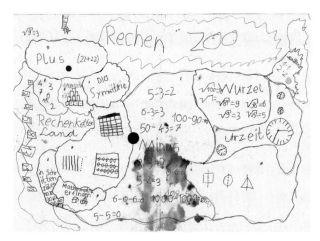

図1-1 ブレーメン基礎学校における「学びの地図」

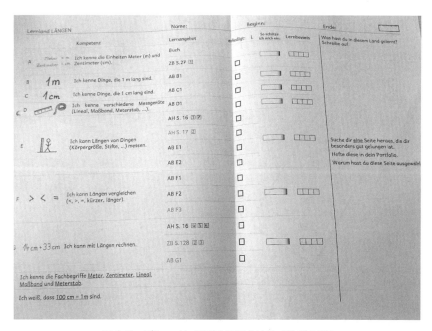

図1-2 ブレーメン基礎学校における「学びの場」

第1章 コンピテンシー志向のカリキュラム改革と授業づくりの意義と課題 75

コンピテンシー・リストを作成した上で、子どもたちが自分自身でそのコンピテンシーの自己評価を行う点が同校の実践の特徴である。さらに付言しておくべきことは、同校では数学教育に研究の取り組みの重点を置きながら、ブレーメン大学とも協働して「教材の開発」を行っているという点である。数学の授業は、新しいテーマに学級の全員で取り組む時間が週に2時間、教科書やワークに取り組む時間も週に2時間、自由活動（Freiarbeit）の時間は週に1時間、行われているとのことであった。それぞれの単元ごとにワークシートなどを含めた教材の開発を学校の中で共同で行い、共有している。すなわち、教科教育のプラットフォームを構成しているという説明であった。開発した教材は学校の中で共有しながら、蓄積し、改善していくとのことであった。数学教育だけの取り組みとはいえ、すべての単元で多様な課題水準に対応するための教材を開発することには大変な労力が必要となることがうかがえる。

　日本における取り組みとして、広島県庄原市立総領中学校の取り組み[75]を検討したい。同校は、先述した「広島版『学びの変革』アクション・プラン――コンピテンシーの育成を目指した主体的な学びの充実」の実践指定校として、「各教科及び総合的な学習の時間等における『問題発見・解決学習』の指導内容・方法等に係る実践的な研究を行い、その成果を検証、普及する」[76]ことを目標に、2016・2017年度の2年間の取り組みに着手した。同校の取り組みの特色は、各教科および総合的な学習の時間においてパフォーマンス課題を開発し、資質・能力の枠組みに基づく評価指標であるルーブリックを用いた評価を行うことで「課題発見・解決学習」の指導内容・方法に係る実践研究に取り組んだ点にある。

　総領中学校では「資質・能力」を、「知と学びに向かう主体性」「思考力・表現力」「思いやりと協働性」「郷土愛が支える高い志」の4つで設定し、これを3段階の評価指標に明示化したルーブリックを開発した（表1-4参照）。

　この総領中学校での取り組みで注目されるのは、パフォーマンス課題と連動してルーブリックが設定されるというよりもむしろ、資質・能力と連動してルーブリックが設定され、子どもたちによる自己評価能力の育成にもつながるような実践構想になっている点である。総領中学校では、2017年度の早い段

76　第1部　カリキュラム改革の動向とドイツ教育学議論の特質

表 1-4　総領中学校における資質・能力と連動したルーブリック評価の枠組み

	知と学びに向かう主体性	思考力・表現力	思いやりと協働性	郷土愛が支える高い志
Ⅲ				
Ⅱ				
Ⅰ				

図 1-3　英語科の教室掲示のルーブリック

階からこのルーブリックを子どもたちにも開示し、さらに子どもたち自身に毎時間の授業終了時に自己評価の振り返りをさせる取り組みへとつながっていった。図 1-3 は、2017 年 7 月 11 日（火）の英語の研究授業終了後の教室に掲示されていたルーブリックである。子どもたち自身の自己評価＝振り返りが付箋にてルーブリックに集積されるため、総領中学校ではこのルーブリックの枠組みを「プロセス集積型ルーブリック」と呼んでいる。

こうした同校の取り組みは 2018 年度にも引き継がれている。2018 年 9 月 21 日（金）には第 1 学年数学の授業を対象とした校内研修が実施され、「資質・

能力」の枠組みの検討や「課題発見・解決学習」の実践構想が、生徒一人ひとりの丁寧な見とりに基づいて協議された。

（2）授業における個別化の問題—個々の学習者のコンピテンシーの測定と対応

　授業における「個別化」の問題として取り上げるのが、2016 年 5 月 30 日（月）に訪問したハンブルク州の市区学校である Grund- und Stadtteilschule Maretstraße in Hamburg-Haburg 校である。同校はハンブルク州中心地の南に位置し、2 つの就学前教育施設も併設する基礎学校・市区学校であり、終日制学校である。約 800 名の生徒と約 120 名の教師から構成され、就学前から第 10 学年までを包括する大規模の学校である。移民背景のある子どもの割合は 98％であり、母語をドイツ語としていない生徒の割合は約 70％、約 4 分の 1 の生徒が教育環境の整っていない家庭か貧困の家庭から通っている。2008 ～ 2013 年には、先述したハンブルク州の取り組みの一つである「alles»könner 学校連盟」に属し、コンピテンシー志向の授業づくりと授業における個別化に取り組み、個々の生徒の学習進度に合わせた授業設計や個々の生徒へのフィードバックなどの実践を積み重ねてきている。

　同校の取り組みの特徴は、子どもだけでなくその親も対象とした言語支援、モンテッソーリ教育も参考にした改革教育学的な教育構想＝異学年による学級編成、開かれた学校づくりを通した開かれた学校の雰囲気（Schulklima）の醸成、様々な運動ができる学校の空間構成、そしてコンピテンシー志向の学習支援にある。学習進度・深度の多様性に対応しながら、子どもたち一人ひとりのコンピテンシー獲得のために同校で実施してきているのが、「週プラン（Wochen-plan）」（生徒がそれぞれで 1 週間に取り組む課題を選択して学習を進める方法）と関連づけて開発された「コンピテンシー・ラスター（Kompetenz-Raster）」による授業づくりである。

　図 1-4 は同校の第 5 学年数学用に開発された「コンピテンシー・ラスター」である。この表を貼ったボックスの中に、それぞれのコンピテンシー段階に対応した数学の課題プリントがおさめられており、子どもたちは「コンピテン

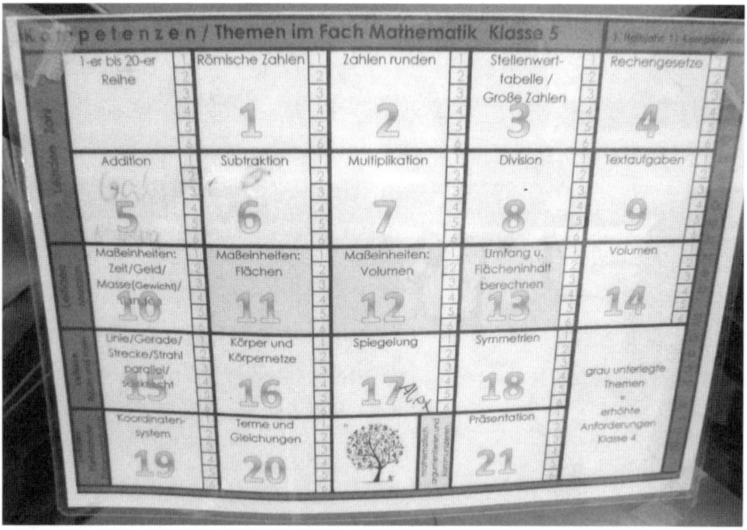

図1-4 第5学年数学のコンピテンシー・ラスター

シー・ラスター」を参照しながら、自身の学習進度・深度に合わせた学習を自分で選択して展開できる。こうした取り組みが、同校では各教科で行われ、教材開発などを教員同士の共同作業によって担っている点も重要である。

　広島県立日彰館高等学校は、先述した「学びの変革」の「活用コアスクール」の指定の下で、「発問」と「対話」をキーワードとした授業改革に取り組みながら、2018年度からは広島県教育委員会の「高等学校課題発見・解決学習推進プロジェクト」研究開発校の指定を受け、「日彰館版資質・能力」の開発と教科・総合の授業づくりに取り組んできている。同校では、これまでの取り組みの蓄積に基づいて教科・学年ベースで資質・能力の検討を行い、同校が位置する吉舎地域の他の小中学校との連携も踏まえて次の3つの枠組みで資質・能力を設定した。すなわち、「知識と他者の考えを求める主体性」「多様な意見を受けとめ自らを関わらせる力」「ヒト・モノ・コトの背景に触れ吉舎で学ぶ意味につなげる志向性」である。

　同校ではこの資質能力をルーブリックの枠組みに落とし込み、2018年7月3日（火）の総合的な学習の時間の研究授業において、生徒自身による自己評価

を促す授業づくりに着手した。表1-5はその際に用いられたルーブリックである。

　同校ではさらに、総合的な学習の時間の取り組みを教科の授業づくりと連動

表1-5　総合的な学習の時間に用いられたルーブリック

	①知識と他者の考えを求める主体性	②多様な意見を受けとめ自らを関わらせる力	③ヒト・モノ・コトの背景に触れ吉舎で学ぶ意味につなげる志向性
具体的な項目	〈3年〉 調べる、知識を得る 〈2年〉 調べる、知識を得る 〈1年〉 未知の情報や状況をたぐりよせる	〈3年〉 意見・質問の趣旨を理解する、応答する 〈2年〉 伝える、質問する、応答する 〈1年〉 聞き取る、受けとめる、質問する、自分とつなげる	〈3年〉 これまでを振り返る、自分とつなげる、将来を展望する 〈2年〉 自分とつなげる、具体的な進路や将来を考える 〈1年〉 吉舎でしか学べないことは何かを考える
Ⅲ	研修旅行やおもてなしプランに関わる知識・情報や他者の考えを自ら追究することができる。	「総学」に関わる多様な意見と自分自身の考えとを関わらせることで、自分自身の考えを他者に伝わるように表現することができる。	研修旅行やおもてなしプランに関わるヒト・モノ・コトの背景と吉舎で学ぶ自分自身とをつなげて思考し、これからの自分自身の生き方や学びの方向性を考えることができる。
Ⅱ	研修旅行やおもてなしプランに関わる他者の考えを取り入れ、知識事項を主体的に身に付けようとすることができる。	「総学」に関わる多様な意見の中から自分自身との関わりから、一つ（あるいは複数）の意見を選ぶ判断をして、自分自身とつなげて思考することができる。	研修旅行やおもてなしプランに関わるヒト・モノ・コトの背景と吉舎で学ぶこととをつなげて思考することができる。
Ⅰ	研修旅行やおもてなしプランに関わる知識事項（具体的には、台湾や諸外国の状況や台湾・他国と比した日本・広島・吉舎の特徴、多様な進路選択、進路選択に必要な学習のあり方など）を習得できている。	「総学」の学習成果や学習過程に関わる多様な意見（例えば、成功談や失敗談、アドバイス）の意図を理解し、自分の言葉で言い換えることができる。	研修旅行やおもてなしプランに関わるヒト・モノ・コトの背景（具体的には、台湾での交流や学習成果、吉舎での留学生との交流やその困難点、自分自身の進路選択や「総学」で学んでいる意味）を理解することができる。

80　第1部　カリキュラム改革の動向とドイツ教育学議論の特質

させながら、「評価」をキーワードとした校内研修へと発展させている。2018年10月31日（水）に行われた英語の研究授業では、ルーブリックを参照しながら同校の教員全員で生徒一人ひとりを見とり、「翌日、どのようなフィードバックを行うか」をテーマに校内研修が行われた[77]。そこでは、生徒一人ひとりに対する教員からのコメントを付箋に記入し、授業参観での見とりと事後協議会での議論を直接生徒たちにフィードバックする形で校内研修が展開された。

（3）授業における共同化の問題―社会的コンピテンシーに解消されない 学習の集団的・共同的側面

　授業における共同化の問題に関わって取り上げるのが、ブレーメンのGesamtschule Ost 校の取り組みである。同校はブレーメン最東部に位置し、貧困層の家庭から通う子どもも少なくない学校であり、学校の窓からも高層マンション（高級高層マンションではなく、ドイツでは集合住宅として高層のマンションが貧困層の住民に提供されている）がいくつも見えた。生徒数は約1500名、学級数は40であり、教員数は約130名（＋特別支援教育子〔Sonderpädagoge〕15名）である。第5学年から第10学年までの各学級は、それぞれの「プロフィール」を持つことになっている。「プロフィール」は以下の5つであり、2つのプロフィールを重ねて選択することもできる。すなわち、「芸術プロフィール（Kunstprofil）」「音楽プロフィール（Musikprofil）」「ドイツ語プロフィール（Deutschprofil）」「自然科学プロフィール（naturwissenschaftliches Profil）」「スポーツプロフィール（Sportprofil）」である。

　同校はアビトゥア取得ができる「上級段階（Oberstufe）」も併設した、「ギムナジウム上級段階付設のオーバーシューレ」である。ブレーメンでは基幹学校と実科学校を統合し、すべての中等教育修了証が取得可能な「オーバーシューレ（Oberschule）」体制にすでに移行している。オーバーシューレ設置以前から「総合制学校」であった同校は、名称は「総合制学校」であるが、制度上は新設の「オーバーシューレ」と同じ体制にある「終日制学校」である。

　1980年に設立され、1992年からブレーメンにて活動している「ブレーメン・ドイツ室内フィルハーモニー管弦楽団（Die Deutsche Kammerphilharmonie

Bremen)」が、リハーサル施設（練習場）として 2007 年より居を構えているのが同校に隣接する施設である。有志の子どもたちの参加によって毎年公演を行っており、学校づくりにも活かされている。使用された衣装や公演の様子を収めた写真が校内に展示されている。

　2016 年 3 月 8 日（火）11 時 00 分から 15 時 00 分の時間に同校を訪問し、10 年 3 組の自然科学の授業を参観した。授業者は「ブレーメンすべての者のための学校協会（Eine Schule fur Alle Bremen e.V.)」の 2014 年の活動にも関わったり、2015 年 6 月 23 日（火）にドイツ教員組合ブレーメン支部によって開催された「ブレーメン・オーバーシューレ研究会（Bremer Oberschultag）」でも、同校の職業教育の取り組みを報告するなど、インクルーシブな学校づくりと子どもたちの進路保証・キャリア教育にも積極的に関わっている教員である。授業を担当したのは、10 年 3 組の学級担任である授業者と、社会教育士である女性教諭、さらにブレーメン大学で化学を専攻する修士の院生である教育実習生の 3 名である。同学級の生徒数は 22 名（男子生徒 11 名、女子生徒 11 名）である。以下が授業の概要である。

　この化学の授業は、「異性体」を学習する化学単元の 1 コマであり、動画視聴によって学習者の興味を喚起する工夫だけではなく、模型を用いて化学式の構造をそれぞれで作成することで、教科書やノートに記される化学式を立体的な「構造」として理解することに授業の重点が置かれていた。教育実習生にも授業の最後の場面で専門的な説明をする機会を与えるなど、授業構成と展開には工夫がされており、「異性体」を学ぶ化学の授業としてはオーソドックスな面も残しつつも、学習者の実態に即した展開となっていた。ただし、この授業の見所はこうした表面的な授業展開にあるのではなく、社会教育士である女性教諭の出番が表立ってなかった点にある。同学級は地域の社会構造を反映し、多様な文化背景のある子どもたちから構成されている。数年前はなかなか授業が成立しないような状況もあったという。その点から見れば、子どもたちが落ち着いて化学の学習に取り組み、多様な文化背景や教育的ニーズに配慮したグループ編成の下で、社会教育士が直接的に介入することもなく授業が展開する状況に同校としては大きな手応えを感じているのである。社会教育士は化学の

12:00	CO_2 と H_2O という前時までの復習 「異性体（Isomere）」についての映像を見てもらうことを伝え、メモ用紙を持たせて隣の部屋に移動、パソコン映像をプロジェクターにて投影 「異性体（Isomere）」とは何かに注目して映像を見るように再確認
12:10	「アルカン[78]と異性体[79]とは何か!?（Was sind Alkane und Isomere?!）」動画視聴[80]
12:20	教室に移動し、「何がわかったか？」をメモを見させながら確認 板書のとおり、「同じ化学式（gleiche Summenformel）」であるのに対して、「異なる構造（verschiedene Strukturformel）」の状態にある物質を「異性体」ということを確認
12:40	教科書[81]の241頁の図4と図6を、それぞれのノートにまとめるよう指示 教科書241頁の図4　　　　　教科書241頁の図6
12:52	立体模型を配布し、模型を用いた異性体の構造の作成
13:00	課題のプリントを配布（先にノートにまとめ終わった1人の女子生徒は先に受け取る）
13:04	「教育実習」に来ているブレーメン大学の修士の院生が、構造が異なると、C_2H_4がブタンという物質にも、メチルという物質にもなることを説明
13:15	予定終了時刻を5分ほどオーバーし（開始時刻が20分遅れていた）、プリント課題の説明をして本時を終了

専門知識を有しているわけではないため、学習する生徒の目線になって、化学式の記入や模型の作製に取り組む生徒たちに個別的に寄り添っていた。こうした授業体制と学校体制の構築が、同校のような社会背景を有する学校においてインクルージョンに取り組む重要な要素であることが指摘できるだろう。同実

践からは、異職種間の協働による授業づくりの共同化の意義と課題が示唆されているといえよう。

　ここで取り上げるもう一つの実践は、広島県立庄原格致高等学校の取り組みである[82]。庄原格致高等学校は2014、2015年度の2年間、国立教育政策研究所の「教育課程研究指定校事業」の下で「論理的思考力及び表現力の育成を図るための指導と評価の工夫改善に関する研究〜パフォーマンス課題の設定とルーブリックの作成を通して〜」の取り組みを行い、さらに2016、2017年度の2年間、同指定校事業の下で「『主体的な学び』による論理的思考力と表現力の育成を図るための指導と評価に関する研究〜パフォーマンス課題の設定とルーブリックの作成を通して〜」という研究課題に取り組んできた。4年間の取り組みの中で一貫して取り組まれてきたことは、パフォーマンス課題を取り入れた授業づくり、教科・領域・学年を越えたカリキュラム構想とそのための校内研修体制づくり、そしてルーブリックの作成と活用を通した「論理的思考」を「評価」する試みである。

　「論理的思考力」の育成に向けて各学年・教科ごとに「論理的思考力」を「スタンダード」として設定し、それをルーブリックの形で子どもたちと共有する同校の実践において注目すべき点は、育成すべきコンピテンシーおよび生徒の集団的な関わりを視野に授業づくりがなされている点である。取り組み2年目の2015年10月22日（木）の研究授業では、林克己教諭の体育「フットサル」の授業が行われた[83]。本授業では、「4、5人が絡んだゴールを目標とする」ことがパフォーマンス課題として提示されていた。授業を進めるにつれて子どもたちから、「守備を評価の項目に入れないのはおかしい」という疑義が提起される。林教諭はその意見を取り入れ、表1-6に示すとおり、ルーブリックに「守備」の項目を追加し、子どもたちと共有した。

　取り組み4年目の2017年6月28日（水）に行われた今川俊文教諭による2年2組の国語科現代文「山月記」の授業では、「論理的思考力」を「評価」するためのルーブリックの提示と、生徒一人ひとりの学習成果を集団の取り組みとして授業に位置づける提案がなされた。表1-7は国語科のルーブリックであるが、①理解力、②分析力、③判断力、④表現力を学校共通の枠組みとして設

84　第1部　カリキュラム改革の動向とドイツ教育学議論の特質

表 1-6　追加された「守備」のルーブリック

	考察
	考える
	守備の評価
3	相手の作戦を予想して、ボールカットをすることができる／しようとしている。
2	献身的に守備に取り組んでいる／やろうとしている。
1	守備ができない／基本的な動きができない。

表 1-7　国語科における「論理的思考力」のルーブリック

		論理性基礎力				論理的思考力
		①理解力	②分析力	③判断力	④表現力	⑤思考力（推論力）
		課題を、しっかりと理解できる力	（根拠となる）情報を収集・選択する力	課題について、その課題解決の一番大切なことがわかる力	考えた結論を、自分の言葉で、他者に伝えることができる力	論理性基礎力をもとに、新たな可能性（解釈）を思考する力
3		設定された課題の本質を理解している	課題解決に必要な資料を主体的に収集・分析し、その情報を適切に選別して活用している	与えられた課題の中にある問題点や要因を発見し、新たな課題を自ら設定することができる	論理構成が明確であり、かつ自分(達)なりに考えた独創性ある表現で、説明に工夫が見られる	情報を適切に分析し、活用することで、独創かつ他者が納得する思考（推論）を構築している
2		設定された課題の意図を理解している	与えられた資料を分析し、課題解決に必要な情報を選別して活用している	課題に対して、解として答えるべきポイントを適切に判断している	論理的に筋の通った説明ができており、説明の表現も適切である	情報を適切に分析し、活用することで他者が納得する思考（推論）を構築している
1		設定された課題の本質を理解していない	課題解決のための情報収集・選別する力が不足し、解の根拠を明確にすることができていない	課題に対し、解として答えるポイントを順序立てて思考することができず、適切に判断できていない	説明が不足していたり、あるいは教科書等の文章をそのまま引用した説明が多い	情報の分析・活用が不十分で、他者を納得させる思考（推論）が構築できていない
評価	観点別					
	総合					

第 1 章　コンピテンシー志向のカリキュラム改革と授業づくりの意義と課題　85

「現代文B」『山月記』パフォーマンス課題

【課題】 「李徴が虎になってしまった理由を考察し、主題をまとめる。

二組

李徴が虎となった理由は、無いかもしれない。無いというのはおかしいかも知れないが少なくとも文章にあらわれている理由のためにそうなったりではないと考える。何かをしかう虎になったのではなく、李徴の孤独や彼の中にある欲望を虎という獣で象徴しているのではないだろうか。など虎ということはばっきり分からないが虎は群を成して生活をせず人と違って本能で素直に行動している。このような姿を作者は重ねあわせて虎という表現で李徴自身を表現している考える。

そのことを通じて、この小説では未来人間にも欲望はあるが、ある程度自分の中で抑えることが出来ないと人間として上手く生きていくことが困難になっていくということ、自分の今、おかれた立場に正面から向きあうことの大切さを伝えようとしたのではないかと考える。李徴が家族を犠牲にしてでも自分の一番し合いと強く思う動作にふけた。このような行動からひとびとと何かを失っていくことにとなった。

また、虎になった後で、本人はオレくしと思っているがそれは何が起こそうなのか、考えればなにか変わっていたのではないだろうか。

図1-5 「山月記」のパフォーマンス課題に対する生徒の記述

定し、⑤に教科独自の視点が設定されている。国語科では、⑤思考力（推論力）が設定された。このルーブリックの枠組みに、図1-5のような生徒のパフォーマンス課題に対する回答・応答を重ねて、「論理的思考力」を「評価」しようという実践提案であった。

　庄原格致高等学校の取り組みで明確になったことは、生徒一人ひとりの学習の成果は、集団的な関わりの下で展開される学習プロセスに依存するということである。図1-5は一人の生徒の学習成果であるが、この記述そのものは班といった小集団での議論や他者の考えをもとにしてまとめられたものである。そのように見ることができるのは、今川教諭の授業が、生徒一人ひとりの見方・考え方を全体に提示しながら、それぞれのとらえ方を想定的に位置づけ、評価しながら授業を展開していることに起因している。同校の実践からは、一人ひとりのコンピテンシーや資質・能力の育成・発達に寄り添うための、学習における集団的側面・共同的側面の重要性が示唆されよう。

4. ポストコンピテンシー・ポスト資質能力の公教育の課題

　ドイツにおいては PISA ショックをうけた「コンピテンシー」概念の導入と「コンピテンシー志向の授業づくり」が教師教育とも関連づけながら展開されてきていることを指摘してきた。他方で日本においては、「学力」概念との整合性のもとでの「資質・能力」概念の導入が、コンピテンシー志向のカリキュラム改革と授業づくりの動向を牽引してきている。ここでは、ドイツと日本における「コンピテンシー志向のカリキュラム改革と授業づくり」の意義と課題を以下の3点において指摘し、ポストコンピテンシーあるいはポスト資質能力の公教育の課題に言及したい。

　第一に、「コンピテンシー」を導入したカリキュラム改革は、各学校レベルでの学校カリキュラムの改革を必然的に誘発するものである、という点である。「資質・能力」の枠組みそのものの開発に着手するのか、「コンピテンシー」の枠組みそのものは変更を加えずに教材や評価材の開発を行うのか、といったように実践における取り組みの違いはあるにせよ、学校全体のカリキュラムをどのようにとらえるのかが重要であることが示唆される。

　第二に、授業を通して「コンピテンシー」を生徒たちに身につけさせるのであれば、子どもたち自身に「コンピテンシー」そのものを意識させる必要がある、という点である。自己評価という形であれ、ルーブリックの開示という形であれ、コンピテンシー・ラスターのような自己診断に基づく自己選択の形であれ、子どもたちの「コンピテンシー」状況を確認しているのは子どもたち自身であることが重要である。

　第三に、「コンピテンシー志向の授業づくり」を支える教員研修体制の構築が重要である、という点である。官製研修にせよ、校内研修にせよ、自主的な研修にせよ、教員自身の研修を介した自己研鑽がカリキュラム実践・授業実践を支えていることはいうまでもない。今後の課題としては、「コンピテンシー」あるいは「資質・能力」という既存の設定にとらわれない枠組みにおけるカリキュラム実践・授業実践の可能性を開くような教員研修のあり方、さらには教

員養成および教師教育を担う者の養成に取り組んでいく必要があるだろう。

　コンピテンシーは教育を変えうるのか、あるいはどのように教育を変えることになるのか。その「答え」への到達を急ぐよりも、むしろどのような「コンピテンシー」を目標として描き、子どもたち自身がそれをどのようにとらえるのか、そのプロセスを支える教職員の研修のあり方を検討していくことが、ポスト・コンピテンシーの教育の課題を見つける第一歩ではないだろうか。

（吉田成章）

■注

1）とりわけこの文脈に関わっては、坂野慎二『統一ドイツ教育の多様性と質保証─日本への示唆─』東信堂、2017年、坂野慎二「教育の目的・目標と教育課程に関する一考察─日本とドイツのコンピテンシー理解を中心に─」『玉川大学教育学部紀要』第18号、2019年、33-57頁、原田信之『統一ドイツの協同学習と汎用的能力の育成─持続可能性教育の基盤形成のために─』あいり出版、2016年、高橋英児「現在・未来を生きる子どもに必要な教育とは？─PISA後のカリキュラム開発・授業づくりの課題─」久田敏彦監修、ドイツ教授学研究会編『PISA後の教育をどうとらえるか─ドイツをとおしてみる─』八千代出版、2013年、31-62頁、吉田成章、ハンナ・キーパー、ヴォルフガング・ミーシュケ「PISA後のカリキュラム改革と教育実践の課題」ハンナ・キーパー、吉田成章編『教授学と心理学との対話─これからの授業論入門─』溪水社、2016年、17-32頁などを参照されたい。

2）本項は、吉田成章「PISA後ドイツのカリキュラム改革におけるコンピテンシー（Kompetenz）の位置」『広島大学大学院教育学研究科紀要　第三部（教育人間科学関連領域）』第65号、2016年、29-38頁をもとに再構成している。

3）Vgl. Grunert, C.: *Bildung und Kompetenz. Theoretische und empirische Perspektiven auf außerschulische Handlungsfelder,* VS Verlag, Wiesbaden, 2012, S. 38-46, Klieme, E./Hartig, J.: Kompetenzkonzepte in den Sozialwissenschaften und im erziehungswissenschaftlichen Diskurs, In: Prenzel, M./Gogolin, I./Krüger, H.-H. (Hrsg.): *Kompetenzdiagnostik. Zeitschrift für Erziehungswissenschaft Sonderheft 8.* VS Verlag, Wiesbaden, 2008, S. 14-19. なお、「Bildung」をめぐる哲学的議論についてはローター・ヴィガー、山名淳、藤井佳世編著『間形成と承認─教育哲学の新たな展開─』北大路書房、2014年に詳しい。また、同じくドイツ語圏であるオーストリアにおけるBildung論の立場からのスタンダード化への批判については、伊藤実歩子「ドイツ語圏の教育改革におけるBildungとコンピテンシー」田中耕治編著『グローバル化時代の教育評価改革─日本・アジア・欧米を結ぶ─』日本標準、2016年、124-135頁に詳しい。

4 ）Grunert, C., a. a. O., S. 43.

5 ）Vgl. ebenda, S. 42f.

6 ）Vgl. Grunert, C., a. a. O., S. 47-53, Klieme, E./Hartig, J., a. a. O., S. 19f., Löwisch, D.-J.: *Kompetentes Handeln. Bausteine für eine lebensweltbezogene Bildung,* Darmstadt: Wissenschaftliche Buchgesellschaft, 2000, S. 82-86.

7 ）Vgl. Roth, H.: *Pädagogische Anthropologie. Band II. Entwicklung und Erziehung,* Hermann Schroedel Verlag, Hannover, 1971, S. 180.（H・ロート著、平野正久訳『発達教育学』明治図書、1976 年）

8 ）このアドルノのフレーズの引用が示しているとおり、フランクフルト学派の批判理論にロートが影響を受けている点は重要である。「責任ある決定能力の前提としての、成熟（Reife）と成人性、生産性（Produktivität）と批判能力（Kritikfähigkeit）」にロートが言及する所以である。なお、こうした彼の「教育人間学」構想については、平野正久「教育人間学の課題と方法―H. ロートの所論を中心に―」『大阪大学人間科学部紀要』第 19 巻、1993 年に詳しい。

9 ）Roth, H., a. a. O., S. 180.

10) Klieme, E./Hartig, J., a. a. O., S. 19.

11) Roth, H., a. a. O., S. 180.

12)「この 3 つの部分コンピテンシーがロートの行為コンピテンシー理解を形成しており、行為する主体としての自我（Ich）、行為の対象としての事象あるいは事象に対するふるまい、そして常に行為と結びつく社会あるいは社会関係という 3 つ組み（Trias）が形成されたのである」（Grunert, C., a. a. O., S. 48.）。

13) Vgl. Klieme, E./Hartig, J., a. a. O., S. 20.

14)「すべての教育課程において、特殊な養成教育的な関心を越えた青少年の人間的発達が保証される必要がある。そのためには、専門コンピテンシー（Fachkompetenz）によって同時に人間的なコンピテンシー（humane Kompetenz）および社会的‐政治的コンピテンシー（gesellschaftlich-politische Kompetenz）を媒介する統合的な学習過程が必要となる」（Deutscher Bildungsrat: *Empfehlungen der Bildungskommision. Zur Neuordnung der Sekundarstufe II,* Ernst Klett Verlag, Stuttgart, 1974, S. 49.）。

15) 鍵的資質の議論に先鞭をつけたのはメルテンス（Mertens, D.）である。彼は教育目標と教育要素（Bildungselement）という 2 つの上位概念に加えて、労働界と世界の変化に対応した「共通の第三のもの」として「鍵的資質」を取り上げた（Vgl. Mertens, D.: Schlüsselqualifikationen. Thesen zur Schulung für eine moderne Gesellschaft, In: *Mitteilungen aus der Arbeitsmarkt- und Berufsforschung,* Jahrgang 7, Kohlhammer, Stuttgart, 1974, S. 36.）。

16) Deutscher Bildungsrat, a. a. O., S. 16.

17) Ebenda.

18) Behrmann, D.: *Bildung, Qualifikation, Schlüsselqualifikation, Kompetenz. Gestaltungsperspektiven pädagogischer Leitkategorien,* VAS Verlag, Frankfurt am Main, 2006, S. 35f.

第 1 章　コンピテンシー志向のカリキュラム改革と授業づくりの意義と課題　　*89*

19) 例えば、Bildungskommission NRW: *Zukunft der Bildung. Schule der Zukunft,* Luchterhand, Neuwied/Kriftel/Berlin, 1995, S. 52-55. などを参照。

20) Forum Bildung: *Expertenberichte des Forum Bildung. Kompetenzen als Ziele von Bildung und Qualifikation,* Forum Bildung, Bonn, 2002, S. 3.

21) 例えば、吉田成章「ドイツにおけるコンピテンシー志向の授業論に関する一考察」広島大学大学院教育学研究科教育学教室編『教育科学』第 29 号、2013年、45 頁など参照。

22) Weinert, F. E.: Vergleichende Leistungsmessung in Schulen － eine umstrittene Selbstver- ständlichkeit, In: Ders. (Hrsg.): *Leistungsmessungen in Schulen,* Beltz, Weinheim und Basel, 2001, S. 27f.

23) Vgl. ebenda, S. 28.

24) Vgl. Bundesministerium für Bildung und Forschung (Hrsg.): Zur Entwicklung nationaler Bildungsstandards, Eine Expertise, 2003, S. 21.

25) Vgl. ebenda, S. 19. なおこの点については、樋口裕介「『スタンダード化』する教育におけるテストの役割と課題」久田敏彦監修、ドイツ教授学研究会編『PISA 後の教育をどうとらえるか―ドイツをとおしてみる―』八千代出版、2013 年、63-82 頁および本書第 5 章に詳しい。

26) Klieme, E.: Bildungsstandards als Instrumente zur Harmonisierung von Leistungsbewertungen und zur Weiterentwicklung didaktischer Kulturen, In: Eder, F./Gastager, A./Hofmann, F.(Hrsg.): *Qualität durch Standards?,* Waxmann Verlag, Münster, 2006, S. 56.

27) KMK と IQB の HP を参照の上、筆者が作成（https://www.kmk.org/themen/qualitaetssicherung-in-schulen/bildungsstandards.html［2019 年 8 月 12 日閲覧］）。

28) なお、幼児教育分野まで含めた一覧については、久田敏彦・高橋英児「ドイツにおける学力向上政策と教育方法改革の特質―研究成果の概要―」『PISA 後のドイツにおける学力向上政策と教育方法改革』（2014 ～ 2016 年度科学研究費補助金 基盤研究（B）（海外学術調査）最終報告書 研究代表者：久田敏彦）、2017 年、25-26 頁を参照。

29) Lehmann, G./Nieke, W.: *Zum Kompetenz-Modell*（http://sinus.uni-bayreuth.de/fileadmin/sinusen/PDF/modul10/text-lehmann-nieke.pdf［2019 年 8 月 12 日閲覧］）, 2001, S. 2f.

30) 原田信之「ドイツの統合教科『事実教授』のカリキュラムとコンピテンシー―ハンブルク州 2010 年版基礎学校学習指導要領の検討―」『岐阜大学教育学部報告人文科学』第 59 巻第 1 号、2010 年、272 頁参照。

31) 各州の HP から学習指導要領を参照し、樋口裕介・熊井将太・渡邉眞依子・吉田成章・髙木啓「PISA 後ドイツにおける学力向上政策とカリキュラム改革―学力テストの動向と Kompetenz 概念の導入に着目して―」中国四国教育学会編『教育学研究紀要』（CD-ROM 版）第 60 巻、2015 年、372 頁の表に加筆

修正の上、筆者が作成。なお、SH 州は、1997 年のプランであるが、4 つのコンピテンシーを「学習コンピテンシー」が包括することが総則において述べられている。また、SN 州の HP には 2019 年 5 月現在アクセスできなかったため、今回の分析対象としては取り上げることができなかった。

32) 中央教育審議会「幼稚園、小学校、中学校、高等学校及び特別支援学校の学習指導要領等の改善について（答申）」、2008 年、9-10 頁。

33) 同上、52-65 頁参照。

34) 育成すべき資質・能力を踏まえた教育目標・内容と評価の在り方に関する検討会「育成すべき資質・能力を踏まえた教育目標・内容と評価の在り方に関する検討会―論点整理―について」(2014 年 3 月 31 日)(http://www.mext.go.jp/b_menu/shingi/chousa/shotou/095/houkoku/1346321.htm〔2019 年 8 月 12 日閲覧〕)、2014 年参照。

35) この点については、安彦忠彦『「コンピテンシー・ベース」を超える授業づくり―人格形成を見すえた能力育成をめざして―』図書文化、2014 年、石井英真『今求められる学力と学びとは―コンピテンシー・ベースのカリキュラムの光と影―』日本標準、2015 年、松下佳代「資質・能力の形成とアクティブ・ラーニング―資質・能力の『3・3・1 モデル』の提案―」日本教育方法学会編『教育方法 45　アクティブ・ラーニングの教育方法学的検討』図書文化、2016 年、24-37 頁などの議論が参考となる。なお、「資質」という文言が、2006 年に「改正」された教育基本法第 1 条「教育は、人格の完成を目指し、平和で民主的な国家及び社会の形成者として必要な資質を備えた心身ともに健康な国民の育成を期して行われなければならない」の中に規定されたことにも言及しておきたい。

36) この点については、中野和光「グローバル化の中の教育方法学」日本教育方法学会編『教育方法 44　教育のグローバル化と道徳の「特別の教科」化』図書文化、2015 年、22 頁、中野和光「グローバル化の中の学校カリキュラムへの一視点」日本カリキュラム学会編『カリキュラム研究』第 25 号、2016 年 a、117 頁、中野和光「コンピテンシーによる教育のスタンダード化の中の学習集団研究の課題」深澤広明・吉田成章責任編集『学習集団研究の現在 Vol. 1　いま求められる授業づくりの転換』溪水社、2016 年 b、8-18 頁、吉田成章「学習集団づくりが描く『学びの地図』：結びにかえて」深澤広明・吉田成章編『学習集団研究の現在 Vol. 2　学習集団づくりが描く「学びの地図」』溪水社、2018 年 c、157-161 頁などの議論を参照されたい。

37) 中央教育審議会「幼稚園、小学校、中学校、高等学校及び特別支援学校の学習指導要領等の改善及び必要な方策等について（答申）」2016 年、28-31 頁。

38) そもそも、学校教育法という法律において「学力の構成要素」を定義することの是非とその内容の妥当性、さらにそこでいう「学力」と「資質・能力」とがほぼ同じ定義で示されるということの是非と妥当性を検討しなければ、目の前の子どもたちにどのような「学力」ないしは「資質・能力」を身につけさせるのかが明確にはならないのであるが。

39) 文部科学省『小学校学習指導要領』2017 年、4 頁。

40) 学校教育実践における「スタンダード」と「スタンダード化」との関係については吉田成章「誰の、何のためのスタンダード化なのか」『体育科教育』第 66 巻第 10 号、2018 年 b、44-47 頁を参照。

41) 本項は、吉田成章「現代ドイツのカリキュラム改革―教育の自由はどのように守られているか―」広島大学大学院教育学研究科附属教育実践総合センター編『学校教育実践学研究』第 24 巻、2018 年 a、118-119 頁をもとに再構成している。

42) 松田充「批判理論に基づく授業の教育学的再構成―A. グルーシュカの教授学構想を手がかりに―」日本教育方法学会編『教育方法学研究』第 40 巻、2015 年、40 頁以下参照。

43) Gruschka, A.: *Verstehen lehren: Ein Plädoyer für guten Unterricht*, Reclam, Stuttgart, 2011, S. 139.

44) Ebenda, S. 149.

45) Vgl. Dörpinghaus, A.: Theorie der Bildung. Versuch einer „unzureichenden" Grund- legung, In: *Zeitschrift für Pädagogik*, Jahrgang 61, Heft 4, 2015, S. 464-480.

46) Vgl. Benner, D.: Erziehung und Bildung! Zur Konzeptualisierung eines erziehenden Unterrichts, der bildet, In: *Zeitschrift für Pädagogik*, Jahrgang 61, Heft 4, 2015, S. 481-496.

47) Vgl. Sander, W.: Was heißt "Renaissance der Bildung"? Ein Kommentar, In: *Zeitschrift für Pädagogik*, Jahrgang 61, Heft 4, 2015, S. 464-480.

48) この議論については吉田成章、前掲論文、2013 年を参照。

49) Kiper, H.: Unterrichtsplanung auf der Grundlage einer Integrativen Didaktik, In: Zierer, K.（Hrsg.）: *Jahrbuch für Allgemeine Didaktik*, Schneider Verlag, Baltmannsweiler, 2011, S. 126.

50) Ebenda, S. 128.

51) Vgl. ebenda, S. 128.

52) 本節のドイツの動向については、吉田成章「ドイツにおけるコンピテンシー志向の授業づくりの動向と課題」中国四国教育学会編『教育学研究紀要』（CD-ROM 版）第 64 巻、2019 年、495-500 頁をもとに再構成している。

53) Vgl. KMK: *Bildungsstandards der Kultusminisiterkonferenz. Erläuterungen zur Konzeption und Entwicklung*, Luchterhand, München, 2005, S. 16.

54) KMK/IQB: *Konzeption der Kultusministerkonferenz zur Nutzung der Bildungsstandards für die Unterrichtsentwicklung*, Bonn, 2010, S. 9.

55) Vgl. ebenda, S. 10. さらにこれらは、授業研究から導き出された「良い」授業の記述にも適合すると述べられている。

56) 中山あおい「PISA 以降のドイツの移民と学力向上政策」久田敏彦監修、ドイツ教授学研究会編『PISA 後の教育をどうとらえるか―ドイツをとおしてみる―』八千代出版、2013 年、194-196 頁参照。

57）なお同報告書の邦訳とその解説については、中山あおい・松田充・久田敏彦「低学力生徒のための促進戦略の特質」『PISA 後のドイツにおける学力向上政策と教育方法改革』（2014 〜 2016 年度科学研究費補助金　基盤研究（B）（海外学術調査）最終報告書　研究代表者：久田敏彦）、2017 年、165-221 頁を参照。

58）Vgl. KMK: *Bericht zum Stand der Umsetzung der Förderstrategie für leistungsschwächere Schülerinnen und Schüler Bericht der Kultusministerkonferenz vom 14.09.2017*, 2017.（https://www.kmk.org/fileadmin/Dateien/veroeffentlichungen_beschluesse/2017/2017_09_14-Umsetzung-Foerderstrategie.pdf［2019 年 8 月 12 日閲覧］）

59）各州の関係する HP および KMK, 2017. をもとに筆者が作成。

60）この 2 州の冊子およびコンピテンシー志向の授業づくりの動向については、渡邉眞依子「コンピテンシー志向の授業の展開と特質―ザクセン州とバイエルン州の調査をもとに―」『PISA 後のドイツにおける学力向上政策と教育方法改革』（2014 〜 2016 年度科学研究費補助金　基盤研究（B）（海外学術調査）最終報告書　研究代表者：久田敏彦）、2017 年、264-278 頁に詳しい。

61）ノルトライン・ヴェストファーレン州の同冊子の検討については高橋英児、前掲論文、2013 年、43-47 頁に詳しい。

62）ハンブルク州の取り組みについては、髙木啓「学校改善・授業改善に向けたコンピテンシーテスト―ハンブルク・KERMIT の取り組み―」『PISA 後のドイツにおける学力向上政策と教育方法改革』（2014 〜 2016 年度科学研究費補助金　基盤研究（B）（海外学術調査）最終報告書　研究代表者：久田敏彦）2017 年、40-43 頁、および中山あおい・松田充・久田敏彦、前掲論文、2017 年に取り上げられている。

63）Vgl. Bauer, K.-O./Logemann, N.（Hrsg.）: *Kompetenzmodelle und Unterrichtsentwicklung*, Klinkhardt, Bad Heilburnn, 2009, Gehrmann, A./Hericks, U./Lüders, M.（Hrsg.）: *Bildungsstandards und Kompetenzmodelle. Beiträge zu einer aktuellen Diskussion über Schule, Lehrerbildung und Unterricht*, Klinkhardt, Bad Heilbrunn, 2010, Schott, F./Ghanbari, S. A.: *Kompetenzdiagnostik, Kompetenzmodelle, kompetenzorientierter Unterricht. Zur Theorie und Praxis überprüfbarer Bildungsstandards*, Waxmann, Münster, 2008, Faulstich-Christ, K./Lersch, R./Moegling, K.（Hrsg.）: *Kompetenzorientierung in Theorie, Forschung und Praxis. Sekundarstufe I und II*, Prolog-Verlag, Kassel, 2010, Drieschner, E.: *Bildungsstandards praktisch. Perspektiven kompetenzorientierten Lehrens und Lernens*, VS Verlag, Wiesbaden, 2009.

64）Vgl. Schott, F./Ghanbari, S. A.: *Kompetenzdiagnostik, Kompetenzmodelle, kompetenzorientierter Unterricht. Zur Theorie und Praxis überprüfbarer Bildungsstandards*, Waxmann, Münster, 2008, S. 156f.

65）「学習課題」に関わる研究動向については、吉田成章「ドイツにおける教科書研究の動向に関する一考察―『学習課題』への着目と授業との関連を中心に―」『広島大学大学院教育学研究科紀要　第三部（教育人間科学関連領域）』第

61 号、2012 年、37-46 頁、吉田成章「教科書における『学習課題』の教授学的機能に関する研究―日本とドイツの教科書比較を通して―」日本カリキュラム学会編『カリキュラム研究』第 24 号、2015 年、27-40 頁を参照。そこで取りあげられていない著作として、Hermes, C./Vaßen, P.: *Entwicklung Kompetenzorientierter Aufgaben für den Mathematikunterricht,* Cornelsen, Berlin, 2012. のような数学教育におけるコンピテンシー志向の課題に着目した著作や、子どもの異質性を前提としたグループに課す学習課題と「コンピテンシー志向の授業」との関係について言及した著作（Varda, K. A.: *Kompetenzorientierter Unterricht: Lernaufgaben in heterogenen Gruppen,* Akademikerverlag, Saarbrücken, 2014.）などがある。両著作に共通するのは、具体的な課題の提示など、実践的なエッセンスが多く盛り込まれている点である。

66）Vgl. Klinger, U.: *Kooperative Unterrichtsentwicklung. Mit Fachgruppen auf dem Weg zum Schulcurriculum,* Kallmeyer, Seelze, 2013, Hallet W.: *Lernen fördern. Englisch. Kompetenzorientierter Unterricht in der Sekundarstufe 1.* Kallmeyer, Seelze, 2011, Bekes, P.: *Lernen fördern. Deutsch. Unterricht in der Sukundarsufe 1.* Seelze: Kallmeyer, 2012, Ziener, G./Kessler, M.: *Kompetenzorientiert unterrhcten – mit Methode. Methoden entdecken, verändern, erfinden,* Kallmeyer, Seelze, 2012.　これら 4 冊は学校づくりと授業改善をテーマとしたシリーズ本である。

67）Vgl. Lersch, R./Schreder, G.: *Grundlagen kompetenzorientierten Unterrichts. Von den Bildungsstandards zum Schulcurriculum,* Barbara Budrich, Opladen/Berlin/Toronto, 2013, Haag, J./Weißenbröck, J./Gruber, W./Flensleben-Teutscher, C. F. (Hrsg.): *Kompetenzorientiert Lehren und Prüfen. Basics-Modelle-Best Practices,* ikon Verlags, Brunn am Geborge, 2016, Ziener, G.: *Bildungsstandards in der Praxis. Kompetenzorientiert unterrichten,* Kallmeyer, Seelze, 2008, Krug, U.: *Handbuch zur förder- und kompetenzorientierten Unterrichtsentwicklung. Praktische Anleitung zur Unterrichts- und Schulentwicklung in allen Schularten,* Carl Link, Köln, 2013, Emmerman, R./Fastenrath, S.: *Kompetenzorientierter Unterricht,* Verlag Europa-Lehrmittel, Haan-Gruiten, 2016, Bönsch, M./Kohnen, H./Möllers, B./Müller, G./Nather, W./Schüürmann, A.: *Kompetenzorientieter Unterricht. Selbstständiges Lernen in der Grundschule,* Westermann, Braunschweig, 2010.

68）Vgl. Peachter, M./Stock, M./Schmölzer-Eibinger, S./Slepcevic-Zach, P./Weirer, W. (Hrsg.): *Handbuch Kompetenzorientierter Unterricht,* Beltz, Weinheim und Basel, 2012.

69）「資質・能力」をどうとらえ、カリキュラム・授業実践においてどのように取り組んでいくのかに関わって、基礎的な文献のみを挙げておきたい（国立教育政策研究所編『資質・能力　理論編』東洋館出版社、2016 年、安彦忠彦、前掲書、石井英真、前掲書、日本教育方法学会編『教育方法 47　学習指導要領の改訂に関する教育方法学的検討』図書文化、2017 年など参照）。

70）広島県教育委員会「広島版『学びの変革』アクション・プラン―コンピテンシーの育成を目指した主体的な学びの充実―」、2014年、7頁参照（http://www.pref.hiroshima.lg.jp/site/global-manabinohenkaku-actionplan/［2019年8月12日閲覧］）。

71）「問題集」というとらえ方は、広島県内のある高等学校校長が校内研修において同校の教員に向けて語ったフレーズの受け売りである。

72）福岡県教育委員会『福岡県立高校「新たな学びプロジェクト」平成27年度報告書―アクティブ・ラーニング実践の手引き―』、2016年、福岡県教育委員会『福岡県立高校「新たな学びプロジェクト」平成28年度報告書―生徒を伸ばす"我が校のAL"を創ろう―』、2017年、福岡県教育委員会『福岡県立学校「新たな学びプロジェクト」平成29年度報告書―「主体的・対話的で深い学び」で未来を創ろう―』、2018年、福岡県教育委員会『福岡県立学校「新たな学びプロジェクト」平成30年度報告書―「新たな学び」を「いつもの学び」へ―』、2019年参照。

73）教職員支援機構のホームページを参照（http://www.nits.go.jp/［2019年8月12日閲覧］）。

74）ここで取り上げるドイツの学校教育実践は、吉田成章、ハンナ・キーパー、ヴォルフガング・ミーシュケ、前掲書、吉田茂孝・髙木啓・吉田成章「インクルージョンとコンピテンシーに着目した個別の学習支援の特質と教育方法改革―ハンブルク州・ブレーメン州調査を中心に―」『PISA後のドイツにおける学力向上政策と教育方法改革』（2014〜2016年度科学研究費補助金 基盤研究（B）（海外学術調査）最終報告書 研究代表者：久田敏彦）2017年、79-114頁、吉田成章「ドイツにおける健康教育実践に関する一考察」中国四国教育学会編『教育学研究紀要』（CD-ROM版）第62巻、2017年、465-470頁、吉田成章、前掲論文、2018年c、Yoshida, N.: Didaktische Forschung und pädagogische Praxis nach und in Zeiten der Wende, In: Katja Grundig de Vazquez/Schotte, A.（Hrsg.）: *Erziehung und Unterricht-Neue Perspektiven auf Johann Friedrich Herbarts Allgemeine Pädagogik*, Verlag Ferdinand Schöningh, Paderborn, 2018, S. 149-156. をもとに再構成している。

75）同校の取り組みの概要については、庄原市立総領中学校編『研究紀要―平成29・29年度広島県「学びの変革」パイロット校事業実践指定校「資質・能力の育成」のための実践報告書―』、2018年を参照。

76）広島県教育委員会「『学びの変革』パイロット校事業実施要領」、2015年参照。

77）ここでの実践の検討については、吉田成章・佐藤雄一郎・山根万里佳「『資質・能力』を軸とした高等学校カリキュラムにおける教科と総合との関連―『吉舎できさの子どもを育てる』課題発見・解決学習の取組―」広島県立日彰館高等学校編『研究紀要』第16号、2019年、55-63頁を参照。

78）アルカンとは、一般式C_nH_{2n+2}で表される鎖式飽和炭化水素である。メタン系炭化水素、パラフィン系炭化水素や脂肪族化合物とも呼ばれる。

79）異性体とは、同じ数、同じ種類の原子を持っているが、違う構造をしている

物質である。

80）映像の出典：https://www.youtube.com/watch?v=Asdx7h8nGuM［2019 年 5 月 24 日閲覧］

81）教室で使用されていた教科書の書誌情報は次のとおりである。Bäurle, W. u. a.（Hrsg.）: *umwelt: chemie,* Klett, Stuttgart, 2007, 1996.

82）同校の取り組みの詳細については、広島県立庄原格致高等学校編『研究紀要—平成 26 年度文部科学省研究指定【論理的思考】実践報告書—』、2015 年、広島県立庄原格致高等学校編『研究紀要—平成 27 年度文部科学省研究指定【論理的思考】実践報告書—』、2016 年、広島県立庄原格致高等学校編『研究紀要—平成 28 年度文部科学省研究指定【論理的思考】実践報告書—』、2017 年、広島県立庄原格致高等学校編『研究紀要—平成 29 年度国立教育政策研究所指定【論理的思考】実践報告書—』、2018 年を参照。

83）林実践の検討については、吉田成章・松尾奈美・佐藤雄一郎「『論理的思考力及び表現力の育成』に向けたカリキュラム改革の意義と課題—『評価』のあり方に着目して—」広島県立庄原格致高等学校編、前掲書、2016 年、136-155 頁を参照。

第2章

ドイツにおける教育改革と「文化的陶冶」の興隆

　半日制学校の長い伝統を持つドイツでは、子どもたちの午後の活動を支援するべく児童・生徒を対象とする様々な文化教育関連の制度や施設が発達しており、インフラも含めて充実した内容を有している。こうした学校外での広い意味での文化教育に携わる活動を「文化的陶冶（Kulturelle Bildung）」という。この領域は、2001 年のいわゆる「PISA ショック」を契機に本格化するドイツにおける教育改革[1] の進展と半ば並行するかのように次第に注目を集めるようになり、現在かつてない興隆を見せている。とりわけ、近年では「学校づくり（Schulentwicklung）」への関与を通して一層果敢な活動が展開されつつある。この文化的陶冶への関心の高まりは一体何を意味するのか。本章[2] では、この領域をめぐる近年の動向について主として理論研究と制度的発展の側面から取り上げ、それを上記の教育改革との相関関係においてとらえた上で、その展開と興隆の意義について考察する。

1．「文化的陶冶」とは何か

　「文化的陶冶」という概念にはどこかしら戸惑いを覚える。無論翻訳語であることから生じる問題もあろうが、少なくとも日本語としては聞き慣れない。「ビルドゥンク（Bildung）」というきわめて訳し難いドイツ語独特の概念[3] の性格に鑑みて、仮にこれを「文化的人間形成」「文化的教養」と訳してみても状況はさほど変わらない。一度耳にしただけではひどく抽象的で漠然とした印象が拭いきれず、にわかにはその具体的な活動内容や活動形態が思いつかない。その理由は、「陶冶（Bildung）」のみならず、「文化（Kultur）」も含めてその用語の核となる概念のいずれもがきわめて多義的であることに由来する。陶冶概

97

念についてみれば、それは、人が「自分自身と環境（……）との相互作用のなかで自らを変え、また自らが変化していくなかで環境に働きかけ、そして自己と環境との関係性を変容させていく（……）人間のそのような変容およびその過程において得られたものの総体」[4]（中略筆者）を表す概念として知られ、英語でいう「education（教育）」に人間形成と道徳教育の意味を合わせて持たせたものと説明されもする[5]。また、文化概念に関していえば、それは人間学的にも、民族学的にも、社会学的にも論じることができ、あるいは諸芸術に象徴される「ハイ・カルチャー」を言い表す言葉として使いうる。規範的にも記述的にも用いることができ、目標を示す概念としても、そこに至るプロセスを示す概念としても、結果を示す概念としても機能する[6]。それだけに、話者の意図次第できわめて多様な意味内容を示しうる。

　ところで、この文化的陶冶という語には、政治的なニュアンスが拭い難く付きまとう。実際、上記の両概念は、いずれも18世紀末になって本格的にドイツ語の中に登場してくる概念で、同じくこの時代に登場してくる「啓蒙（Aufklärung）」概念との関わりにおいて論じられたタームであり、当時台頭してきた市民階層の政治意識や価値観と分かち難く結びついた概念であった。1784年に『ベルリン月報（*Berlinische Monatsschrift*）』の9月号に掲載された論考「啓蒙とは何かという問いについて」の中で、ユダヤ人思想家モーゼス・メンデルスゾーン（Mendelssohn, M.）が、この三者をいずれも「人間の社会生活を円滑にするものであり、すなわち人間の勤労やその社会状態を改善する様々な努力の作用」に関わるものであるとした上で、特に「陶冶」の実践的な側面を「文化」、理論的な側面を「啓蒙」としたことはよく知られている[7]。

　それから200年以上を経た現在も、両概念はなお独特の存在感を放っている。かつて「ポストモダン」が声高に叫ばれた時代に「カルチュラル・スタディーズ」をはじめとする新領域が勃興し、「カルチュラル・ターン（Cultural turn）」が語られ、多元文化論が論じられ、「文化的な差異」の問題などについて闊達な議論が展開されたことはなお記憶に新しい。その後、政治・経済・社会・文化それぞれの領域において進展するグローバル化を背景に、エスニック・ナショナルな次元を超え出る「文化横断性（Transkulturalität）」[8]が指摘されるよ

98　第1部　カリキュラム改革の動向とドイツ教育学議論の特質

うになり、同時に単一因果的な旧来の「文化アイデンティティ」といった観念の有効性にも疑念が差し挟まれるようになってきている[9]。その一方で、近年のドイツでは、折からの保守主義やネオ・ナショナリズムの台頭を背景に、逆に「根幹文化（Leitkultur）」をはじめとするイデオロギーがかった議論が再燃する兆しを見せつつある[10]。陶冶概念に関しては、「PISA ショック」以来の教育改革において「コンピテンシー」概念がその主導概念となることで急速に守勢に陥り、かつ旧来の伝統から逸脱する意味論的な変容を被りつつあることが指摘されている[11]。しかし、社会的・歴史的な次元も含んだ弁証法的な発展のプロセスというダイナミズムの魅力もあってか、今なお少なからぬ信奉者があり、教育改革の始動から 20 年近くが過ぎ去ろうとしている現在も当該概念をタイトルに冠する書籍の出版は後を絶たず、果敢な論争が繰り広げられている。

　こうした状況に鑑みれば、「文化的陶冶」という概念には、現行の教育改革や文教政策、時代状況に対するある種の立場表明のようにも受け取れる響きが感取されてくる。それについて、以下の論述の中で徐々に明らかにしていくつもりである。

　いずれにしても、多様な連想を喚起してしまいがちなターミノロジーであるだけに、議論に一定の枠組みと輪郭を施す意味でも、まずは概念の定義から始める必要があるだろう。ドイツにおいて、この領域でおそらく最も著名な人物に、デュースブルク・エッセン大学（Die Universität Duisburg-Essen）で教鞭を執るマックス・フックス（Fuchs, M.）がいる。おびただしい著作の数々はもとより、文化的陶冶の活動全般を支援する研究機関である「レムシャイト・アカデミー（Akademie Remscheid für Kulturelle Bildung）」の所長として 1988 年から 2013 年まで四半世紀にわたって率いてきたほか、文化政策やメディア政策に関わる政治的に中立な 246 の諸組織を配下に置く「ドイツ文化評議会（Deutscher Kulturrat）」[12]の会長を 2001 年から 2013 年にかけて 12 年にわたって務めるなど、文字通りドイツにおける当該領域の活動と展開を刻印してきた人物である。そのフックスは、文化的陶冶を端的に「文化教育的な諸方法によって獲得される（生のコンピテンシー〔Lebenskompetenz〕の発展という意味での）一般教育

（Allgemeinbildung）」[13] と定義し、その活動の核心を「諸芸術との能動的あるいは受動的な関わり」、わけてもそれを通じた「美的・感性的な学び（Ästhetisches Lernen）」[14] に見る。その意味では、文化的陶冶は文化現象を対象とする広義での、「美的・感性的陶冶（Ästhetische Bildung）」とみなしてもよいのかもしれない。一方、そのフックスが引き合いに出すカール・エルマート（Ermert, K.）は、文化的陶冶を「文化的参加への教育（Bildung zur kulturellen Teilhabe）」と定義する。ここでいう文化的参加とは、「個別的にはある一つの社会における芸術的・文化的出来事への関与（Partizipation）を、一般的にはその生活や行為遂行への関与を意味」するとされる。そして、文化的陶冶は、「個人的ならびに社会的な次元におけるよき人生（ein geglücktes Leben）の諸前提を成すものであり、一般教育の本質的な構成要素（konstitutiver Bestandteil）である」[15] という。つまり、文化的陶冶とは、何よりもまず一般教育の枠組みで理解される教育活動であり、芸術文化活動への主体的な参加に人間と社会の形成に対する大きな意義を見出す活動であることがひとまず把握される。

　もともとこの用語は、青少年たちを芸術的・美的な実践へと導くための様々な学校外教育活動を意味し、それらの総称としての「プラグマティックな集合名詞」としてあったものである[16]。現在のドイツにおいて、これら一連の教育活動は以下の2つの上部団体のもとに統合されている。先ほどの「ドイツ文化評議会」と「連邦連合文化的青少年陶冶（Bundesvereinigung Kulturelle Kinder- und Jugendbildung）」[17]（略称：BKJ）である[18]。文化陶冶の活動形態の多様性や拡がりは、「BKJ」がその代表的な関連領域として挙げる音楽や造形美術、文学、演劇、ダンス、サーカス、文化的陶冶に関する継続教育、あるいはその関連機関や団体として列挙している音楽学校や青少年美術学校、演劇グループ、ラジオや映画工房、子どもミュージアム、ダンス・アンサンブル、コーラス、音楽協会、子ども図書館、読書クラブ、子どもサーカス、コンピュータ・フォーラムなど[19] を一瞥するだけでも容易に想像がつく。同時にこれらの具体例から、文化的陶冶の名の下に語られている文化概念が、人間の文化現象のすべてを網羅するようなホーリスティックなものではなく、ひとまずシンボル形式に基づく人間の美的・感性的な活動に限定して使用されていることが明らかになる。

2. 「文化教育学」の歴史の中で

　実は、その言葉の響きとは裏腹に、この「文化的陶冶」という名称は、ドイツ語としても歴史的に比較的新しい概念である。普及するようになったのは、せいぜいここ40年ほどのことにすぎない[20]。先行する用語としてあったのは「ミューズ的陶冶（Musische Bildung）」である。この名称は、古代ギリシア神話に登場する9人の女神からなる諸芸術の守護神になぞらえたもので、それ自体としてみれば、まさにすべての学芸領域を包括する適切な概念であったはずなのだが、歴史上の「ミューズ的陶冶」概念は、「近代社会」に対抗するものとして構想されてきたという経緯があり、非合理主義的で反民主主義的な傾向を強く宿していた。加えてその唱道者の少なからぬ部分が後にナチスのイデオロギーに加担するなど、歴史的に負荷を負っている、いわば手垢のついたターミノロジーであった。そこで、戦後、とりわけ60年代以降の学生運動による批判を経て「ミューズ的陶冶」に替わるニュートラルな表現として次第に使われるようになったのが当該概念である[21]。というわけで、文化的陶冶は、活動内容としてみれば決して新しいものではない。領域としては、長らく「文化教育学（Kulturpädagogik）」と呼ばれてきた範疇において理解されるものである。とはいえ、ここにきて新たな名称が必要とされるようになったという事態の背後には、やはり何らかの新たな時代の要請が存在することが想定されて然るべきである。

　例えば、ヨルク・ツィアファス（Zirfas, J.）は、20世紀初頭から今日に至る文化教育学の潮流を概観するにあたって、それを「精神科学的文化教育学（Geisteswissenschaftliche Kulturpädagogik）」「解放的文化教育学（Emazipatorische Kulturpädagogik）」「反省的文化教育学（Reflexive Kulturpädagogik）」という3つのパラダイムの転換においてとらえ、目下の文化的陶冶の展開をその第三段階に包摂している。20世紀初頭の「精神科学的教育学（Die geisteswissenschaftliche Pädagogik）」の潮流は、独自の文化哲学を背景に、子どもたちを生の枠組みとなる共同体の文化へと導くことを教育活動の至上の課題とし、その意味で自ら

第2章　ドイツにおける教育改革と「文化的陶冶」の興隆　　*101*

を文化教育学としてとらえていた。運動の第二段階である「解放的文化教育学」は、1960年代後半に始まる学生運動以来の社会的変容を背景に旧来の文化教育学からの決別を強く意識し、「すべての人々のための文化（Kultur für alle）」の標語に象徴されるように文化へのアクセスの民主化を目指す一方、「社会文化（Soziokultur）」をはじめとする新概念の導入によって文化概念のとらえ方自体を多元化することを目論見つつ、新たな運動を展開した。それらに対し、文化教育学の「第三のバリエーション」ともいえる「反省的文化教育学」について、ツィアファスはその端緒を1980年代に見つつ[22]、その特徴を以下の点に見て取る。すなわち、先行するこれまでの歴史的な運動形態やその理論の枠組みに批判的な検討を加える一方、社会科学や文化諸科学の最新の研究成果を反映させながら、実践的な行為領域としても、アカデミックな研究領域としてもその体系的なまとまりを一層強化しようとする努力においてである。その意味では、大学における最初の専門養成課程の設置が1979年（ヒルデスハイム大学）であるのは象徴的である。また、それと同時に実証主義的な研究を積極的に取り込もうとする姿勢も顕著な傾向として指摘されている[23]。これらの動向からも明らかなように、文化教育学・文化的陶冶いずれの場合も、その実践的な活動の広がりに比べ、学問領域としての包括的な体系化はきわめて遅い。1980年代の代表的な教育学辞典にはまだその項目は見当たらず、その理論化の努力が端緒につくのはようやく90年代のことで、本格化するのは「文化的陶冶」のラベルに切り替えてしばらく後の2000年以降のことになる。最初のハンドブックが編纂されるのは実に2012年になってからのことである[24]。この80年代以降の展開を、同じく本領域の古参株ともいえる研究者エッカート・リーバウ（Liebau, E.）の指摘によって補うなら、ここで重要なのは、かつての1920年代の文化教育学のようなエスニック・ナショナルな文化に対する指向性（その文化的伝統の媒介と伝授などに重きを置く傾向）はもちろんのこと、拡大化された文化概念を保持するべく伝統的なハイ・カルチャーと民衆文化といった区分を意識的に放棄し、青少年の生活空間に一層着目しつつ、実践的には創造性や美的・感性的な知覚といった問題に焦点を絞り、よりプロセス指向の活動となってきたということである。また、理論研究面では、英米圏やフラ

ンスからの文化人類学や社会学の成果を積極的に取り入れ、より学際的な研究アプローチを強調しつつ、規範的な文化概念と実証主義的な文化概念の二重の方向づけにおいて活動が展開されている[25]。それだけに本領域の研究に携わる研究者たちもきわめて多様な領域から参入してきている[26]。文化的陶冶の概念が、本格的に様々な文教政策のドキュメントにも登場するようになるのも、近年のこうした新たな展開を背景にしている[27]。

文化的陶冶に関する議論の高揚は、ドイツ内外の政治的・文教政策的潮流とも呼応し合っていた。その最も重要なものは、1989 年に国連総会で採択をみた「児童の権利に関する条約（UN-Kinderrechtskonvention）」である。その第 31 条第 2 項は「文化的・芸術的生活への全面的な参加」の権利を掲げ、その承認と支援を要求している[28]。これは以後本運動の拘束力ある法的基盤となる。一方、ドイツ国内の動向に関していえば、1991 年に発効する「児童青少年援助法規（Gesetz zur Neuordnung des Kinder- und Jugendhilferechts）」の「青少年活動」を扱った第 11 条第 3 項において、その内容として政治教育や社会教育と並んで「文化的な陶冶」が明記されたのを皮切りに[29]、2007 年の連邦議会の「ドイツの文化」調査委員会（Enquête-Kommission）の報告書[30]では、その第 6 章において「文化的陶冶」の見出しの下、その現状と実態の詳細な分析がなされ、人間教育に対する意義が謳われる。さらに同年の各州文部大臣会議（Kultusminis-terkonferenz）（略称：KMK）の報告書「青少年教育のための各州文部大臣会議勧告（Empfehlung der Kultusministerkonferenz zur kulturellen Kinder- und Jugendbil-dung）」においても文化的陶冶が「若者たちの人格形成にとって欠くべからざる貢献」であることがあらためて確認される[31]。それは、一般教育の一形態としての文化的陶冶の意義が政治的なコンテクストにおいても評価され、顧みられるようになってきたことを示している[32]。

ここまでの整理から、文化的陶冶の活動が文化教育学という伝統的な教育学の範疇の下でとらえられるものでありつつも、その都度の時代の要請に応じ自らを大きく変容させながら発展してきたものであることが把握されたであろう。とはいえ、いくつかの素朴な疑問も浮かぶ。では、文化的陶冶は単純に文化教育学の一領域とみなされるべきものなのであろうか。だとすれば、文化教育学

内の他の領域も同時に想定できるのでなければならないが、そういうわけでは
なさそうである。また、なぜ直截に文化教育学（文化教育）の概念を使用する
のではなく、新たに文化的陶冶の概念が頻繁に取り上げられるようになったの
かも判然としない。両概念の相互の関わりは明確ではない。前出のフックスは、
そこに依然として用語上の不透明さがあることを認める。そして、現実的には
当該活動のすべてがどちらの概念によっても表現されうることを断った上で、
にもかかわらず自身としては、活動領域の全体を示す場合には「文化教育学」
を、特に個人の潜在的な資質（Persönlichkeitsdisposition）の涵養に関わる営みや
活動を言い表す場合には「文化的陶冶」の概念を用いることで弁別しているこ
とを説明する[33]。実際、上述の 1991 年の「児童青少年援助法規」の記述など
の場合にはそれがあてはまる。フックスの定義を受けて、両概念を「活動領
域」と「活動・営み」の区別としてとらえれば、近年の傾向は、抽象的な領域
性よりも個々の活動やその具体的な内容、教育的な意義の方により深い関心が
寄せられているものと理解することができるのかもしれない。

3.「文化的陶冶」の興隆とその背景

　様々な論者が異口同音に語るように、こうした学校外活動をめぐる近年の議
論の活性化には顕著なものがあり、その興隆ぶりは幾分ネガティブなコノテー
ションをもって「ハイプ（Hype）」と形容されるほどである[34]。2014 年の段階
でのグーグル検索でも「文化的陶冶」のキーワードに対し、すでに 125 万件ほ
どの検索結果があったことが報告されている[35]。こうした関心の高まりは、実
践面のみならず、教育・文化行政や学術研究支援の次元においても見て取れる。
教育行政サイドの動向としては、2013 年に連邦教育研究省（Bundesministerium
für Bildung und Forschung）（略称：BMBF）が 2 億 3000 万ユーロの予算規模でス
タートさせた 4 年がかりのプロジェクト「文化が鍛える—教育のための諸同盟
（Kultur macht stark. Bündnisse für Bildung）」に象徴される。これは、3 歳から 18
歳を対象としたもので、2017 年の期間終了までに実に約 60 万人に及ぶ青少年
がドイツ各地で 1 万 7000 ほどの各種プロジェクトに参加している。2016 年か

らは、難民の青年を対象とした「文化が鍛える・プラス (Kultur macht stark PULS)」も追加され、さらに大元のプロジェクトもすでに 2022 年まで 5 年間の延長が取り決められている。これをもって本プロジェクトは、総計で約 5 億ユーロの拠出となり、文化的陶冶関連のプロジェクトの中では文字通りヨーロッパ最大規模のものとなる[36]。こうした公的な支援プログラムのみならず、各種財団による当該領域への資金的拠出も特筆に値する。2012 年には、文化的陶冶の実態を調査し、研究プロジェクトを支援すべく、ドイツ最大の私立財団であるメアカトーア財団 (Stiftung Mercator)[37] がイニシアチブをとり、ジーメンス財団やドイツ銀行財団、ベアテルスマン財団、ヴォーダフォン財団など 8 つ財団の共同出資の下、「文化的陶冶評議会 (Der Rat für Kulturelle Bildung)」が結成され、活動を続けている[38]。

　それにしても、こうした当該領域の活動への着目はそもそも何に由来するものなのであろうか。ツィアファスは、文化教育学の興隆が、その誕生以来、たえず 20 世紀における近代化の問題と密接に結びついた「危機現象 (Krisenphänomen)」としてあったことを指摘する。20 世紀初頭の運動では、技術文明の進展に伴う産業化の進行や政治的危機がその興隆の動因となり、1960 年代から 70 年代にかけての活動は、民主主義・政治参加・承認をめぐる社会的な運動と連動するかたちで展開していく。同様に、今日の運動の活性化においては「PISA ショック」以降の教育改革、とりわけその背後にある時代の支配的潮流が契機の一つとなっているとみる。それゆえ、ここでの活動の展開は「法的・学問的に策を講じることによって領域を正統化し、進展するネオ・リベラリズムと功利主義の時代精神に抗して文化教育学的な様々な可能性の自立性を指し示し、また支配的なコンピテンシー指向に陶冶理論的な議論によって随行する試み」として生起しているというのである[39]。同様にフックスも、文化的陶冶をめぐる活動や議論の活性化に、ドイツにおける「PISA ショック」以降の教育改革における一連の政策との関連性を推測する。それが、学校教育における認知教科の一層の強調と重点化、こうした学力向上政策の中で引き起こされてきている子どもたちへのプレッシャーの高まり、授業の試験対策化といった弊害に対する「補償的な現象 (Kompensationsphänomen)」として現れている

可能性を指摘する[40]。両者に共通しているのは、文化的陶冶の活動の興隆がここ十数年の教育政策のカウンターバランスとして生起しているのではないかという認識である。しかし、以下の議論に明らかなように、ここには時代の支配的な潮流に対する単なる文化批判的なリアクションを越えた内実が秘められているように思われる。

4. 終日制学校への移行とその余波
―「文化学校」という構想と課題―

　「PISA ショック」以降の教育改革の帰結の最も大きな出来事の一つは、紛れもなく終日制学校（Ganztagsschule）への移行であろう。半日制学校の制度を有するのは、世界中でもオーストリアとドイツだけであるが、これがこの教育改革を契機に変わろうとしている[41]。2015-2016 学校年度の時点ですでに39.9％の児童・生徒が終日制の学校で学んでいる。2002-2003 学校年度の段階ではわずか 9.8％でしかなかったことを考慮すれば、この進展には目を見張るものがある[42]。学校制度のこの転換は、当然のことながら、不可避的に上記の文化的陶冶をめぐる活動にも少なからぬ影響を及ぼすことになる。青少年を対象とした文化的陶冶は、そもそも半日制のシステムを前提に成り立っていたからである。したがって、この移行に伴い従来の制度は改編を余儀なくされることになる。しかし、ここで興味深いのは、そのことで文化的陶冶の活動は痛手を被る以上に、むしろさらなる飛躍の可能性を手に入れることになるということである。文化教育関係施設やその関係者らは、これまでのように学外での活動に終始するのではなく、むしろ「学校づくり（Schulentwicklung）」のサポートを通して、直接学校教育の中に積極的に乗り込んでいく方向で体制替えを行うことになる。そこで掲げられることになるのが「文化学校（Kulturschule）」のコンセプトであり、「文化的学校づくり（Kulturelle Schulentwicklung）」という課題である。

　学校が学外教育施設と連携することは特段新しい話でも珍しい話でもない。問題は、それを長期的かつ恒常的に行っていけるような体制をいかに整えるか

106　第 1 部　カリキュラム改革の動向とドイツ教育学議論の特質

ということである。奇しくも、この案件に関して、学外教育施設と学校サイド
の利害が一致をみることになる。その背後には、折しも様々な州で学校のプロ
フィールづくりが課題として俎上に載せられつつあるという動向に加え、終日
制学校が、既存の半日制学校の授業の単なる二重化で終わってはならないとい
うコンセンサスがあった。また、学外教育施設にしてみれば、終日制学校への
移行による顧客の大幅な喪失を回避するという至上課題があった。ここに両者
の歩み寄りが始まることになる[43]。その際、他ならぬ陶冶概念とその目標とし
ての人間像に対する共通の理解が協働作業の媒介項となることは、後の議論の
文脈として触れておく必要があるだろう[44]。こうした中「BKJ」は、2004年
両者のコーポレーションの条件を模索すべく、プログラム「文化が学校をつく
る（Kultur macht Schule）」をスタートさせる一方、その橋渡しをより円滑に行
うべく新たな策を講じる。青少年が学校外の様々な文化プロジェクトに参加す
ることで身につけるコンピテンシーを認定すべく「コンピテンシー証明書 文
化（Kompetenznachweis Kultur）」[45]を設定し、「教育パス（Bildungspass）」として
位置づけようと図るのである[46]。さらに、上記のプログラムでの経験をベース
に、メアカトーア財団の出資を受けてモデルづくりを進める中で、それはやが
て「文化学校」の理念として結晶化することになる。そして、そこに至る道の
りが「文化的学校づくり」と命名されることになる。上記の模索の際に打ち出
された理念は、その場限りに終わることなく、文化的陶冶の発展ならびに学校
と文化施設との協力体制の構築を目的に、2011年から2015年にかけてメアカ
トーア財団と連邦政府文化財団（Die Kulturstiftung des Bundes）[47]によって実施
されたプロジェクト「クリエイティブな学校のための文化エージェンシー（Kul-
turagenten für kreative Schulen）」においても、その根底に置かれることになる。
ちなみに、このプロジェクトでは、バーデン・ヴュルテンベルク、ベルリン、
ハンブルク、ノルトライン・ヴェストファーレン、チューリンゲンの5州から
150近い学校が参加して行われることになり、2015-2016学校年度以降はそれ
ぞれの州のプログラムとして継続されている[48]。

　それにしても「文化学校」とは、またいかにも漠とした印象を免れぬ名称で
ある。それだけではその内実が見えてこない。フックスによれば、それは「あ

第2章　ドイツにおける教育改革と「文化的陶冶」の興隆　　107

らゆる質的領域（Qualitätsbereiche）において美学の原理（das Prinzip Ästhetik）が適用されている学校」を示すものである。すなわち、「生活空間である学校が包括的に美的・感性的な経験の空間（ästhetischer Erfahrungsraum）として構築されている」ことを意味する。そこでは、「空間づくりと時間の経過の構成、授業における（あらゆる教科における）美的・感性的な実践が強調」されており、加えて、「授業外における個々の美的・感性的かつ芸術的な実践に対する多様な可能性があること」「様々な文化施設とネットワークで繋がれ、そこでアーティストたちとともに活動を行う」[49]ことが念頭に置かれている。これを一読するだけでも、その発想のルーツがかつての改革教育運動にあることは明白だが、大きな差異としてここには当時は成し得なかった制度的基盤と現実的な枠組みがある[50]。いずれにしても、「学び」を単に認知的な問題としてのみ片づけるのではなく、ミメーシス的・身体的・パフォーマンス的な学びをも視野に納めた広がりの中にとらえる、行為経験（handelnde Erfahrungen）を重視した行為指向的（handlungsorientiert）な「美的・感性的な学び」の理解が、「文化学校」のコンセプトの根底にはある。すでに冒頭でも触れたように、そもそも文化的陶冶の活動自体がその理解の上に成り立つものであった[51]。それゆえ、ここには奇しくも現行の教育改革で排除され抑圧されていったもの（とりわけ美的・感性的な教育的要素）が、文化的陶冶の活動を介して再び学校に回帰してくるのを見るかのようである。

とはいえ、学校と学外教育・文化施設とのコーポレーションという試みは、決してその言葉の響きほど容易なものではなかったようである。というのも、それは各種の学外文化教育施設で活動する多様極まりないエキスパートたちを説得し、取りまとめるのみならず、何よりも学校と文化と青少年活動（突き詰めれば「学校政策」と「文化政策」と「青少年政策」）という、互いにきわめて性格を異にする領域に橋を渡すことを意味することになるからである。とりわけ、国家による強制的な施設（staatliche Zwangsanstalt）に他ならない学校と、公的あるいは私的な担い手による自由参加の原理に基づいて運営される学外教育・文化施設の関係者の間に横たわる離齬の解消には容易ならぬものがあり、関係者の間に度々緊張関係をもたらすことになる。相互の理解と認識のズレもコンフ

108　第1部　カリキュラム改革の動向とドイツ教育学議論の特質

リクトの原因となる。それゆえ、まず互いに対するリアリスティックな理解と共通の目標についての認識を持つことが、コーポレーションの営みの最初のステップであることが確認される[52]。

それだけではない。ここにおいて文化的陶冶の活動は、新たな政治的次元の問題とも取り組まざるをえなくなる。上記に触れたいくつかのプロジェクトの例からもわかるように、これらのコーポレーションはもとより、文化的陶冶の様々なモデルプロジェクトには、これまでにない新たな行為者（Akteure）が関与するようになってきている。しかも、それらはすでに当該領域の研究も含めた活動にとって無視できない存在となっている。各種財団などの活発な展開である。それに応じて、この文化的陶冶の領域においても「ガバナンス（Governance）」という新たなテーマが俎上に載ることになる。そもそもは、1960年代・1970年代の議論を経て、経済・文化・社会領域における国家のコントロールに限界があるという認識が持たれることになったことを背景に持ち出された発想で、国家的行為を私的な行為者との連携によってより円滑かつ効率的に実施していくことを意味するものであった。しかし、こうした「教育的ガバナンス（Educational Governance）」のアプローチの活性化は、公共の利益に資するという建前とは裏腹に、これらの行為者の参入の背後にある動機に関する不透明さが懸念されるのみならず、行使される様々な影響力が十分に吟味されてはおらず、その一方で、青少年文化領域において民主主義的に組織された市民社会の組織の持つ影響力がこうした私的領域からの資金提供者の参入を前に薄らいでいくことが危惧されるなど、すでに少なからぬ問題をはらんでいることが指摘されており、早急な批判検討が要請されている[53]。

してみると、目下の文化的陶冶の活動の活性化と高揚は、教育を取り巻く新たな社会的・政治的・文化的現実とその問題を前にしての絶えざる模索として生起していることがわかる。まさに自らを変容する現実のただ中においてその都度新たに反省的・構築的にそこに関わることが文化教育学的な営みの宿命だとされる所以である[54]。

5.「強靱な主体」というコンセプト
―「批判的文化教育学」の確立に向けて―

　これまで述べてきたような文化的陶冶の新たな展開は、それと並行して、その営みを統合し、支え、現在の新たな政治的・社会的・文化的状況ならびに文教政策に照らして正統化すべく、包括的な理論的基盤を不可避的に要請する。その際、その拠りどころとされることになるのが、「主体」概念の刷新の試みである。それは「陶冶」の概念を冠する本活動の名称からして避け難い帰結でもあろう。その重要なコンセプトの一つが、「強靱な主体 (Das starke Subjekt)」[55] というものである。もちろん、それ自体異論のないものではない。ミッシェル・フーコーの主著『言葉と物』の国際的な成功以来人口に膾炙するようになった「主体の死」[56] に象徴されるように、かつてポストモダンが語られた時代には、近代に形成される「主体」概念の批判的な考察「主体批判」[57] が大きな思想史的な動向の一つとしてあった。認識と行為の自律した「主体」という発想が問いに伏せられたばかりであるのに、そして、あえてこの用語を避ける教育学者さえ少なくないという状況下で、それを逆手に取るようなこの名称はいささか時代錯誤の感すらある。しかし、それは、むしろ上記のような議論を踏まえ、その反省の上にあらためて提起されたものであった。そこで、最後にこの主体概念の刷新の試みから、現代の文化的陶冶の正統化のための理論的努力の一端を跡づけてみたい。

　一連の主体批判について、例えばフックスは、それが「人間の行為能力や構築力とその限界」「社会的な事象や個々人の問題に関する規定に対して人間が及ぼすことのできる影響」「政治参加」や「権力」の問題をめぐってなされているとみなし、その中で「自律した主体」という啓蒙主義の時代以来の理念が、問いに伏せられるようになったものととらえている。その上で、後の主体概念の失墜の元凶を、とりわけロマン主義の胎動とともに起こってくる当該概念に対する急進的なとらえ方、現実的な社会的コンテクストから乖離した際限のない「自律 (Autonomie)」や「自己決定 (Selbstbestimmung)」の夢想に見て取って

いる。それゆえ、文化的陶冶の実践と理論研究の拠りどころとなるべき理念としての主体概念の刷新は、まずこうしたロマン主義的な傾向と袂を分かつことから始まらなければならないと考える。そこで語られるべき主体は、もはや「全能性のファンタジー（Allmachtsfantasien）」と無縁であるばかりでなく、モナドのように他から孤立した単独の個体として見られるようなものであってもならないのである。逆にそれは、個々人が特定の環境や社会的なコンテクストの中ではじめて発展しうる存在であることを深く理解し、その上でなお自らの置かれた状況を反省することのできるような存在でなければならない。したがって、ここで語られる「強靭さ」とは、むしろ「自らの行為の限界とその傷つきやすさ」の洞察に裏づけられ、それでいて人生の中で直面する制御しえない出来事（Widerfahrnisse）にもかかわらず、自己の人生に対する要求を破棄することなく、その構築という課題に文字通り主体的に取り組めるような能力や資質を表現している。こうして「行為能力（Handlungsfähigkeit）」「エンパワーメント（Empowerment）」「解放（Emanzipation）」「抵抗性（Widerständigkeit）」といったテーマが、主体形成（Bildung）の課題として俎上に載せられることになる[58]。このように「強靭な主体」の理念の根底にあるのは、主体形成を規定する社会的現実を視野に収め認識した上でなお、「近代の発展の契機としての個々の人間が、今や良き人生という自らのプロジェクトの実現の責任を引き受ける立場にある」という自覚に基づいた自己形成というコンセプトなのである[59]。フックスは、ここから「世界と自己に関する様々な関係の形成（Gestaltung）と絶えざる変容（ständige Transformation）」[60]としての陶冶というフンボルト以来の伝統と原則に再び接続することを試みる。現代文化教育学のもう一人の泰斗ともいえるヴォルフガング・ツァハリアス（Zacharias, W.）なども、こうしたフックスの主体理論に共感を示しつつ、その上であらためて「文化的なもの、シンボル的なもの、美的・感性的なもの、芸術的なものを媒介とした解放と適応の、したがって自己との関係づけ（Selbstbezug）と世界との関係づけ（Weltbezug）の間の人間形成（Bildung）のプロセスが文化教育学の基礎」であることを確認している[61]。

　フックスの議論は、主体概念の批判的なとらえ直しを前提に陶冶理論を救う

第2章　ドイツにおける教育改革と「文化的陶冶」の興隆　　111

道を考え、それを文化的陶冶の理論的基盤として提供しようとする方向性において、社会学者アルバート・シェア（Scherr, A.）の立論とも重なる。現行の教育改革を批判的に受け止めるシェアは、そこに陶冶の問題をもっぱら経済的有用性に沿って圧縮しようとする傾向を見て取り揶揄する。その際、個々人の主観性の自由で包括的な発展が、必ずしもそれ自体ですべて経済的要請と合致するものではないことに目配せを促す。しかし、その一方で、旧来の陶冶理論にしばしば見受けられるような主体概念にも同時に批判のまなざしを向ける。そして、主体概念に依拠した社会認識という発想に対する社会学者ニクラス・ルーマンらの批判を受け止めつつ、「主観性（Subjektivität）」の問題を個人の「自律」という理念から切り離してとらえ直すことで、主体の陶冶という発想を堅持しようとする。というのも、主観性自体は必ずしも社会的な諸関係や生活条件から独立していることを想定しているわけではないからである。一方で、主観性の存在は、個々の人間がその思考や行為において単に生まれ持った本能や社会的な刻印によってのみ規定されるのではなく、自己や社会的な諸条件に対して反省的な関係を取りうることを示していると考える。それゆえ、シェアの目には、その大元にある主体概念を陶冶理論として堅持することは、教育学的に見ても決して無意味ではない。ただし、その際の陶冶理論は、もはや単なる個々人の主観性に対する人間学的な要請に留まったり、もっぱら「成熟（Mündigkeit）」といった規範的な要求だけに終始するものであってはならない。陶冶理論は、社会科学に依拠しつつ、陶冶のプロセスがいかに社会条件に依存するものであるかを熟知し、その分析に依って立つものでなければならない。その上で、社会や文化への適応が一方的な影響関係に終わらず、なおも最終的には学ぶ個人の自己成果（Eigenleistung）であることに留意すべきなのである。シェアによれば、このように理解される陶冶理論には、民主的・人権的な諸原則、排外主義や人種主義、ナショナリズムなどのイデオロギーとの取り組み、所与の条件下での責任ある人生設計といった課題において、なお少なからぬ社会的意義がある。それゆえまた、文化的陶冶の活動にとっても有意義な基盤を提供することができる[62]。このように、文化的陶冶の理論的研究は、主体概念を手放すことなく、陶冶理論を批判的にアップデートする試みの中にその拠り

112　第1部　カリキュラム改革の動向とドイツ教育学議論の特質

どころを求め、自己の営みのアイデンティティを確保しようとする。その限り
で、それは教育改革の進展を背景にした陶冶理論の更新の営みの一つとして見
ることができる。同時にそれは、既存の諸価値が揺らぎ、世の中の流れの不透
明性が一層増す現代の時代的状況の中で、教育活動がよって立つ人間像をいか
に堅持するかという課題に対する応答の一つでもあるように思われる。

　さて、文化的陶冶が、個人の認識や行為が社会的な諸条件や関係性に大きく
規定されるものであることをこれまで以上に強く意識し、その絶えざる反省の
中に自らの活動を展開することを考える以上、文化的陶冶は、少なくとも理論
上は、社会批判的な探求をその不可欠な一部として内包する領野として再構成
される必要がある。それが「批判的文化教育（Kritische Kulturpädagogik）」の確
立という課題である。それは、自らの領域に対する批判的な自己分析の契
機[63]となると同時に、上述の主体概念の批判的再検討とも不可分な関係にある。
個々人の人生における自己実現の可能性が社会的な規定と制約を受けることを
真剣に受け止めれば止めるほど、主体形成においてもその「状況や原因を分析
する能力」が不可欠の資質として要請されることになるからである[64]。

　ここで、フックスが現代社会における主体形成への影響という観点からとり
わけ厳しくその批判的なまなざしを向けるのが、ネオ・リベラリズムと呼ばれ
ている経済的潮流である。現行の教育改革に経済至上主義的な傾向を嗅ぎつけ、
それを「本来的」な陶冶の理想を引き合いに出しつつ批判するというスタイル
が、批判者たちの間で半ば儀礼化している感すらあるが[65]、フックス自身が分
析してもいるように、その立ち位置は決して一様ではない。ちなみに、フック
ス自身のスタンスは、社会の資本主義的な秩序そのものを否定するようなラ
ディカルなものではない。むしろ、その体制の堅持を原則に考えている。しか
しながら、現行の支配的な潮流に関しては、経済学者ギュンター・ドゥックス
（Dux, G.）とともに、政治的・社会的なコントロールを欠いた資本主義の一形
態と見ており、社会の民主主義的な秩序という共和国の政治的な根本原理とは
相入れないものだという認識に立っている。フックスがネオ・リベラリズムの
兆候として理解しているのは、具体的には労働社会のフレキシブル化と社会保
障制度の縮小・解体を含む福祉国家の経済化、日常生活の経済化の３つの傾向

第２章　ドイツにおける教育改革と「文化的陶冶」の興隆　　113

であるが、こうしたネオ・リベラリズム的なイデオロギーの社会生活への浸透は、内的にも外的にも主体の形成に影響を与えずにはおかないと見る。それゆえ、このプロセスにより立ち入って調査・分析することを、批判的文化教育学の「最初の中心的課題」とみなすことになる。同時に、これまでの文化的陶冶研究において、この点の分析がないがしろにされ、もっぱら人間学的条件としての経済活動の必然性が追認されるか、あるいは現状に対する抽象的な不満が表明されるに止まっていたことを指摘する[66]。考えてみれば、フックスのこうしたアプローチも、主体が自己と世界に対する自らの関係を精神的な距離を置きつつ批判的に分析するというオーソドックスな陶冶理論の枠組みから導き出されたもので、自己の存在に対する環境要因の規定性を強く意識しつつも、所与の関係性を変更不可能なものとして絶対視することなく、絶えずオルタナティブを吟味する可能性に対して、それゆえより良い人生の構築に対して実践的に開かれていると考える理論的立場から構想されたものだといえる。

　ここでネオ・リベラリズムの潮流が文化行政や教育分野に及ぼす影響やそのプロセス、戦略やロジックについてのフックスの分析の詳細に触れる余裕はないが、その批判の矛先については確認しておく必要があるだろう。実際、先の「教育的ガバナンス」のアプローチに関しても、概ねそこで挙げられる財団の数々はグローバル資本主義の中で巨万の富を築いた多国籍企業であり、このことの意味は批判的に受け止められて然るべきである。だとすれば、それらの支援に基づく文化的陶冶の活動が、密かにネオリベラルな主体＝消費者の育成、すなわちグローバル資本主義の体制に順応した享受的な人間像・消費者像の涵養に繋がっていないとも限らない。グローバル資本主義のシステムに内在する問題を覆い隠し、その中で起こっている貧富の拡大や、社会的不平等などに対する批判的な眼差しを摘み取ろうとしているのかもしれない[67]。そこで教育目標として語られる「フレキシブルさ（Flexibilität）」「創造性（Kreativität）」「雇用可能性（employability）」といった資質は、いずれもネオ・リベラリズム的に組織された経済社会での適応を前提とするものである。そこでは、伝統的な教育学タームもわけなく我有化されてしまう。陶冶概念が理想として掲げる「自律した判断力を持ち、責任をもって自らの行動を決定できる主体」という伝統的

114　第1部　カリキュラム改革の動向とドイツ教育学議論の特質

な人間像が、ネオ・リベラリズム的なディスクールの下でいかにたやすく「社会制度にもたれかかることなく自己の運命に責任を負うことのできる主体」として読み替えられてしまうものであるか。こうした状況下において、文化的陶冶は、あたかも社会的支配から自由であるかのように語られる単なる美的・感性的な実践に引きこもっているというわけにはいかない。絶えず自らの置かれた位置や活動を自己批判的に反省しながら、新たな実践的試みに取り組むのでなければならない。文化的陶冶の活動の興隆は、したがって、そうした包括的かつ批判的なディスクールによって伴われなければならないのである[68]。そして、その営みは今端緒についたところである。

　国際的にも大きな成功をおさめた 2006 年の著書『反教養の理論（*Theorie der Unbildung*)』において、オーストリアの哲学者・美学者コンラート・パウル・リースマン (Liessmann, K. P.) は、主としてドイツ語圏での現象を手がかりに、「知識社会 (Wissensgesellschaft)」の標語の下になされる目下の教育改革について、政治・経済・社会現象とも関連させつつ、思想史的な知見を駆使しながら、その包括的な批判を試みている。そして、その改革の過程で教養＝陶冶 (Bildung) の理念から規範的な内容や統制的な機能が急速に失われ、人間の成熟（成熟した主体）という観念が顧みられなくなり、それがまさに反対のもの（＝「反教養」）に成り果ててしまっていることを指摘する。そして、先の標語とは裏腹に、そこでは「知識 (Wissen)」はもはや教養＝陶冶のプロセスとも「真理」の追求とも関わりのない、「もっぱら利用可能性という基準に従って流通ないし処分される素材」に貶められているとし、その中でなされているのは「知の工業化・経済化」「精神の資本化」に他ならないことを暴き出し告発する[69]。その卓越した洞察には大きな説得力がある。にもかかわらず、一方で幾ばくかの不満も残る。そこには著者の語る「知識社会の誤謬」は詳述されていても、その誤謬から抜け出す方途について何一つ明示的には語られていない。リースマンは、かつてのアドルノよろしく[70]、反時代的であることを承知の上であえて伝統的な陶冶の精神を厳粛な仕方で擁護しようとするかのような身振りを見せる。しかし、このスタンスを貫いていくと、現在の趨勢をただひたすら拒否し続けるか、挙句世の行く末を憂えて文化ペシミズムに沈む以外に道は

ないようにみえる。大切なのは、現状を冷静に分析しつつ受け止めながらも、その具体的な課題と取り組む中でそうした閉塞状況を実践的に乗り越えていく道を考えることであろう。そして、その中で擁護しようとするものの最良の部分が次世代に伝わるべく努力することではないであろうか。本章で取り上げた文化的陶冶の活動の展開と試みには、まさにこうした仕方で新たな緒を引き出そうとする姿勢が見て取れるように思われる。その意味で、ドイツはもとより日本においても「PISA後の教育」のあり方を模索する者にとって、新たな思考の契機の一端を提供してくれているのではないだろうか。

（清永修全）

■注

1）「PISA後の教育」をテーマにドイツ語圏における教育改革の動向と実践領域における展開について包括的な整理を行った研究として、以下の文献を参照のこと。久田敏彦監修、ドイツ教授学研究会編『PISA後の教育をどうとらえるか―ドイツをとおしてみる』八千代出版、2013年。

2）本章は、2017年に発表した筆者の以下の報告書の一部を構想の原点とし、新たに論文として執筆したものである。清永修全「多元文化社会における芸術教育の可能性とその視座―近年のドイツにおけるいくつかの理論的展開について―」『東亜大学紀要』第25号、2017年、11-29頁。

3）「ビルドゥンク」概念の多義性に関する興味深いエピソードがある。哲学者ビルギット・ザンドカウレン（Birgit Sandkaulen）は、フランス滞在中ヘーゲルの「ビルドゥンク」概念をテーマに研究をしていた。研究が進むにつれ明らかになったのは、この概念を一語で表す語がフランス語にはなく、その都度の意味内容に沿って分析していくと、少なくとも8通りの異なる概念が必要になるということであった。結果、煩瑣を避けるべくそのまま「La Bildung」として使うことにし、指導担当教員もそれに同意したという。Sandkaulen, B.: La Bildung, In: Frankfurter Allgemeine Zeitung, Die Gegenwart vom 19.11.2004, 2004.

4）山名淳「『陶冶』と『人間形成』―ビルドゥンク（Bildung）をめぐる教育学的な意味世界の構成―」小笠原道雄編『教育哲学の課題「教育の知とは何か」―啓蒙・革新・実践―』福村出版、2015年、205頁。

5）ジョージ・モッセ著、三宅昭良訳『ユダヤ人の〈ドイツ〉宗教と民族をこえて』講談社、1996年、13-14頁。

6）Fuchs, M.: Kulturpädagogik und kulturelle Bildung. Eine symboltheoretische Grundlegung, In: Braun, T./Fuchs, M./Zacharias, W. (Hrsg.): *Theorien der Kulturpädagogik,* Weinheim und Basel, 2015, S. 122-126. ならびに Kiyonaga, N.: *Alfred Lichtwark – Kunsterziehung als Kulturpolitik,* kopaed, München, 2008, S. 43-48.

7) Mendelssohn, M.: Über die Frage: was heißt aufklären?, In: Bahr, E. (Hrsg.): *Was ist Aufklärung? Thesen und Definitionen,* Reclam Stuttgart, 1996, S. 3-8. ここで「陶冶」についていえば、当該概念はその後、フィヒテとヘーゲルを経る過程で、近代社会がもはや自然発生的な調和の世界などではなく、ひとえにその都度の政治的な努力の結果でしかないことが強く自覚されるに至り、「陶冶」が絶えざるコミュニケーションによるその社会化のプロセスという課題を担ったものとして理解されることで、「陶冶」と市民意識が密接な関係のもとにとらえられることとなり、ここに政治参加への道としての「陶冶」という理解が形成されることになったという。Sandkaulen, B., a. a. O.

8) Welsch, W.: *Transkulturalität. Realität–Geschichte–Aufgabe,* new academic press, Wien, 2017. 当該概念は1992年に哲学者ヴォルフガング・ウェルシュ（Welsch, W.）が提起して以来、国際的にも広く受容され定着してきたもので、特定の文化圏に収まらないライフスタイル等の一層の拡大といった現象を前に、文化の根源的なハイブリッド性に着目し構想されたコンセプトである。特に本書の第1部を参照のこと。

9) Liebau, E.: Kulturelle Bildung in Zeiten der Globalisierung, In: Braun, T./Fuchs, M./Zacharias, W. (Hrsg.): *Theorien der Kulturpädagogik,* Beltz, Weinheim und Basel, 2015, S. 103.

10) 2000年10月にキリスト教民主同盟の政治家フリードリッヒ・メルツ（Merz, F.）が打ち上げた「ドイツ的根幹文化（Deutsche Leitkultur）」論争は記憶に新しく、また2015年に本格化する難民危機（Flüchtlingskrise）などを契機に勢いを増す「西洋のイスラム化に反対する欧州愛国者（PEGIDA：Patriotische Europäer gegen die Islamisierung des Abendlandes）」運動や右派政党「ドイツのための選択肢（AfD：Die Alternative für Deutschland）」（2013年結党）の躍進においても、「文化」概念はきわめて政治的な意図の元に動員されている。この論争は、2017年4月30日付けの『ビルト（*Bild*）』紙に、当時の内務大臣でキリスト教民主同盟のトーマス・デメジエール（de Maizière, T.）が「ドイツにとっての根幹文化とは本来何であるか」と題した論考を寄せたことで、さらなる活性化をみる。デメジエールは、その中でかつて哲学者ユルゲン・ハーバーマス（Habermas, J.）によって唱えられた「憲法愛国主義（Verfassungspatriotismus）」を引き合いに出しながら、民主主義の理念や人権思想、憲法への忠誠で国家や社会をまとめているものを言い尽くすことはできない、とこれを批判する。そして、たとえそのすべてを明瞭に描いて見せることも、ましてそのことに何がしかの拘束力があるわけではないにしても、なお「言語や憲法、基本法への畏敬の念を超えて、われわれをその内奥において取りまとめ、われわれを形づくり、他から区別する何か」があるはずだとし、多元文化としての社会的現状は考慮しながらも、キリスト教による文化的刻印などを引き合いに出しつつ、また「愛国主義」という概念に対する社会的な感受性の変容などに言及しながら、上記

の概念の有意義性とアクチュアリティーを唱える。それに対し、ほどなくしてハーバーマス自身が、憲法のリベラルなあり方はそもそも「ドイツ的根幹文化」などという発想とは折り合わないと応酬し、議論が再燃することになる。de Maizière, T.: Leitkultur für Deutschland – Was ist das eigentlich?, 2017.（https://www.bmi.bund.de/SharedDocs/interviews/DE/2017/05/namensartikel-bild.html［2018 年 7 月 22 日閲覧］）ならびに Habermas, J.: „Keine Muslima muss Herrn de Maizière die Hand geben.", Rheinische Post online vom 03.05.2017, 2017.（https://rp-online.de/politik/deutschland/leitkultur-das-sagt-juergen-habermas-zur-debatte_aid-17919711［2017 年 7 月 1 日閲覧］）こうした「根幹文化」に関する説得力ある論考として、フランクフルト学派第三世代の哲学者に数えられるマーティン・ゼールの論考「民主主義にはいかなる『根幹文化』もない」を挙げておきたい。Seel, M.: In Demokratien gibt es keine „Leitkultur", Frankfurter Rundschau vom 04.12.2016, 2016.（http://www.fr.de/kultur/leitkultur-in-demokratien-gibt-es-keine-leitkultur-a-728978［2018 年 6 月 24 日閲覧］）この中でゼールは、当該概念が常々単数形で表記される点を指摘し、本来歴史的にも文化的にも多元的な要素の織り合わされる中に成り立っているドイツの社会にあって、そうした一元化された文化を想起すること自体原理的に困難であること、ましてキリスト教の刻印を受けた根幹文化なるものを政治的に規定することは、それ自体基本法に反する発想であるとし、民主主義と根幹文化は両立できないことを指摘する。そして、文化や様々な価値ではなく、憲法と基本法に基づく法の優位（Primat des Rechts）を主張する。さて、こうした根幹文化をめぐる一連の論争は、文化的陶冶に従事する者にとっても他人ごとならぬ案件であることはいうまでもない。フックスは、当該概念がシリア出身の政治学者によって考案されたもので、本来は「ヨーロッパ根幹文化」としてヨーロッパ文化の独自性を語るべきはずのものが、メルツによって狭隘化されナショナルなコンテキストで読み替えられたものであることを指摘した上で、上記のような議論が政教分離の原則に反するばかりか、あらかじめ内なる均質性（Homogenität）を想定し、「われわれ」という言葉とともに特定の集団を構成しようとする政治的意図に基づいたもので社会的な分断に繋がるのみならず、あらゆる構成員による政治参加と協働による社会の構築という基本法の精神にもとると批判する。そして、「われわれ」とは日々における協働による社会の構築と交渉において生じるものであるとし、そこに関与するものとして文化的陶冶の意義を見て取ろうとする。Fuchs, M.: Subjekte stärken – Zusammenhalt fördern. Der gesellschaftspolitische Auftrag kultureller Bildung. Vortrag bei der Fachtagung der BKJ „Perspektiven wechseln. Chancen schaffen" am 16.3.2018 in Remscheid, 2018.（https://www.maxfuchs.eu, Aufsätze und Vorträge.［2018 年 7 月 3 日閲覧］）

11) 清永修全「教育現場における『問い返しの文化』の創造に向けて―テューリンゲン州の学力向上政策と『コンピテンシーテスト』―」『PISA 後のドイツにおける学力向上政策と教育方法改革』（2014 ～ 2016 年度科学研究費補助

金 基盤研究（B）（海外学術調査）最終報告書 研究代表者：久田敏彦）、2017年、特に 35-37 頁における概念整理を参照のこと。また、最近年の展開まで含めた「ビルドゥンク」論争の理論的総括としては、山名淳や伊藤実歩子の以下の論考も合わせて参照されたい。山名淳「ビルドゥングとしての『PISA 後の教育』—現代ドイツにおける教育哲学批判の可能性—」教育哲学会編『教育哲学研究』第 116 号、2017 年、101-117 頁および伊藤実歩子「『PISA 型教育改革』と Bildung」『立教大学教育学科研究年報』第 59 号、2015 年、15-23 頁。この中で山名は、現行の教育改革の発動以来、「ビルドゥンク」概念をめぐる議論の布置が、いわゆる伝統的なスタンスを堅持し、そこから教育改革の潮流を批判しようとする「陶冶理論」と、実証的研究に勤しむことを専らとする「ビルドゥンク研究」という二項対立によって、固定化されていくプロセスを描き出し、それぞれの主要な論点を分析・整理している。伊藤によれば、こうした対立は 2010 年に論争の一方の軸となる研究フォーラム「教育知識学会（Gesellschaft für Bildung und Wissen）」が結成されることで、さらなる先鋭化をみる。山名は、こうした言説上の対立図式の形成を踏まえた上で、その生みの親ともいえるハインツ＝エルマー・テノルト（Tenorth, H.-E.）のアプローチに、新たな仕方での陶冶理論「再生」の可能性を託している。そこでは、実践の動向やそこで立ち上がってくる具体的な問題ではなく、あくまで教育学論争の立論に着目してまとめているという性格上、形式的な議論に終始するきらいがあり、論争の孕む多元的な問題は捨象されているのが惜しまれる。また、もっぱら目下の実証主義研究の興隆に時代の「リアリティ」を見て取り、それこそが両陣営の橋渡しの鍵を握っているとする、それ自体異論のあるテノルトの立論が真の意味での陶冶理論「再生」の道とみなしうるかについては、なおも疑問が残る。

12）1981 年に結成。「諸連合の連合（Dachverband der Dachverbände）」としての意味合いを持ち、あらゆる次元において文化政策の問題に取り組む超領域的機関である。現在は、8 つの部門から構成されている。参照：Was ist der Deutsche Kulturrat e.V.?（http://www.kulturrat.de/druckansicht.php?detail=170［2016 年 4 月 4 日閲覧]）

13）Fuchs, M.: Kulturelle Bildung in Deutschland. Zwischen Hype und Marginalisierung. Eröffnungsvortrag bei der Konferenz „Kulturelle Bildung: Russland und Deutschland im Dialog" in Sankt Petersburg am 12.05.2015, 2015.（http://www.goethe.de/mmo/priv/14826110-STANDARD.pdf［2017 年 4 月 13 日閲覧]）

14）Fuchs, M.: Kulturpädagogik und kulturelle Bildung, a. a. O., S. 127.

15）Ermert, K.: Was ist kulturelle Bildung?, In: bpb（Bundeszentrale für politische Bildung）（Hrsg.）: Dossier Kulturelle Bildung vom 23.7.2009, 2009.（https://www.bpb.de/gesellschaft/kultur/kulturelle-bildung/59910/was-ist-kulturelle-bildung?p=all［2018 年 6 月 22 日閲覧]）

16）Fuchs, M.: Kulturpädagogik und kulturelle Bildung, a. a. O., S. 127.

17) 本組織は、もともとは 1963 年に「登録社団ミューズ的青年陶冶（Musische Jugendbildung e. V.）」として結成されたもので、文化的陶冶のさらなる発展と支援を目標に掲げ、現在ドイツ全土にある 55 の機関や専門協会を配下において活動を展開しており、スポークスマン的存在である。連邦家庭・高齢者・女性・青少年省（Bundesministerium für Familie, Senioren, Frauen und Jugend）（略称：BMFSFJ）の支援を受けている。Selbstdarstellung – Bundesvereinigung Kulturelle Kinder- und Jugendbildung. (https://www.bkj.de/fileadmin/user_upload/documents/Selbstdarstellung/13_03_13_bkj_selbstdarstellung_D.pdf［2018 年 7 月 4 日閲覧］）ならびに Bundesvereinigung Kulturelle Kinder- und Jugendbildung e.V.: Daten und Fakten. (https://www.bkj.de/ueber-die-bkj/daten-und-fakten.html［2018 年 7 月 4 日閲覧］）

18) Fuchs, M.: Kulturpädagogik und kulturelle Bildung, a. a. O., S. 127.

19) Selbstdarstellung – Bundesvereinigung Kulturelle Kinder- und Jugendbildung, (https://www.bkj.de/fileadmin/user_upload/documents/Selbstdarstellung/13_03_13_bkj_selbstdarstellung_D.pdf［2018 年 7 月 4 日閲覧］）

20) Fuchs, M.: *Kulturelle Schulentwicklung. Eine Einführung,* Beltz, Weinheim, 2017, S. 37.

21) Fuchs, M.: Kulturelle Bildung in Deutschland, a. a. O.

22) 一方、ヴォルフガング・ツァハリアスは、「目下文化的陶冶として影響力を持つに至った新たな文化教育学」の端緒を、自らも深く関与したミュンヘンでの運動を挙げつつ、70 年代に見ている。Zacharias, W.: Zur Entstehung und Begründung der neuen Kulturpädagogik, a. a. O., S. 44-45. ここでの表記からもわかるように、ツァハリアスは「文化的陶冶」と「文化教育学」を原則同じものとしてとらえている。

23) Zirfas, J.: Zur Geschichte der Kulturpädagogik, In: Braun, T./Fuchs, M./Zacharias, W. (Hrsg.): *Theorien der Kulturpädagogik,* Beltz, Weinheim und Basel, 2015, S. 20-43.「反省的文化教育学」については、特に S. 32-38. を参照のこと。ところで、エッカート・リーバウはなお未発達な文化的陶冶の研究領域に関して、その多様な活動領域についての体系的な実証主義的調査研究が、学術研究の基盤整備としてのみならず、エビデンス・ベースの政策に対しても火急の課題であることを説く。Liebau, E.: Kulturelle Bildung in Zeiten der Globalisierung, a. a. O., S. 105-106.

24) Zacharias, W.: Zur Entstehung und Begründung der neuen Kulturpädagogik, a. a. O., S. 46-49, 58-59.

25) Liebau, E.: Kultur- und Freizeitpädagogik, In: Tenorth, H.-E./Tippelt, R. (Hrsg.): *Beltz Lexikon Pädagogik,* Beltz, Weinheim und Basel, 2007, S. 428-431.

26) Liebau, E.: Kulturelle Bildung in Zeiten der Globalisierung, a. a. O., S. 106.

27) Zirfas, J.: Zur Geschichte der Kulturpädagogik, a. a. O., S. 33.

28）Unicef: Konvention über die Rechte des Kindes, 1989.（https://www.
unicef.de/blob/9364/a1bbed70474053cc61d1c64d4f82d604/d0006-
kinderkonvention-pdf-data.pdf, S. 35-36.［2018 年 7 月 6 日閲覧］）

29）§11. Jugendarbeit, in: Sozialgesetzbuch（SGB）- Achtes Buch（VIII）-
Kinder- und Jugendhilfe -（Artikel 1 des Gesetzes v. 26. Juni 1990, BGBl. I S.
1163）（https://www.gesetze-im-internet.de/sgb_8/__11.html［2018 年 7 月 6
日閲覧］）

30）Schlussbericht der Enquete-Kommission „Kultur in Deutschland"（2007）
（https://dip21.bundestag.de/dip21/btd/16/070/1607000.pdf［2018 年 7 月 6 日
閲覧］）

31）KMK: Empfehlung der Kultusministerkonferenz zur kulturellen Kinder-
und Jugendbildung, 2007.（Beschluss der Kultusministerkonferenz vom
01.02.2007 i. d. F. vom 10.10.2013）（https://www.kmk.org/fileadmin/Dateien/
pdf/Themen/Kultur/2007_02_01-Empfehlung-Kulturelle_Bildung.pdf, S.
2.［2018 年 7 月 6 日閲覧］）

32）ここまでの経緯については以下の文献を参照のこと。Zirfas, J.: Zur Ge-
schichte der Kulturpädagogik, a. a. O., S. 34.

33）ここでの記述は、筆者の質問に対して寄せられた 2018 年 5 月 18 日付けの
フックスからの返信に基づいているもので、本章での言及についてすでに当人
から許可を得ている。ところで、フックスは、その際もう一つの用語上の問題
として、文化的陶冶の概念には「政治教育（Politische Bildung）」などの概念
と対比して用いる上での利便性があることを指摘するほか、逆に「文化教育
学」という名称が他方で職業上の名称とも関わっていることを指摘する。「文
化教育学者（Kulturpädagoge）」という言い方はできても、文化的陶冶の概念
を使ってその同じものを表現することはできない。いずれにしても、多少の混
乱はあるものの、ここでのフックスの定義に従えば、ある程度整理して考える
ことはできるように思われる。

34）Fuchs, M.: Kulturelle Bildung in Deutschland, a. a. O.

35）Fuchs, M.: Kulturpädagogik und kulturelle Bildung, a. a. O., S. 114. それに
対し「文化教育学」に対する検索結果は、6 万 4700 ほどにとどまったという。

36）Kultur macht stark. Bündnisse für Bildung（https://www.bmbf.de/de/
kultur-macht-stark-buendnisse-fuer-bildung-958.html［2018 年 7 月 4 日閲覧］）

37）1996 年に設立されエッセンに拠をかまえる本財団は、毎年の拠出額 6000 万
ユーロを誇るドイツ最大の私立財団である。カール・シュミット一族に由来する
もので、一族はメディア・マークト（Medikamarkt）やザトゥアン（Saturn）と
いった電化製品量販店などをその傘下におさめるメトロ・グループ（die Metro
Gruppe）の株の多くを所有している。参照、財団のホームページ（https://
www.stiftung-mercator.de/de/unsere-stiftung/fakten-und-zahlen/finanzen/
［2017 年 4 月 25 日閲覧］）、Stiftung Mercator bekommt neue Chefs, In: mana
ger magazine vom 11.02.2014.（http://www.manager-magazin.de/

unternehmen/energie/neue-geschaeftsfuehrung-fuer-stiftung-mercator-a-952664.html［2017 年 4 月 25 日閲覧］)、Stiftung Mercator, In: die stiftung. de vom 13.02.2015.（http://www.die-stiftung.de/projekte-praxis/stiftungsverzeichnis/stiftung-mercator-41858［2017 年 4 月 25 日閲覧］)

38）Acht deutsche Stiftungen gründen Rat für Kulturelle Bildung. 1,5 Millionen Euro zur Verbesserung der Qualität von Kultureller Bildung in Deutschland. Pressemitteilung vom 22.06.2012.（https://www.stiftung-mercator.de/de/unsere-stiftung/presse/mitteilungen/nachrichten/acht-deutsche-stiftungen-gruenden-rat-fuer-kulturelle-bildung/［2018 年 7 月 9 日閲覧］）本評議会は、教育学はもとより文化諸科学、メディア論、文化政策学を含む学術研究および文化・芸術分野より選ばれた 13 人の委員から構成されている。現在は、エアランゲン・ニュールンベルク大学のリーバウが会長を務めている。Mitglieder des Rates（https://www.rat-kulturelle-bildung.de/diskurspolitik/mitglieder-des-rates/［2018 年 7 月 10 日閲覧］）および Selbstverständnis und Aufgaben（https://www.rat-kulturelle-bildung.de/diskurspolitik/rat-fuer-kulturelle-bildung/［2018 年 7 月 12 日閲覧］)

39）Zirfas, J.: Zur Geschichte der Kulturpädagogik, a. a. O., S. 38.

40）2017 年 3 月 9 日にフックスをデュースブルク・エッセン大学のオフィスに訪ねて行ったインタビューの際の議論に基づく。清永修全「多元文化社会における芸術教育の可能性とその視座─近年のドイツにおけるいくつかの理論的展開について─」19 頁。

41）ところで、この終日制への移行は、何も現行の教育改革だけが、すなわち教育学的な配慮だけが、その動因ではなかったことは押さえておかなければならない。それは、家庭と仕事の両立を掲げる家族政策はもちろん、近代化からの立ち遅れによるドイツの国際的なイメージを懸念する声など、様々な思惑が交錯するところに成立している。Fuchs, M.: Kulturelle Schulentwicklung und außerschulische Partner. Erfahrungen und Erkenntnisse. Vortrag bei der Tagung „Durch Kooperation zum Bildungserfolg" des BJKE am 28.3.2015 in Potsdam.（https://www.maxfuchs.eu, Aufsätze und Vorträge.［2018 年 6 月 30 日閲覧］)

42）Immer mehr Kinder besuchen Ganztagsschulen, ZEIT-ONINE vom 17.10.2017.（https://www.zeit.de/gesellschaft/schule/2017-10/bildung-ganztagsschule-schueler-bertelsmann-studie［2018 年 6 月 19 日閲覧］）ならびに Gute Ganztagsschule für alle. Pressemeldung vom 17.10.2017.（https://www.bertelsmann-stiftung.de/de/presse/pressemitteilungen/pressemitteilung/pid/gute-ganztagsschule-fuer-alle/［2018 年 7 月 13 日閲覧］）ただし、この終日制学校の普及は、州によって大きな開きが見られる。2015-2016 学校年度におけるハンブルク州での普及率は 91.5％に達しているにもかかわらず、バイエルン州ではわずか 16.0％にすぎない。加えて、この移行のためにかかる膨大な費用の捻出と財源の確保をめぐる議論はすでに政治的な論争となりつつあると

いう。ちなみに、2025年までに80％の児童・生徒が終日制学校に通えるようになるためには、インフラの整備だけでも150億ユーロの投資が不可欠で、加えて新たに4万7000人を超える教員の採用が必要になる。その人件費だけでも毎年23億ユーロ掛かることになるという。

43) Fuchs, M.: Kulturelle Schulentwicklung und außerschulische Partner, a. a. O. ならびに Fuchs, M.: *Kulturelle Schulentwicklung*, a. a. O., S. 31, 40.

44) Fuchs, M.: Kulturelle Schulentwicklung und außerschulische Partner, a. a. O.

45) 「BKJ」が2004年から設定している質確保のための証明書で、文化的陶冶の活動に積極的に参加した12歳以上の生徒に対し、対話を通じて自分の強みを示し得たことを示すものである。それはその都度の活動の中で個人的・社会的・方法的・芸術的コンピテンシーを発展させえたことに対する承認をも意味する。また、個々の生徒たちにとっては、その取り組みに対する励みになり、その状況を顧みることに資するのみならず、学校や各種関係機関に対しては、その都度の教育内容の質を記録するドキュメントにもなることを想定している。Was ist der Kompetenznachweis Kultur? (http://www.kompetenznachweiskultur.de [2018年7月15日閲覧]) ならびに Kompetenznachweis Kultur. Ein Bildungspass für Jugendliche. (https://www.bkj.de/tm2/kompetenznachweis-kultur.html?type=98 [2018年7月15日閲覧]) 参照のこと。

46) Fuchs, M.: Kulturelle Schulentwicklung und außerschulische Partner, a. a. O. ならびに Kelb, V./Braun, T.: Bildungspartnerschaften im Querschnitt Jugend, Kultur und Schule in: bpb (Bundeszentrale für politische Bildung) (Hrsg.):Dossier Kulturelle Bildung vom 6.1.2010. (http://www.bpb.de/gesellschaft/bildung/kulturelle-bildung/59977/kooperationen?p=all [2018年7月15日閲覧])

47) 本財団は、2002年、文化財保護と文化をめぐる学術研究、ならびに文化交流に関わるプロジェクトを国際的に支援する目的で設立され、文化・メディア庁 (Beauftragten der Bundesregierung für Kultur und Medien) の支援を受けて活動している。ザクセン・アンハルト州のハレをその拠点としている。Kulturstiftung des Bundes - Die Stiftung stellt sich vor (https://www.kulturstiftung-des-bundes.de/cms/de/stiftung/ [2018年7月15日閲覧])

48) Fuchs, M.: Kulturelle Schulentwicklung und außerschulische Partner, a. a. O. ならびに Kulturagenten für kreative Schulen (http://kulturagenten-programm.de/startseite/aktuelles/ [2018年7月15日閲覧])、Programmbeschreibung (http://kulturagenten-programm.de/programm/programmbeschreibung/ [2018年7月15日閲覧]) ちなみに、本エージェンシーのプロジェクトの直接のモデルとなったのは、イギリスのトニー・ブレア政権下で実施された「Creative Partnership」であり、ここにこうした試みがドイツ特有のものではなく、国際的な展開としてあることが見て取れる。同プロジェクトは数千の学校と学外文化教育施設を結んで政府の支援のもと執り行われたが、政権交代に伴い中止

されている。Fuchs, M.: *Kulturelle Schulentwicklung,* a. a. O., S. 41.

49) Fuchs, M.: *Kulturelle Schulentwicklung,* a. a. O., S. 37.

50) Ebenda, S. 37, 39.

51) Fuchs, M.: Kulturpädagogik und kulturelle Bildung, a. a. O., S. 130-132. こ
の文化学校というコンセプトとその試みの実態については、ヴィオラ・ケルプ
(Kelb, V.) の研究が有益である。この中でケルプは、ヘッセン州、ハンブル
ク州、バイエルン州、ノルトライン・ヴェストファーレン州の4州から、パイ
ロット校としてヘレナ・ランゲ学校 (Helena-Lange-Schule) やルイーゼ・シュ
レーダー学校 (Louise Schröder Schule) など5校を取り上げ、そのアプロー
チとコープレーションの組織づくり、校内カリキュラムへの取り込み方などを
比較分析している。その報告から明らかになるのは、その多様さもさることな
がら、いかにその運営が個々の学校経営者 (Schulleitung) の関心や努力と取
り組みに依るところが大きいかということである。Kelb, V.: Wege von Kul-
turschulen – Fünf Schulen im Wandel, In: Braun, T./Fuchs, M./Kelb, V.
(Hrsg.): *Auf dem Weg zur Kulturschule. Bausteine zu Theorie und Praxis
der Kulturellen Schulentwicklung,* München, 2010, S. 107-147.

52) Fuchs, M.: *Kulturelle Schulentwicklung,* a. a. O., S. 40, 46-47. ならびに Fuchs,
M.: Kulturelle Schulentwicklung und außerschulische Partner, a. a. O., Fuchs,
M.: Kulturelle Bildung in Deutschland, a. a. O. を参照のこと。

53) Fuchs, M.: Kulturelle Bildung zwischen Evidenzbasiertheit, Governance
und neuen Akteuren, In: Fuchs, M./Braun, T. (Hrsg.): *Kritische Kulturpäda-
gogik. Gesellschaft–Bildung–Kultur,* München, 2017, S. 207-216. 特に S. 212,
216 ならびに Fuchs, M.: Kulturelle Schulentwicklung und außerschulische
Partner, a. a. O.

54) Zacharias, W.: Zur Entstehung und Begründung der neuen Kulturpädago-
gik, a. a. O., S. 50.

55) 本テーマについては、2017年にフックスらによって浩瀚なハンドブックが
出版されている。Taube, G./Fuchs, M. (Hrsg.): *Handbuch. Das starke Sub-
jekt: Schlüsselbegriffe in Theorie und Praxis,* München, 2017.

56) 当該トピックスの理解にあたっては、桜井哲夫による概説書からそれについ
て触れた第4章のほか、そのトピックスについて言及したフーコーの以下のイ
ンタビューを参照している。桜井哲夫『現代思想の冒険者たち フーコー 知と
権力』講談社、2006年、133-176頁。ミシェル・フーコー、根本美作子訳「人
間は死んだのか」ミシェル・フーコー著、小林康夫ほか編『思考集成Ⅱ 1964-
1967 文学・言語・エピステモロジー』筑摩書房、1999年、366-372頁。

57) 例えばフランス人哲学者デコンプは、主体批判の潮流を、大きく構造主義者
とハイデガーの信奉者たちによって提起されたものとしてそれぞれを整理し分
析を試みる一方、主体批判とそれに対する批判が最終的に「主体（の概念）に
依拠せずに倫理的および政治的思考が可能であるかどうか」という論争に収斂
していくことを指摘している。その上で、最終的にいずれも学派の争いに終わ

らざるを得ないことを結論する。ヴァンサン・デコンブ著、安川慶治訳「『主体の批判』と『主体の批判』の批判について」ジャン＝リュック・ナンシー編、港道隆・鵜飼哲ほか訳『主体の後に誰が来るのか？』現代企画室、2006 年、185-208 頁。

58）Fuchs, M.: Subjekte stärken – Zusammenhalt fördern, a. a. O. および Fuchs, M.: Brauchen wir eine „Kritische Kulturpädagogik"?, In: Fuchs, M./Braun, T.（Hrsg.）: *Kritische Kulturpädagogik. Gesellschaft–Bildung–Kultur*, München, 2017, S. 22 および S. 24、Fuchs, M.: Das starke Subjekt als Bildungsziel, In: Fuchs, M./Braun, T.（Hrsg.）: *Kritische Kulturpädagogik. Gesellschaft–Bildung–Kultur*, München, 2017, S. 87-96. 特に S. 89-94 の論述が重要である。ちなみに、本論考は上記のハンドブック *Handbuch. Das starke Subjekt: Schlüsselbegriffe in Theorie und Praxis.* にも基礎文献として収録されている。なお、上記のような議論は、以下の論考でも繰り返されている。Fuchs, M.: Kulturpädagogik und kulturelle Bildung, a. a. O., S. 119-120. および Fuchs, M.: Kulturelle Bildung als neoliberale Formung des Subjekts? Eine Nachfrage（https://www.kubi-online.de/artikel/kulturelle-bildung-neoliberale-formung-des-subjekts-nachfrage［2017 年 4 月 23 日閲覧]）こうしたフックスのスタンスは、当人自身は参照していないものの、かつてのホルクハイマーの陶冶論に通じるものを持っているように思われる。ホルクハイマーは、伝統的な陶冶理論に強い個人主義的傾向を見て取り、そこに陶冶理論の脆弱さと危険性を指摘し、陶冶はたえず社会全体の文脈の中で自らの使命と可能性を考えるべきだとする。Horkheimer, M.: Begriff der Bildung. Immatrikulations-Rede Wintersemester 1952/53, In: *Begriff der Bildung. Mit Anmerkungen von Ken'ichi Mishima*, Tokyo, 1977, S. 1-19. フックスは、文化的陶冶の営みにおいて何よりも「文化—陶冶—主体」というトリアーデが確かな内実を持つべく努力すべきだという。というのも、そのいずれもがともすると反ヒューマニズム的な抑圧のイデオロギー（Unterdrückungsideologie）に転化しかねない危険性を内在的に秘めているからというのである。しかし、こうした疑念にもかかわらず、「文化」という概念が「解放的（emanzipatorisch）」で「人道主義的（humanistisch）」な側面を失わず保持し続ける限り、拠りどころにすることはなお可能であると語る。清永修全「多元文化社会における芸術教育の可能性とその視座 —近年のドイツにおけるいくつかの理論的展開について—」20 頁。

59）Fuchs, M.: Brauchen wir eine „Kritische Kulturpädagogik"?, a. a. O., S. 24.

60）Fuchs, M.: Das starke Subjekt als Bildungsziel, a. a. O., S. 89.

61）Zacharias, W.: Zur Entstehung und Begründung der neuen Kulturpädagogik, a. a. O., S. 69.

62）Scherr, A.: Subjektbildung: Grundlagen, Herausforderungen und Perspektiven, In: Fuchs, M./Braun, T.（Hrsg.）: *Kritische Kulturpädagogik. Gesellschaft–Bildung–Kultur*, kopaed, München, 2017, S. 97-106.

63) Fuchs, M.: Brauchen wir eine „Kritische Kulturpädagogik"?, a. a. O., S. 24.

64) Ebenda, S. 24.

65) こうしたスタンスの典型的かつ象徴的なテキストとして、フランクフルト大学のアンドレアス・グルーシュカ（Gruschka, A.）らが 2005 年に共同声明として発表した「教育制度は経済経営ではない（Das Bildungswesen ist kein Wirtschaftsbetrieb!)」がある。本テキストは、テノルトによるこの声明に対するダイレクトな批判と合わせて読まれるべきものである。Gruschka, A./Herrmann, U./Radtke, F.-O./Rauin, U./Ruhloff, J./Rumpf, H./Winkler, M.: Das Bildungswesen ist kein Wirtschaftsbetrieb! Fünf Einsprüche gegen die technokratische Umsteuerung des Bildungswesens, In: Pädagogische Korrespondenz, Heft 35, Herbst 2006, S. 91-94. ならびに Tenorth, H.-E.: Milchmädchenrechnung. Warum der Vorwurf der Ökonomisierung des Bildungswesens falsch ist, ZEIT-ONINE vom 06.10.2005, 2005（https://www.zeit.de/2005/41/C-Bildungsforscher［2018 年 9 月 7 日閲覧］）

66) フックスは、まさにこの意味で 2017 年に出版された文化的陶冶評議会の報告書『少ないよりは多く、同様に多くよりもさらに多く（Mehr als weniger als gleich viel)』を、ネオ・リベラルな経済プロセスを無害化し、覆い隠すイデオロギー的なものとして批判する。Ebenda, S. 25-27, 32. ちなみに、文化的陶冶評議会に対する批判は、以下の文献においても見られる。Fuchs, M.: Kulturelle Bildung als neoliberale Formung des Subjekts?, a. a. O.

67) 清永修全「多元文化社会における芸術教育の可能性とその視座—近年のドイツにおけるいくつかの理論的展開について—」20 頁。

68) Fuchs, M.: Kulturelle Bildung als neoliberale Formung des Subjekts?, a. a. O.

69) コンラート・パウル・リースマン著、斎藤成夫・齋藤直樹訳『反教養の理論—大学改革の錯誤—』法政大学出版局、2017 年。その点は、最近著である『挑発としての教養（*Bildung als Provokation*)』においても大きなスタンスの変化は見られない。例えば、その中に所収の以下の論考を見よ。Liessmann, K. P.: Veränderung durch Bildung? Über eine rhetorische Figur, In: *Bildung als Provokation,* Paul Zsolnay Verlag, Wien, 2017, S. 67-80.

70) テオドール・アドルノ著、三光長治訳「半教養の理論（1959 年)」三光長治・市村仁・藤野寛訳『ゾチオロギカ—フランクフルト学派の社会学論集—』平凡社、2012 年、210-249 頁。

第3章

学びの保障から資格付与へ
―ベルリンにおける「生産的学習」の変遷を手がかりに―

　本書の各章で示されているように、PISA ショック以降のドイツにおいては、多様な学力向上政策が進められている。その中の一つとして低学力の生徒向けの対策が行われている。2010 年の各州文部大臣会議（KMK）は、学力の低い生徒のための促進戦略決議を挙げ[1]、実施状況も報告されている[2]。この促進戦略の一つの方法として「生産的学習」（Produktives Lernen、以下、PL は生産的学習のことを表す）が挙げられている。実施報告書を見るとこの取り組みは、ザクセン・アンハルト州、ベルリン特別市、メクレンブルク・フォアポンメルン州、ザクセン州で採用されている。本章では、この「生産的学習」導入の歴史的背景や内容や現状と課題について、ベルリン特別市の場合を取り上げて整理・報告し、考察するとともに、そこから日本の教育に示唆される点についても触れてみたい。

1．生産的学習―導入の経緯とその後の発展―

　1983 年に訪米したドイツの調査団は、ニューヨークの City-As-School（学校としての都市 以下 CAS と略記）の取り組みに出会い、それと類似した教育をベルリンで実現するために、長い準備期間を経て 1987 年に Stadt-als-Schule Berlin（学校としての都市 ベルリン）をスタートさせる。その中で行われた教育課程・教育方法を後に一般化したものが生産的学習（PL）である。

(1) アメリカの City-As-School

　まずは、導入元となったアメリカの取り組みを簡単に紹介しておこう[3]。CAS は、アメリカのニューヨーク市のマンハッタンに 1972 年に 15 人の生徒

127

と4人のスタッフで開校したオルタナティブ教育を行う後期中等教育の公立学校である。主に、中退の危機にある生徒に現場での学びを経験させることで、自分自身の人生への、教育への、そして彼らを取り巻く社会への関心を再活性化することをねらいとしている。2019年8月時点のウェブサイト情報では、685人の生徒、86人の教師・管理者にまで成長している。コミュニケーション（ファーストネームで呼び合う等）、自由（トイレ時の通行許可証が不要、金属探知機がない、廊下での暴力がない）、責任（座席につく責任、欠席した分は自分で埋め合わせをする等）の尊重は、開校以来一貫しているようである。

　CASへの申請資格は、16歳以上であること、高校の16単位以上を取得していることとなっているため、多くの生徒は他の高校で2年ほど過ごしてから入学してくる。年間4セメスター2年間8セメスターのコースとなっている。すべての生徒は、インターンシップ、授業やセミナー、独立研究、卒業ポートフォリオの準備をあわせて、週に27と2分の1時間の授業が課せられている。生徒は各セメスターにつき1つ以上のインターンシップ先をカタログから自分で選び、1週間のうち16〜32時間をそこで過ごす。月・水・金にインターンシップに出かける生徒は火・木に学校で学習し、火・木にインターンシップに出かける生徒は月・水・金に学校で学習する。

　学校では、数学（微積分等）、英語（シェークスピアや現代文学）、歴史（世界の出来事、アメリカの政治）などの伝統的な学術科目とともに、裁縫やデジタル写真などの選択科目が提供されている。セミナーは、週に一度開催される生徒とアドバイザーでのミーティングにおいて、インターンシップでの経験と学校コミュニティでの経験を議論するフォーラムである。ここでは個人的問題も学術的な問題も扱われ、生徒は自分たちの進捗を評価し、フィードバックを得、アドバイザーや仲間からの励ましを受ける。独立研究は、ある分野に強い興味を持っている生徒が自分自身でデザインしたプロジェクトに取り組むことである。単位取得証明書を得ることができれば、ニューヨーク市の様々な文化的な研究所が提供する授業も受講できる。

　やや古い資料によれば[4]、「ある生徒はアルヴィン・エイリー・ダンス・カンパニー（世界的に著名なダンス教室——注：引用者）でモダンダンスを学んだ結果、

128　第1部　カリキュラム改革の動向とドイツ教育学議論の特質

体育の単位をとるかもしれない。同じ生徒が、別の時期に、国会議員事務所における補佐として働き、うまく学習経験を完遂して、アメリカ研究の単位を取るかもしれない」という。このように現場での実践的活動を通して教科の単位取得も可能となっている。また、学際領域の研究では、「消費時間の割合に従って適切に区分し、複数教科の間で単位を割り振る」こともある。学際領域の多くで英語（母国語）の単位に割り振っていることについては、単に現場で英語を使ったから単位が取得できるというわけではなく、学校と学外支援者の共働で、学習成果を証拠立てる段階と構造を作り、それをもとに現場で指導と評価を行っているようである[5]。

卒業は、大人と同級生から構成される審査員の前で、ポートフォリオをプレゼンテーションすることで決定される。

現在のインターンシップ先として列挙されているのは、アメリカ自然史博物館、エリス島移民博物館、メトロポリタン美術館、ニューヨーク州高等裁判所、国立女性のための組織、アメリカ証券取引所、ベルビュー病院、ル・サーク（高級フレンチレストラン）、マーヴェル・コミックス等で、ニューヨーク中心部ならではの有名なインターンシップ先が多数確保されている。

(2) CAS のドイツへの導入と国際的展開[6]

CAS を視察した 1983 年から、視察に参加した教師や社会教育者のグループがベルリン・社会福祉・社会教育アリス・サロモン専門大学で、ベルリン版 CAS の準備を行い、1987 年に「学校としての都市・ベルリン」(Stadt-als-Schule Berlin)[7] を出発させた。取り組みを開始してすぐに、ニューヨークの CAS 同様、何年も学校から離れていたり、荒んだ社会的・個人的な生活状況にあった若者が、新しい自分の教育の道を見出し、伝統的教育システムや職業への安定した接続の見通しを発展させるなどの成果を挙げた。この成果に確信を持ち、1991年に上記専門大学にヨーロッパ生産的学習研究所 (Institut für Produktives Lernen in Europa e.V. 以下、IPLE と略記) を開設した。PL は、1996 年から 12 のベルリンの実験校で実施され、大きな成果をあげたとされる。IPLE は、これらのベルリンの学校だけでなく、その後、PL に取り組み始めたドイツのいくつかの

州への支援を行っており、プロジェクトを導入するための学校づくり、カリキュラム開発、学校や教師への助言、教員研修や継続教育の実施などを行ってきた。

IPLE は、1990 年に設立された生産的学習国際ネットワーク（International Network of Productive Learning Projects and Schools 以下、INEPS と略記）とも連携し、国際的な経験交流に取り組むようになった。このネットワークに関わったのはこれまで 20 ヵ国のおよそ 50 のプロジェクトである。2018 年現在では 15 ヵ国（アメリカ、ドイツ、オランダ、アイルランド、フランス、スペイン、ポルトガル、ギリシア、スウェーデン、フィンランド、ロシア、リトアニア、ハンガリー、ルーマニア、ブルガリア）の 50 プロジェクトが参加している。INEPS は、定期的にセミナーや会議を開催して経験交流しており、若者会議ならびに生徒と教育者の交換プログラムを実施している。生徒は、国内で身につけた実践的で教科的な知識や技能を持って、国外において学習を続行することもできるようである。

2. ドイツにおける生産的学習の内容構成と理論的基礎

（1）PL の教育課程と方法論

　具体的にドイツにおける PL について概要を見ていこう。対象学年は、第 9 学年と第 10 学年である。中等教育の高度な教科内容の要求から学ぶ意義を見出せず学校を中退する生徒に対応するため、生徒の学習要求・知的興味を活かした学習を構想したものである。「生産的学習」という呼称は、「社会的に真剣な状況」における生産的活動に参加しながら学習するということに由来している。すなわち、学校内で擬似的な生産的活動を行うのではなく、生徒が実際の生産現場に出かけていくことを教育課程に含むことを意味している。

　生徒は、3 学期制の学期ごとに、3 ヵ月間、週 3 日、生徒本人が選んだ生産現場（家具製造所、八百屋、自動車整備工場、不動産屋、新聞社、病院、NGO、テレビ局等々）で実践に従事する。つまり、1 年間に 3 ヵ所、2 年間で計 6 ヵ所の実践現場で活動に従事することになる。これをベースにして、教育者による助言の下で個人カリキュラムを編成する。また、週に 1 時間、個別の学習相談（Blidungsberatung）が行われる。この課程を修了することで中等教育第Ⅰ段階の卒業資格が与えられる。ベルリンでいえば、基幹学校、拡張基幹学校、あるいは中等学校の卒業資格に相当する。

1週間の学習の一例を示すと図3-1のようになる[8]。

週30時間のうち、17時間は実践（現場）での学習、13時間は学校での学習となっている。現場での学習には、現場での活動だけでなく、学習相談、課題や問いの設定、独立した生産的課題（自分で決めて行う活動——例えば家具製作所で学習する生徒が自分でCDラックを作ろうと計画して製作する等）、実践の場の文書作成などが含まれる。また、学校での学習は、5時間のコミュニケーショングループでの経験交流や、それを通じた経験の熟考・整理、その中での次の活動・観察・探究の準備、8時間の実践的経験と結びつけられた教科学習（数学、ドイツ語〔国語〕、英語、主題科目〔人間と文化、社会と経済、自然と技術〕、選択科目〔芸術、音楽、スポーツ、倫理・宗教〕等——州によって多少異なる）からなる。

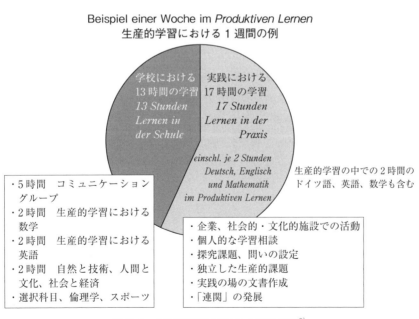

図3-1　生産的学習における1週間の例[9]

(2) 生産的学習の理論的基礎

　PL に関連する理論的支柱の一つとして、ヴィゴツキーとレオンチェフら文化歴史学派における「活動」と「道具」の概念が取り上げられ、PL との関連が次のように示されている[10]。すなわち、人間は——個人的にも類的にも——活動を通して物質的世界もその人格もその都度産出するのであり、それゆえ活動の「客観的な意義」と「個人的な意味」は区別される。また、生産、変革、伝達等のために利用できるすべての物質的・観念的なモノ（Gegenstände）は、「道具」であり、PL においては人間のすべての文化遺産——ハンマーから言語や科学に至るまで——は認識と活動の道具として理解される。ここから、教育は単純化していえば「文化的道具の意味ある使用」とされ、伝統的な学校の学習に見られるような機械的・非反省的な「行動」（Aktivität）から区別される。

　伝統的な学校では教科内容は、社会的利用から切り離され、個人的生活実践への現実的な関連なしに伝達される。ここでは、「学習」が「行動」となり「活動」と分離している。これが「個人的な意味」の喪失につながり、学校嫌悪の原因となっている。これに対して、PL では、「真剣な状況」（学習のための学習ではない）における社会的な活動への参加を自分で決定することによって、生徒が能動的になる。そして、専門家・メンター・教育者と共働して、自分の実践の経験を、教科的－技術的、社会的、他の文化的なものと関係づけながら探究・消化し、個人的な教育プログラムを構成する。

　伝統的な学習と PL の対比は、次の図3-2、図3-3で簡潔に示される。

　この図に見られるように、PL は「個人への連関」「実践への連関」「文化へ

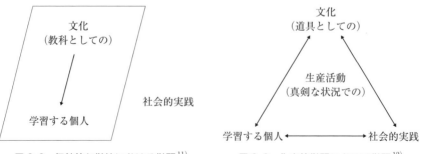

　　図3-2　伝統的な学校における学習[11]　　図3-3　生産的学習における学習[12]

の連関」を持つ。

PL の「個人連関」とは、学習や学習対象が、学習する個人の人格や発達にどのような影響があるかということである。ベームとシュナイダーは、多くの学習が、成績、試験、労働市場、職業的キャリアのために行われているが、学習者が意識的に追求し、自分で決定するような知識と技能の獲得のための学習がほとんどないことで、生徒が学習に対して受動的になっていることに懸念を表明する。そこから PL を通して、教育は人格発達でなければならないし、なりうるということを繰り返し生徒に発見させることの必要性を説く。そして、レオンチェフの「世界と人間との本来的に社会的な諸関係、さらにいうと、**現に実現されている**社会的な諸関係の総体こそが人間の人格の実際の基礎であり、これらの関係は主体の活動、より正確に言うと多種多様な主体の活動の総体によって実現されている」（ゴチックは原文）[13] という箇所を引用して、活動を通した文化の習得の重要性を強調する。

伝統的な学校の教科課程や教師に課せられた学習は、学習成果の証拠とは裏腹に副次的なものであり、巧妙なごまかしによっても成果を生み出すことができるが、PL の学習者は、意識的に自分の目指している目標を追求しなければならない。そのさい、教育者には、無意識的な学習動機や教育動機を若者が意識できるように援助することが求められる。

PL の「実践連関」[14] において、学習は、その時々の社会的に真剣な状況の中での生産的活動領域の過程・構造との関連において設定される。生徒たちは、伝統的な学校の中で、「いつか将来何かができるために」、文化的・教科的内容を学ぶという学習習慣を身につけているが、PL においては、生産的活動の実践の中で自らが設定した課題を解決するために、どのような文化的・教科的な知識や技能を利用することができるのか、ということが問われる。ゆえにベームらは、生産的活動は社会的に真剣な状況での学習なので、生徒から教育活動と感じられるプロジェクトメソッド以上のものであると評価する。ここで社会的に重要な決定に関与したり参加したりすることは、社会的日常への参加の重要な基礎を形づくる。また、実践連関は、市場経済の進展、職場の安全のための社会的決定、工場環境の基準への理解も提供する。例えば、実践現場での同

第 3 章　学びの保障から資格付与へ　133

僚の解雇問題に遭遇し、解雇理由や解雇通知についての法的規制を学ぶなどである。ある生徒はその問題を持ち帰って学校のコミュニケーショングループで報告し、議論を行い、主題科目「社会と経済」で中小企業問題や失業問題などに取り組む契機としている。

「文化連関」は、さらに「教科連関」「社会連関」「より広範な文化的連関」へと細分化される。「教科連関」は、教科の知識が道具として役立つことを強調する[15]。生徒は、自らの実践を理解したり、より生産的にするために、どのような教科的知識・能力を必要とするのかを認識すべきである。PL でも教科の知識の重要性は強調されるが、それはもっぱら教科の知識が行為問題の定義・加工・解決に引き寄せられて発達すると受け止められてのことである。「社会連関」は、社会的環境にとっての活動の意義に関することである[16]。伝統的な学校では、幾何学とナイル川の氾濫や、物理学と戦争や、利息計算と銀行や財閥の市場における経済力などの問題は扱われず、教科の能力を、社会的意義を理解することなく獲得するが、PL では社会的アスペクトとの対決が扱われる。例えば、自動車修理工場を実践の場に選んだ生徒は、彼のメンターのガン罹患を契機に、自動車修理工場の排気ガス削減の可能性について取り組んでいる。「より広範な文化的連関」とは、活動の歴史的、倫理的、美的、その他の文化的アスペクトを発見することであり、ある社会の特徴を、状況の地平を超えて眺めさせるものである。例えば、ある生徒は、職場体験を通じて男女格差を経験し、性別役割期待の実際とそれが何に由来するのかを調査した。PL の国際交流プログラムを利用して国外で学んだ別の生徒は、外国人への偏見を克服した。

さらに、活動理論とは別の理論的基礎との関連についても取り上げられている。陶冶目標に関して、陶冶をクラフキの二面的開示（陶冶を「ひとりの人間に対する事物的現実および精神的現実の開示」と「この人間の、この人間の現実に対する開示」）[17] と結びつけている。「陶冶を二面的開示として理解するならば、それはPL のことである」とした上で、PL における活動状況が、文化的伝承を利用しつつ、彼・彼女らの陶冶過程に開示されるように若者を支援することが重要であるとしている。そして、「自分の人格の開示」「社会的実践の開示」「文化

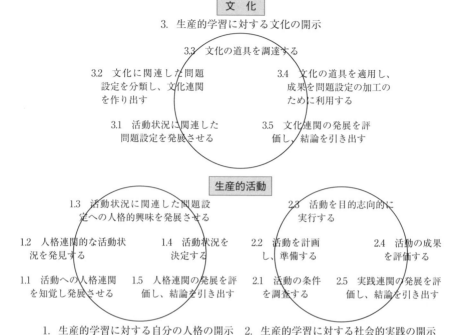

図3-4 生産的学習の陶冶目標とその部分目標[18]

の開示」の3つの陶冶目標のPLを定式化し、これを学習の三角形と重ねて図3-4として示している。

3. ベルリンにおける生産的学習の実際

(1) 生産的学習に参加している学校、生徒に関するデータ

ここからはベルリンにおけるPLに限定して見ていこう。近年のIPLEの報告書[19]によれば、2014年は、ベルリンの中等教育第I段階の学校のうち21施設（18校の統合中等学校〔ISS〕、2つの特別支援促進センター、残り一つは、この年から新たに始められた促進学校〔Förderschule〕と統合制中等学校〔Integrierte Sekundarschule〕の協同プロジェクト）、2015年は23施設（20校、2センター、1協同プロジェクト）、

2016 年は 24 施設（21 校、2 センター、1 協同プロジェクト）、2017 年は 25 施設（21 校、3 センター、1 協同プロジェクト）と微増傾向にある。1996 年に 12 の実験校で開始した時点から見れば、倍増していることになる。しかし、2017 年のベルリンの学校統計では、生産的学習を行う第 9－10 学年に該当する中等教育学校は、統合制中等学校が 175 校、ギムナジウムが 113 校、自由バルドルフ学校が 11 校、特別支援的な促進重点の学校が知的障害 23 校、情緒障害 27 校、その他の促進課題 26 校となっており、合計すると 375 校あるので[20]、2017 年度時点で生産的学習を取り入れている学校は、学校全体の中では 7％弱で少数である。また、このプログラムに参加している生徒の数は、第 9 学年が 265 人、第 10 学年が 300 人であり、同年のベルリンの当該生徒数は、それぞれ 2 万 5244 人、2 万 6964 人であるから、生産的学習に参加している生徒は、同年代人口比で 1％強というところである。

　さらに、生産的学習のプログラムに参加している生徒の内訳の推移を、現在入手できる 4 年間のデータから見てみよう（表 3-1）。

　ドイツ語を母語としない者の割合にはほとんど変化がない。2017 年でいえば、32.9％であり、ベルリン全体の平均 39.6％（統合中等学校では 41.9％）をやや下回っている。少なくともこの 4 年間では、明らかに就学援助を受けている家庭の生徒、特別支援を要する生徒（とりわけ知的障害のある生徒）が増加する傾向にある。PL は、CAS 同様、導入時には中退予防的意図もあったが、より特別支援的意味が強まっているといえるかもしれない。なお、PL の履修登録手続きについては、IPLE の近年の取り組みの推移のところで別途、叙述する。

　次に、PL のプログラムを履修した者は、どの程度卒業資格を受け取り、どのような進路に進んでいるのかを見てみよう。表 3-2 は PL のプログラムに参加した者のうち、学年最後まで履修した者、中退者、他学校（中等 I 段階）転校者、退出者（課程を終えて退出した者）の数である。

　例えば、2015/16 年の退出者を見ると、第 9 学年と第 10 学年の退出者は 315 人だが、2016/17 年の終わりまでには、中等学校修了証（MSA）を取得した者が 66 名（21％）、拡張職業教育修了証（eBBR）を取得した者が 59 名（18.7％）、職業教育修了証（BBR）を取得した者が 78 名（24.8％）、職業志向修了証（BoA）

表 3-1　生産的学習に参加している生徒の内訳[21]

		2013/14	2014/15	2015/16	2016/17
合計		669	636	618	565
	男性	370	379	376	344
	女性	299	257	242	221
非ドイツ語を母語とする		199	184	190	186
就学援助（Lernmittelbefreiung）		–	246	283	321
特別支援状況（Förderstatus）		88	109	132	140
うち「知的障害」 （davon Förderstatus "Lernen"）		48	69	87	93

表 3-2　生産的学習履修者の履修結果状況[22]

		2012/13	2013/14	2014/15	2015/16
第9学年	全体数	336	324	319	265
	年度の終わりまでPLを継続	323（96％）	244（75％）	244（76％）	218（82％）
	年度が終わる前に離脱	4（1％）	9（3％）	2（1％）	8（3％）
	学年の途中で他学校に転校	9（3％）	20（6％）	17（5％）	13（5％）
	退出者数	–	51（16％）	56（18％）	26（10％）
第10学年	全体数	333	312	299	300
	年度の終わりまでPLを継続	285（86％）	12（4％）	3（1％）	7（3％）
	年度が終わる前に離脱	31（9％）	–	–	–
	学年の途中で他学校に転校	17（5％）	7（2％）	6（2％）	4（1％）
	退出者数	–	293（94％）	290（97％）	289（96％）

を取得した者が 13 名（4.1％）、いずれの資格も取得できなかった者が 99 名
（31.4％）となっている[23]。また、退出した者の移行の見通しは、職業訓練 33％、
職業準備 30.2％、浪人中 15.2％、他の見通し 6.7％、中等教育Ⅱ（アビトゥア／
専門アビトゥア）6.3％、不明 5.7％、仕事に従事 2.9％となっている[24]。

　IPLE は現在ウェブサイトに掲載されている報告書で見る限り、2014 年以降、
毎年修了者に対する追跡調査を実施している。回収率は、修了証なしで退出し
た者や BBR を取得した者が低くなっている（例えば 2017 年の報告書ではそれぞれ
41.9％と 65％）ほかは、8 割以上となっている。卒業生の現状は、2017 年報告
書では、職業訓練（44.3％）、職業準備的の学習過程に参加（23.9％）、労働関係

第 3 章　学びの保障から資格付与へ　　137

(8.7%)、上級専門学校修了証ないしアビトゥア取得目的の上級専門学校・ギムナジウム上級学校通学（5.7%）、その他（社会奉仕活動等6.5%）、失業中（10.9%）である。現在の職業状況についての満足度は、「とても満足」（37%）、「やや満足」（39%）、「やや不満」（10%）、「とても不満」（4%）、無回答（10%）となっているが、雇用の現状との関係では、職業訓練、上級学校、雇用ありの順に満足度が高く、失業中が最も低くなっている。修了証なしでの退出者のアンケート回収率が悪いことから、実際はもう少し不満が高くなるだろうが、全体的に見て、PL参加者の満足度は高いのではないか。

　自由回答の部分で満足や不満の理由について問うているが、満足している理由として列挙されているのは、「実践との関連（職業世界における経験を積むことができ、場合によっては職業訓練のための決定を行えたり、その場を見つけたりできたこと。活動的になれた）」「PLの教育学的な関係と方法論（教育者による伴走・促進・個人的相談、個人的課題に取り組み小グループで学習する機会の肯定的な評価、学習グループの促進的な雰囲気）」「修了証の取得（普通の学校では無理であった修了証取得の機会をPLを通して見出した。あるいは普通の学校で取得できる可能性があったものよりも上位の修了証を取得できた）」「人格発達（自信、自己意識、自立が高まった。個人的興味が発展した。家庭生活で再び安定を取り戻した）」「再出発、学習に対する楽しみ（しばしば葛藤に満ちた学校生活の遍歴ののち、再出発が可能になった。学習に対する楽しみを発展させた）」となっている[25]。逆に、不満の理由としては「個人的に努力していた目標が達成できなかった」「"昔からの"同級生がいなかった。新しい学習グループにつながりを見出せなかった」「自立的な労働が困難だった」が挙げられている。

　また、PLが気に入ったかどうかという問いに対する「気に入った」という理由では、「教育者への信頼に満ちた、少数の重要な他者に限定された関係。自分に個人的に助言してくれる機会。その際に経験した支援や心遣い」「学習グループの風土。"ストレスのない"相互承認に基づいた交わり[26]。小さなグループでの労働」「実践の場と学校の交替と、個人的課題サイズ、労働機会、交流機会、共同企画」であり、気に入らないという理由では、「様々なことを自立的に決定・実行したりしなければならない」「何人かの同級生や学習グループへの関係が自立的活動の妨げになった」「学校的要素がもう少し多い方

が良かった（とりわけ BBR 取得に向けた教科的方向づけ）」「学校と家庭の関係が密すぎるのが気に入らない」「小グループの中の管理が気に入らない」等である。

　さらに、PL に欠けているものについての問いに対しては、スポーツ（12/83回答中）、もっと多くの教科や授業（7）、自然科学（4）、フランス語（2）、ドイツ語と数学（1）が挙げられており、生産現場での実習時間によって逼迫している教科学習の時間の不足を挙げる者が、少数ながら存在する。

（2）IPLE による生産的学習の重点課題
1）2014 年報告書における評価の重点[27]

　本報告書における重点項目に関しては、紙幅の多くが履修登録生徒の特徴や履修登録に至るまでのプロセスに費やされている。

　IPLE は、PL を実施した教員たちへのインタビュー調査に基づいて、入学してくる生徒の中退の危機、学校からの離脱、その他のリスク要因について分析している。分析の結果、リスク要因はおよそ次のように整理されている[28]。
○家族の負荷（家庭の中の暴力、争い、ネグレクト、薬物問題）が参加生徒の半分近くに見られる。○健康上の負荷（病気、精神疾患、薬物・アルコールあるいはパソコンゲームの中毒的消費）が参加生徒の約 4 分の 1 に見られる。○極端な奇行（強いひきこもり、対人恐怖、攻撃性、アレルギー、キレやすい）によって参加生徒の 5 分の 1 から半分が学習を妨げられた。○部分的な学習障害（計算障害、識字障害、注意欠陥多動障害）の参加者が 4 分の 1 から半分いる（診断が出ている者と教師による見立ての合計）。

　履修受け入れプロセスでは、履修に応募した生徒は、PL に向いているか、学習成果を上げられそうかが吟味される。これは、PL に参加することによって、さらに学習履歴での失敗を重ねることを避けるためである。そのため何段階にもわたる受け入れの手続きがあり、6〜8 週間のオリエンテーション期間が設けられている。受け入れ基準として、学校での過去の失敗はあまり重視されず、実践における学習への興味、失敗時の自己責任受け入れの用意、変わろうとする意志、最低限の自立性、十分なグループ能力、目標達成意志、教師を敵ではなくパートナーとみなす用意などが重視され、それらが面接やオリエン

テーションの中で評価される。また、困難な生活状況にある生徒の場合には、青少年局の支援があるかどうか、住む場所がはっきりしているか、監護者や施設などとのコンタクトが確立されているかどうかも受け入れ時の判断基準となっている。薬物中毒や暴力問題、重度の精神疾患がある場合には、あまりに過重負担であり、成果も見込めないというのが、PLを実施している多くの教育者たちの見解である。

さらに、入学してから生徒を変える要因として、実践における学習と、学校における学習それぞれで、次のようなものが挙げられている。まず前者では、実践の場での成功体験、真剣で多面的な活動、「大人の環境」（メンターへの関係——しばしばロールモデルになる）、肯定的なフィードバック（不適切な行為や怠慢に対する明確な注意も含む）、教育者とメンターの肯定的な共同関係などが挙げられ、後者では、定期的なフィードバックと支援（同時に根気と粘り強さ）、学習グループの肯定的な雰囲気、学習の個人化と個々人への要求の調整、実践や生徒の学校外の経験への学習の関連づけ、少ないプレッシャーが挙げられている。

なお、2014年には、PLに関わる教育者たちの多くが、中央テストが、生徒の個人化のための余地を少なくするゆえに、どの学年においても相当の障害になっており、教員にとってもプレッシャーになっていると感じられており、学習の大部分が再び教師中心に構成され、テストの教科の要求水準に合わせるようになってきていると報告している。このことについては、翌年の報告書に詳細に記述されている。

2）2015年報告書における評価の重点

この年度の評価の重点評価観点は、中央試験とPLの関係についてである。BBRという修了証が2012/13年度から新たに導入され、すべてのISSの第9学年の生徒は、数学とドイツ語の中央比較試験（zentrale vergleichende Arbeiten）を受験しなければならず、それに合格しなければBBRが取得できなくなった。また、eBBRとMSAを点数で区別するようなドイツ語、英語、数学、プレゼンテーションからなる中央テストが作成中であることが報告されている。ベルリンでは修了証の取得は、テストの構成要素のみで判定され、学年での成績は考慮されないようなので、テストへの合格がきわめて重要になっている。

140　第1部　カリキュラム改革の動向とドイツ教育学議論の特質

PL を提供している学校がこの状況に翻弄された様子は、IPLE の聞き取り調査に見て取れる。陶冶に関して拡大科目や倫理学におけるプロジェクトの時間を圧縮して、数学やドイツ語の練習時間を増やす学校、試験の準備に利用できる学習オフィスや学習工房を設置する学校、試験に関連する課題やテーマにより細分化して取り組めるように、学力別グループを編成したり、試験直前に集中トレーニング期間を設けたりする学校が出てきたが、教育者の間ではこのような取り組みについて賛否が分かれているという。さらに第 10 学年で試験準備のために、PL のカリキュラムを現場 2 日＋学校 3 日に変える学校もあった。しかし、これを採用した学校の多くは、生徒がこの時間を有効に活用しようとする動機に欠け、それまで現場での学習で示していた関与が毀損されるという理由で、学校 3 日制を取りやめている。授業方法に関しては、授業と関連した練習方法や弱点によって構造化された学習プログラム・練習プログラムが過多になったり、ハンディのある生徒が試験に慣れるために必要な一斉授業について言及されている。また、過去問題を解かせたり、問題解答に行き詰まった際や課題選択の際の対処法などの戦略について生徒と話し合ったりなど、テスト対策に特化する傾向が見て取れる。試験や試験対策が学力向上になると考える教師もいれば、すぐに剥落するので学力向上にならないと批判する教育者もいるようであるが、大部分の教育者は、弱さを抱える生徒にとってテストは過大要求であると認識している。また、試験が人格形成にとってネガティブな作用を及ぼすという報告が多数あるようである。

3）2016 年報告書における評価の重点[29]

当該年度の評価の重点は、PL の学習グループにおける文化的多様性（kulturelle Heterogenität）である。ベルリンは非ドイツ語出自言語（本人あるいは家族がドイツ語を母語としない）の生徒を約 3 分の 1 抱えており、修了証なしで退出していく生徒に非ドイツ語出自言語者の割合が多いことからこのテーマが選ばれている。

PL を提供している学校・施設の半分以上は、若者が出自に関係なく友だち関係を築いているが、教師たちは、その理由を、○非ドイツ語出自言語の若者のドイツ語知識の高さ、○学校全体を支配している開放性、○共通の愛好や興

味（ファッションやスマホ）等と見ている。身内だけで固まるのは特定の民族的背景を持つごく一部のようだ。多くの移民的背景をもつ生徒は、家庭では伝統的価値・規範を受け入れ、家庭外では自由を謳歌するなど、うまく立ち回っているという。

コミュニケーショングループや主題学習のプロジェクトにおいて、出自や文化的違いがテーマ化されると生徒たちは興味を示し、仲間が話すことに耳を傾けるが、日常の文化固有の独自性や慣習（ラマダンやクリスマス等）については、尊重はするが、それ以上深く立ち入らないという。

個人化の機会によって、競争や否定的なストレスが減らされ、受容と信頼の雰囲気をよりよく発展させられる PL では、排外主義的やレイシズムを伴う葛藤や排斥は減多に見られないが、文化的含意をもついさかいがあったときに教育者たちが重要だと考えているのは、できるだけ早く、徹底してそれらに立ち向かうことである。これに関して教育者たちは、「あまりに多くの難民がドイツに来ている」とメディアが不安を煽っていることも背景にあると考えている。

PL を提供している学校・施設では、文化的多様性を学習機会にすることが追求されている。例えば、○コミュニケーショングループにおける自発的・意識的対話や討論（相互尊重の交わり方。家族、結婚、権威、セクシュアリティ、難民の現状、AfD〔ドイツのための選択肢──ドイツの排外主義極右政党〕の綱領等について）、○主題科目「人間と文化」や倫理学におけるテーマと結びついた取り組み（PL 参加者の出身国、人権、ナチの排除政策と排除方法等）、○共同の企画、訪問、プロジェクト週間（家庭訪問しての料理法伝授、ベルリンの宗教的・文化的な場所〔寺院・モスク・聖堂・ユダヤ博物館等〕へのハイキング）などである。

また、実践での学習における課題とチャンスとして、移民的背景をもつ生徒の好みと職場の側の好みの問題が取り上げられている。移民的背景を持つ生徒は、自分の文化圏にある職場を選ぶ傾向があり、それには、利点と欠点があるという。利点として社会的ネットワークへの結びつきが挙げられており、職場が生徒を受け止め、問題に対しても柔軟に対応してくれるという。また同じ移民背景を持ちながら社会で活躍しているメンターがロールモデルになるという利点もある。欠点は、ブロークンなドイツ語が話されたり、生徒による翻訳を

通してはじめて意思疎通が可能になることがあることや、職場が生徒に過保護になり、生徒の発達可能性を十分に引き出せなかったりすること、また同じ出自の場合、生徒が選択する職場が似たようなものになりがち（自動車修理工や飲食店）なので、毎学期選択する職場の多様性を確保しにくくなることが挙げられる。他方、職場の側からは生徒の出自に関する選好はほとんどなく、興味や忍耐力が重視される傾向にあるようだ。

　教育者の側では、文化的背景に関係なく公平に接するべきであるということと、生徒を正当に評価するためには、彼らの文化的な違いを顧慮すべきだということの間での葛藤があるようだ。

4）2017 年報告書における評価の重点[30]

　当該年度の重点は、PL のコンピテンシー志向である。これは、ベルリンとブランデンブルクの第 1〜10 学年の学年段階の、新しい共同のレアプラン大綱と関係している[31]。新しいレアプラン大綱は「生涯学習、教科枠組み超越、そして興味と動機に導かれた行為能力の創造のためのコンピテンシーの意義を強調している」。すなわち、「教科枠組み超越」「行為能力」という箇所に象徴されるように、教科枠組みを超えたジェネリックなコンピテンシーに基づいたアウトカム評価に向かっていることがわかる。こうして、PL を新しい政策に適合させるべく、「PL におけるコンピテンシー志向実践」が追究されている。

　PL ではコンピテンシー志向のために 4 つの観点が取り上げられているが、このまとめが要約されているので、概要を紹介しておこう[32]。第一は、個人化した学習プラン立案の基礎として個々人の前提を理解することである。試験科目の要求があるため、個人化には限度があるが、教科学習において、できるだけ分化させて、独立した練習を促進することで個人化を確保しようとしている。第二は、学習の際の自己コントロールの促進である。自立性と自己コントロールが、PL の中で促進されるキー・コンピテンシーと考えられている。必要なコンピテンシーは、受け入れ時に十分発達していないので、過大な要求を避け、一歩一歩自立化を促すために多面的な援助が必要とされている（そのための教育的関係と学習グループの良い風土が重要である）。第三は、活発化している課題文化を実践に適用することである。PL の課題は、実践と多様に結びつけられてお

り、複合的で、様々な知識と能力の使用を必要とする。これは、とりわけ、独立した生産的課題で示される。若者の興味と実践的経験への連関は、課題が、彼・彼女らによって興味深いものと認知され、それによって活性化する。もし、実践経験と学校の陶冶部分との結びつきがまだ要求水準に達していなくても、それはコンピテンシーにとって明らかなチャンスである。第四は、現実的な状況で学ばれたことの利用を促すことである。学習したことを利用する機会は、PL においては、実践における学習を通して、きわめて独特で個人的な仕方で提供される。同様に、学校で成果をプレゼンテーションしたり議論したりする文化は、コンピテンシーの発達に役立つ多様な応用の機会を提供する。学習領域においては、しばしば若者の生活世界から取り出されたテーマも有益となる。

4. 生産的学習の成果と課題—日本の教育への示唆—

さて、以上、ドイツの PL の導入と展開について見てきたが、ここからわが国の教育に何が示唆されるだろうか。

この取り組みから学ぶべきこととして、第一に、割合からすればごく少数の低学力の生徒——しかもその多くが移民的背景を持つ生徒、促進課題がある生徒——に、学力保障・進路保障するために、実質的な支援が行われ、結果として、学力的にも進路上もかなりの成果を上げていることである。ドイツにおける就職の際の基準と日本の就職の際の基準が異なるとはいえ、中退しそうな生徒を学校に引き留めるだけでなく、実力をつけて上級学校や社会に送り出している点は、見習うべきであろう。

第二に、IPLE という研究所が核になって調査・研究・学校支援を行っているということに由来するのだろうが、行政が一方的に方針を押しつけて現場に実践させ、現場を評価するような取り組みではなく、行政方針への疑義も含めて、個々の学校の実践者の意思や思考を丁寧に読み解きながら総括し、本章では触れなかったが、それに基づいて教員研修プログラムを作成して、さらなる実践に活かそうとしていることである。

他方で課題もある。第一に、中央テストの導入や資格取得の厳格化などを通

144 　第 1 部　カリキュラム改革の動向とドイツ教育学議論の特質

して教育の目的が一面化し、PL が出発時に持っていたよさが失われているのではないかということである。例えばテストの導入等によって、日本と同じようにテスト対策授業になり、総合学習的なものが縮小され、生徒の学習動機が後退するなどの問題が挙げられる。これは、別の角度から見れば、利点で上げたことの裏返しであるが、学校で形成すべき「学力」がエンプロイアビリティに矮小化され、PL の理論的基礎でいわれているような、実践連関や文化連関が後退しているということでもある。創造性等も含めた深い学びを期待しているコンピテンシー等の育成が、かえって硬直的な学力形成に陥ってしまう問題を、どのように克服するのか、日独ともに今後、検討していくべき課題である。

　第二に、PL においては学びの個別化が進められているが、学びにおける集団の意味、すなわち、認識過程と集団過程の弁証法的統一についての議論が不足しているのではないか。言い換えると、個人化が個別化に矮小化されているのではないかということである。これに関しては、PL におけるコミュニケーショングループでの話し合いと、授業における討論の区別と関連について検討することが求められるだろう。わが国でも、個に応じた教育という名目で習熟度別学習集団編成がいわれるが、これを究極的に進めていくと学習の個別化になる。意味論的な水準である学習の個性化と、形態的な水準である個別化を区別した議論の発展が望まれる。

　第三に、PL は伝統的学習の学びのあり方を批判して登場したオルタナティブであったはずであるが、移民的背景を持つ生徒や促進課題を持つ生徒向けのプログラムになりつつあり、「問題のない」生徒の学びのあり方が改善されないままであることだ。これについては、ギムナジウムでの学びの様態やアビトゥアのあり方などを総合的に検証しなければならず、本章の課題を超えるが、学びにおける理論と実践の関係を追究するために、PL の成果をすべての生徒の教育プログラムに対するフィードバックとして活用すべきだろう。日本でも、低学力対策の教育・学習方法とエリート向けの教育・学習方法を別ものとして議論する向きもあるが、学習の目的論・本質論に立ち返って議論する必要があろう。

（藤井啓之）

■注

1 ）Vgl. Beschlüsse der Kultusministerkonferenz vom 04.03.2010.（https://www.kmk.org/fileadmin/veroeffentlichungen_beschluesse/2010/2010_04_03-Foerderstrategie-Broschuere.pdf［2019 年 8 月 4 日最終閲覧］）

2 ）現在参照できる最新のものは、Bericht zum Stand der Umsetzung der Förderstrategie für leistungsschwächere Schülerinnen und Schüler（Beschluss der Kultusministerkonferenz vom 14.09.2017.）（https://www.kmk.org/fileadmin/Dateien/veroeffentlichungen_beschluesse/2017/2017_09_14-Umsetzung-Foerderstrategie.pdf［2019 年 8 月 4 日最終閲覧］）である。なお、やや古くなるが 2013 年度版の報告書に関しては『PISA 後のドイツにおける学力向上政策と教育方法改革』（2014 ～ 2016 年度科学研究費補助金 基盤研究（B）（海外学術調査）最終報告書 研究代表者：久田敏彦）、2017 年に全訳を掲載している。

3 ）City-As-School High School の Web サイト（http://www.cityas.org/［2019 年 8 月 4 日最終閲覧］）による。

4 ）Greenberg, A., City-As-School: An Approach to External Interdisciplinary Education, In: *The English Journal,* Vol. 65, No. 7, 1976, pp. 60-62.

5 ）*Ibid.*

6 ）この項目は、もっぱら以下の文書に依拠している。Böhm, I./Schneider, J.: WAS IST PRODUKTIVES LERNEN?: Theoretische Grundlegung dieser Bildungsform, Februar, IPLE, 2006.（http://www.iple.de/Pdf/Was-ist-PL_Langfassung.pdf［2019 年 8 月 4 日最終閲覧］）

7 ）ところで、ベルリンの教員労働組合の機関誌には「2013 年に……学校当局の見解によれば、ギムナジウムや中等学校の新しい学校情勢に合わないという理由で、Stadt-als-Schule は最終的に終わらせられた。彼らの見解では、それは、せいぜい他の学校の厄介者になりそうな 9 年生、10 年生のクラスのための残り物の学校だった」「Stadt-als-Schule は生産的学習のクラスのなかに生き延びている」との記述がある。この記述から推測するに、Stadt-als-Schule は生産的学習とは重なりをもちつつも別物で、ギムナジウムでも広く実施されていたと理解することができるが、それは現在ではもう存在しないのであろう。Vgl. Glänzel, H.: Die Stadt-als-Schule gibt es nicht mehr, In: *Gewerkschaft Erziehung und Wissenschaft,* blz. 11, 2013.

8 ）IPLE: Produktives Lernen - kurz gefasst, 2009.（http://www.iple.de/pl_kurz.htm［2019 年 8 月 4 日最終閲覧］）

9 ）http://www.iple.de/PL-Wasistdas.htm にある図に日本語を挿入した。

10）Böhm, I./Schneider, J., a. a. O.

11）Ebenda, S. 3. の図から邦訳。

12）Ebenda, S. 4. の図から邦訳。

13）レオンチェフ著、西村学・黒田直実訳『活動と意識と人格』明治図書、1980 年、144 頁。

14）Böhm, I./Schneider, J., a. a. O., S. 6f.

15）Vgl. ebenda, S. 8f.

16）Vgl. ebenda, S. 10f.

17）Klafki, W.: *Studien zur Bildungstheorie und Didaktik*, Beltz, Weinheim und Basel, 1975, S. 43.

18）Böhm, I./Schneider, J., a. a. O, S. 15. の図から邦訳。

19）IPLE: Entwicklung des Produktiven Lernens und der weiteren Unterstützungsangebote des IPLE in der regionalen Fortbildung an Berliner Schulen. 2019 年 8 月現在、同上と同名の報告書の 2013/14 年度版、2014/15 年度版、2015/16 年度版、2016/17 年度版がダウンロード可能である。

20）Vgl. Senatsverwaltung für Bildung, Jugend und Familie, Berlin（Hrsg.）: *Blickpunkt Schule: Schuljahr 2016/2017*, 2016.

21）上記報告書の各年度よりデータを取得した。

22）注 19 の各資料から作成。

23）資格の水準から言えばいちばん上級なのが Abitur で、続いて、Fachhochschulreife, Berufsabschluss, MSA, eBBR, BBR の順となる。

24）Vgl. Senatsverwaltung…, a. a. O., 2016/2017.

25）Vgl. Senatsverwaltung…, a. a. O., 2015/2016, S. 41.

26）具体的には暴力や迫害（Mobbing）がないことを挙げているが、Stadt-als-Schule は、随分以前から暴力予防の枠組みでも捉えられていた。Vgl. Aschwanden, J.: Stadt-als-Schule Berlin: Mitten im Leben lernen als Gewaltprävention, In: *Erziehungskunst: Waldorfpädagogik heute,* Heft 5, 2001.

27）Vgl. IPLE: Schuljahr 2013/14 Aufl. ちなみに、この IPLE の重点項目は、IPLE が PL を実施している教育者たちに対する調査する際の重点であり、教育者に対する聞き取り調査に基づくものである。他の年度の重点項目も同様。

28）Vgl. IPLE: Schuljahr 2013/14 Aufl., S 17.

29）Vgl. IPLE: Schuljahr 2015/16 Aufl., S. 17ff.

30）Vgl. IPLE: Schuljahr 2016/17 Aufl., S. 17ff.

31）これに関しては、少し脱線するが、EU の生涯学習のための資格大綱に触れておいた方がよいだろう。CEDEFOP（Centre Européen pour le Développement de la Formation Professionnelle：欧州職業訓練開発センター）は、欧州の職業教育政策、職業訓練政策の開発を支援し、その実施に寄与する機関であるが、この機関の 2014 年年次報告書に、ドイツで学習アウトカムに基づく、生涯学習のための 8 段階の国家資格枠組み（DQR, Deutsche Qualifiationsrahmen für lebenslanges Lernen）を開始したことが記載されている。この枠組みは、教育文化大臣常設会議（KMK）、連邦教育女性省（BMBF）、州経済大臣会議と連邦経済技術省の共同決議によって 2013 年に出版したものである。このような資格枠組みの背景には、グローバリズムで産業の大規模集約化が進み、マイスター制度も含めて職の基盤そのものが揺らいでいること、それゆえにドイツ国内でも高資格化を目指す傾向があること、それだけでなく、近年の労働力のグローバルな移動に対応するため、国際的な資格基準を定めて、企業

側の雇用と労働者側の就業をスムーズに進めたいという意図もうかがえる。DQR は、欧州資格枠組み（European qualifications framework：EQF）と同じ 8 つの水準に構造化されているが、異なる仕方で構造化されている。EQF は「知識」「技能」「責任と自立性」の 3 つの柱で構造化されているが、DQR は「知識」「技能」「社会的コンピテンシー（社会的スキル）」「自立性」の 4 つの柱で構造化されている。いずれにしても、このような労働力形成のための国際的標準化が各国内のカリキュラムや資格基準を縛っていくことになる。なお、マイスター制度はこれとは別に残ったままである。

32）IPLE: Schuljahr 2016/17 Aufl., S. 26.

148　第 1 部　カリキュラム改革の動向とドイツ教育学議論の特質

第2部

学力向上政策の
学校教育への影響とその余波

第4章

国家の学校監督と「教育上の自由」の現在
―ポスト国民国家時代の公教育の相克―

1. 国民国家の公教育としての限界

　ドイツの教育行政は、「国家の学校監督 (staatliche Schulaufsicht)」と呼ばれる、伝統的な概念によって特徴づけられる。いわゆる「PISA ショック」(2001 年) 以後、目まぐるしいほどの教育改革が、あらゆる教育段階で進行してきたが、その中で学校監督そのものはどのように変容したのだろうか。また、その変化が学校の教育活動にどのような影響を与えたのだろうか。

　かつて「管理された学校 (die verwaltete Schule)」[1] (Becker, H.) と批判されるほど上意下達的に学校へ作用してきた学校監督は、今日に至るまでに分権化・民主化 (1970 年代～)、学校の自律性の強化 (1990 年代～)、アウトプット・コントロールへのシフト (2000 年代～) と様変わりしてきた[2]。

　すでにドイツ国内では、「PISA ショック」後に「学校監督と学校経営 (Schulaufsicht und Schulleitung)」[3] が再び問題化されていたが、教育政策の基礎となるべき民主的・法治主義的な「学校法学 (Schulrechtskunde)」[4] が大成されていた。また、教育学的な学校改革論とも位置づけられる「学校開発論 (Schulentwicklungstheorie)」[5] が、政策者にも一定受容されていた。こうした素地から、ドイツでは「なし崩し的」な新自由主義の改革が跋扈してこなかった。

　日本では、この間のドイツの教育改革の動向が、「管理から自律へ」[6]、「多様性と質保証」[7]、「協同して担う専門性」[8] といった特徴を伴って紹介されてきた。また、先んじて日本で紹介されていた、ドイツにおける教員・親・子どもの「教育参加」や教員の「教育上の自由 (pädagogische Freiheit)」等の法制化[9] や、学校会議を中心とした「合議制学校経営」[10] などは、すでに教育現場

や学校監督の現場において広く定着を見るに至っている。

　ただし、その一方で、各州における学校監督を担っている当事者の声は、今日までおよそ明らかになってこなかった。北西ドイツに位置するニーダーザクセン州文部省は、次のような変化を語っている。「非常に大きな影響を与えた流れとして2つのことがあります。1つは国際学力調査のPISAです。もう1つはNPMです。この両方によって、教育の中央統制というものがうまく機能していないことが明らかになりました」[11]。

　また、旧東ドイツに位置するブランデンブルク州文部省は、「かつての東ドイツ（DDR）の学校監督は非常に厳しいものでした。（……）『教育上の自由』は西ドイツから来た民主的な概念なのです」[12]と述べる。こうした、内部当事者の声から学校監督の実態を浮かび上がらせようとするのが本章である。とりわけ、学校監督の他方における緊張概念としての「教育上の自由」に着目し、両者の相克の中に、現代の公教育課題が見出されうるとの仮説に立つ。

　ドイツの学校監督のしくみは、16ある諸州（Land）に分権化されており、連邦教育研究省（BMBF）の直接的な影響力はほとんど及ばない。この点、中央教育行政が一極に集権化している日本とは対照的である。各州の中では、州の文部省（Kultusministerium）が最高学校監督庁に位置づけられ、州を超えた教育政策の調整は連邦教育研究省ではなく、すべての州の文部大臣が集う「常設各州文部大臣会議」（KMK）により合議的に決定されている。

　「PISAショック」以来の教育改革の波は、その多くがこのKMKを発信源としている。他方、今日では、高等教育におけるボローニャ・プロセスや、職業教育におけるコペンハーゲン・プロセスに象徴されるように、ヨーロッパ規模での教育政策の共通化が進んでいる。ドイツ統一からEU統合、そしてグローバル化へ[13]、という過程の中、もはや教育政策は国家専有のものではなくなりつつある。教育政策が複層化する中で、実際に各州の内部ではどのような変化が起こっているのだろうか。

　本章では特にノルトライン・ヴェストファーレン州（以下、NRW州）およびバーデン・ヴュルテンベルク州（以下、BW州）の2州に焦点をあて、学校監督当局への調査から内部の当事者の視点を明らかにする[14]。両州の学校監督は、

（1）最高学校監督庁、（2）上級学校監督庁、（3）下級学校監督庁、の3段階で制度化されており[15]、筆者らは2016年9月13〜21日に両州の3段階それぞれの学校監督機関への訪問調査を行った[16]。

　本論に入る前に、まず「国家の学校監督」のしくみを概観しておく（第2節）。その上で、BW州とNRW州それぞれの最高学校監督庁（第3節）、上級学校監督庁（第4節）、下級学校監督庁（第5節）について述べる。なお、本章で扱うNRW州およびBW州の情報は、2016年調査当時のものに統一する[17]。

2.「国家の学校監督」の概観

　「あらゆる学校制度は国家の監督の下に置かれる」。これは民主主義国家とされる現在のドイツの基本法（憲法）の第7条第1項の条文である。「国家の学校監督」と呼ばれる教育行政の伝統概念は、ここに根拠を置いている[18]。近代公教育制度を「国家的」に形成し[19]、教育の国家化（Verstaatlichung）ともいうべき過程を通じて、学校を公権力行使の場へと編入してきた。

　「国家の学校監督」とは、広義には、学校制度に対する国家の一般的形成権・規律権を指し、「学校高権（Schulhoheit）」と呼ばれている。この国家の権能には、学校制度の基本構造、学校の種類や編制、学校教育の目的や基本的内容、就学義務や在学関係、教員の法的地位などの確定が属する。一方、狭義には、学校監督とは国家によってなされる統制的・介入的な作用である。これは、①専門監督（Fachaufsicht）、②服務監督（Dienstaufsicht）、③法監督（Rechtsaufsicht）の3つに大別される[20]。

　「専門監督」は、原則的に学校に義務づけられた任務の遂行の合法性と合目的性へ向けられる。学校の活動において諸法規が遵守されていることと、教授・教育が専門的・内容的および教科教授学的な要求と合致していることが監視される。「服務監督」は、官吏（公務員）である教員に対して、職務上の義務の遵守を確保することに向けられる。「法監督」は、外的な学校事項[21]について責任を負うべき学校設置者へと向けられ、学校設置者の行政活動の適法性のみを監視する。法監督としての自治体監督は、原則的に自治体の自己管理に国

第4章　国家の学校監督と「教育上の自由」の現在　　153

NRW 州には、5つの上級学校監督庁と 53 の下級学校監督庁がある。
BW 州には、4つの上級学校監督庁と 21 の下級学校監督庁がある。
BW 州の特別支援教育助言センター(SBBZ)は学校ではないが学校監督の下に置かれている。
※図中の( )内の数字は機関数。　　　　　　　　　　　　　　　　　　　（筆者作成）

図 4-1　NRW 州と BW 州における学校監督の構造

家（州）が直接介入できない。

　PISA 後の教育改革の荒波の中で教育制度は大きく改変されてきたが、上記の諸原則については一貫性を保ってきた[22]。教員といえども法に反する行為は許されないため、上記学校監督の活動のうち「教育上の自由」と緊張関係をなすのは、とりわけ専門監督であるといえよう。

　各州の中で「国家の学校監督」の任務を具体的に遂行している機関が学校監督庁である。ここを通じて学校の内的および外的事項の監視がなされている。

　今日のドイツでは、学校教育の領域における「国家」とは、16 ある州

（Land）を指すようになった。第二次世界大戦後、文化高権（Kulturhoheit）と呼ばれる原則に基づき、教育に関する権能が連邦政府にではなく各州に委ねられた。そこで、最高監督庁とは州文部省を指すこととなった[23]。なお、ドイツにおいて教育政策が州ごとに異なる背景には、各政党が掲げる教育政策の違いも大きい。文化高権ゆえに、州の政権を担う政党による教育政策の違いが如実になる[24]。

2000年代のドイツの教育政策は、「PISAショック」（2001年）を契機とした全面的かつ急激な教育改革へと舵を切った。KMKは、「PISAショック」直後にいちはやく「7つの行動プログラム」（2001年12月5日）を示し、就学前教育領域から教師教育にまで及ぶ広範かつ包括的な改革ビジョンを示した。学校教育領域と関わっては、教育スタンダードや学校外部評価の導入等が、州ごとの差異を超えて拡がり、学校現場での教育実践へも影響を与えていった[25]。

「PISAショック」以後の大規模な教育改革の展開の中で、「国家の学校監督」と「教育上の自由」の関係はどのように変容したのだろうか。以下、学校監督庁の内部の当事者の視点を取り上げる。BW州とNRW州の州文部省（第4節）、学校監督庁（第5節）、地区学校局（第6節）の順に述べる。各節では、(1) NRW州、(2) BW州、の順に該当機関での聞き取りを要約している[26]。

3. 最高学校監督庁の視点

（1）NRW州文部省の当事者の声[27]

ドイツには文化高権の伝統から州ごとの違いが大きいとされるが、学校監督については州間で実際にそれほど大きな違いはない。今日、いずれの州でも「教育スタンダードの目的の具現化」が、学校監督の使命として共通している。しかし、NRW州では、人口規模の大きさや社会構造・家庭背景などの多様さ、移民背景の住民比率の高さなどが、他州と異なる特徴となっており、教育政策はこれらへの対応を求められている。

州議会での多数決による政策決定のプロセスや、政権交代による教育政策の改変が現実としてあるが、教育政策の持続性が成績に与える影響の大きさを指

第4章　国家の学校監督と「教育上の自由」の現在　　155

図 4-2　NRW 州文部省
画像出所：GATEMANN+SCHOSSIG https://www.gatermann-schossig.de/pages/de/alle_projekte/office/7.schulministerium_nrw_duesseldorf.htm（2019 年 5 月 2 日画像取得）

摘する調査もある。教育政策は、PISA と直結するものばかりではない。教育モニタリングの一部は州間での成績比較であり、学校内部評価との関係や、VERA 3 および VERA 8 などとの関連がある。連邦レベルの教育スタンダードも背景は一様ではない。現在では、PISA への関心はもはや薄まっており、「なぜ？」を問い、分析し、具体的に解明する研究への要請が高まっている。

　一方で、強く成績重視を求める親もいる。そのため、成績弱者への過多な支援に偏重せずに、成績強者への支援にも配慮する必要がある。筆記試験のあり方や、支援ニーズ、支援の理念など、子どもへのどのような対応の必要があるかを政策判断しなければならない。

　ただし、学級規模や社会的指数（インデックス）をめぐる議論がある。ある学校が別の学校より「良い」という状況を、どう理解するのかを正確に把握できる判断基準が必要である。教育の機会均等（Bildungsgerechtigkeit）は今後も求められる。その際、自治体の権限、県の権限、州の権限、連邦の権限の分配が、ドイツ的な特質でもあるため、誰が何に責任を負うのかも重要となる。

（2）BW 州文部省の当事者の声[28]

　学校と学校行政（Schulverwaltung）との関係にとって、目標協定（Zielvereinbarung）が重要になっている。学校監督の課題としては、地域的な学校開発、学校の質開発、インクルーシブな教育計画、終日学校の評価・継続開発などがある。BW 州の学校監督について、「他州と比較して州・学校監督レベルの特質を明確に説明することは範疇外のためでき」ない。

　BW 州は、PISA において相対的に好成績を維持してきたが、VERA 8 の結

果速報が示され「悪成績」とされたことが転機をもたらしている。PISA調査でも、他州が成績を改善したために相対的にBW州の順位が下降傾向にあり、他州の改善要因の分析が求められている。

教育計画も改訂され、学習内容を明示していた前回の2004年改訂版から、「できること(Können)」を明示するものへと転換された。KMKの教育スタンダードも、多様な校種、学年、教科へ対応するようになってきた。KMKのコンピテンシー段階も参照しながら、州内で開発が進められている。ただし、同州では研修に参加する教員数の少なさが課題となっている。

図4-3　BW州文部省

今日的な学校監督の特質として、州文部省の下にある他の学校監督庁と密に協議を行っている点がある。例えば、難民などの困難な問題があり、州文部省がひとつの方向性を示すのではなく、地区学校局との間での対話が重要になっている点が、かつてとは異なる。州文部省にとっては「なぜこれが重要なのか」という問いが重視され、下級機関はそれへの対応が重要になっている。

父母協議会や生徒会などの教育参加に基づく協議会が設置されており、教育計画策定などについても、そこでの審議を経る。ただし、これらの団体は教育計画の内容面について本質的な意見をもっているわけではない。

4. 上級学校監督庁の視点

(1) NRW州デュッセルドルフ県庁の当事者の声[29]

上級学校監督庁は、教育職キャリアの職員と行政職キャリアの職員とが共に働く職場である。学校監督の段階では州文部省の下にありながら、下級学校監督庁や学校の上級監督機関という中間的な位置づけを与えられている。主要な任務として、州文部省からの諸規定を学校に伝える責務がある。しかし、実際

図 4-4　デュッセルドルフ県庁
画像出所：baukunst-nrw https://www.baukunst-nrw.de/objekte/Regierungspraesidium-Duesseldorf--1069.htm（2019 年 5 月 2 日情報取得）

面としては、学校側は規定そのものを真に受けず柔軟に受け止めたいという思いもある。そうした学校側のニーズを州文部省に具申するのも職務である。

上級学校監督庁は日常的な監督をあまり行っていない。極端に成績が悪化した学校などがあれば、専門監督の一環として介入を行う。総じて地区の成績は一定水準を満たしており、目下、大きな問題は感じていない。「成績」は州文部省がアンテナを張っており、第 12 学年の終わりの統一アビトゥアもその一環として重要である。成績不振者への対応や、逆に（試験）問題が受験者にうまく対応できているかということの調査も行われる。統一アビトゥアについては、例えば物理では、全生徒に同じ問題を課すのではなく、教員がどの生徒にどの問題を課すかを判断している。

保護者協議会との対話の場もあり、学校をどう改善するかや、VERA の成績をさらに高めるための努力などについて話し合われている。州内での学校ランキングはなく、多様な地域性を捨象して結果だけを単純比較することもできない。

目下の教育課題としては、移民・難民等に関するものがある。ドイツでは、彼らにとって学校で何を学ぶことが意義深いのか、帰国した後にも生きるものか、が難題である。教員だけでなく社会的教育士等の様々な専門家が協働する、マルチ・プロフェッショナル・チームが拡充されている。

NRW 州では、学校外部評価を担う学校査察を「質分析（Qualitätsanlyse: QA）」（2006 年～）と呼んでいる。「PISA ショック」以後、学校プログラムの策定が義務化され、州統一試験も導入された。しかし、学校評価ランキングは行

われていない。学校に評価報告書を提出するが、学校監督庁には提出されない。学校が報告書を公開するか否かは学校判断とされている。一方の学校監督庁は、目標協定により学校の質を保証する責務がある。

上級学校監督庁は、州の教育政策を評価する立場にはないが、テストが導入されたことにより、授業がテスト志向になりつつあり、功罪はある。午後の教育を担ってきたフェアアイン（Verein）も活動しにくくなりつつある。

教員の「教育上の自由（pädagogische Freiheit）」は伝統的に重視されてきたが、スタンダード導入によってバランスがとられるようになった。ドイツでは学習指導要領があっても今なお教員の裁量が、内容的にも方法的にも大きい。学級が閉ざされているため、中で何が起こっているか知るのは難しい。したがって、スタンダードによって可視性を高める必要があったといえる。

（2）BW州テュービンゲン行政区本庁の当事者の声[30]

上級学校監督庁は多くの場合、直接的に学校を支援するわけではなく、地区学校局を通じた支援の形態をとる。PISAの州間比較の結果、BW州は数学と理科が課題とされるようになった。学校種間格差の大きさなどが、そこで問題とされた。専門的な養成を受けていない教員の授業の多さなども明らかになった。

しかし、行政区は独自に採用権限をもっていないため、例えばテュービンゲン行政区で必要とされるような教科の教員を独自に採用することはできない。また、採用したとしても、都市部への勤務希望者が多くなり、郊外や僻地への勤務希望者がいないといった難しさがある。

州文部省と学校、下級官庁の狭間にある難しさとしては、文部省は政治の影響を受けつつ教育政策を策定するため、

図4-5　テュービンゲン行政区本庁

教育的な調整が必要になることが挙げられる。文部省への具体的な要望としては、特定の研修の充実などが挙げられる。

将来の教育政策への期待としては、共同体学校（Gemeinschaftsschule）の創設に伴い、教員の能力向上が求められている。授業の方法改善などが必要となる。しかし、それは政治家の関心にない。州の文部大臣は、さらに新たな学校種をつくることではなく、（教員の）専門的能力の育成を求めている。

2014年の州学校法改正で学校評価が規定され、それに伴い目標協定が導入された。これによって、自分たち学校監督庁は学校を従来よりもはるかによく理解できるようになった。かつては生徒に対しても教員に対しても「監督」に力点があったが、目標協定により「助言」的な関係へ変化した。多くの学校へプロセスにおけるサポートが可能になり、教員にもフィードバックできるようになった。また、教員の側もフィードバックを求めるようになってきた。

下級監督機関との関係においては、教員採用は上級学校監督庁の権限となるため、下級機関と相談を行わなければならない。法的な争いも、所管の学校種に応じて上級学校監督庁が対応する[31]。教員は官吏（Beamte）のため解雇できない。公務被用者（Angestellte）の教員は、BW州にはそもそも少ない。親の教育参加は、地区父母会（Bezirkselternbeirat）から州父母会（Landeselternbeirat）まで組織されており、生徒会組織も同様の構造をもっている。

5. 下級学校監督庁の視点

（1）NRW州ウナ地区学校局の当事者の声[32]

下級学校監督庁に勤務する職員は、その多くが校長等の学校管理職だった経験をもっている。下級学校監督の任務としては、基礎学校の服務監督・専門監督、基幹学校と特別支援学校の専門監督が挙げられる[33]。実科学校、ギムナジウム、職業コレーク等は所管していない。

下級学校監督庁の実際の職務は、コンピテンシー・チームによる学校研修である。基礎学校へは頻繁に学校訪問し、校長面談を行ったり、教員会議に招聘され助言したりしている。年2回学校と話し合いをもち、学力調査の結果や

VERAなどについても話をするが、要望があればさらに訪問を重ねる。

学校への助言のあり方も変わってきている。現在では特別支援の対象となる子どもや、特に優秀な子どもの教育について、あるいは学校の「成績」の理由や改善方法などの相談内容が多い。

図4-6　ウナ地区学校局

昨今の「インクルージョン」の流れを受けて、そのための専門アドバイザー（Fachberater）とコーディネーター（Koodinator）とが配置されるようになった。いずれも教員が行政職務をおよそ半々で担う形態だが、移民背景の子どもの統合（Integration）は専門アドバイザーが担い、コーディネーターは学校のインクルージョン（Inklusion）の推進などを支援する等の違いがある。ウナ地区では、子どもがなるべく普通学級で学べるような特別な支援を重視している。

目標協定を決定する際には、教科ごとに学校の成績傾向を見ている。傾向は毎年変わる。保護者は学校のHPなどを見ており、独自に情報を集めている。

スタンダード政策によっても、学校の現実にそれほど大きな変化があったわけではない。スタンダードは、かねてからの必要性に応えただけであり、以前にも学習指導要領に類するものは存在したが、教員が何を扱うかが今ほど明確ではなかった。コンピテンシー志向は、パラダイム転換と見ることができる。学校段階での到達能力を明確にし、授業を最適化するという考え方により、教えることのとらえ方が変わった。授業開発の質が問われるようになり、多くの学校が何かしら重点化したテーマを掲げるようになったことは、肯定的な変化といえる。「固有責任の学校」は重要な概念であり、職務上の上司（という認識）や民主的な権力の分配などが、より意識されるようになってきた。

第4章　国家の学校監督と「教育上の自由」の現在　　161

(2) BW 州テュービンゲン地区学校局の当事者の声[34]

　下級学校監督庁の職員は校長等の管理職を経た教職経験者であることが多い。地区学校局の職務領域についてであるが、所管するのは基礎学校、作業実科学校、実科学校、共同体学校、特別支援教育助言センターとなっている。業務は、学校の専門監督および校長と教員の服務監督が中心である[35]。

　3段階の学校監督の構造の中では、州文部省が目標を策定し、下級学校監督庁はどのように目標を達成するかを決定する。上級学校監督庁は下級監督機関を監督する。上級学校監督庁は学校から遠いが、下級学校監督庁は学校に近く、学校訪問も頻繁に行い信頼関係をつくることができている。そもそも、学校は上級学校監督庁を必要としていない、といった議論さえある。

　州の教育目標は教育スタンダードに規定されているが、これは政治家が設定したものではなく、専門家が集まる教育計画委員会（Bildungsplankommision）という独立した機関が策定したものであるため、教員からの信頼もある。

　PISAショック以後、学校監督は大きく変化した。十数年までは学校監督官が学校を頻繁に訪問し、勤務評定を行っていたが、今は教員評価権が校長に委譲されている。地区学校局の権限はその分野では後退し、授業の質に直接関わることも減った。

　教育の「成果」については、州質開発研究所から各学校の外部評価報告書を受け取る。その報告書の中で特定の領域に問題があれば、学校をモニターする。学校との相談を経て目標協定[36]を策定するが、その際、一斉教授が多い学校で「個別学習の授業へのシフト」が課題とされれば、例えば1年目に7割の達成を目指し、2年目に全体の達成を目指す、といった形で目標を設定する。達成できない場合は期限が延期され、経済的な制裁は行わ

図4-7　テュービンゲン地区学校局

ない。予算措置が少なければ、学校からは「そのせいで達成できなかった」と言われるので、自分たち地区学校局にとっても学校への経済的な制裁は危険なことである。

地区学校局の職務で最も重要なのは教員研修であり、次いで重要なのは適材を学校に配置することである。教員研修はかつて、研修プログラムをつくり教員が参加しに来る方式だったが、今日では学校が研修ニーズを出し学校監督官が学校に出向く方式に変化した[37]。また、かつては一人の講師が研修を担当していたが、それはもはや機能しない。今は複数の担当者が現場へ行き、持続可能な研修を行っている。

上級機関との関係については、いわゆる「理論と実際」の問題が存在する。諫言義務（Remonstrationspflicht）が官吏に義務づけられているため、上司が法的に誤った命令を発したときには、部下であっても指摘・助言する義務がある。しかし、それは「理論」であり、「実際」には上司にそうすることは難しい。学校との関係についても同様のことがいえ、多くの人間が正しくないとわかっていてもそのように行動できない、「市民の勇気（Zivilcourage）」の難しさの問題がある。

スタンダードやコンピテンシー指向、アウトプット制御型の政策動向については、個別化（Individualisierung）とはもちろん矛盾するといえる。しかし、州内には11万人の教員がおり、全員が良い教員であるわけではない。数百万の生徒と十数万の教員を対象とするからこそ、スタンダードが必要とされる。

6.「PISA」後に学校監督はどのように変容したのか

これまで、NRW州およびBW州における3段階の学校監督機関の当事者の視点から学校監督の現状をとらえてきた。両州の最高学校監督庁（州文部省）、上級学校監督庁、下級学校監督庁を通じて、総じてスタンダードやコンピテンシー指向の政策そのものは支持されているといえる。

一方、すでに最初の「PISAショック」（2001年）から十数年を経た現在、学校監督当局者として勤務している職員自体も、PISA前後の政策転換を経験し

た世代から PISA 後世代へとシフトしつつある。PISA 後世代の学校監督職員にとっては、スタンダードやコンピテンシー指向の政策は既定路線であり、自明の潮流のようになっているとも考えられる。

　2つの州文部省の調査からは、連邦教育研究省（BMBF）による集権的な影響力は感じられなかった。KMK からの影響は教育政策の形として多く確認できるが、当事者にはそれらが必ずしも上意下達の賜物とは映っていない。この背景としては、KMK が各州文部大臣からなる合議体であることが考えられる。特に、州文部省では、KMK の定期会合に至る事前調整等を主体的に図っていることが調査から確認でき、こうした参画が当事者意識を担保していると考えられる[38]。

　しばしば「国家的」なスタンダードとも揶揄される KMK のスタンダードさえ、策定過程や各州内での運用過程において、研究者や職能団体等、様々なアクターが何らかの形で参加しており、一定の合意形成を経ている。以上より、連邦−州間では州の文化高権が今なお実態を伴っているといえる。

　しかし、州−自治体−学校間の関係に目を転じてみると、逆に集権的な学校監督の構造は根強い。州文部省を頂点とする3段階の学校監督機関の関係は、明白に上意下達の関係にあるといえ、各機関は表立って「お上」批判がしにくい官僚主義的な組織文化がある。ただし、BW 州文部省が、「州文部省がひとつの方向性を示すのではなく、地区学校局との間での対話が重要になっている点で、かつてとは異なる」と述べていたように、実際の意思決定は単純な監督とは言いきれず、対話を含むより複雑な営みとなっていることも重要だろう。

　調査時には、ときおり、地区学校局が「私たちは上級学校監督庁と違い現場に近い」「上級学校監督庁は必要ない、といった議論もある」といった批判的な本音を垣間見せていたことは象徴的である。当事者がしばしば現状を冷笑的に語る様子からは、たとえ権限配分において上意下達の構造が存在しても、完全な管理統制たりえないことを物語っている。

　歴史的に学校監督との緊張概念となってきた「教育上の自由」については、2つの州のあらゆる学校監督機関において、スタンダード政策により「バランスがとられるようになった」との見解が支配的であった。学校監督行政の内部

164　第2部　学力向上政策の学校教育への影響とその余波

の当事者からは、「教育上の自由」がかつては強大であり過ぎたととらえられている。もちろん、これは学校監督当事者の視点であるため、この視点だけをもって現実を判断することは一面的であろう。

　学校と学校監督との間で交わされている「目標協定」についても、学校監督の当事者は、「学校のことをはるかによく知ることができるようになった」と語るが、そのことによって学校の自律性が担保されるようになったのか、あるいは学校にとって「強いられた自律性」となっているのかは慎重な検討を要する。

　関連して、PISA 後の教育改革として重要なのは、「評価」政策だろう。NRW 州において学校監督の一部でありながら、学校への介入権限をもたない評価専門機関として組織されたのが NRW 州「質支援エージェント・州学校研究所（QUA-LIS）」[39] である。この QUA-LIS への補足調査から得られた、内部の当事者の声にも触れておく[40]。

　QUA-LIS に勤務するのは、研究キャリアの職員であり、教育データの分析や開発は科学的な手続きを経るとの自負がある。そのため、「学校監督庁がデータに向き合うためには、学校監督官の専門職化が求められる」と、現状に対する批判的視座を込めた見解を述べている。

　NRW 州の「地域の教育ネットワーク（Regionale Bildungsnetzwerke：RBN）」における自治体（Kommune）の間のネットワーク強化の動向があるが、「それによっても州の学校監督は弱体化していない」と指摘する。この点も、学校監督庁の当事者がしばしばシンボル化された改革のキャッチフレーズを強調するのに対して、別の観点から語っているものと見ることができる。

　スタンダード政策については、「集権的な政策の潮流はあるが、教員の『教育上の自由』によって教室のドアは閉ざされてきた。学校からのストレスの除去や緊張の緩和が重要である」と肯定的な見解を示した。この点は、学校監督庁の当事者と認識が共有されており、「教育上の自由」への批判的視座がうかがえる。

　以上を総合するならば、学校監督庁の内部の当事者の視点も一様ではなく、いささか相対化して理解することが可能だろう。なお、官僚主義と専門職主義

第 4 章　国家の学校監督と「教育上の自由」の現在　　165

のジレンマを抱えているという点では、程度の差はあれ、学校監督庁に勤務する職員に通底していることを付言しておきたい。

7. 研究者の視点

学校監督の変容について、研究者はどのようにとらえているのだろうか。以下いくつかの調査から得られた声を紹介する。まず、実際の教育実践と関わりの深い教育学者の声として、アムライン（Amrhein, B.）教授は「教員に寄せられる要求が増えすぎ、いまや教員は『疲れ果てている』状況にある」と述べる[41]。

また、著名な法学者フュッセル（Füssel, H.-P.）は、「巷にいわれる『インプットからアウトプットへ』は正しくない。インプット『および』アウトプットのコントロールが現実である。従来よりも厳しくなっている。（……）『教育上の自由』の内実は方法論に限定されるようになった」[42]と述べている。

学校開発論の主唱者ロルフ（Rolff, H.-G.）は、「1990～2000年代が学校開発論の最盛期だった。多くの政治家も個々の学校内部から学校開発が起こると信じていた。（……）その後、PISAショックへ。それが学校開発の終焉だった。国家が再び支配者になり、スタンダード、外部評価の流れへ。学校はテスト機関になった。『国家的な』学校開発へと変容した」[43]と語る。

一方、著名な教育法学者アヴェナリウス（Avenarius, H.）は、「かつては学校監督庁がすべてを決定していたが、今日では（……）学校と対話しなければならなくなった」と学校監督の変容を語っている[44]。

研究書における記述としては、例えば『学校法学』のPISA前後（第6版〔2000年〕[45]および第7版〔2010年〕[46]）の比較において、「教育上の自由」の原則に見るべき修正は加えられていない。教育判例研究の代表的論者ベーム（Böhm, T.）もまた、PISA前後で自著の改訂（第3版〔2001年〕[47]、第6版〔2010年〕[48]）の際に「教育上の自由」にまつわる判例解釈を変更していない。

これらが示すところは、国家の学校監督には一定の変容が見られる一方で、「教育上の自由」の原則は今日なお制度上維持されているということである。

166　第2部　学力向上政策の学校教育への影響とその余波

なお、本章では「教育上の自由」の理論的整理や教員自身の視角についての記述を割愛したが、認識レベルにおいてはなお健在であることが確認されている[49]。

教育の公的責任はどのように分配されるべきなのか。また、変わりゆく社会の中で、公教育の専門性を誰がどのように担っていくべきなのか。学校監督と「教育上の自由」の関係は、二項対立的に解決可能な問題ではない。権限の争奪戦とされるべきものでもない。両者の均衡と調整の問題ともいえる。ただし、ここに欠けているのは、「子ども」という教育の主体である。そこで、子どもの視点についても取り上げることとし、本章全体の考察へと進みたい。

8. 子どもから見る学校監督の変容

ドイツには、公的な権限を有する教育参加組織としての「生徒会」が存在する。「生徒会」という和訳は、日本における一般的なイメージと結びついて誤解を生みやすいが、ドイツのそれは全く異なるものと考えるべきだろう。ドイツの「生徒会」は、学校のあらゆる重要な会議に参加する権利が法定されており、最高議決機関としての学校会議（Schulkonferenz）等にも議決権をもって参加している。くわえて、学校内の組織にとどまらず、より広域的に郡・市レベルから州レベルまで「生徒会」が組織化されており、教育参加の主体として法定されている[50]。そこで、以下、NRW州の「州生徒会」への聞き取り調査[51]から子どもの視点を紹介する。

NRW州生徒会は正式名称を「LandesschülerInnenvertretung NRW」とする、法的保障を受けた教育参加組織である。インタビューに応じた州生徒代表の職業学校生

図4-8　NRW州生徒会の本部
※2階部分が常設の活動場所として公費で維持されている。

第4章　国家の学校監督と「教育上の自由」の現在　　167

徒（16歳）と総合制学校生徒（16歳）は、次のような見解を示している。

州生徒会にとって重要なのは、自分たちが政党・政治家に何を求め、何を獲得できるかということである。すべての生徒に6段階の評点のいずれかを与える総合評点（Kopfnoten）について、州生徒会は批判している。活動態度（Arbeitsverhalten）や葛藤と向き合う態度（Konfliktverhalten）などの基準は、「学校の中だけで良い子、下校後に悪い子」をつくりうる。

自分たちが受けている授業では、テスト対策のようになっているとの印象はない。問題演習はあるが、6～10歳までの網羅した内容となっているため、教員が教えてくれなかったことも実際のテスト問題に含まれている。州統一試験やアビトゥアでも、例えば歴史の問題でいつの時代を出題するのか、といったことは、授業との離齬が起こる問題にはなっている。

州生徒代表は、聞き取り調査を次のようなコメントで結んだ。「50歳、60歳の大人が、上から下へ学ぶことを決めるのではなく、生徒自身が学びたいものを自ら考えるのが教育（Bildung）です。（……）将来の自分の生活に生きることを学びたいのです」。

9. ポスト国民国家時代の公教育の相克

2001年に「PISAショック」を経験したドイツは、多くの国の例に漏れず、あるいはそれ以上に、「コンピテンシー」「スタンダード」「質保証」「インクルージョン」など、共通化された教育政策上のスローガンを掲げ改革を進めてきた。これらの政策の多くはKMKを発信源としている。文化高権をもつ各州もまた、学力調査における自州の成績に神経を尖らせてきている。

この意味において、「国家の学校監督」は、かつての直接介入的な様態から、今日のテスト・評価政策を通じた間接誘導的なものへと変容したといえるだろう。では、これは本質において、1950年代に批判された「管理された学校」への回帰現象と見るべきなのだろうか。

本章で見てきた学校監督庁の内部当事者の声は、一面では上意下達の制度構造を維持しながらも、他面では合意形成や権限の分配といった構造を有してい

た。「国家の学校監督」の権能は、衰えてはいないが、「教育上の自由」もまた形骸化しておらず、なおも緊張概念として実態を維持している。重要なのは、「国家の学校監督」であれ「教育上の自由」であれ、子どもにとっては教育保障の装置のみならず権力的支配のそれにもなりうるとの認識だろう。

　公教育の「質」なるものを、誰がどのように「保証」するのか。そのための専門性をどのように担保するのか。公教育の相克ともいうべき状況への慎重な洞察が、ますます求められているのではないだろうか。ここで、NRW 州生徒会の 16 歳の少年が語った「大人が、上から下へ学ぶことを決めるのではなく、生徒自身が学びたいものを自ら考えるのが教育」という言葉は示唆に富んでいる。子どもに自律を命じることは論理矛盾であり、教育という営みに内在するジレンマでもある。「国家の学校監督」も「教育上の自由」も、このようなジレンマをどのくらい直視しながら教育をとらえているのだろうか。

　社会が急速に変容する中で、政治、経済、科学技術、自然環境をはじめ、いたるところにグローバル化が浸透するようになった。かつて国民教育を通じて国民国家を支えてきた公教育もまた、もはや一国中心主義的な国民国家パラダイム[52]を超えて、より普遍的な教育価値へと向かう必要に迫られている。ところが、今世紀にわれわれが直面しているのは、グローバル化に抗して「自国第一主義」へと回帰していく現象の拡がりだ。

　すなわち、今日の公教育の現実は、一方では、グローバル化により国民国家間にあった境界が身近な生活レベルでも消失へと向かう中で、他方ではアイデンティティを揺るがされている国家がますます教育に活路を求める逆説現象に直面している。グローバル化の中でさえ国家はその存在感を希薄化させていないばかりか、教育の世界においてその存在感を強めてさえいるのだ[53]。

　2019 年 5 月現在、"FridaysForFuture" と呼ばれる環境保全を求める国際的な生徒デモは、ドイツにおいても活気を帯びている。これが国内政治に影響を与えることは間違いないが、EU の牽引力となってきたドイツの影響力は国内にとどまらない。他方、難民の受け入れを主導してきたメルケル政権は、移民・難民排斥デモや極右政党の勃興という困難にも直面し、あらためて民主主義への教育のあり方が問われるようになっている。

第 4 章　国家の学校監督と「教育上の自由」の現在　　169

生徒デモや難民の教育保障が照射する現代の公教育は、もはや「国民国家の国民教育」というパラダイムではとらえきれない。ポスト国民国家時代ともいうべき時代にあって、公教育は今後、超国家的な教育的価値を目指して「脱国家化」していくのだろうか。あるいはグローバルな経済競争に打ち勝つべく「再国家化」していくのだろうか。そして、この社会変動に対応しうる新たな「国家の学校監督」と新たな「教育上の自由」の関係とはいかなるものだろうか。その再定義が求められている。

（辻野けんま）

■注

1) Vgl. Becker, H.: Die verwaltete Schule. Gefahren und Moeglichkeiten, In: Merkur, Jahrgang 8, Heft 82, 1954, S. 1155-1177.

2) 学校の自律性や教育参加、「教育上の自由」により「管理された学校」を克服しようとする動きは、1970 年代に政策論として加速し、「学校の自律性」と「教員・子ども・親の教育参加」が改革の両輪をなす基本原理と捉えられるようになっていった。1990 年代に入ると「学校の自律化」政策が新自由主義的な分権化とも合流し国家の学校監督を変容させていくが、PISA 後 2000 年代の教育政策は逆に教育予算の重点化と個々の学校の内的な開発プロセスに主眼を置く学校開発論を取り込むものとなっていった。辻野けんま「ドイツの学校は国家とどう付き合ってきたか」末松裕基編著『現代の学校を読み解く―学校の現在地と教育の未来―』春風社、2016 年、297-331 頁参照。

3) Brackhahn, B./Brockmeyer, R./Gruner, P.（Hrsg.）: *Schulaufsicht und Schulleitung*, Luchterhand, Neuwied/Kriftel, 2004.

4) Avenarius, H./Heckel, H.: *Schulrechtskunde*, Luchterhand, Neuwied/Kriftel, ⁷2000. なお、2019 年に第 9 版が出版予定となっており学説の発展を見ることができる。

5) 1990 年代を中心に興隆した学説。その結実が、Buchen, H./Rolff, H.-G.（Hrsg.）: *Professionswissen Schulleitung*, Beltz, Weinheim und Basel, 2006. なお、2019 年に第 4 版が出版予定となっており、今日に至るまでの発展を垣間見ることができる。

6) 遠藤孝夫『管理から自律へ―戦後ドイツの学校改革―』勁草書房、2004 年。

7) 坂野慎二『統一ドイツ教育の多様性と質保証―日本への示唆―』東信堂、2017 年。

8) 南部初世「ドイツにおける教育行政の基本構造と新たな役割―協同して担う専門性―」『教育行財政研究』39（0）、46-50 頁、2012 年。

9) 結城忠『教育法制の理論―日本と西ドイツ―』教育家庭新聞社、1988 年。

10) 柳澤良明『ドイツ学校経営の研究―合議制学校経営と校長職の役割変容―』亜紀書房、1996 年。

11) 学校開発課／2010 年 2 月 11 日聞き取り。

12) 一般教育学校監督課／2007 年 10 月 1 日聞き取り。

13) 木戸裕『ドイツ統一・EU 統合とグローバリズム』東信堂、2012 年参照。

14) 参考までに、「PISA ショック」当時、NRW 州は州間の比較において「学力」が相対的に低位にあり、BW 州は逆に上位にあった。また、人口規模では、NRW 州が国内 1 位（約 1800 万人）、BW 州が国内 3 位（約 1000 万人）である。

15) 今日、行政のスリム化の中で学校監督の構造も 2 段階化・1 段階化する中で、両州は今なお 3 段階構造を維持しており、監督行政の内実をつぶさに分析することが可能になる。

16) 同調査は、「PISA 後のドイツにおける学力向上政策と教育方法改革」（平成 26 ～ 28 年度科学研究費補助金 基盤研究（B）（海外学術調査）課題番号 26301037 研究代表者：久田敏彦）における調査の一環として実施した。調査者は、高橋英児氏（山梨大学）および中山あおい氏（大阪教育大学）と筆者・辻野の計 3 名である。なお、本章では、調査結果を要約的に記述しているが、調査結果の全貌は辻野けんま「ドイツにおける学校監督の現在―BW 州と NRW 州における三段階の学校監督機関への訪問調査から―」『PISA 後のドイツにおける学力向上政策と教育方法改革』（2014 ～ 2016 年度科学研究費補助金 基盤研究（B）（海外学術調査）最終報告書 研究代表者：久田敏彦）、2017 年、115-136 頁を参照されたい。

17) 学校監督機関の数や学校数などは調査時点でのものであり、調査後の政権交代等の動向についても本章では取り扱わない。

18) 清水俊彦「ボン基本法第 7 条の考察」『和歌山大学学芸学部紀要』第 15 号、1965 年、23-37 頁に詳しい。

19) 竹内俊子「『教育の自由』と学校に対する国家の『監督』」名古屋大学『法政論集』66、1976 年、1-93 頁。

20) Vgl. Avenarius, H./Füssel, H.-P.: *Schulrecht*, Carl Link, Kronach, [8]2010, S. 180-187. また、結城忠、前掲書、1988 年にも詳しい。

21) ドイツでは、1808 年のシュタイン都市条例以来の伝統を受けて、学校教育事項が「内的学校事項」と「外的学校事項」に区分されている。前者は教育目的・内容、教育計画、教授方法、生徒の懲戒などを指し、後者は学校の設置・維持、教育財政、教員の人事・勤務条件などを指している。ワイマール憲法の注釈家アンシュッツ（Anschütz, G.）は「外的学校行政の主体であるゲマインデ（地方自治体――引用者注）が、学校のために建物を建てる。しかし、建物の中の主人は国家である」と述べ、「国家の学校監督」概念の特質を端的に示した（結城忠『教育の自治・分権と学校法制』東信堂、2009 年、87 頁参照）。

22) その根底には、公教育制度が民主主義的であり法治主義的であるべきとする、1970 年代以降の改革理念がある。さらに言えば、ナチズムの反省に淵源をもつ考え方から、公教育の目的が人間の真の自律化にあると観念されている。

23) 一例として、BW 州学校法第 2 条は、州文部省が「あらゆる監督業務を管轄する」と規定する。州文部省の具体的な職務および監督事項は以下とされる。①各学校の職務および組織、②教育計画・指導要領・授業時数計画、③学校の入学手続、④進級・試験規程、⑤他州で取得された学校の卒業および資格の承認、⑥教員の養成・試験・研修、⑦下級・上級学校監督庁の職務および休暇規則の制定、⑧以上に有効な法規・行政規則の公布、である。

24) 例えば、BW 州では緑の党（Die Grünen）とキリスト教民主同盟（CDU）の連立、NRW 州では SPD（社会民主党）と緑の党の連立政権となっている（調査時点）。かつては、保守勢力が強く伝統的な教育制度を保持してきた南部の BW 州、革新勢力が強く積極的な教育改革を続けてきた北部の NRW 州と、対照的な位置づけによって理解されてきた。しかし、BW 州では日本の東日本大震災以降、「反原発」を掲げる革新勢力の緑の党が躍進することとなった（なお、NRW 州でも筆者調査後に政権交代が起こっている）。

25) 久田敏彦監修、ドイツ教授学研究会編『PISA 後の教育をどうとらえるか—ドイツをとおしてみる—』八千代出版、2013 年。

26) 調査は注 16 参照。なお、いずれの調査も比較のため質問内容を統制・調整した質問状を事前送付している。筆者により事後の補足調査もメール等で行った。以下、調査結果を要約して述べる。BW 州文部省は訪問調査前に質問状への詳細な回答を示している。辻野けんま、前掲論文、2017 年に掲載した。

27) 次官（Staatssekretär）／2016 年 9 月 15 日聞き取り。なお、NRW 州文部省は、正式名称を「Ministerium für Schule und Weiterbildung des Landes Nordrhein-Westfalen」という。

28) 第 52 課「教育上の基本事項、質マネジメント」／2016 年 9 月 21 日聞き取り。なお、BW 州文部省は、正式名称を「Ministerium für Kultus, Jugend und Sport Baden-Württemberg」という。

29) 第 4 課／2016 年 9 月 15 日聞き取り。デュッセルドルフ県庁（Bezirksregierung Düsseldorf）は、NRW 州に 5 つある上級学校監督庁のひとつであり、所管区内に計 1456 の公立学校を擁する。

30) 第 7 課「学校と教育」／2016 年 9 月 21 日聞き取り。テュービンゲン行政区学校監督庁（Regierungspräsidium Tübingen）は、BW 州内に 4 つある上級学校監督庁のひとつである。

31) 法的闘争の理由は様々で、成績、アビトゥア関連、教員との関係性、等があるという。

32) 局長・副局長／2016 年 9 月 16 日聞き取り。ウナ地区学校局は NRW 州に 53 ある下級学校監督庁のひとつである。

33) 基幹学校等の服務監督は行政区学校監督庁が行うが、専門監督については地区学校局が行う。

34) 局長・副局長／2016 年 9 月 19 日聞き取り。テュービンゲン地区学校局（Staatliches Schulamt Tübingen）は BW 州内に 21 ある下級学校監督庁のひとつである。

35）学校心理相談所（Schulpsychologischen Beratungsstellen）も地区学校局に属している。

36）目標協定の様式は、辻野けんま、前掲論文、2017 年に掲載されている（調査時提供）。

37）敷衍すると、かつての学校監督では勤務評定のために学校監督官が学校を訪れる一方で、教員研修には教員が呼ばれる、という構造だったものが、今日では逆転した。つまり、教員評価は校長が学校内で行うが、教員研修は学校監督官が呼ばれる、という構造への転換である。

38）この点は、中央教育行政が全国的な教育改革を主導している日本の状況とは明らかに異なっていると言える。

39）学校開発と学校評価の調査・評価・研究開発機関であり、学校・授業の質開発・質保証、スタンダードやテストの開発、州統一試験、管理職養成、質基準（Referenzrahmen）の開発などを担っている。

40）ゾースト／2016 年 9 月 13 日聞き取り。正式名称は「Qualitäts- und Unter-stützungsAgentur - Landesinstitut für Schule」。

41）ビーレフェルト大学／2016 年 9 月 14 日聞き取り。

42）ベルリン／2015 年 9 月 11 日聞き取り。

43）ドルトムント工科大学／2015 年 2 月 20 日聞き取り。

44）ドイツ国際教育研究所（DIPF）／2015 年 2 月 17 日聞き取り。

45）Avenarius/Heckel, a. a. O., 2000.

46）Avenarius/Füssel, a. a. O., 2010.

47）Böhm, T.: *Schulrechtliche Fallbeispiele für Lehrer,* Luchterhand, Neuwied/Kriftel, [3]2001.

48）Böhm, T.: *Schulrechtliche Fallbeispiele für Lehrer,* Carl Link, [6]2010.

49）これについては、辻野けんま、前掲論文、2016 年、および、辻野けんま「ドイツにおける『教師の教育上の自由』論の現状—J. ルクスと H. ビスマンによる 2 つの新たな理論—」『比較教育学研究』38、2009 年、25-46 頁で詳述した。

50）生徒参加の構造と実際については、辻野けんま「学校の『専門性』をひらく—教員・保護者・子どもの合意形成によるドイツの学校経営—」教育をひらく研究会編『公教育の問いをひらく』デザインエッグ、2018 年、69-87 頁。

51）デュッセルドルフ／2016 年 9 月 16 日聞き取り。

52）Vgl. Anderson, B.: *Imagined Communities. Reflections on the Origin and Spread of Nationalism,* Verso, London, 2016,［revised ed.］.（B. アンダーソン著、白石隆・白石さや訳『想像の共同体』書籍工房早山、2007 年）

53）Vgl. Green, A.: *Education, Globalization and the Nation State,* Palgrave Macmillan, London, 1997.（A. グリーン著、大田直子訳『教育・グローバリゼーション・国民国家』東京都立大学出版会、2000 年）

第5章

コンピテンシーテストに基づく授業開発の方法

　「教育スタンダード」に基づく質保証にとって、子どもの学力の現状の把握とそれに基づく授業の改善は重要な課題である。ドイツでは、国際学力調査のほかに全国（州を越えた）レベルで実施されているテストが2つある。一つは州間比較（Ländervergleich）であり、もう一つは学習状況調査（Vergleichsarbeiten：以下、VERA）である。州間比較の目的はシステムモニターであり、VERAの目的は授業開発および学校開発である[1]。VERAには、教師や学校による授業改善や学校改善の契機となることが期待されている。VERAの開発を含めて、教育スタンダードと結びついた授業開発に向けて重要な役割を担っているのが教育の質開発研究所（Institut zur Qualitätsentwicklung im Bildungswesen：以下、IQB）である。本章は、KMKやIQBといった連邦レベルおよび州レベルで、VERAをどのように授業開発に結びつけようとしているのかを明らかにしようとするものである[2]。

　本章は、以下の手順で展開する。

　第一に、連邦レベルでの構想を明らかにする。まず、KMK編『授業開発のための教育スタンダードの利用についてのKMKの構想』[3]（以下、『KMKの構想』）（2010年）を手がかりに、データに支えられた開発サイクルにおける点検から開発までのプロセスに関する構想を明らかにする。次に、VERAの問題、解説、教授学的助言を手がかりに、VERA導入によって促そうとしている授業開発の方向性を明らかにする。今回は例としてVERA 3[4]のドイツ語と数学を取り上げる。

　第二に、各州の構想を明らかにする。各州の文部省あるいは質開発研究所等の刊行物を手がかりに、VERAと授業開発との結びつきを各州がどのように構想しているかを明らかにする。今回、各州文部省や質開発研究所等のホーム

175

表 5-1　調査対象とした連邦および各州の関係資料

番号	州名	文書名	著者（出版物でない場合、参考 URL）	発行年
①	連邦	Konzeption der Kultusminister-konferenz zur Nutzung der Bildungsstandards für die Unterrichtsentwicklung	Sekretariat der Ständigen Konferenz der Kultusminister der Länder in der Bundesrepublik Deutschland	2010
②	BW	Vergleichsarbeiten VERA. Nutzung der Ergebnisse im Rahmen der Qualitätssicherung in Schulen	Landesinstitut für Schulentwicklung	2018
③	BY	VERA-3 in Bayern Ein Instrument für die Schul- und Unterrichtsentwicklung	Qualitätsagentur am Staatsinstitut für Schulqualität und Bildungsforschung	2015
④	BE BB	Qualitätssicherungsverfahren, Prozess - und Ergebnisqualität an Schulen in Berlin und Brandenburg	Institut für Schulqualität der Länder Berlin und Brandenburg	2016
⑤		Vergleichsarbeiten in der Jahrgangsstufe 3（VERA 3）im Schuljahr 2017/18 in Berlin und Brandenburg	https://www.isq-bb.de/wordpress/wp-content/uploads/2018/01/VERA-3_-2018_allgemeine-Hinweise-1.pdf	2018
⑥	HB	VERA-3 Handreichung zur Durchführung und Weiterarbeit	Landesinstitut für Schule	2013
⑦	HH	KERMIT Kompetenzen ermitteln. Hinweise und Anregungen zur Nutzung von KERMIT für die Unterrichts- und Schulentwicklung	Institut für Bildungsmonitoring und Qualitätsentwicklung（IfBQ）	2016
⑧	HE	Zentrale Lernstandserhebungen in Hessen Hinweise zur Zielsetzung und zur Durchführung – mit erläuternden Arbeitsmaterialien	Hessische Lehrkräfteakademie	2015
⑨	MV	Handreichung zur Benotung von Teilen der Vergleichsarbeiten（VerA）als schriftliche Lernerfolgskontrolle	https://www.bildung-mv.de/downloads/Handreichung_VERA_05_2014.pdf	2014
⑩	NI	Informationen zu dem Projekt Vergleichsarbeiten（VERA）	Niedersächsisches Kultusministerium	2017
⑪	NW	Lernstandserhebungen als Impuls für die Unterrichtsentwicklung	Ministerium für Schule und Weiterbildung des Landes Nordrhein-Westfalen	2011
	RP	該当資料が見当たらない		
	SL	該当資料が見当たらない		

⑫	SN	Kompetenztests an sächsischen Schulen	Sächsisches Bildungsinstitut	2012
	ST	該当資料が見当たらない		
⑬	SH	Leitfaden zur Nutzung der Ergebnisse von Vergleichsarbeiten	Ministerium für Bildung und Kultur des Landes Schleswig-Holstein	2011
⑭	TH	Kompetenztests als Beitrag zur Schul- und Unterrichtsentwicklung	Thüringer Institut für Lehrerfortbildung, Lehrplanentwicklung und Medien	2005
⑮		Mit Bildungsstandards arbeiten in den Fächern Deutsch und Mathematik der Grundschule	Thüringer Institut für Lehrerfortbildung, Lehrplanentwicklung und Medien	2008

ページ等を閲覧し、VERA や、それに基づく授業開発に関する各州の当該機関による構想が示されている刊行物を考察対象とした。その際考察対象となった各州の刊行物は表5-1のとおりである。

1. 『KMK の構想』における VERA と授業開発との連関
―学校でのデータに支えられた開発サイクルのイメージ―

KMK は、1. 学習状況の点検、2. 教科教員グループでの結果の評価、3. 原因に関する教員間での交流、4. 目標と対策の共同での決定、5. 授業の中での対策の移行の5つの段階から成る「学校での、データに支えられた開発サイクル」の構築を提案している[5]。

1〜5の各段階で期待される機能および具体的な対策（Maßnahme）の内容は以下のとおりである。

「第1段階：学習状況の点検」では、特定の教科やコンピテンシー領域の学習状況が、VERA もしくは教育スタンダード志向のその他のテスト方法（Testverfahren）によって定期的に点検される。

「第2段階：結果の評価」では、まず、クラスの達成プロフィールに関するデータの評価が以下の4つのレベルでなされる。

・類似のクラスとの比較。あるクラスが、学校内の比較においてどのように際立っているか。どのような強さ／弱さを示しているか。

第5章　コンピテンシーテストに基づく授業開発の方法　　177

・州規模でのレファレンスグループの成果との比較。例えば、同様のカリキュラム（Bildungsgang）の児童生徒たちとの比較において、そのクラスがどのように際立っているか。

・（VERA 3において）できれば、類似の児童生徒の構成をもつ周辺地域（Einzugsgebiet）のクラスとの比較。類似の社会的背景をもつ他の学校のクラスとの比較において、あるクラスがどのように成果をおさめるか。

・できれば、教育スタンダードの標準値との比較。それぞれのカリキュラムの1、2年前に、あるクラスが教育スタンダードに関してどのように成果をおさめたか。

さらに、「個別の課題と典型的誤答の分析」がなされる。そこでは、「課題の難易度の比較」「典型的誤答の同定」「人種的な背景や性別による成果の違い」が明らかにされる。

「第3段階：考えられる原因の交流」では、クラス間、学校間での明確な達成の違いについてのありうる解明の端緒として、以下のような原因領域が考慮されうる。

・児童生徒たちの学習の前提条件。モチベーション、努力準備、認知的な基礎技能、親の支援の範囲と質、学校の環境の社会的な構造。

・授業のデザイン（Gestaltung）。教科の重点、課題の取り扱いについての準備、教育学的な視点、教科教授学的な方向づけ。

・学校のカリキュラム、教科書。

「第4段階：目標と対策に関する最終決定」として、例えば以下のような取り決めや申し合わせが考えられうる。

・同僚の「よい例」から学ぶ

・相互に聴講する

・授業プロジェクトを共同で準備する

・共通のクラス活動（Klassenarbeit）やテストを仕上げる

・教材を分業で作成したり、交流したりする

・意図的な研修（Fortbildung）を組織する

・教科の重点を置く

・授業の様式についての方法的 – 教授学的なやり方を試す

・学校のカリキュラムを改訂する

・さらなる教育学的な対策を決定する

・特定のプログラムによって児童生徒たちを意図的に促進する

・児童生徒たちの個別の促進についての対策を親と合意する、例えば学習計画

「第5段階：決議された授業上の対策の移行」で、第4段階での取り決めが授業において段階的に移行する。

「第6段階、同時に再び第1段階」において、移行された対策を評価するためのテストが実施される。

2. 連邦レベルでの授業開発に向けた VERA 活用の意図

(1) ドイツ語―読むこと (Lesen) を中心に―

ドイツ語の課題には、読むこと、正書法、言語慣用、聞くことの4つの領域がある。2018年8月28日現在、IQB の HP 上で公開されている課題は、読むこと：4つ、正書法：5つ、言語慣用：3つ、聞くこと：2つである。

1) 公開されている「読むこと」の課題

VERA 3 のドイツ語の読むことの課題として IQB の HP 上に公開されているものは表5-2のとおりである[6]。

ここでは、「シャルロッテの物語」を取り上げる[7]。というのも、後に詳述するが、この課題を例にとって授業開発のヒントを提示している州が複数見られるためである。なお、公開されている VERA の問題には、問題そのものに加えて、模範解答、教授学的助言が提示されているので、その順に示す。

表5-2 VERA 3 ドイツ語 読むことの課題

シャルロッテの物語	文学的	連続型	2014
部屋はまだ空いていますか？	文学的	連続型	2010
博物館（Naturkundemuseum）	非文学	非連続型	2013
途中（Unterwegs）	非文学	非連続型	2014

【課題文：シャルロッテの物語】

シャルロッテの物語：

ネズミのシャルロッテが友達に話をしている：

2～3日前、私は木イチゴを摘んでたの。持てるかぎりたくさん集めてたの。けれど、帰り道、事件が起こったの。実が転がってきたのよ。私は集めてた他の実を置いて、すぐに追いかけたわ。

Grafik: © IQB

木イチゴがおかしな穴に入り込んだの。すぐあとを追いかけて、実をつかもうとしたとき、急に穴全体が動き出しちゃった。ガタガタ、ガタガタ！どんどん速く、森の奥まで転がっていったわ。そして実は急に止まったの。外に出なきゃ！でも、このおかしな穴の入リ口が堅く閉まってたの。とても怖くなったわ。どきどきした。どうしよう？大きな声で助けを呼んだわ。「誰かー。誰かいませんか？誰かー。外に出られないの！」

誰もいなかった。

そして夜になった。穴の中は寒くてじめじめしていた。まだ穴にあった木イチゴを食べたの。うちのあったかい葉っぱのふとんで寝られたらなぁ、実がもっと食べられたらなぁ！穴の中には何もないし、寝られる葉っぱも一枚もない。穴の底で横になって、疲れ切って眠ったの。

翌日、小さな声で目が覚めたわ。「ねぇ、山ネズミさん、どうしたの？」トガリネズミが穴の入リ口の隙間でまばたきしていた。昨日あったことを話し終わったところで、彼女はまたいなくなったの。私が言ったことをわかってく

れたのかしら。

けれども、彼女はすぐに姉妹と野ウサギをつれて戻ってきたわ。入り口の隙間に太い枝をおしこんで、力いっぱいこじ開けてくれた。ゆっくり、きしみながら、穴の入り口は開いたわ。ほっとした。外に飛び出して、レスキュー隊を抱きしめて、木イチゴの食事会に招待したの。

もうすぐ冬眠したら、きっとこの驚きの旅の夢を見るんだろうなぁ。

【小問と模範解答】

以下では、課題文に続いて出題される小問の本文および模範解答を紹介する。

小問1:「シャルロッテの物語」よりもふさわしいタイトルはどれでしょう。
　　□おそろしい夢
　　□実りある夜　（正解）
　　□安全な隠れ家
　　□長い旅

小問2:シャルロッテはどんな動物でしょう。
　　□家ネズミ
　　□トガリネズミ
　　□山ネズミ　（正解）
　　□野ネズミ

小問3:なぜシャルロッテはおかしな穴に入ったのでしょう。
【解答】木イチゴが穴に入ったから。

小問4:シャルロッテは驚きの旅をした。なぜなら、
　　□彼女は木イチゴを一つも持っていないから。
　　□彼女は急に他のネズミを見たから。
　　□暗い穴のなかにたった一人でいたから。
　　□穴の入り口が開かなくなったから。（正解）

小問5:シャルロッテは……
　　喜んで木イチゴを食べた。　　　　　　（正しい）
　　穴の中でけがをした。　　　　　　　　（誤り）

第5章　コンピテンシーテストに基づく授業開発の方法　　181

穴の中で何も食べなかった。　　　　　（誤り）

最後に救助者と抱き合った。　　　　　（正しい）

穴の中では葉っぱをベッドにした。　　（誤り）

小問6：この文章には、シャルロッテを助けるたくさんの動物が出てきます。
　　どんな動物ですか。

【解答】トガリネズミ、その姉妹、野ウサギ

小問7：シャルロッテは、いつ助けられましたか。
　　□同じ日
　　□暗い夜
　　□翌日（正解）
　　□2〜3日後

小問8：文章を順序どおりに並べなさい。
　　シャルロッテが、動物に発見される。(4)
　　シャルロッテが、おかしな穴に閉じ込められる。(3)
　　シャルロッテが、物語を語りはじめる。(1)
　　シャルロッテが、木イチゴを集める。(2)
　　シャルロッテが、レスキュー隊を木イチゴの食事会に招待する。(5)

小問9：文章では、シャルロッテはほっとした、とあります。どういう意味でしょう。
　　シャルロッテは、次のことを喜んだ。
　　□穴からでられたこと（正解）
　　□木イチゴを見つけたこと
　　□新しい友達を見つけたこと
　　□冬眠すること

小問10：
　　リーザは、「この物語ではとりわけ親切が大事」と言う。
　　パウルは、他の意見を言う。「不注意があらゆることを招くことがあるということを学ぶべきだ」
　　あなたはどちらに賛同しますか。文章を用いて、あなたの意見を根拠づけな

さい。

【解答の解説】
　テクストの要素で裏づけられていれば、どちらの立場もありえる。

【解答】
・親切が大事である（リーザの意見）。というのも、シャルロッテは他の動物に救われたから。
・不注意に対する警告である（パウルの意見）。というのも、シャルロッテは、それによって窮地に陥ったし、彼女の物語はひどい状況になったかもしれないのだから。／シャルロッテが注意深ければ、起こらなかっただろうから。
・どちらの立場も正しい。それらが納得のできる形で理由づけられるならば。

2）教授学的助言の性質

　問題と模範解答に続いて示されているのが、教授学的助言である。教授学的助言は、基本的には、課題関連コメント（小問ごとのメルクマール、解答のためのヒントを含む）と、授業のための示唆（Anregungen）とで構成されている。ただし、課題関連コメントの冒頭で課題文のテクストそのものの解説がある課題もあれば、ない課題もある。また、授業のための示唆も課題によって量的な違いもある。「シャルロッテの物語」の教授学的助言は、課題関連コメント（テクストの解説、小問ごとのメルクマール、解答のためのヒント）、授業のための示唆で構成されている。

a）課題関連コメント

　「シャルロッテの物語」の課題文の解説において、以下のように、課題文の性質や特徴が描かれている。

　　「寓話の典型的なアスペクトが備わっている。一人称の語り手が、十分に凝縮して、時系列に出来事を語る。登場人物の一覧と舞台は限られている。登場する動物は擬人化されている。例えば、互いに話すし、互いに語り合うし、名前もある（『シャルロッテ』）」。

　　「舞台の情景をありありと思い浮かべる要素が見つけられうるし、シャルロッテの状況や思考を推論できる。何よりもまず、ストーリーの中心的な

第5章　コンピテンシーテストに基づく授業開発の方法　　183

場所が具象的な描かれ方で缶詰として確認されうるということが、第三学年の子どもにとっては挑戦を容易にしている」。

　その上で、テクスト理解のためのポイントが示される。

　「テクストの理解にとって中心的なことは、登場人物の行為の動機をあとづけることである。…（中略）…文学テクストを聞いたり、読んだりする際に、子どもたちは、確認しながら、限定しながら、文学的な登場人物を分析する。親切の意見表明としてテクストを解釈するならば、むしろ、識別的な読みが問われる。ここで重要なのは、ネズミたちや野ウサギが一緒に助けてくれたことを正当に評価することである。不注意な行為への警告としてテクストをとらえるならば、『シャルロッテ』という登場人物の行為の限定が重要である。例えば、一人称の語り手のメッセージを、様々な解釈や判断のための根拠（Anlass）としてつかみうる。一人称の語り手が主張しているように、この物語を『災難』として話すことがふさわしいだろうか」。

　一人称の語り口になっている文章から、いかに客観的な事実を分析するかの重要性が述べられている。

　課題文の解説ののちに「小問ごとのメルクマール」が示される。例えば、小問1のメルクマールは表5-3のように示される。

　表にあるとおり、メルクマールとして示されるのは、「要求領域」「コンピテンシー段階」「教育スタンダード」の3点である。

　1点目の要求領域は、KMKによれば次のようなものである[8]。

　「課題の複雑さと難易度を規定できるようにするために、スタンダードはさしあたり要求領域に分割される。要求領域は、コンピテンシー段階と混同されてはならない。現在、経験的に実証されたコンピテンシー段階はほ

表5-3　「シャルロッテの物語」小問1のメルクマール

要求領域	Ⅰ　再生（Reproduzieren）
コンピテンシー段階	Ⅰ
教育スタンダード	テクストの中心的な言説をつかみ、再現する（3.3.f）。

とんどない。そのため、KMK は、経験的にはまだ実証されていないコンピテンシー段階をスタンダード開発の中心に性急に置かないことを決めた。課題例と結びつけられる要求の適切性（Angemessenheit）、質、複雑さについての表現のために、要求領域は、経験上児童生徒たちの達成が進展するような方向づけを描く。要求領域は、経験的に有効であるテストのやり方から生じるわけではなくて、教員の職業的な経験と、すでにあるテストの材料からの関連する課題フォーマットとから生じる。こうしたことを背景として、要求領域は一時的な性質をもっている。今後経験的に実証されたコンピテンシー段階を定義するのは IQB の課題である」。

　すなわち、要求領域において、子どもたちに要求されるべき方向づけが示される。その意味で、経験的に実証されたコンピテンシー段階とは異なる。

　ドイツ語の領域では、要求領域は表5-4 のように規定されている[9]。

「課題例と結びついた要求の質と複雑性について表現するために、要求領域は方向枠組みを描く。要求領域は、どのような児童生徒たちの認知的な操作がその都度要求されているのかを明らかにする。…（中略）…／要求領域への割り当ては、いつも一つに限定されるわけではない。複雑な課題は、たいてい、3つすべての要求領域からの操作を必要とする。課題例がより多くの小問を含むとき、様々な要求領域が考慮されるべきである」。

　要求領域において示されているのは、認知的操作に関わる要求である。

　なお、数学の領域では、要求領域を表5-5 のようにとらえている[10]。

　　　表5-4　初等段階のドイツ語教育スタンダードにおいて示されている要求領域

要求領域「再現（Wiedergeben）」（AB I）
この要求領域において、児童生徒たちは周知の情報を再現し、基本的なやり方やルーティンを適用する。
要求領域「関係をつくり出す」（AB II）
この要求領域において、児童生徒たちは獲得した知や周知のやり方を用いたり、相互に結びつけたりすることによって、よく知っている事情を処理する。
要求領域「省察と評価」（AB III）
この要求領域において、児童生徒たちは、彼らのために、新たな問題提起を処理したり、独自の評価、独自の解決の端緒を必要としたりする。

第5章　コンピテンシーテストに基づく授業開発の方法　　185

表5-5　初等段階の数学教育スタンダードにおいて示されている要求領域

要求領域「再生（Reproduzieren）」（ABⅠ） 　課題の解決は、基本知識や、熟達能力の実行を必要とする。
要求領域「関係をつくり出す」（ABⅡ） 　課題の解決は、関係の認識と利用を必要とする。
要求領域「一般化と省察」（ABⅢ） 　課題の解決は、構造化すること、ストラテジーを開発すること、評価すること、一般化 することを必要とする。

　「多くの課題もしくは小問は、限定的な分野において学習したやり方およ
び訓練されたやり方の枠組みでの再生によって解決されうる。他の課題は、
獲得された数学的なコンピテンシーとの自立的で創造的なつきあいを必要
とする。…（中略）…同一の内容的な文脈において、様々な要求および難
易度の幅広い多様性がカバーされるということによって、グルントシュー
レの子どもの達成の異質性を考慮した、いわゆる『大きな課題（große Auf-
gaben）』がイメージされる。それによって、課題例は同時に、同一の内容
にあらゆる子どもが取り組むが、無条件に同一の課題を解くわけではない
ような、分化された授業のためのひな形として機能する」。

　数学において、多くの問題が切り取られた文脈における「再生」に関わる一
方で、その他の問題においては学習者の自立性や創造性が要求されていること
がわかる。

　ドイツ語であれ数学であれ、複雑な課題における要求領域は必ずしも一つに
限定されるわけではないことが示されている。

　さらにいえば、数学において「大きな課題」に言及されているように、授業
の中で学力のちがいを含めた子どもたちの多様性を認めるような課題提示をす
ることが促されている。

　2点目の「コンピテンシー段階」には、当該の問題が、コンピテンシーの達
成状況の分析のために細分化された5つのコンピテンシー段階のうちのどこに
位置づけられるかが示される（表5-6）[11]。

　コンピテンシー段階のⅢ～Ⅴは達成されるべきコンピテンシー、Ⅱは次の学
年に入っていくために必要なコンピテンシー、ⅠはⅡに満たないリスクグルー

表5-6　コンピテンシー段階

コンピテンシー段階	中等教育段階修了
Ⅴ	最高水準（Optimalstandard）
Ⅳ	標準プラス（Regelstandard plus）
Ⅲ	標準（Regelstandard）
Ⅱ	最低水準（Mindeststandard）
Ⅰ.a	最低水準未満
Ⅰ.b	

プとみなされている。

　3点目の「教育スタンダード」とは、教育スタンダードに示されている様々なコンピテンシーのうち、当該の問題がどのコンピテンシーに該当するのかを示している。

b）授業のための示唆

授業のための示唆として以下のことが指摘されている。

まずは、理解と読みの流暢さに関わる指摘である。

　「おそらく、『シャルロッテの物語』についての多くの課題を正確に解答しない多くの子どもたちは、流暢に読むことができないだろう。すなわち、この子どもは、語や文のレベルで正確に、十分に速く、自動的に、適切に強調しながら読むことに困難さを抱えている。語や語グループの解読には長い時間が必要である。そうでなければ多くのテクストの関係の理解に集中できない。かなり不正確で、ゆっくりと、つっかえながら、単調に、もしくは、通常とは異なる場所で強調して読む子どもにとって、テクストを全体として理解したり、それを省察したりすることは特に困難である」。

　理解と読みの流暢さの関係を示した上で、読みの流暢さから、どのレベル（語のレベルなのか、文のレベルなのか、文章のレベルなのか）の認識が不十分なのかをつきとめて指導していくことの重要性が述べられている。

　次に、そうした流暢さへの指導についての助言が与えられる。

　「読みの流暢さには、とりわけ、音読の方法の助けが必要である。とりわけ、『音読タンデム』（Lautlesetandems）が認められている。タンデムは、

第5章　コンピテンシーテストに基づく授業開発の方法　　187

ゆっくり読む子どもと流暢に読む子どもとで組む。2人はテクストを同時に小声で音読する。困難な読み手が遅れることや、自分で修正できないことがあるならば、チューターが正す。困難な読み手が何回か通して間違えないと感じたら、合図をして1人で読む。自身で修正することなしに遅れるようならば、ふたたび一緒に読む。テクストの一部が失敗なく克服されるならば、評価されて、達成したことを賞賛され、承認される。…（中略）…協同的な『音読タンデム』は、第3学年の学習の読みの流暢さの支援のための効果的なやり方であると実証されている」。

ここでは、「音読タンデム」という方法が取り上げられていて、得意な子どもと苦手な子どもとの協同が提案されている。

(2) 数　　学

1) 公開されている VERA の問題

2018年8月21日時点で、VERA 3の数学の課題として、IQBのHP上に公開されているものは、2010～2013年に実施された112題である[12]。それらの問題は、KMKによる教育スタンダードのうちの一つ、初等段階の数学教育スタンダードにおける、学習内容に関わる数学的コンピテンシーの以下の5つの分類とともに示されている。

・数と演算（20題・2011年）

・空間と形（14題・2013年）

・パターン[13]と構造（12題・2011年／17題・2012年）

・量と測定（17題・2012年／16題・2013年）

・データ、頻度、確率（16題・2010年）

そのうち、ここでは複数の州で授業開発に向けた文書で取り上げられている問題の、「天秤ばかり・カップ」（量と測定・2012年）を、以下、例として挙げる。

2) 教授学的助言の性質

本問題の教授学的助言は、「小問ごとのメルクマール」「取り扱う際のヒント（Hinweise）」「考えられる困難点」「さらなる活動と支援」で構成されている[14]。基本的には、多くの問題の教授学的助言で、このカテゴリーが見られるが、問

【課題文：天秤ばかり・カップ】

天秤は釣り合っている。
マリウスは天秤から一つのカップを取る。
天秤をもう一度釣り合うようにするには、
いくつのキューブを取り去らねばならないか？

彼は＿＿つのキューブを取り去らねばならない。

Grafik: © IQB

題によっては、「シャルロッテの物語」と同様の、「課題関連コメント」や「授業のための示唆」で構成されているものもある。しかしながら、それらの差異は、内容の質によるのではなく、単に実施年度による違いと考えられる。

a) 小問ごとのメルクマール

表5-7のうち、「要求領域」ならびに「コンピテンシー段階」については、本節前項にて挙げられているとおりである。「小学校数学の一般的コンピテンシー」は、「初等段階の数学教育スタンダード」の中で列挙されているものである。大きくは「問題解決すること」「コミュニケーションをとること」「根拠づけること」「モデル化すること」「表現すること」の5つに分けられ、さらにその中にはそれぞれ3つずつのコンピテンシーが示されている。そのうちの1つが、表に記載してある「問題を含んだ課題の取り扱いに数学的知識、熟達、能力を応用する」である。他方の「小学校数学の内容的コンピテンシー」は、前述したように「数と演算」などの5つに分類されている。この天秤の問題については、そのうち「量と測定」の中に入っている。「量と測定」は「量イ

表5-7 「天秤ばかり・カップ」のメルクマール

要求領域	Ⅱ 関係をつくり出す
コンピテンシー段階	Ⅱ
小学校数学の一般的コンピテンシー	1.1 問題を含んだ課題の取り扱いに数学的知識、熟達、能力を応用する
小学校数学の内容的コンピテンシー	4.2 統一単位で、対象に合わせた異なる測定器具で測る

メージを持っていること」「実際の状況における量を取り扱うこと」というカテゴリーに分けられており、この問題はそのうち後者に属している。それぞれ5つ程度のコンピテンシーが記載されており、本問のコンピテンシー「統一単位で、対象に合わせた異なる測定器具で測る」はそのうちの一つとなっているわけである。

なお、ドイツ語の問題と違って、数学では小問が設定されていない問題がほとんどである。特に、ある問題が解けないと次の問題が解けない、逆にいうと問題解決に向けたスモールステップになっているような小問の設定はなされていない。例外としては、自身の解答の理由を書かせる問題などがあるものの、そのような問題は112問中5問に満たない。そのため、「小問ごとの」と表題にはあるものの、実際には問題ごとにこれらのコンピテンシーは割り当てられている。

b) 取り扱う際のヒント

この項目では、問題解決に至るまでの段階が述べられている。

「まず釣り合っている状態の天秤と左右に置かれている重さの等しさとの関係が明らかでなくてはならない…（中略）…1つのカップを取り去ることで生じた不釣り合いは、逆の方のキューブを取り除くことで解消されるないし解消されねばならないということ」というように、まず天秤の釣り合い・不釣り合いの認識の必要性から述べられている。

続いて、キューブの重さとカップの重さの比例関係の理解へと進み、さらに「3つのカップの重さは9つのキューブの重さと一致」→「1つのカップの重さは3つのキューブの重さと一致」→「重さを再び同じにするためには、3つのキューブが取り除かれねばならないこと」と、求められる論理的なすじみちが明らかにされている。

c) 考えられる困難点

考えられる、いわゆる「つまずき」が説明されている。具体的には「標準化された単位である "グラム" に関して、2つの対象の間接比較（例えばデジタル式のはかりで）しか知らずにいた子どもは、求められている直接比較に困難さを感じてしまうことが考えられる」と述べられている。

190　第2部　学力向上政策の学校教育への影響とその余波

d) さらなる活動と支援

この項目では、「実際の天秤を使った活動」のアプローチが提案されている。具体的には、以下のとおりである。

比例的関係の活動（handelnde Erarbeitung）のために、ふさわしい結節点が自ずとできる：

カップ	1	3	5	10	…
キューブ	3	9	15	30	…

カップの数の3倍の数がキューブの枠に置かれていなければならないことが明らかとなる。これはもちろん、それぞれが同じ重さなら任意の他の物体（例えばクリップ、ピンポン球、規格化された分銅）でも実施され、その際、場合によっては違った比例の分類が生じる。

補完的、継続的ないしは深化的な問題設定は以下のように考えられる：
- 「釣り合いを崩すことなく、右の天秤皿のカップ1つを、3つのキューブと取り替えられるかな？」（これはもちろん可能）
- 「それぞれ半分の重さのキューブはいくつ置かれなければならないかな？」もともとのキューブの倍の数に変わった関係となる。
- 「それぞれ倍の重さのキューブはいくつ置かれなければならないかな？」この問いかけが導く認識は、キューブを分割することが許されていないがゆえに、偶数のカップの数のみが釣り合わせられうるというものである。一覧表を手がかりにして、児童生徒自身で納得のゆく解釈を見つけることができる：

カップ	1	2	3	4	5	6	7	8	9	10	…
元のキューブ	3	6	9	12	15	18	21	24	27	30	…
倍の重さのキューブ		3		6		9		12		15	

「3倍の重さのキューブ」「4倍の重さのキューブ」などの行をつけ足せば、比例性や分割可能性などのさらなる可能性ももたらされる。

別の興味深い発展課題には、右のカップでなく、左のキューブを取り除く場合も考えられる。右の側をどのように変化させて天秤を釣り合わせることができるか（カップを割らずに）？ ここでも困難さを感じる児童生徒に実際の天秤の活用が考えられる。

第5章 コンピテンシーテストに基づく授業開発の方法　　191

以上を見ても明らかなように、ここではできていない子どもに対する補完的支援、できている子どもに対する発展的支援の両方が、さらなる活動・支援として統一的に描かれている。

3. 各州レベルでの授業開発に向けた VERA 活用の意図

本章第1節で述べたように、KMK は、VERA から授業開発への流れを5段階の循環モデルとして構想していた。その構想を受けて、各州で授業開発はどのように構想されようとしているのかを、本節では明らかにしたい。ただし、KMK の5段階のモデルが、そのまま各州で援用されているわけではない。一例を挙げると、BW 州では、「1. 成果分析」「2. 解釈」「3. 対策を導き出す」という3つの段階で述べられている。しかしながら、VERA で明らかとなったデータをいかに評価し、対策につなげていくかという流れは共通している。そのため、本論では『KMK の構想』における2・3・4段階に焦点を当てて、それぞれ州の取り組みをとらえる。

（1）結果の評価
1）データの評価
『KMK の構想』の中で提案されているデータ評価のうち、類似クラスなど校内での比較はほとんどの州で行われている。そこでは、単に機械的な比較に終始するのではなく、次段階の「考えられる原因に関する交流」とも関係づけられている。

多くの州で行われているものの、わが国との大きい差異といえるのは、KMK の挙げる比較レベルのうち3つめの「類似の社会的背景をもつ他の学校のクラスとの比較」である。

例えば HH 州では、調査が単なるランクづけにならないようにするための仕組みとして、「比較対象となる学校（Vergleichsschule）」の抽出を行っている[15]。

「比較対象となる学校」とは、端的にいえば、調査対象の学校と似た学校である。両親の学歴や手取り、家庭にある書籍数など、文化的・社会的な位置づ

192　第2部　学力向上政策の学校教育への影響とその余波

けを表す、13項目の社会指標を参考にして、対象の学校に近い、上下それぞれ4校の計8校が、調査対象の学校の「比較対象となる学校」として設定される。つまり、学校間比較をする際、全く条件の異なる学校をまとめて比較するのではなく、似たような条件の学校と比較しているのである。

また、HE州では、州の平均を「修正」し、「修正された平均値」を分析の対象としている[16]。そこでの修正の視点は、「テストの結果には影響を持っているが、教師や学校の学習条件（Lernbedingungen）を通しての影響ではない」ものへの配慮である。例えば「性別、家庭内の言語、診断される学習困難ないしは特殊教育学的支援のニーズ」などが挙げられている。その背景には、「児童生徒の成績は、高い割合で個人個人のもつ前提条件（Voraussetzungen）に依拠している」という見方がある。教師や学校について、変えることのできる条件とできない条件とを区別し、変えられない前提条件を除外しようとしているのである。

これらの州の試みは、その評価を「公正（fair）」なものにしようとしているところにある。

2）個々の課題と典型的誤答の分析

VERAにおけるそれぞれの問題に対して、その問題ならびに誤りをいかに分析し、活用していこうとしているのだろうか。前節にて例示した「シャルロッテの物語」および「天秤ばかり・カップ」の問題について、以下、それぞれ述べる。

a）シャルロッテの物語

シャルロッテの物語はBY州およびHB州で取り上げられている。

まず、BY州でどのように取り上げられているか、その特徴を述べたい。IQBのVERAでは本章で挙げた小問1〜10が提案されていて、その構成は要求領域順ではない。その一方で、BY州のVERAでは、IQBの10問から8問が選ばれている。それらは、IQBのものから順番が変えられて、要求領域ごとにまとめられている。BY州のVERAでは小問1〜5が要求領域Ⅰに、小問6、7が要求領域Ⅱに、小問8が要求領域Ⅲに対応している。さらに、小問1〜3はコンピテンシー段階Ⅰ、小問4はコンピテンシー段階Ⅱ、小問5はコン

第5章　コンピテンシーテストに基づく授業開発の方法　　*193*

ピテンシー段階Ⅳというように、難易度も問題を追うごとに上がっていく。このように、BY 州では問題構成を独自に行っている。要求領域そのものについての解説ののち、それに応じた小問の解説がなされる。小問の解説は、IQBの VERA に付随する「小問ごとのメルクマール」と同じである。

　次に HB 州の特徴を述べる。HB 州は、問題ごとの解説に加えて、授業のための示唆も充実させている。

　まず、次のように「読むこと」についてどのように理解しているのかを示す。

　　「読むことは『仮説に導かれた処理プロセス（hypothesengeleiteter Verarbeit-ungsprozess)』として理解される。…（中略）…テクストとともに、そして、テクストをベースにして意味を生み出す能力、すなわち能動的な構成プロセスが重要なのであり、『意味の取り出し』(Sinnentnahme) が重要なわけではない。

　　読むことは理解することであり、それとともに高い複雑性を持った、多層的なプロセスである。読むコンピテンシーの点検は学習プロセスの成果について問うことである。…（中略）…そのような授業は常に学習観察や診断の様々な形式を必要としている。VERA からの成果のフィードバックは、全体像に、読みの達成についての観察を補完することができる」[17]。

　「読むこと」を「仮説に導かれた処理プロセス」ととらえて、この処理プロセスのどこでつまずいているのか（あるいはつまずいていないのか）を測るためのものとして、VERA をとらえている。VERA には、小問ごとに測定しているコンピテンシー段階が示されている。だから、語のレベルでつまずいているのか、文のレベルでつまずいているのか、文章（テクスト）のレベルでつまずいているのかが明らかになる。

　こうした「読むこと」についての理解に基づいて、授業のための示唆は、仮説形成（Hypothesenbildung）をキーワードとしながら展開される。以下のように、読みのための「語のレベルでの練習」「文のレベルでの練習」「文章（テクスト）のレベルでの練習」といった提案がなされる[18]。

　文章の理解を、語のレベル、文のレベル、文章のレベルと構造的に区分し、どこに困難さを持っているのかを正確にとらえることで、適切に子どもの学習

194　第 2 部　学力向上政策の学校教育への影響とその余波

語のレベルでの練習

・語の断片を補完する。遊び場で。
　R_tsche, Schauk_l, Sa_dk_st_n, Kl_tt_rge_üst

文のレベルでの練習

・文の中から不適切な語を見つけ出す。例えば、
　Roman geht Fußball auf den Sportplatz

・不足した文末を補完する。例えば、
　Mein Vogel kann schön ＿＿＿＿

文章のレベルでの練習

・造語（Kunstwort）の意味を文章から類推する。：
　Dingsda で学校へ。メレクは、いま Dingsda で学校へ行けることを喜んでいる。Dingsda には、２つのブレーキ、１つのサドル、１つのランプがついている。Dingsda は、＿＿＿＿ である。

を促進しようとしている。

　困難さを抱えた子どもの学習促進に関していえば、IQB の「小問ごとのメルクマール」を転載している BY 州は当然のことながら、HB 州においても読みの流暢さの支援のために「音読タンデム」が提案されているように、得意な子どもと苦手な子どもとの協同は、州レベルでの提案においても促されている。

　読みに困難のある児童生徒、とりわけ他の母語を持つ児童生徒にとって、テクストの複雑性が「軽く」されうる 16 の手だてが、「図的なデザインの中で」「言語的なデザインの中で」「内容の中で」という３つの観点から提案されている[19]。

b) 天秤ばかり・カップ

　個々の課題について取り扱っている州には BY 州や HB 州がある。いずれの州も、VERA 3 の課題を授業に組み込む例として、前掲の「天秤ばかり・カップ」の問題を挙げている。

　そのうち、BY 州は、IQB による「教授学的助言」をほぼそのまま転載している[20]。HB 州もおおよそ同様ではあるが、唯一追加されている内容が、「11個のキューブの場合、いくつのカップが必要となるだろうか？」などの発展課

第 5 章　コンピテンシーテストに基づく授業開発の方法　　195

題である[21]。このことにも象徴されているように、基本的に、数学では、「授業のための示唆」など授業開発に向けて、課題をベースにした提案がなされている。一つの問題に対して、できていない子どもにはこのような課題、できている子どもにはこのような課題と、課題を例示することで授業開発へとつなげようとしているのである。

　ドイツにおけるコンピテンシー志向に伴う学習課題への着目を明らかにした吉田成章は、「教育スタンダード」において「これまでのインプット重視の教育からアウトプット重視の教育へと転換するための重要な鍵概念として、『課題』が位置づけられている」[22]と述べ、「『課題』を実際の授業における学習のための課題へと、すなわち『学習課題』へと転換させていくことが、教育スタンダード導入以降の教科書研究の重要な動向の一つ」[23]としている。この点については HB 州ならびに HH 州がそれぞれ、テスト課題と授業課題、学習に向かう課題と達成に向かう課題、の差異として、分けて考える必要性を述べている。例として HB 州の表を表 5-8 として挙げる。

　この「課題」という視点から、VERA の課題、IQB による教授学的助言、HB 州による実践例をそれぞれ見ていくならば、「1 つのカップを取るとき、いくつのキューブを取らねばならないか」「半分の重さのキューブならばどうか」「(3 で割り切れない数である) 11 のキューブを取ったらどうか」と、だんだんと開かれた問いとなっていることがわかる。そこから、より多くの解決が可能となり、グループ内でのコミュニケーションも可能となるのである。

表 5-8　テスト課題と授業課題の差異[24]

	テスト課題	授業課題
目的	成績のチェック	学習のきっかけ
課題形式	主に閉じられた形式（多肢選択など）	開かれた形式
焦点	重要なのは成果物であり、正しい結果	重要なのは過程であり、頭のなかで児童生徒が実行したもの
方略	できるだけ間違いなく作業すること	学習の機会としての間違い
解決	一義的な解決	より多くの解決が可能
取り扱い	個々の作業	接続コミュニケーションのあるグループ作業・個々の作業

（2）考えられる原因に関する交流

　本章第1節にて述べたように、KMK は考えられうる原因の領域として、「児童生徒たち」・「授業」・「校内カリキュラム」という3点を挙げていた。NI 州などでは、この3点をそのまま踏襲して、考えられる原因領域を例示している[25]。

　対して、HH 州や SH 州では、学習グループと授業という2つのレベルで示している[26]。そのうち授業のレベルの中には「校内の（教科）カリキュラムの質」も含まれているので、KMK の3点のうち、授業と校内カリキュラムを単に一つにまとめたのみのようにも見えるが、そうではない。学習グループのレベルの内容を見てみると、一般的学習条件（移民や留年者の割合）、グループの大きさ、グループの異質性、性別、の4つが挙げられている。他方、授業レベルの内容の中には「児童生徒の認知的能動性の関心」など、児童生徒についても扱われている。これらのことを考えると、単に3つを2つにまとめたというよりも、前項と同様に、教師や学校によって変えることの不可能な、前提となる条件を明確にしたということがいえるのではないか。

（3）目標や対策の確定を通した結論

　「目標や対策」として KMK が例示した取り決めや申し合わせは、本章第1節第1項のとおりである。この例示を比較的忠実に挙げているのが NI 州であること[27]は、前項と同様である。

　各州の文書の中で多くの目標や対策が例として示されているが、ここではその内容よりもむしろ、その提示の仕方の違いに注目したい。

　その対策の主体ごとにまとめられているのが、HH 州や SH 州である。「個々の教師」「教科教員グループ（Fachkollegium / Fachschaft）」「クラス会議（における教師）」「校長」という4者が互いに関連しつつも、誰がどのようなことをすることになるのかが描かれている。

　結果よりもむしろその結果を生み出す過程を重視した例示をしているのが、HB 州である。VERA の結果の解釈と対策立案とがセットにして述べられており、そこでは、VERA の結果のデータの一例が出され、そのデータから対策が立案される流れが例示されている。

第5章　コンピテンシーテストに基づく授業開発の方法　　197

対策の意味内容を踏まえた領域を設定しているのが、BW 州である。BW 州では対策を、授業や教科に関する「授業の質」、クラスや個々の児童生徒に関する「診断と支援」、教師に関する「協力構造とチーム構造」の3領域で対策を導き出している。

4. 教師の自律性を保障した授業開発の可能性

前節までで、VERA がどのように授業開発へ結びつけられようとしてきたかを、連邦レベルと各州レベルとで見てきた。一部重複するが、作成主体である連邦レベルでの意図が、実行主体である各州レベルでどのように受容されているかをまとめておきたい。

まず、VERA の結果分析については、各州とも KMK の提案に沿って実施されていることが明らかとなった。『KMK の構想』では、「できれば」と発展的に位置づけられている類似クラスとの比較も、第3節で見たように、多くの州で実施が見られた。また、本章では詳細に論じることができなかったが、それらのデータは、問題ごと、子どもごとに分析できるほど、詳細に取り扱われている。それを可能にしているのは、多くの州でその分析を行っているのが各州の教育研究所であるということが関係するだろう。その存在が各学校・各教師へのオーダーメイドのデータ提供を可能にしている一因といえよう。

次に、そのデータをいかに活用するかという点については、連邦レベルと各州レベル、さらに州間でも差異が見られた。連邦レベルでは、対策例が列挙されていた。対して、多くの州では、各学校・各教師が対策を決定する過程が示されていた。

分析から対策へという流れが、国、自治体などのマクロなところで行われているのではなくて、一人ひとりの教師がそれらを自律的に行えるように、VERA の結果分析・対策立案は効果的に機能しているように見える。その中では、教師一人ひとりは、国や自治体などの下請けとして説明責任を果たすことに忙殺されるのではなくて、自律的な授業研究者として存在しうるだろう。

（髙木　啓／樋口裕介）

■注

1）日本の全国学力・学習状況調査の目的には、「義務教育の機会均等とその水準の維持向上の観点から、全国的な児童生徒の学力や学習状況を把握・分析し、教育施策の成果と課題を検証し、その改善を図る」（システムモニター）、「そのような取組を通じて、教育に関する継続的な検証改善サイクルを確立する」（検証改善サイクルの確立）、「学校における児童生徒への教育指導の充実や学習状況の改善等に役立てる」（授業改善等）の３点が挙げられている（文部科学省ホームページ「全国的な学力調査（全国学力・学習状況調査等）」〔http://www.mext.go.jp/a_menu/shotou/gakuryoku-chousa/zenkoku/1344101.htm〔2018 年 8 月 27 日閲覧〕〕参照）。ドイツでは、システムモニターと、授業開発（および学校開発）という 2 つの目的それぞれに応じてテストを開発・実施している。なお、ドイツでは、日本で言うところの授業づくりや授業改善にあたる言葉として授業開発（Unterrichtsentwicklung）が用いられる。

2）VERA に関してはすでに日本においてもいくつかの先行研究がある（原田信之「ドイツのカリキュラム・マネジメントと授業の質保証」原田信之編著『カリキュラム・マネジメントと授業の質保証―各国の事例の比較から―』北大路書房、2018 年、樋口裕介「『スタンダード化』する教育におけるテストの役割と課題」久田敏彦監修、ドイツ教授学研究会編『PISA 後の教育をどうとらえるか―ドイツをとおしてみる―』八千代出版、2013 年、森田英嗣・石原陽子「ドイツにみる学力政策の転換と公正の確保」志水宏吉・鈴木勇編著『学力政策の比較社会学【国際編】PISA は各国に何をもたらしたか』明石書店、2012 年など）。しかし、VERA に基づいてどのような授業開発を促そうとしているのか、州レベルの方針にまで目を向けているものはない。また、州ごとの授業開発の動向についても先行研究がある（髙木啓「ドイツにおける学力向上プログラムに関する一考察―'SINUS an Grundschulen' を例にして―」『千葉大学教育学部紀要』第 63 巻、2015 年、吉田成章「現代ドイツのカリキュラム改革―教育の自由はどのように守られているか―」広島大学大学院教育学研究科附属教育実践総合センター『学校教育実践学研究』第 24 巻、2018 年）が、すべての州を対象にして、授業開発の動向に目を向けたものはない。

3）表 5-1 の資料①（以下、同じ）。

4）VERA には、第 3 学年の児童たちに行われる VERA 3 と、第 8 学年の生徒たちに行われる VERA 8 とがある。

5）資料①, S. 19-21.

6）IQB ホームページ（https://www.iqb.hu-berlin.de/vera/aufgaben/dep〔2018 年 8 月 28 日閲覧〕）参照。

7）IQB ホームページ（https://www.iqb.hu-berlin.de/vera/aufgaben/dep/system/taskpool/getTaskFile?fileid=12410〔2019 年 8 月 6 日閲覧〕）参照。

8）KMK: Bildungsstandards der Kultusministerkonferenz. Erläuterungen zur Konzeption und Entwicklung, 2004, S. 17.

9）KMK: Bildungsstandards im Fach Deutsch für den Primarbereich, 2004, S.

17.

10) KMK: Bildungsstandards im Fach Mathematik für den Primarbereich, 2004, S. 13.

11) 樋口裕介「ドイツの学力向上政策における教育の質開発研究所（IQB）の位置」『PISA 後のドイツにおける学力向上政策と教育方法改革』（2014～2016 年度科学研究費補助金 基盤研究（B）（海外学術調査）最終報告書 研究代表者：久田敏彦）、2017 年、29 頁参照。

　　また、コンピテンシー段階モデルに基づいて設定された到達水準に該当する問題の具体例は、原田信之、前掲論文、107 頁に詳しい。

12) IQB ホームページ（https://www.iqb.hu-berlin.de/vera/aufgaben/map［2018 年 8 月 21 日閲覧]）参照。

13) 訳語については、山本信也「数学教育の基礎としての数学観：数学＝パターンの科学」『熊本大学教育学部紀要、人文科学』第 60 号、2011 年に拠った。

14) IQB ホームページ（https://www.iqb.hu-berlin.de/vera/aufgaben/map/system/taskpool/getTaskFile?fileid=11032［2019 年 8 月 6 日閲覧]）参照。

15) 髙木啓「学校改善・授業改善に向けたコンピテンシーテスト—ハンブルク・KERMIT の取り組み—」『PISA 後のドイツにおける学力向上政策と教育方法改革』（2014～2016 年度科学研究費補助金 基盤研究（B）（海外学術調査）最終報告書 研究代表者：久田敏彦）、2017 年、41-42 頁。

16) 資料⑧, S. 6.

17) 資料⑥, S. 30.

18) Ebenda, S. 33.

19) Vgl. ebenda, S. 34.

20) 資料③, S. 34-36.

21) 資料⑥, S. 28f.

22) 吉田成章「ドイツにおける教科書研究の動向に関する一考察—『学習課題』への着目と授業との関連を中心に—」『広島大学大学院教育学研究科紀要　第三部（教育人間科学関連領域)』第 61 号、2012 年、40 頁。

23) 同上。

24) 資料⑥, S. 28.

25) 資料⑩, S. 8.

26) 資料⑦, S. 15.

27) 資料⑩, S. 9.

第6章

現代ドイツにおける規律と指導のルネサンス

　近年、ドイツの教育界において「規律と指導のルネサンス」[1]と呼ばれる状況が広がりを見せている。すなわち、規律（Disziplin）や指導（Führung）の重要性があらためて語り直され、その「再生」「復興」の機運が高まっているのである。しかもそれは単なる復古主義を意味するのではなく、「PISAショック」以後の学力問題と結びつきながら展開してきているという状況がある。しかし、日本的な視点から考えると、「規律と指導のルネサンス」という状況は単純には理解しがたいものであるかもしれない。確かに日本においても「指導から支援へ」といったキーワードのもと、指導という用語のあり方が問われたこともあったが、「学習指導」「生活指導」「学習規律」など、依然として規律と指導は教育実践を語る上で不可避な用語であり続けている。このような社会的－文化的状況の違いをふまえつつ、ドイツにおける「規律と指導のルネサンス」という状況を読み解くためには次の2つの問題の検討が必要となる。第一に、ドイツの戦後史において規律と指導がどのように扱われてきたのかという問題の検討、第二に、とりわけPISA以後の学力向上をめぐる議論の中に規律と指導がいかに位置づけられているかという問題の検討である。本章では、ドイツにおける規律と指導をめぐる議論の戦後史と今日的状況を概観することを通して、今日グローバルなレベルで展開されてきている教育方法改革の中で、規律と指導をめぐってどのような議論が交わされているのかを明らかにする。そこから、規律と指導をめぐる議論の可能性あるいは必要性について考察していく。

1．ドイツ語圏における規律と指導問題のこれまでと現在

（1）なぜ規律と指導は忌避されてきたか—「六八年運動」との関連から—

　今日に至るまでドイツにおいて規律と指導は、学校教育にかかわらずあらゆる領域においてその使用を忌避されてきた。なぜならば、「『規律』は集団に服従する『規律』、『指導』は政権政党の『指導』的役割、『権威』は政権政党を支えるマルクス主義的な思想的『権威』」[2]を想起させるものとしてとらえられ、ナチズムを連想する用語として認識されてきたからである。このような忌避が広がった背景として、「六八年運動」の果たした役割について言及せざるをえない。

　「六八年運動」とは、ベトナム戦争などを契機にアメリカを中心とした戦後秩序が制度疲労を起こす中で、ナチスも東西ドイツ国家の建設も経験しなかった戦後第一世代が中心となって展開された、既存の政治・社会体制への異議申立の抗議運動を指す。このような運動は、世界的に広く見られるものであったが、「ナチ時代を経験した親世代全体に対する戦後第一世代の抗議というドイツ特有の事情があった」[3]と指摘されるように、ドイツ（とりわけ西ドイツ）においては、この運動がナチズムの反省と結びついた点に大きな特徴がある。1960年代の西ドイツにおいては、戦後の経済復興に全力が注がれ、ナチスの過去や「権威主義的」伝統と批判的に向きあうことが回避される傾向にあった。戦後の経済復興と政治的安定を享受する保守政権の抑圧的・非民主的な政治スタイルに対して強い不信感を持ったのが、戦後世代の若者たちであった。APO（Außerparlamenatische Opposition）運動として政府批判が展開される中でも学生運動が最も大きな展開を見せ、アメリカの影響を受け、座り込みや自主討論集会の実施、大学の講義・ゼミ・会議妨害などが展開された。他の西側諸国、とりわけ戦勝国に比して、ドイツにおいてはナチス時代の戦争経験からの脱却やそこに参加していた親世代への批判を含めて、「反権威主義」の運動がより強く展開されていったのである[4]。

　こうした社会運動は様々な社会領域へと拡大していったが、とりわけ教育領

域への影響として、キンダーラーデン運動（Kinderladenbewegung）が重要な役割を果たした。キンダーラーデン運動は、「反権威主義」の運動の中でも女性解放を掲げるグループによって推進された運動であり、その中心的テーマは私設共同保育所（Kinderladen）の結成と運営であった。キンダーラーデン運動は幅広い展開を見せたが、その多様な展開の中でも共通すべきコンセプトとして次の点が挙げられる[5]。すなわち、国家社会主義的教育との対決と「アウシュヴィッツ以後の教育」（アドルノ）、いわゆるナチズム的な家庭教育への批判、権威的な教育スタイルへの批判、1950年代に行われていた「礼儀正しさ、従属、沈黙した子ども」に向けた教育への批判、である。キンダーラーデン運動の拡大によって、体罰や厳格な規律づけに彩られた従来の教育は、ナチズムと結びつけられながら強い批判の対象とされた。さらに、それらと対置する形で、子どもの自己決定や参加を重視するようなオルタナティブな教育を求める声が強くなっていったのである。

　キンダーラーデン運動を含む「六八年運動」において希求された民主的－反権威的な教育スタイルへの転換は、一過性のものではなく、戦後の（とりわけ西）ドイツの教育に学問的にも実践的にも大きな影響を及ぼすこととなった。学生運動自体が下火になった後も、制度内部からの組織的変化やそれによる市民の意識変化をねらう「制度内への長征」や様々な市民運動の展開は、70年代、80年代を通して徐々にドイツにおける家庭・学校教育の基本的なスタイルや教育観を変容させることに成功した。1957年にはまだ確認されていた教師の身体的懲罰権の法的承認も、1970年代半ばにはすべての州で廃止され、強い叱責や寄宿舎への収容などもほとんど見られることはなくなっていった。

(2) 68年以後の教育学は規律と指導をいかに取り扱ってきたか

　「六八年運動」が学校教育や教育学にどのような影響をもたらしたのかという点については論争的である。「これまでドイツでは、六〇年代半ばから七〇年代半ば頃までのあらゆる出来事が『六八年』ということばのなかに詰め込まれ、『六八年』がその時代のシンボルとして過度に評価され、さらに政治的にも利用されてきた」[6]とする指摘にもあるように、近年では「六八年運動」の

第6章　現代ドイツにおける規律と指導のルネサンス　203

偶像性や「神話化」が批判的に検討されつつある。少なくともここで指摘できることは、学生運動自体が下火になった後も「六八年運動」の経験を共有する人々が、運動の成果を「神話化」し、マスメディアやアカデミズムの世界を通して1968年以後の言論形成を方向づけてきたということである。それでは、戦後教育学・教授学の領域において、「六八年運動」の成果はいかに継承されていったのか。規律と指導に関わって概観してみたい。

　まず西ドイツの教育学においては、「六八年運動」の影響が色濃く見られる。西ドイツにおいて刊行された教育学関連の辞書やテキストを概観してみても、規律と指導はほとんど触れられることはなく、言及があっても歴史的概念として扱われるばかりである。とはいえ、言うまでもなく子どもの規律に関わる問題が現実的に存在しなかったわけではない。1980年代に問題化された授業妨害（Unterrichtsstörung）に代表されるように、子どもたちの問題行動や逸脱行動はいつの時代も存在しており、規律と指導に代わる対応が求められた。その際、「六八年運動」の副産物として現れたのが、教育学の治療化（Therapeutisierung）・心理学化（Psychologisierung）であった。テンドラー（Tändler, M.）は1970年代を「サイコブーム（Psychoboom）」の社会と特徴づけ、1960年代半ば以降、生徒の逸脱行動や妨害行動に対して心理学的－精神医学的アプローチが拡大し、従来の規律と指導が担っていた位置を埋めていったことを明らかにしている[7]。例えば、「批判的－コミュニケーション的教授学（kritisch-kommunikative Didaktik）」の立場から授業妨害の問題に取り組んだヴィンケル（Winkel, R.）は、精神医学的なアプローチやコミュニケーション論を参照しながら、授業を妨害する生徒の行動を「生徒のシグナル」としてとらえ、授業への退屈さ、生活上の問題、教師の規範への異議申立て、学校で学習することへの意味の喪失といったメッセージとしてとらえる重要性を強調している[8]。授業妨害はより強い規律と指導によって対処すべきものではなく、生徒たちが発する既存の制度や環境への批判的なメッセージとして読み解き、彼ら／彼女らを社会改革や授業改革の主体として参加させることが重要だというわけである。こうした心理学的、精神医学的アプローチは、アカデミズムの世界のみならず、教員養成や研修にも影響を与え、とりわけ生徒の問題行動への対処のあり方を方向づけ

204　第2部　学力向上政策の学校教育への影響とその余波

ていくこととなった[9]。

西ドイツの状況と比べると、東ドイツの教育学は対照的な状況にあった。西ドイツほど学生運動が大きな運動とならなかった東ドイツにおいて、依然として規律と指導は、教育学上の重要なテーマに位置づけられていた。例えば『教師のための助言 (*Ratschläge für Lehrer*)』といったシリーズ本の中でも、『いかに授業において規律を実現するか』[10] など、規律と指導をタイトルに関した著作が公刊されている。ソヴィエトの教育者であるマカレンコ (Makarenko, A. S.) の理論を基盤とした規律論やクリングベルク (Klingberg, L.) の指導論が、わが国の教授学にも強い影響を与えたことは周知のとおりである[11]。

このような対照的な状況はあったにせよ、西ドイツによる東ドイツの吸収という形で行われた統一以後も規律と指導を忌避する、いわば「六八年体制」に大きな変化は生じなかった。例えば、PISA ショックを受けて、近年のドイツでは教育の質保証がきわめて重大な関心事となっており、そのために各州では質保証のための「方向枠組み (Orientierungsrahmen)」「参照枠組み (Referenzrahmen)」といった形で、授業づくりや学習環境の構成のための枠組みが作成されているが、その中で規律はほとんど用語自体登場していない[12]。他方で、望ましい学習風土や学習環境に関する記述では、「生徒との共同形成」（バーデン・ヴュルテンベルク州）、「関係者相互の尊敬と不安から解放された雰囲気」（ベルリン）、「学校のルール、学級のルール、慣習はあらゆる参加者によって発展させられる」（ハンブルク州）など、教師−生徒の間の共感的で対等な関係性を築くことや生徒の参加を保障することが、いずれの州においても強調されていることが見て取れる。

ここまで見てきたように、ドイツの教育界において規律と指導はナチズムを連想させる言葉として長らく忌避されてきた。その意味で、「六八年運動」が作り出した「反権威主義」の教育の希求は大きな成果を収めたといえるだろう。しかし他方では、ドイツの戦後教育のあり方を問題視する声が徐々に出てきている状況を看過することはできない。こうした声の背景にあるのは、例えば、学力問題としての「TIMSS ショック」や「PISA ショック」、あるいは銃乱射事件などに代表される青少年の暴力問題であろう[13]。戦後世代がつくり上げて

きた教育制度や教育文化に対して懐疑的な視座が向けられ始めた中で、その動向を加速させる著作が 2006 年に刊行されることとなる。

2. ブエブ論争による規律と指導の再問題化

(1)『規律礼賛』の概要

　2006 年に刊行されたある著作が、規律と指導をめぐる「六八年体制」に大きな波紋を呼び起こした。すなわち、シュロス・ザーレム寄宿舎制学校[14] の校長であったベルンハルト・ブエブ（Bueb, B.）による、『規律礼賛—ある論駁書（*Lob der Disziplin – Eine Streitschrift*）』の刊行である。結論から先に述べてしまえば、ブエブが『規律礼賛』において主張したのは、1968 年以後の教育の否定であり、規律と指導の復権であった。以下では、ブエブの『規律礼賛』の要旨を読み取ってみよう。

　まずブエブは、『規律礼賛』の冒頭で次のようにドイツの教育状況を問題視する。すなわち、「国中で、多くの人々が目標や指導を欠いたまま困惑している。というのは、いかに子どもや青少年を教育すべきかということの合意が、恣意的で、個人的に特徴づけられる教育スタイルに屈服しているからである。権威と規律の必要性、正当性および実践的行使についての一致が存在していないのである」[15]。ブエブが問題とするのは、教育における恣意性や自由主義の高まり、それに伴う教育者の「権威」や規律の失墜であった。混迷する社会状況の中で、子どもが「成長する」ことに付き従うばかりで、「教育する」勇気を大人が失っていることを強く批判したのである。

　すでに見てきたように、このような教育学文化の広がりには 1968 年以後の教育学の影響が存在しているのであり、ブエブによる「論駁」の矛先は戦後教育学へと向けられる。つまり、ナチズムの時代の権威主義的な教育において展開された指導や規律が倒錯的な実践であったにもかかわらず、それらの誤用を鑑みることなく、「ナチズムの反省」「民主主義的教育」といった旗印のもとに教育から規律と指導を排除してきた戦後教育学が、結果として「レッセフェール（自由放任）」に陥り、現在の教育の混乱状況を引き起こしていると主張する。

このような「70、80年代の誤った反動」を克服すべく、ブエブは次の10点を主張する[16]。

①大人は「教育する勇気」＝「規律づける勇気」を持ち、一貫した規律づけを行わなければならない。

②自由と責任を子どもに与えてもほとんどは何もしないままである。大人の手本や秩序があってはじめて子どもは自己決定しうる。

③権威の不足が子どもに不安や不確かさをもたらしている。親の権力、権威の下で子どもは従属を経験すべきである。

④規律のなさや愛の過剰が生活の安定を奪い、アルコール依存や非行を導いている。この背景には、子どもの問題を「子どもの心理」へと解消し、道徳的に強めようとしない教育学の誤りがある。

⑤1968年以後の教育学が求めてきた、生活や学習の小さな規則に至るまで合意や取り決めを重視することは、結果として子どものエゴに回収されている。あまりに多くの事柄について自己決定や責任を負わせることは過大要求である。

⑥人間の内面に形成される内的秩序は外的に決められた秩序を必要とする。親や教師がまずもって外的秩序を決めてやらなければならない。

⑦正しさや罰は秩序なしでは維持できない。罰は子どもの確かさや健全さを保障する上で不可欠である。

⑧大きな家庭が解体され、そこで担われていた教育的役割（責任の引き受け、年少者の世話など）が失われている。その機能を代替するためには全日制学校が必要である。

⑨遊びを通じて子どもたちはルールの順守や他者との競争・協同の中で規律や秩序を学ぶ。テレビなどが子どもの自然発生的な遊びを破壊している現状では、学校においても演劇的手法などの取り入れが必要である。

⑩子どもが自分自身への信頼や現実的な自己評価を獲得することが重要であり、子どもが自身の才能を信じることを学ぶようにすることが教育の鍵である。

ブエブの主張は家庭教育も含めて幅広く展開されているが、とりわけここで挙げられた諸点の前半部分に、その立場がよく表れている。ブエブによれば、「六八年運動」以後の反権威主義的な教育スタイルが求めた「子ども中心主義」こそが結果として、子どもから明確な道標や方向づけを奪い、健全な発達を侵害しているとされる。そうであるがゆえに、教師や親による教育の威信を回復し、断固たる態度で子どもを規律づけるべく指導することこそが、子どもたちを救うための最善の手だてとして主張されるのである。

(2) 『規律礼賛』への反響

　『規律礼賛』は刊行後、教育書としては異例の50万部を超えるベストセラーとなり、一躍時の人となったブエブはトークショーや新聞などで大きく取り上げられることとなった。その教育論をめぐって多くの批判が提出された一方で、ブエブへの共感的な反応も数多く見られ、賛否両論の議論が巻き起こされることとなった。

　『規律礼賛』が大きな社会的反響を引き起こしたことで、批判の対象となった教育学側も黙っているわけにはいかなくなった。『規律礼賛』の刊行の翌年には、『規律の妄信─『規律礼賛』への教育学の応答─』および『規律の誤用について─ベルンハルト・ブエブへの学問の応答─』という2冊の批判本が出版された[17]。その基本的な批判点を要約すれば次の3点にまとめられる。第一に、ブエブが（歴史的・実証的な）研究成果を参照していないこと、第二に、「反権威主義」の教育をレッセフェールと単純に同一視していること、第三に、ブエブの求める学習観や人間観があまりに一面的なものであること、である。ブエブの教育論において子どもはエゴイスティックで、社会的に未成熟な存在としてのみ描かれており、その根底にはホッブズ的な「人間は人間にとって狼である（homo homini lupus）」という人間観が横たわっている。私欲に突き動かされる子どもをいかに規律づけていくかという点にこそブエブの主張の要点があり、そこでは心理学や脳神経科学で研究されてきたような知見が参照されることはないし、PISA以後の教育でとりわけ強く求められている探求的─挑戦的な学習も何ら役割を果たさない。ブエブにおいては、大人によって定められ、

与えられた課題を果たすことに学習が簡略化されていると批判されるのである[18]。加えて、批判者たちは『規律礼賛』がベストセラー化した背景、つまり『規律礼賛』の持つ魅力についても批判的なまなざしを向ける。すなわち、見通しの持ちがたい、多元化した社会において不安を抱える親や教師に対して、ブエブの主張が明確かつ効果的な解決を約束するかのように響いているということである[19]。

　『規律礼賛』の出版を契機として展開された、規律と指導をめぐる議論は、「ブエブ論争（Die Bueb-Debatte）」と呼ばれている。ただし、ここで注意しなければならないのは、ブエブが自身に向けられた批判に応答したり、反論したりしているわけではないということである[20]。むしろ「ブエブ論争」は、単に『規律礼賛』に賛同するか否かを超えて、ドイツの公的議論においてタブー視されてきた規律と指導をいかにとらえるか、という問題にまで拡大していった。実際、2008年には『規律礼賛』に引き続き、対等な関係が過度に強調される家庭教育が子どもを暴君としていることを批判したヴィンターホフ（Winterhoff, M.）による『なぜわれわれの子どもは暴君となったのか』が刊行され、ベストセラーとなっている[21]。さらには、「ブエブ論争」は、「規律の復権を望む大衆 vs. 復古主義を批判する教育学」という単純図式でもとらえられない。『規律礼賛』には完全に賛同しないにしても、あらためて規律と指導の重要性について言及する動きが教育学の内部からも出てきている。例えば、2012年に出版された教職のテキストでは次のような記述がある。すなわち、「規律という概念は、過去によってあまりにも特徴づけられ、従属、権威、罰と結びつけられ過ぎてきたし、今もその状態のままである。ブエブの『規律礼賛』以降、規律は教育的行為の主要概念として再び（大衆も含めて）視野にいれられている。もちろんそれは論争の残るものではあるが。今日、教師たちは次のことを知っている。すなわち、教室における規律は、コアカリキュラムや指導要領（Richtlinien）に設定された目標を達成するためには必要不可欠だということである。（中略――註：筆者）今日、規律は自己目的的なものではなく、生徒の学習可能性を高めるものへと高められるべきである。一方では、規律の保持は是が非でも重要なものではないが、他方で、教室における規律の放棄は生徒の未来に対する

責任を放棄するものであろう」[22]。

このように見てきたときに、ブエブとそれに共感的反応を示す大衆を無知な存在かのようにとらえる見方には留保が迫られることになろう。すでに2000年代初頭から指摘され始めていたことであるが、規律と指導はいかにその用語の使用を避けてみても、実践上は不可避の問題として存在し続けてきた。むしろこうした実践的問題への言及を避け、場合によっては規律と指導について語ることを制限さえしてきた教育学のあり方が問われてきているといえよう。「ブエブ論争」が示唆するのは、戦後教育学がつくり上げてきた「あるべき教育像」と、それに基づく言説や言論空間への批判的な意見と見ることもできる。2000年以前までは肯定的に評価されることが多かった「六八年運動」であるが、2000年代以降、様々な領域において「東西ドイツ統一以来徐々に増大した『六八年世代』の社会像への違和感」[23]が語られるようになり、「六八年世代」と一線を画し、自らを「八九年世代」と称する若者も表れてきている。ブエブの教育論は、PISAショックをはじめとする教育の苦境、「六八年運動」の問い直しという時流とも合流し、社会的反響を呼び起こしたのである。

とりわけ近年の議論で目を引くのは、規律がカリキュラムの達成や学習可能性と結びつけられていることである。『規律礼賛』とそれに対する批判は、主に生徒指導的側面や教師−生徒関係論として語られていたが、「ブエブ論争」の広がりの中で、規律と指導の概念やその意義と課題を授業論や学力向上との接続の中でどのようにとらえるべきかの議論が展開されつつある。次節では、「ブエブ論争」以後の教育学における規律と指導をめぐる動向について、特に授業論や学力向上との関連の中で検討していきたい。

3. 現代ドイツ教育学における規律と指導の議論の動向

近年では、ブエブをめぐる論争を契機として、また、学力向上における規律と指導の重要性が指摘されたことで、規律と指導をめぐる様々な文献が刊行されてきている。ベッカー（Becker, G. E.）は、ブエブの規律と指導論がベストセラーとなった背景を探りながら、規律のない子どもに悩む多くの親が規律を期

待しており、さらに PISA の結果から学力の向上のためには規律が必要である
という認識がドイツの中でも広がってきているということを指摘している[24]。
大人に反発して荒れる子どもに悩む親などが、厳罰主義による指導を期待して
いることは、ヴィンターホフも紹介しているとおりである。本節では、そうし
た状況の中で、規律と指導がどのように近年の教育学研究の中で提起されてい
るのかを示していきたい。

(1) 学力向上のための「手段」としての規律と指導

すでに述べたように西ドイツでは、ナチズムの教育が連想されるために規律
と指導という用語は、教育学の中であまり注目されてこなかった。しかし
1970 年代の西ドイツでは、子どもの規律の崩壊やそれに関する嘆きも確認され、
問題となり続けていた。こうした動向の中で第 1 節でも紹介したとおり、教育
学の心理学化による「サイコブーム」の社会が到来した。このとき規律と指導
に関わっては、アメリカの行動主義的研究に基づく授業の妨害の介入と予防の
ための文献として、アメリカの教育心理学者クーニン（Kounin, J. S.）による著
作『学級における規律と集団経営（*Discipline and groupmanagement in class-
rooms*）』(1970) のドイツ語版『学級指導の技術（*Techniken der Klassenführung*）』
(1976) が西ドイツで刊行された。

クーニンは、アメリカの小学校から高等学校を観察しながら、学級における
指導の優れたメルクマールとして以下の 5 つを規定した。すなわち、学級全体
へ教師のまなざしを向け、様々な行為の問題を発見し解決する、常在（All-
gegenwärtigkeit）と部分的重複（Überlappung）、授業の適切な計画と円滑な進行
である、円滑さ（Reibungslosigkeit）と躍動（Schwung）、集団に対する学習の動
機づけと子どもへの評価である、グループの活発化（Gruppenmobilisierung）と
応答の原理（Rechenschaftsprinzip）、子どもの適切な要求の発見と知的な学習課
題の設定である、知的な誘発（intellektuelle Herausforderung）、教師がいないとき
に子ども自身で学習をできるようにプログラム化する、自習の際の豊かさと誘
発（Abwechslung und Herausforoderung bei der Stillarbeit）である[25]。

学習課題の設定、集団への動機づけ、学習方法の確立といった学級における

指導のあり方を規定したクーニンの著作は、2006年に再版され、授業を成立させるためのメルクマールとして強調され、学級における規律と指導は授業の質にとって重要であることがドイツで認められるようになってきた。というのも、1980年代から1990年代のヴァイネルト（Weinert, F.）らの実証的研究でも明らかになったように、学力向上につながる成果豊かな授業の成立のために、学級における規律と指導が必要なものとして認められたからである[26]。ただし規律と指導は、ドイツにおいて忌避されてきた用語であるゆえに、否定的なイメージを伴っているのも事実である。こうした中でブエブ論争以降、規律と指導の復権とともに、さらに学力向上との関連から規律と指導をどのように行っていくのかについての議論もなされるようになってきている。では、ブエブ論争以降、規律と指導は学力向上との関連の中でどのように提起されているのだろうか。

　例えばベッカーは、ブエブの論が罰を強調していることを批判し、また規律は学力向上に結びつくにもかかわらず、これまでの規律の議論が授業論との関わりから考慮されていないことを踏まえ、規則の指導に焦点をあてて授業における規律のあり方を提起した。ベッカーは、「授業の規律とは集団における教授と学習にとって必要な社会的秩序であり、それは多くの行為の規則によって規定されるものである」[27]と定義づけているように、行為の規則によって子どもたちの学習行為を作ることが規律の指導であるととらえている。その際、議論をするときの規則や個人作業をするときの規則、および教師の指導の手段を示し、教師の指導の下、規則を学習し授業の秩序をつくるべきであることをベッカーは強調する。

　ただしベッカーにおいては、規則は子どもを従属させるための手段とはとらえられない。合わせてベッカーは、教師に従属しないために子どもたちが教師に対して自分たちの要求や自己の信念の主張をすべきであるとも提起している[28]。つまり子どもが教師の教授行為や提示された規則が誤っていることを感じたときには、教師に対して異議を唱えること、そして規則やルールを作りかえることが必須なのである。したがって、ブエブの唱える規則への無条件の服従ではなく、子どもからの要求を重視することによって、子どもの学習権の保

障を目指そうとしたのがベッカーの立場であった。ベッカーの論で重要なのは、子どもからの要求を認めていることである。規則とは、その規則の意味や効果が子どもにわかり同意が得られる必要がある。教師が一方的に規則を決めたり、マニュアルをそのまま実行したり、スタンダードに子どもをあてはめるだけでは、何のための規則なのかが子どもにもわからず、心理的な負担を与えることとなる。子どもが管理から脱却し教師に要求しながらルールを作りかえることで、子どもの自治を取り戻す必要性をベッカーは主張したのである。それにより、子どもたちにとっての学びやすい環境を自分たちで作ることで、学力の向上へつながると考えたのであった。

　ベッカーは、これまで PISA との関連で学力向上のために規律の必要性が述べられているにもかかわらず、授業の中で規律が扱われなかったことを踏まえながら、授業を成立させる手段として規律を提起している。ただしそれのみではなく、ベッカーは、子どもからの教師に対する要求を認めることによって、ブエブが述べるような罰則による子どもへの管理という規律のとらえ直しを行った。指導の画一化や管理を避けるために、教師への要求を認めるベッカーの立場は、ブエブへの批判的視点として重要である。ただし、これでは規則に関わる指導のみが強調されてしまうため、教科内容の指導の観点が抜け落ちてしまう。そうした中、教科内容の観点を補完して規律と指導の必要性を提起したのがリュエディ（Rüedi, J.）である。

　リュエディは、ブエブの『指導する義務について』（2008）を学問的な基礎づけのない保守的な回帰として批判し、1990 年代以降に規律と指導について研究を進めてきたアーペル（Apel, H. J.）に依拠しつつ、規律と指導に関する議論を展開している。リュエディによると、規律は強制的な秩序を超えて、学習、よい人間関係、互いに耳を傾け合うことを成立させ、学級における授業の成立の条件を作り出すことであるとし[29]、規則の指導や関係性の指導を規律の指導としてとらえている。ただし、リュエディは規律の指導の観点のみでは授業の成立のための前提ができるだけであり、子どもは学力を身につけていくことはできないことから、教科内容の指導が必要になると指摘している。そのためリュエディは、教師が子どもにとって魅力的でわかりやすく、ユーモアをもっ

て教科内容を指導することこそが、子どもたちがモチベーションを持って学習し知識を身につけることができると主張した[30]。リュエディは、ブエブの管理論を批判する形で、規律を規則の共同決定や関係性の指導とし、規律を前提としながら、子どもの主体性を引き出す教科内容の指導によって学力向上を目指したのである。

（2）陶冶論からみた規律と指導の再編

　しかしながら、授業の成立の前提にある規則の指導と教師への要求のみでは教科内容の知識の習得とは離れた規律と指導の危険があること、またPISAとの関連で規律を授業の前提として手段化させ、規定された内容やコンピテンシーを問うことなく規律や知識を獲得させることに警鐘を鳴らす声も出てきた。例えば陶冶と規律の関係について研究するフレヒ・ベッカー（Frech-Becker, C.）によると、現在の規律の議論は、規律を単なる「手段」として位置づけているが、規律は、本来、規定された内容を無批判に獲得させる手段ではないという。PISAとそれに関わるコンピテンシーの設定へと教育が進むと、規律は道具的なものへ変質し、労働の準備への強制的な方向づけの危険があることを指摘しているのである[31]。

　こうした問題意識からフレヒ・ベッカーは、規律を手段としてのみではなく結果としてとらえる必要性を提起する。そもそも規律の語源は、ラテン語のdisciplinaを源流とし、規則を守ることを意味する概念である一方で、学問を習得することで形成される個人の道徳的成果でもある自己規律を想定するものであるという点で陶冶と関わっている[32]。つまり、リュエディやベッカーが提起したように、規律は一方では規則の指導による外的規律化（Äußere Disziplinierung）が前提となり、規則の決定とその保持が重要となる。ただし、フレヒ・ベッカーは、学科を学ぶことによる自己形成である陶冶論から、教科内容との集団による対決を行いながら、価値や真理を批判的に探りながら習得し、そのうえで道徳性と学習行為を身につけ、自己規律が形成されることも見逃されてはならないということも強調している。とりわけフレヒ・ベッカーは以下の図を用いながら、陶冶と規律の連関を論じている（図6-1参照）。

214　　第2部　学力向上政策の学校教育への影響とその余波

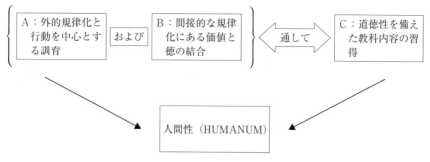

図6-1　陶冶による規律と規律による陶冶の連関[33]

　図6-1のAにある外的規律化、つまり規則を決定し学習できる姿勢を子どもが慣習的に身につけることによって、Cにある教科内容の中に存在する価値について、対話による対決やそれを通した知識の習得が可能となる。そして、集団による知識の獲得とそれに至る対決の過程で、教科内容の中にある価値や連帯のあり方を学ぶことにより、Bにあるように徳といった道徳性を身につけ間接的に規律化される。この図にあるAとBとCは相互に補完的である。Cにある教科内容の習得によって子どもの規律は形成され、またAとBの規律化がなされることによって、教科内容はより豊かに習得される。このAとBとCの連関の上で、図の矢印が指し示すように、人間性とともに自己規律が形成される。この連関が「陶冶による規律（Disziplin durch Bildung）」であり、「規律による陶冶（Bildung durch Disziplin）」なのである。したがって、フレヒ・ベッカーは規則を前提としながらも、教科内容を学ぶことで規律が形成されると主張していることがわかる。その際彼女が最も重視するのは、道徳性を含む内容であり、とりわけドイツにおける文学教育の研究者であるフールマン（Fuhrmann, H.）の提起する詩の内容は模範的であると評価している[34]。フールマンは、詩を取り扱った文学の授業の案として、ゲーテの「神性」などを取り上げ、その作品の解釈から人の生き方を考えさせる授業を紹介している[35]。フレヒ・ベッカーは、子どもはそうした作品へ自己を重ね合わせながら、その作品への解釈や判断の議論を通して、道徳性や知識の習得をしていき、自身の行為のあり方を自身で決める自己規律へ導かれると主張している。

フレヒ・ベッカーはこれまでの研究における規律のとらえ方では教科内容の知識の獲得のあり方が問われないことを批判し、教科内容の知識と関わりのある規律のあり方を、陶冶論とつなげることで論じている。ただし、授業における指導をすべて規律で論じるため、その他の指導との関わりが見えない。その中で、授業における規律の指導を含めて指導のあり方を探求し、陶冶論に基づいて指導論を研究したのがツェルナー（Zellner, M.）であった。

ツェルナーによると、戦後忌避された指導概念はブエブにより復権されたが、そもそも指導概念は、ブエブが述べるように管理や統制といった意味を持つ用語ではなかったと指摘している。すなわちツェルナーは、指導概念の源流はギリシア語のパイデイア（paideia）にあり、語源的に指導概念は陶冶概念との結びつきにあったと解釈する。そもそもパイデイアは、陶冶（Bildung）、訓育（Erziehung）、専門教育（Ausbildung）を意味し、その言葉の由来は、教育学（Pädagogik）であるパイダゴーギケー（paidagogike）である。これは、教育科学や人間の陶冶と訓育の理論を意味し、そこから派生する教育者（Pädagoge）は、ギリシア語のパイダゴーゴス（paid-agogos）に由来し、pais が子ども、agein が指導する（führen）ということを意味する。ツェルナーは、パイダゴーゴスは、子どもの指導者（Kinderführer）、すなわち人間を陶冶へと指導する者として理解されるため、「教育者の課題は、語源的には子どもを陶冶へ向けて指導するということにあった」[36] と解釈した。つまり指導の目標は陶冶にあったのであり、語源的に指導概念には、否定的な意味は含まれていなかった。しかし戦後になって、ナチズムの反省から指導よりも同伴（begleiten）といった別の概念が登場することとなった[37]。ただし、そのような概念は、一貫して援助することにとどまり、また「授業において教師の指導を後退させるために、授業と訓育のプロセスでの責任をなくすものでしかない」[38] という問題意識がツェルナーにはあった。そのためツェルナーが提起したのが、子どもの自己指導（Selbstführung）である陶冶を目標とした、教師による授業を成立させるための前教育的（vorpädagogische）な指導である規律、および、それを前提として行われる教育的指導である、方法的（Methodisch）、教授学的（Didaktisch）、そして組織的（Organisatorisch）な指導であった。ツェルナーは、教育的指導を行う前提であ

る教室の秩序の形成を規律の指導と位置づけ、教育的指導によって、子どもが自身で知識を獲得し自立的で責任的に行為することができるようになること（陶冶＝自己指導）、へと導く必要性を主張したのである[39]。ここでは、まず教育的指導としての方法的、教授学的、組織的な指導の内実を述べ、その上で教育的指導を成立させるための前提にある規律の特質を述べていく。

　方法的な指導は、教科の特性に従う、助言（Hinweis）、刺激（Impulse）、催促（Erinnerung）、忠告（Ratschlag）、援助（Hilfsmittel）、問い返し（Nachfrage）による、子どもの方法的な行為の援助である。方法的な指導が目指すことは、子どもが教科の固有の解決方法や議論の特定の方法を身につけ、対話の中で価値について対決することができるようにすることである。つまり方法的な指導は、教科の特性に応じた指導、例えば理科の実験では実験の手順といったように学習方法の指導を指し示す。

　次に教授学的な指導についてまとめてみよう。教授学的な指導にとって重要なことは、子どもがそれを学ぶことで後にどのような意味があるのかという基準による教材選択（Lehrgutswahl）である。それは子どものモチベーションに関わるものであるため、教師には、課題が年齢や発達段階にあっているか、テーマの複雑性を縮減できているかが問われる。ツェルナーによると、教師がその教授学的な熟慮をすることは、教授学的な指導の基本的な視点であり、教授学的な指導の課題の中心にあるのは、対象との子どもの対決や子どもの能動性を可能にさせることである。つまり教授学的な指導は教材の選択と配列を考慮し、子どもが教材との関係を結びその中にある価値を問うことができるようにすることが目標となる。そのため、子どもの生活背景や発達段階を見通した教材選択や教材研究、そして発問を媒介にした指導が求められるといえる。

　最後に組織的な指導について取り上げたい。ツェルナーによると、方法的な指導と教授学的な指導の基盤となるのが組織的な指導であり、その指導の中心にあるのは、授業内容に応じて、どの授業・学習形態を用いるのかについての熟慮である。子どもの自己責任と共同責任のためにも、様々な社会形態を用いて課題を課すことが重要となるとツェルナーは述べている。例えば、個人作業（Einzelrbeit）、パートナー作業（Partnerarbeit）、グループ作業（Gruppenarbeit）、

第6章　現代ドイツにおける規律と指導のルネサンス　　217

そして自由作業（Freiarbeit）の選択があるが、どの形態を用いるかは授業目標や場面に依存している。

　ツェルナーは、授業における教育的指導によって、子どもが特定の問題や課題を、ふさわしい社会形態の中で対話によって共同的に学ぶことで、知識と道徳的な行為を身につけさせ、自己指導へと転化させていく必要性を提起した。この教育的指導に際して必要なのは、対話的な教師と子どもの関係（dialogische Lehrer-Schüler-Verhältnis）[40]。そのため、教師が注意し避けるべきことは、価値の強制的な教え込みであり、そうした指導は非教育的（unpädagogisch）、つまり操作的（manipulative）で教化的（indoktrinative）になってしまうのである。ツェルナーはブエブのように教師からの一方的な指導になる危険を指摘しながら、自己指導へ向けた指導のあり方を提起しているといえよう。

　他方でツェルナーは、教育的指導が成り立つためには、予防的観点を含めた規律が必要となると述べている。ツェルナーによると、規律は、学級における規則の決定など、授業における教育的指導を成立させるための前提にある前教育的なものであり、陶冶のための前提とされる。そうした指導では、「学習者の直接の陶冶危機が防止され秩序が保持されるなら、命令や叱責はふさわしい」[41]とツェルナーは指摘している。つまり、子どもが授業対象に取り組まず、何かの器具を使って遊んだりしている場合にも事物へ方向づけるために命令、叱責は行わざるをえない。ただし、そのような状況にはできるだけならないように対話を前提とした働きかけが必要となる。というのも規律化は抑圧的で教化的である限り、教育的ではなくなってしまうからである。叱ることに終始するのではなく、ほめることや励ましの言葉とともに子どもに対峙することが子どもの抑圧を回避することへとつながるのである。

　加えて、ツェルナーが重視したのが、規律の指導が形式主義となることを避けるための教科的な規律である。つまり、子どもに教科の知識を獲得させるための行為を教師は要求する必要があると指摘している。この意味で、授業における規律は、教科内容の知識の獲得と結びつくかどうか、また規則も教科内容の習得と関わるものかどうかについて問うことが重要となる[42]。

　ツェルナーの指導論は、3層の構造でとらえられる。すなわち、自己指導、

教育的指導、前教育的な指導である。自己指導は教育的指導の目標である陶冶を意味し、教育的指導は、授業指導としての方法的、教授学的、組織的な指導を示し、前教育的な指導は授業を成立させ、教育的指導のための前提となる指導である規律の指導が含まれる。ただし、ツェルナーは、対話を前提とせず教師の一方的な指導となった場合、ブエブが提起しているように抑圧的で教化的となり、非教育的な領域（Unpädagogischer Raum）の指導となる危険も指摘している。

　ブエブ論争およびPISA以降の規律と指導の再提起の動向として、学力向上との関連から、ベッカーとリュエディは、規則によって学習方法を作り出し能動化させることを強調した。しかしながら、陶冶論の立場から、規律の手段化と教科内容の無批判の習得の危険が指摘され、フレヒ・ベッカーは規律を手段のみではなく結果としてとらえ、子どもが集団で価値の背景を問いながら知識を習得していくことによる自己規律の形成を強調した。そしてツェルナーは、これまで不明瞭となっていた規律の役割とその他の指導の役割を分類しながら規律と指導を整理し、ブエブが述べた管理的な規律と指導論から、対話的な教師と子どもの関係を重視し、授業を成立させる規律を前提として、教科の知識を共同で獲得し、自立していくという陶冶論から指導論を再編したのである。

（3）現代ドイツ教育学における規律と指導の今日的課題

　ベッカーやリュエディ、さらに彼らを批判したフレヒ・ベッカーやツェルナーによる規律と指導をめぐる議論の展開からは、陶冶論に基づいて、子どもの視点から学級の秩序をつくっていくことや共同による知識の獲得が重視されていることがわかる。しかしながら近年では、インクルーシブ教育の観点から、規則を共同で決めること、そしてそれを前提として教科内容の習得に迫ることこそが子どもへの管理を強いることになり、暴力性をはらむことが指摘されている。例えば、教育誌『一般教授学年鑑（*JAHRBUCH FÜR ALLGEMEINE DI-DAKTIK*）』では、2015年に「学級経営／学級指導（Klassenmanagement / Klassenführung)」が特集され、インクルーシブ教育の観点から、これまで提起されてきた規則の共同決定の危険性が述べられている。それを行っているのがボ

ガー（Boger, M.-A.）とテクスター（Textor, A.）である。彼女らが強調したのは、「民主主義的な決定に際して、発言能力や規則を守る能力を有していないすべての人間を排除する危険があり、討議して決める学級の規則や、学級会は、その能力をもって参加することのできないすべてを排除する」[43]ということである。こうした規則（Regel）による指導ではなく、義務（Pflicht）への転換を図るのがボガーとテクスターの立場であった。とりわけ彼女らは、教室の構成員が、互いに自分たちが他者の権利を正当なものとする義務をもっていることが子どもの全員参加を保障すると指摘している。すなわち、学級における一つの規則にすべての子どもを適合させるのではなく、それぞれの子どもの特性と学習権を認めることで、様々な目標と規則を認め、それを保障する義務が求められるのである。このことにより、特別なニーズを持つ子どもに対するケアと周囲の子どもの見方への指導の必要性が浮かび上がる。彼女らによればインクルーシブ教育の観点から重要なことは、共通の対象の学びを前提としながら、それぞれの子どもに応じた個別化された授業構成をし、授業の学習対象にそれぞれの子どもが彼らの可能性の枠組みの中で貢献できるということ、また、それぞれの子どもがそれぞれの手段で授業に参加することの保障である[44]。そのためには学習のルールやきまりを一つに合意形成するというのではなく、特別ルールの設定やそれを踏まえた指導まで見通されなければならない。

　こうしたインクルーシブ教育の視点からの指摘は、ブエブ同様、「六八年運動」以後の展開されてきた規則の共同決定や取り決め、さらには陶冶論に基づいた教科内容の習得のあり方に対して再考を迫るものであり、見逃されてはならない。ブエブ論争以後提起された陶冶論に基づく規律と指導論が、誰も排除しないものとなっているのか、個別の事情を配慮したものとなりながら、それぞれの子どもに応じた指導が成立しているのかについての検討は、今後の重要な課題である。

4. ドイツにおける規律と指導をめぐる議論からの示唆

　そもそも教育学において規律と指導を取り扱うことはある種の難しさを抱え

ている。自立、自主性、自己活動、自己指導力といったキーワードを教育の目
的・手段として並べていく際に、どうしても規律、管理、指導、権威といった
言葉には否定的なイメージが張りつけられることになってしまうからである。

　しかし、用語の使用を回避してみても、実践の中から排除することができな
いところに規律と指導をめぐる議論の難しさがある。事実、ドイツ教育学の戦
後史を概観して見えてくるのは、「教師たちが今まさに、社会的グループとし
ての学級の指導に際して、最大の困難を経験しているにもかかわらず、（指導と
いう用語が──注：引用者）しばしば臆病に避けられたり、『訓育』と混同された
りしている」[45] 状況であった。『規律礼賛』を契機とした規律と指導の復権は、
ドイツ教育学が臆病に避けてきた理論的間隙に対する批判的な反応であったと
も見ることができる。

　このような状況は、「ナチズムの反省」を背景に持つドイツ特有の事情とい
うわけではない。日本の教育学においても同様の問題を指摘していた大西忠治
は、かつて指導と管理の問題に触れて次のように述べている。「教師は自分の
指導を成立させるためには、生徒のなかに、自発的に従ってくれることを、集
団的に支持する集団を築きだしていかねばならない。（中略──注：引用者）その
ために『管理』を媒介にしていく段階が必要だと考えるのである。『管理』と
結びつきながら『指導』を成立させるあの時期があると考えるのである。この
問題はどんなに苦しく、にがい事実であっても避けてとおれば、現実の『指
導』を見失わせてしまうことになると思うのである。（中略──注：引用者）教育
の世界では、その事実をだれでも知っていながら、奇妙に避けて、それを問題
にしなかったように思えてならない。この覚悟をきめたとき、私は『管理』の
民主主義とは何か？という新しい問題につきあたったことを感じた。もしも、
『管理』ぬきに『指導』が成立しないとすると、その『悪魔のような』性格を、
民主主義的に飼いならさねばならないと考えたからである」[46]。反権威主義的
―民主的教育を目指した「六八年運動」に欠落していたのは、大西の指摘した
ような「悪魔のような」性格を持つ規律と指導を「民主主義的に飼いならす」
ことに向けた議論の展開であったのかもしれない。

　それゆえ、「六八年運動」から40年以上を経て再開された規律と指導をめぐ

第6章　現代ドイツにおける規律と指導のルネサンス　　221

る議論の再展開は、教育的な規律と指導を探求することに方向づけられている。その方向性の一つには、規律と指導を子どもの従属や統制という視点ではなく、学力形成や授業づくりを豊かにするための措置として位置づけようとしていることが挙げられよう。とりわけ、授業における規律を学習ルールの徹底というレベルを超えて、教科内容の習得と関連づけて構想する点は、陶冶論の伝統を持つドイツ教育学の思考形式がよく表れているといえよう。ともすれば、「学習規律の徹底」というスローガンが、授業の秩序維持や話し方・聞き方の統制に陥りがちな状況に対して、鋭く警鐘を鳴らしているのである。

またもう一つには、規則の共同決定や生徒参加といった「六八年運動」以来の教育論を引き継ぎながらも、インクルーシブ教育の観点からその批判的継承が試みられていることである。発達障害の子どものみならず、移民の背景を持つ子どもたちが存在する教室で、規則の共同決定がむしろ同質化や排除を促していないか、彼らの持つ特別なニーズへ応答しながらいかに規律を生成していくのかということは、今後ますます慎重な検討が求められていくことになるだろう。

PISA を契機とした「コンピテンシー・ブーム」やインクルーシブ教育といったグローバルな教育課題が提起される中で、あらためて規律と指導の問題がいかに語られうるのか。国際的な動向も参照しつつ、その「飼いならし」が教育学研究に求められている。

（熊井将太／早川知宏）[47]

■注

1 ）例えば、Vgl. Coriand, R.: Von der (Unterrichts-) Führung zum (Class-room-Management) - die Wieder entdeckung des Zusammenhang von Di-daktik und Hodegetik, In: Coriand, R./Schotte, A. (Hrsg.): „*Einheimische Be-griffe" und Disziplinentwicklung*, Garamond Verlag, Jena, 2014, S. 151. や Keller, G.: *Disziplinmanagement in der Schulklasse*, Hogrefe AG, Huber, 2008, S. 7. など。

2 ）樋口裕介・熊井将太・深澤広明「ドイツにおける規律指導をめぐる教育学的応答―ブエブの『規律礼賛』をめぐって―」『学習集団づくりの組織方法論による授業規律形成のための指導評価表の開発研究』（2007～2009 年度科学研究

費補助金 基盤研究（C）補足報告書 課題番号 19530701 研究代表者：深澤広明）、2010 年、27 頁。

3）井関正久『戦後ドイツの抗議運動―「成熟した市民社会」への模索―』岩波書店、2016 年、31 頁。

4）本章では、西ドイツにおける運動の展開を中心に論述しているが、東ドイツにおいて「六八年運動」が不在だったわけではない。井関が明らかにしているように、戦後間もない東ドイツでも世代間の軋轢が表面化し、自分たちをコントロールする権威主義的国家への批判と「『現存する社会主義』の民主化」（井関正久「六〇年代の旧東西ドイツ―異なる体制下における抗議運動の展開―」『国際政治』第 126 号、2001 年、179 頁）を求める運動が展開された。政府からの弾圧もあり、社会全体の根本的変革を目指す西ドイツほどの運動までは広がらなかったものの、地下運動として展開された「六八年運動」は、1989 年の民主化運動の基盤を形成することとなった。

5）Vgl. Baader, M. S.: Die Erziehung der '68er und die Folgen. Das Beispiel der Kinderläden und Elterninitiativen, In: *Pädagogik*, Jahrgang 70, Heft 7-8, 2018, S. 77.

6）井関正久「ドイツの『一九六八年』を振り返る―五〇年後の視点からこの時代をどうとらえるか―」『思想』岩波書店、2018 年 5 月号、202 頁。

7）Vgl. Tändler, M.: 1968 und die Therapeutisierung der Pädagogik. Lerkräfte im Psychoboom, In: *Pädagogik,* Jahrgang 70, Heft 6, 2018, S. 45.

8）Vgl. Winkel, R.: *Der gestörte Unterricht. Diagnostische und therapeutische Möglichkeiten*, Schneider, Baltmannsweiler, 1976.

9）ただし、テンドラーは、心理学的アプローチの拡大がもたらした弊害についてもあわせて言及している。すなわち、「1970 年代には、『実践ショック（Praxisschock）』というキーワードの下で、逆説的な問題が議論の対象となっていった。それはすなわち、政治的、教育学的に高い動機をもった若い教師たちの世代が、学校での日常的、構造的拘束であったり、解放的な教育科学的理論からの非現実的な期待に絶望しているようであったことである」（Tändler, a. a. O., S. 46）。子どもの内面理解や共感を重視するアプローチが、時として教師への過大要求とつながったことが指摘されている。

10）Reich, W.: *Wie erreiche ich im Unterricht Disziplin?* Volk und Wissen Volkseigener Verlag, Berlin, 1983.

11）ただし、ここでいう規律と指導は、子どもの服従と結びつく権威的な概念ではないことには注意が必要であろう。先のライヒの著書においても、服従や搾取による規律ではなく意識的な規律の重要性が重視されているし、クリングベルクによる「指導と自己活動」の弁証法的な把握は後に西ドイツの教授学者たちによっても高く評価されている（吉田成章『ドイツ統一と教授学の再編―東ドイツ教授学の歴史的評価―』広島大学出版会、2011 年、155-159 頁参照）。

12）熊井将太「PISA 後ドイツの学力向上政策における学級経営・学級指導をめぐる動向―各州の『参照枠組』『方向枠組』の検討から―」『山口大学教育学部

研究論叢　第三部』第 67 巻、2019 年。

13）2002 年にはエアフルトで 19 歳の元ギムナジウム生徒による大量殺人事件が、2003 年にはコーブルクでレアルシューレの 16 歳生徒による教師の射殺事件などが起こっている（高橋英児「ドイツの暴力予防教育に関する動向研究（1）—ドイツにおける子ども・若者の暴力の現状と暴力予防教育の研究・実践動向を中心に—」山梨大学教育人間科学部附属教育実践総合センター編『教育実践学研究』第 20 巻、2015 年、145 頁参照）。

14）シュロス・ザーレム寄宿舎制学校は、1920 年にバーデン・ヴュルテンベルク州に設立された民間のギムナジウムである。設立者はクルト・ハーン（Hahn, K.）であり、第一次世界大戦後の右傾化するドイツにおいて、次世代の新しい知的エリートの育成を目指して設立された学校である。ブエブはハーンの死去した 1974 年に校長に就任し、2005 年までその任を務めた。『規律礼賛』は自身が校長を務めたシュロス・ザーレムでの体験をもとに執筆された教育論である。

15）Bueb, B.: *Lob der Disziplin. Eine Streitschrift*, Ullstein, Berlin, 2006, S. 11.

16）ブエブの主張について詳しくは、熊井将太「生徒指導における規律概念の検討」中国四国教育学会編『教育学研究紀要』（CD-ROM 版）第 58 巻、2013 年を参照のこと。

17）Arnold, R.: *Aberglaube Disziplin. Antworten der Pädagogik auf das „Lob der Disziplin"*, Carl Auer, Heidelberg, 2007.

　　Brumlik, M.（Hrsg.）: *Vom Missbrauch der Disziplin. Antworten der Wissenschaft auf Bernhard Bueb*, Beltz, Weinheim und Basel, 2007.

　　なお、上記の 2 冊の図書の執筆者たちの多くが（六八年運動にどのように関わっていたかは定かではないが）1968 年時点で 10 代後半から 20 代前半の年齢であったことも目を引く。

18）Vgl. Thiersch, H.: Rigide Verkürzungen – zur Attraktivität von Bernhard Buebs »Lob der Disziplin«, In: Brumlik, R.（Hrsg.）: *Vom Missbrauch der Disziplin. Antworten der Wissenschaft auf Bernhard Bueb*, Beltz, Weinheim und Basel, 2007, S. 17.

19）Vgl. ebenda, S. 25-28.

20）ブエブは 2008 年に『指導する義務について（*Von der Pflicht zu Führen*)』を出版しているが、批判への応答や反証はほとんどなく、自身の主張を再度展開するに留まっている。

21）Winterhoff, M.: *Warum unsere Kinder Tyrannen warden*, Goldmann, München, 2008.（ミヒャエル・ヴィンターホフ著、織田昌子訳『モンスターチルドレン　子ども時代を奪われた子どもたち』新教出版社、2009 年）

22）Kiebisch, U. W./Mdloefski, R.: *LehrerSein. Erfolgreich handeln in der Praxis, Band 3.*, Schneider, Baltmannsweiler, 2012, S. 12.

23）今野元「ザラツィン論争—体制化した『六八年世代』への『異議申立』—」『愛知県立大学大学院国際文化研究科論集』第 14 号、2013 年、176 頁。今野は

ドイツを「知的戒厳令体制」の国と特徴づけ、個人の自発的な道徳感情以前に、（とりわけ六八年世代の）知的エリートが設定して特定の思考枠組みが強く機能していることを指摘している。

24）Becker, G. E.: *Disziplin im Unterricht. Auf dem Weg zu einer zeitgemaßen Autoritat*, Beltz, Weinheim und Basel, 2009, S. 7f.

25）Vgl. Kounin, J. S.: *Techniken der Klassenführung*（*Reprint*），Waxmann, Bern, 2006, S. 148.

26）熊井将太「学級経営論の教育方法学的検討―学級経営の再評価をめぐる国際的動向―」『山口大学教育学部研究論叢　第三部』第63巻、2013年、57頁参照。

27）Becker, G. E., a. a. O., S. 75.

28）Vgl. ebenda, S. 193.

29）Vgl. ebenda, S. 36-44.

30）Vgl. Rüedi, J.: *Disziplin und Selbstdisziplin in der Schule. Plädoyer für ein antinomisches Verständnis von Disziplin und Selbstdisziplin. Begrundungen, Möglichkeiten und Beispiele zur Klassenführung*, Haupt Verlag, Atelier Mühlberg, Basel, 2013, S. 155-163, 201-208.

31）Vgl. Frech-Becker, C.: *Disziplin durch Bildung-Ein vergessener Zusammenhang. Eine historisch-systematische Untersuchung aus antinomischer Perspektive als Grundlage für ein bildungstheoretisches Verständnis des Disziplinproblems*, Peter Lang, Frankfurt am Main, 2015, S. 409-414.

32）Vgl. ebenda, S, 155.

こうした学科を学ぶことによる自己形成である陶冶論から規律を解釈する仕方は2003年に『陶冶と規律（*Bildung und Disziplin*）』を刊行したコルン（Korn, C.）と同様である。当時の個々の学問領域としての自由学芸は、disciplinae liberals（自由学芸）とも呼ばれ、コルンが引用するシュリンプフ（Schrimpf, G.）によれば、disciplina という概念は学科の修練の内容だけでなくそれを学ぶ経過、そしてその結果を内包している概念であったという（Vgl. Schrimpf, G.: Disciplina, In: Ritter, J.〔Hrsg.〕: *Historisches Wörterbuch der Philosophie*〔Bd. 2, D-F〕, Schwaven, Basel und Stuttgart, 1972, S. 256.）。すなわち、disciplina は学問の体系を学び、教養を身につけていくこととしてとらえられるからこそ、コルンは「知識の獲得という行為は Disziplin 概念の本質的特徴」（Korn, C.: *Bildung und Disziplin. Problemgeschichtlich - systematische Untersuchung zum Begriff der Disziplin in Erziehung und Unterricht*, Peter Lang, Frankfurt am Main, 2003, S. 15.）として理解した。こうして教養を身につけることで精神を耕し、人は行為を自身で選択し行使していくことができるとし、この精神の耕作（cultura anima）は陶冶概念の早期の形態とされた（Vgl. ebenda, S. 59.）。ただし、フレヒ・ベッカーは、コルンが規律指導を構想する際、教科内容の学び方に論が集中し、教科内容の観点がないことを批判している（Vgl. Frech-Becker, C., a. a. O., S. 111f.）。

33）Vgl. ebenda, S. 478.

34）Vgl. ebenda, S. 71.

35）Vgl. Fuhrmann, H.: *Literatur, Literaturunterricht und die Idee der Humanität. Aufsätze und Vorträge*, Königshausen & Neumann, Wiesbaden, 2007, S. 161.

36）Zellner, M.: *Pädagogische Führung. Geschichte-Grundlegung-Orientierung*, Peter Lang, Frankfurt am main, 2015, S. 13.

37）Vgl. ebenda, S. 14.

38）Ebenda.

39）Vgl. ebenda, S. 14-30.

40）Vgl. ebenda, S. 239.

41）Ebenda, S. 224.

42）Vgl. ebenda, S. 225f.

43）Boger, M.-A./Textor, A.: Demokratische Klassenführung in inklusiven Lerngruppen, In: Zierer, K. u. a.（Hrsg.）: *JAHRBUCH FÜR ALLGEMEINE DIDAKTIK. Themanteil Klassenmanagement/Klassenführung*, Schneider Verlag, Hohengehren, 2015, S. 109.

44）Vgl. ebenda, S. 119.

45）Glöckel, H.: *Klassen führen – Koflikte bewältigen*, Klinkhardt, Bad Heilbrunn, 2000, S. 7.

46）大西忠治『教師の指導とは何か』明治図書、1983 年、126-127 頁。

47）本章は、熊井と早川との共同研究の上で作成されたものであり、その内容には両者が責任を負っているが、執筆上は、1、2、4 節を熊井が担当し、3 節を早川が担当した。なお、第 3 節については、早川知宏「現代ドイツ教育学における指導論に関する一考察」日本教育方法学会編『教育方法学研究』第 44 巻、2019 年、早川知宏「現代ドイツにおける規律指導論の再提起―『ブエブ論争』のその後の展開―」中国四国教育学会編『教育学研究ジャーナル』第 23 巻、2018 年、早川知宏「現代ドイツにおける学級経営論に関する一考察」『広島大学大学院教育学研究科紀要・第三部（教育人間科学関連領域）』第 67 号、2018 年の内容を軸に執筆している。

第3部

多様な子どもの学びと育ちに
対応する教育方法改革

第7章

コンピテンシー志向の幼児教育改革の 意義と課題

　PISA 後のドイツの教育改革の特徴の一つは、学校教育段階のみならず、就学前教育の改革も同時に進行していることである。ドイツでは「PISA ショック」後に幼児教育への関心が高まり、幼児教育が重点施策の中心に位置づけられてきた。中でも幼児教育段階での教育計画（Bildungsplan）の策定は、言語教育の充実やドイツ語テストといった施策と並ぶ中心的な政策の一つとされてきた[1]。

　初等教育段階以降では、PISA 後にコンピテンシー志向のカリキュラム改革が進行しているが[2]、この動きは就学前の幼児教育領域でも同様である。幼児教育領域では、2004 年に青少年大臣会議（Jugendministerkonferenz：JMK）と常設各州文部大臣会議（Kultusministerkonferenz：KMK）が「保育施設における幼児教育のための州共通枠組み」（以下、「共通教育枠組み」）[3] を決議したことにより、各州で教育計画が作成された。そのさい、幼児教育段階の教育計画にも「コンピテンシー」概念が導入されるようになったと言われている。さらに 2009 年には、青少年家族大臣会議（Jugend- und Familienministerkonferenz：JFMK）と KMK の共同決議「保育施設から基礎学校への移行を有意義かつ効果的なものに―基礎領域と初等段階の協働を最善化する―」[4] により、初等教育段階への移行や、幼児教育と初等教育の一貫教育を強調する流れも生まれている[5]。つまり、ドイツでは学校教育段階でのコンピテンシー志向の教育改革の動きに応じて、幼児教育段階からも一貫してコンピテンシー育成が図られるようになっているのである。

　この各州の教育計画では、「プロジェクト」が子どもたちの教育プロセスにとって適切な教授形態・学習アレンジとして推奨されている[6]。日本でも「協同的な学び」の議論の中でプロジェクト型の保育に対する関心が高まっている

が[7]、ドイツの幼児教育では、プロジェクト活動を通して、コンピテンシーが育成されているといえる。

　そこで、ドイツの幼児教育では、小学校への移行や幼・小の一貫教育に向け、どのようなコンピテンシーをどのように育成しようとしているのか、とりわけ、プロジェクト的活動との関連で明らかにし、その意義と課題を検討したい[8]。

1. ドイツにおける幼児教育政策の動向

(1) ドイツの幼児教育の概要

　ドイツでは就学前の公的な保育サービスとして、3歳未満児対象の保育所 (Kinderkrippe, Krippe)、3歳から6歳児まで対象の幼稚園 (Kindergarten)、育児支援者による家庭的保育 (Tagespflege) がある。近年では、幼稚園と保育所、さらに学童保育 (Hort) も併設した保育施設である「Kindertagesstätte, Kita, KITA」が増えてきている。ドイツの保育施設は、制度的には教育領域ではなく社会教育 (Sozialpädagogik) を担う児童福祉施設として位置づけられている。保育の法的根拠は、「社会法典第8典—児童・青少年支援法—」であり、連邦レベルで保育に関する事項を所轄しているのは、連邦家族・高齢者・女性・青年省 (Bundesministerium für Familie, Senioren, Frauen und Jugend) である。保育に従事する者の資格も、学校の教師 (Lehrer/rin) とは異なり、保育者 (Erzieher/rin) や社会教育者 (Sozialpädagogen/gin) といった、社会教育を担う職業（青少年援助職、社会教育職）に関するものである。各州レベルでは、保育施設の管轄は、青少年福祉省系の省庁が所管する州と学校教育系の省庁が所管する州があるが、近年では学校教育系の所管が増加傾向にあるといわれている[9]。

(2) 幼児教育カリキュラムの改革の背景

　ドイツにおいて幼児教育段階が教育改革の重点となったのは PISA 後が初めてではない。ドイツでは、1970年代の教育制度改革の中で、伝統的に託児所 (Bewahranstalt) 的な性格の強かった幼稚園教育も、「就学前」の問題として改革の対象となった。とりわけ、5歳児の帰属を幼稚園段階にするか学校（初等

230　第3部　多様な子どもの学びと育ちに対応する教育方法改革

教育段階）にするかをめぐり、各州でモデル実験をふまえた選択・決定が求められた[10]。そのさい、就学前にふさわしい教育内容とは何かが検討され、各地で多くのカリキュラムが開発された。その様々なカリキュラムのうちの一つが、「状況的アプローチ（Situationsansatz）」である。

状況的アプローチは、子どもたちのリアルな生活状況を出発点として、その中で、子どもたちが自分たちの生活世界を理解し、行為能力を有するようになる、という構想である[11]。状況的アプローチにも様々なバリエーションがあるとされるが、それらに共通しているのは、「技術・機能的で、子どもの興味や経験から離れた取り組みや提供、教授プログラムに対する反対案として発展してきた」[12]こと、そして、「子どもたちの生活状況（Lebenssituation）を中心」[13]にすることだという。状況的アプローチは、学校色の強い学習観に対決し、子どもたちの具体的な生活状況・生活場面を出発点とする構想であるといえる。

PISA後の幼児教育改革には、次のような背景がある。一つには、1998年に開始されたOECD（経済協力開発機構）の幼児教育に関する国際比較調査「Starting Strong」により、幼児教育に対する関心が高まったことである。第二に、1990年代以降、ドイツでは保護者の就学前施設等に対する請求権が拡大されてきたこと、それにより幼児教育施設数及びそれを利用する子どもの数が増加していることである。2008年の規定改正により、現在では満1歳以上の子どもまで対象が拡大されている。第三には、近年教育が重要な政策課題となる中で、就学前教育が重点施策の一つとなったことである。教育が政策課題として挙げられるようになった要因には、①2001年の「PISAショック」、②移民背景を持つ子どもなどの環境の多様化と統合の必要性、貧困問題、③ボローニャプロセスにおける高等教育の段階化と多様化などが考えられるとされる[14]。また、すでに1990年代頃から、保育・幼児教育の質的向上を目指し、多様な質研究が進められてきたことも指摘されている。PISAショック前の1999年から2003年にかけて、連邦政府主導による研究プロジェクトも行われており、その中には「状況的アプローチ」論に基づく質の評価ツール開発も含まれている[15]。

このように幼児教育に対する関心が高まる中で、1999年に発足した「教育

フォーラム（Forum Bildung）」や KMK による 2001 年の「7 つの行動領域」に
おいて、とりわけ就学前教育の重要性が指摘された。2002 年の「教育フォー
ラム」最終報告では、幼児教育カリキュラムの改訂、保育者養成・研修の強化、
ドイツ後獲得等の個別支援の条件改善、自然科学や技術等の諸科目への関心に
向けた支援が勧告された[16]。「7 つの行動領域」でも特に移民背景をもつ子ど
もへのドイツ語習得の充実や、幼児教育施設と基礎学校（初等教育）との接続
が重視されている[17]。このように PISA を一つの契機としながらも、それ以前
の 1990 年代からの幼児教育への関心が高まりつつある中で、2004 年に JMK
と KMK による「共通教育枠組み」が決議されたのである。

（3）「共通教育枠組み」の概要とその後の教育政策動向

　2004 年に出された「共通教育枠組み」は、保育施設の教育活動の原則に関
する諸州の合意を描いたものであり、各州はこれに基づいて教育計画を作成す
ることが求められている[18]。州分権制をとるドイツにおいて、このように幼児
教育の課題を連邦で共通認識したのは初めてのことである。

　「共通教育枠組み」では、「基礎的なコンピテンシーの伝達と人格的資源の発
達や強化」が幼児教育の前面に据えられている。それらは、「子どもを動機づ
け」るとともに、「将来の生活の課題や学習の課題を取り上げ、克服し、責任
を持って社会生活に参加し、生涯にわたり学習し続けることを準備する」もの
ととらえられている[19]。すなわち、将来の生活への主体的で責任を持った参加
のための基礎的なコンピテンシーを獲得させることが、幼児教育の課題とされ
ている。

　「共通教育枠組み」では、幼児教育は「全体的な促進の原理」を特徴とする
ことが明記されている。その理由は、「教科志向や学問ディシプリンに方向づ
けられることは、基礎領域（Elementarbereich）にはなじまない」[20]からとされる。
そして、「全体的な学習にとりわけふさわしいのはプロジェクト活動であ
る」[21]として、プロジェクト活動の積極的導入を促している。ここではプロ
ジェクト的活動が、子どもたちの発達段階に応じた全体的な学習の内容・方法
としてとらえられている。「共通教育枠組み」は、子どもの教育の際に顧慮し

232　第 3 部　多様な子どもの学びと育ちに対応する教育方法改革

促進すべき教育領域（Bildungsbereiche）を提示している。それは、①「言語、文字、コミュニケーション」、②「個性的・社会的発達、倫理教育・宗教教育」、③「数学、自然科学、（情報）技術」、④「音楽教育／メディアとのかかわり」、⑤「身体、運動、健康」、⑥「自然と文化的環境」の6領域である[22]。そのため、全体的な学習としてのプロジェクト活動では、6つの教育領域を考慮するとともに、各領域が関わり合うような構想が求められる。また、この全体的な学習には、「子どもが生活世界に出会い、それに興味を持つような学習内容」と「自己操作的学習を促進し、遊びをデザインする余地が残されていて、チーム作業を可能とし、失敗と生産的にかかわることを促進し、子どもが自由に探求したり試したりできるような学習方法」[23]が望ましいとしている。したがって、プロジェクト活動は、子どもが生活世界に興味を持ち、他者と遊び的に自由に探求できる学習としても期待されている。

「共通教育枠組み」は、障害やジェンダー、多文化教育といった現代的な課題とともに、「学び方の学習の促進」、すなわち「学習方法コンピテンシー」も具体的な教育的課題に挙げている[24]。さらに、この「共通教育枠組み」の最後には「基礎領域から初等領域（Primarbereich）への移行の最善化」という項もある。そこでは、「子どもの個人的な発達・学習過程は、その両機関で支援、促進される。それゆえ、保育施設、基礎学校、親が継続的な教育履歴（Bildungs-biographie）という意味において、密接に協力する」[25]と述べられており、子どもの発達や学習のために、保育施設と基礎学校、さらに親との協力の必要性が指摘されている。

このように「共通教育枠組み」では、将来、積極的に社会生活に参加できる基礎的コンピテンシーを、様々な教育領域を越えた全体的な学びを実現するプロジェクト活動によって育むこと、さらに、保育施設と基礎学校と親との協力の下で、一人ひとりの子どもの発達や学びを継続的に促進することが明示されている。

保育施設から基礎学校への移行については、2009年にJFMKとKMKの共同決議が再び出されている。そこでは、子どもたちは「能動的に行為する主体」であることや親との協力で教育が提供されること、個々の子どもの資質や

背景に応じることなど、保育施設から基礎学校への移行に際して、両施設に共通する原則が示されている[26]。すでに 2004 年の「共通教育枠組み」に基づき、各州では幼児教育領域での教育計画が作成されてきたが、この 2009 年の共同決議により、一部の州では、0 歳から 10 歳までの 10 年間、あるいは 0 歳から 18 歳までの 18 年間の教育計画が作成されたり改訂されたりしている[27]。単に基礎学校への接続を意識するだけではなく、幼児教育と基礎学校以降の教育が一貫してとらえられるようになっている。また、この間の 2008 年には、KMK と連邦教育研究省 (Bundesministerium für Bildung und Forschung：BMBF) から、2001 年の「7 つの行動領域」を引き継ぐ「新たな重点設定」についての共同勧告が出されている。この勧告でも、幼稚園と基礎学校の連携が言及されている。さらに、「小さな研究者の家」などの自然科学や技術への早期からの取り組みも、課題として挙げられている[28]。

　以上のように、今日のドイツの幼児教育領域では、基礎学校への移行、あるいは保育施設から基礎学校への一貫した教育が目指され、基礎学校以降でも求められるコンピテンシー獲得のためのカリキュラム改革が進行している。

2. 幼児教育カリキュラムにおけるコンピテンシーの位置

(1) 幼児教育領域におけるコンピテンシーをめぐる議論

　コンピテンシー志向の教育計画の作成は、2004 年の「共通教育枠組み」を契機としているが、ドイツの幼児教育カリキュラムの議論では、すでに 1970 年代から「コンピテンシー」概念が取り扱われてきた。1970 年代に開発された状況的アプローチは、「様々な出自や異なる学習史を持った子どもたちが、現在や将来の生活の中で、できる限り自律的に、連帯して、コンピテンシーのある行為ができるようにする」[29] ことを目標としている。ここでのコンピテンシーとは、「Bildung、知識、能力 (Befähigung)」のことであり、「複雑でリアルな状況において、事象に応じて行為することができる」[30] ために必要とされるものである。すなわち、状況的アプローチでは、子どもたちが自分の身の回りの問題、経験している状況に関するテーマに関わり、問題解決していく中で、

234　第 3 部　多様な子どもの学びと育ちに対応する教育方法改革

実際の生活状況等に対する自己解決能力や様々な知識が獲得されると考えられている。

状況的アプローチの代表的研究者であるプライシング（Preissing, C.）らは、子どもたちが「現在と未来の生活世界を耐え抜き、積極的に社会を共同形成する」ために必要なコンピテンシーとして、「自我（Ich）コンピテンシー」「社会的コンピテンシー」「事物コンピテンシー」「学習方法コンピテンシー」を挙げている[31]。さらに、状況的アプローチから発展したとされる「社会的学習（Soziales Lernen）」では、「子どもを学習プロセスの主体としてとらえ、彼らのコンピテンシー——自我・社会・事象コンピテンシー——を、文脈の中で、すなわち、そのつどの状況において促進」[32]してきたとされる。この「自我・社会・事象コンピテンシー」は、今日の学校教育段階でのコンピテンシー概念にも影響を与えてきたとされる、ロート（Roth, H.）のコンピテンシー概念の枠組みにほぼ一致する[33]。ロートはコンピテンシーを「成人性（Mündigkeit）」との関連でとらえ、「責任ある行動能力に対する統轄能力（コンピテンシーのこと——注：筆者）」には、①「自己コンピテンシー」、②「事象コンピテンシー」、③「社会コンピテンシー」といった三重の意味が含まれるとした[34]。

今日、ドイツの幼児教育領域は、多様な教育理念に基づいて展開されている。特に代表的な理論が、社会的相互作用を通したコンピテンシーの育成を目指す「共同構成／コンピテンシー発達」理論と、子どもの内面的な世界構築のプロセスを重視する「自己形成（Selbstbildung）」理論とされる[35]。それぞれ、カリキュラム編成にも影響を与えており、バイエルン州の教育計画に代表される「コンピテンシーモデル」に基づくカリキュラムと、ノルトライン・ヴェストファーレン州の教育計画に代表される「人間形成アプローチ」に基づくカリキュラムとが存在することも明らかにされている[36]。この２つの教育理念は対立的ではあるが、「ポストモダンの子ども像」を前提としている点では共通している[37]。「ポストモダンの子ども像」では、「子どもと大人、教育者や保護者はいずれも、知と文化の能動的な共同構築者であり、同じ権利と義務と可能性を有する市民である」[38]ととらえられる。子どもは「受動的で未分化」な存在ではなく、能動的に関わる能力のある「コンピテンシーのある子ども」[39]であ

る。この子どもが持ちうる、あるいは、持つべきコンピテンシーについて、それを明確化できるものとするか、あらかじめ定められないものとするかで立場が分かれている。「共同構成／コンピテンシー発達」理論では、コンピテンシーを明らかにし、その発達を、共同構成を通して促進することを目指すが、「自己形成」理論では、子どもは持って生まれたコンピテンシーによって、世界と関わり、その中で諸能力を獲得していくが、その能力は不可分なものと考えている。

　「共同構成／コンピテンシー発達」理論の代表者であるフテナキス（Fthenakis, W. E.）は、今日は社会的学習や状況的アプローチが開発された1970年代と異なり、様々な側面からの要求が幼児教育に出されていると述べている。急速な社会の変化や、文化的多様性、社会的な複雑さに対応するために、常に新しいコンピテンシーを発達させたり、コミュニケーションコンピテンシーや異文化間コンピテンシー、状況に応じた決定力、リスクへの構えといった、職業準備や生涯全体のためのコンピテンシーに方向づけたり、学習方法コンピテンシーを強化したりする必要性があるという[40]。

　今日のドイツの幼児教育領域では、リアルな生活状況の中で発揮されるコンピテンシーという1970年代から継承されたコンピテンシー理解に加え、「コンピテンシーのある子ども」像や、社会の変化に応じた多様なコンピテンシーも提起され、コンピテンシーをめぐる議論が広く展開されている。これらのコンピテンシー理解は、必ずしも学校教育段階でのコンピテンシーの議論をそのまま幼児教育領域に持ち込んだものではない。

（2）各州の教育計画におけるコンピテンシーの位置

　各州の教育計画を基礎づけている「共通教育枠組み」においては、「基礎的コンピテンシー」や学習方法コンピテンシーに関する言及はあるが、それらの詳細な説明はなく、その具体的な構造も示されていない。そのため、各州の教育計画におけるコンピテンシーの位置づけには多様性がある。16州中10州は、基礎的、中心的なコンピテンシーをリスト化している[41]。中でも、ベルリンをはじめとした5州は、①自我、②社会、③事物、④学習方法といった、状況的

236　　第3部　多様な子どもの学びと育ちに対応する教育方法改革

アプローチと同じコンピテンシーのリストを示している[42]。これらのコンピテンシーの区分に沿って、各教育領域の目標も整理されており、教育領域とコンピテンシー概念が関連づけられている。メクレンブルク・フォアポンメルン州では、この4つのコンピテンシーの上位概念に「行為コンピテンシー」を据えたコンピテンシーモデルを示している[43]。この「行為コンピテンシー」という考え方は、「レーマン／ニーケ型コンピテンシーモデル」として、学校教育段階では多くの州に取り入れられている[44] ことから、学校教育段階での議論が幼児教育領域にも反映されたと見ることもできる。

　「共同構成／コンピテンシー発達」理論のカリキュラムとされるバイエルン州では、「基礎コンピテンシー」として、①「個人に関するコンピテンシー」、②「社会文脈での行為に関するコンピテンシー」、③「学習と学習方法に関するコンピテンシー」、④「変化や負荷とのコンピテンシーのある関わり（レジリエンス）」を挙げている[45]。これらは状況的アプローチのコンピテンシー理解とほぼ同様の構成だが、「事物コンピテンシー」が「レジリエンス」に置き換えられていることから、より現代的な課題に関わるコンピテンシーが取り入れられているといえる。「人間形成アプローチ」に基づくカリキュラムの代表とされるノルトライン・ヴェストファーレン州でも、状況的アプローチと同様に、①自己、②社会、③事物・方法のコンピテンシーが提示されている[46]。これまでコンピテンシーモデルに対して批判的な立場をとってきた[47] とされるノルトライン・ヴェストファーレン州でも、コンピテンシーのリストが示されていることから、コンピテンシー概念が広く幼児教育領域に浸透してきていることがうかがえる。

　基礎的、中心的なコンピテンシーの明確なリストは提示していないが、バーデン・ヴュルテンベルク州やラインラント・プファルツ州のように、「学校入学までに獲得されるコンピテンシー」や「レジリエンスに不可欠な基礎コンピテンシー」のリストを提示するところもある[48]。

　以上のように、幼児教育領域のカリキュラムレベルでは、基礎学校のコンピテンシー理解とのつながりが一部見られるものの、むしろ、1970年代からの状況的アプローチとのつながりや、時代に応じた新しいコンピテンシーの導入

が見られ、幼児教育領域独自の発展を遂げているといえる。一方で、教育課程の基準である教育計画では、あえてコンピテンシーをリスト化しないとする州もある。ザクセン州では、「ザクセンの基礎学校は、入学者の異質性を認めており、入学段階ではまさにその異質性を、学級共同体の教育（Bildung）の重要な原動力に利用する」ために、「子どもがある年齢までに到達しなければならないようなコンピテンシーの一覧は、あえて定式化しない」[49] ことを明言している。このように、到達目標として機能する可能性のあるコンピテンシーは、幼児教育領域にはふさわしくないと考える州も一部にはある。

3. 幼児教育領域におけるプロジェクト活動の展開

(1) 幼児教育領域におけるプロジェクト活動の理論的特徴

　先述のとおり、「共通教育枠組み」において全体的な学習としてプロジェクト活動が推奨されたことにより、各州の教育計画ではプロジェクト活動を積極的に位置づけている。ドイツでは 1960 年代末以降、「プロジェクト授業」「プロジェクト週間」といった名称で、プロジェクト的な活動が学校現場で展開されてきた歴史がある[50]。PISA 後の教育改革では、各州の学習指導要領（Lehrplan など）に位置づけられるようになるなど、学校教育段階でもその必要性が広く認識されている。しかし、幼児教育領域におけるプロジェクト活動の歴史として引き合いに出されるのは、学校教育段階でのプロジェクト的活動の伝統ではなく、1970 年代に開発された状況的アプローチである。

　キュルス（Küls, H.）は、ドイツの幼児教育におけるプロジェクトに重要な役割を果たしている構想として、状況的アプローチとレッジョ教育学を挙げている。状況的アプローチの構想の特色は、①生活場面学習、②社会的・実際的学習、③異年齢グループ、④両親や他の大人の教育協力、⑤教える者と学ぶ者の関係の変化、⑥地域に根ざした教育、⑦オープンな計画、⑧生活空間としての幼稚園施設の 8 点にあるとされる[51]。「子どもたちの生活状況」を出発点としながら、実際的で社会的な学習を優先し、「教授-学習」関係を変化させるような子どもたちによる計画への参加や柔軟な時間・空間設定、地域や両親の関

238　第 3 部　多様な子どもの学びと育ちに対応する教育方法改革

与が重視されている。状況的アプローチは、①子どもたちの状況を分析し、鍵的状況を選択する「探索」の段階、②選択された状況で考えられうる目標を定める「方向づけ」の段階、③状況を子どもとつくり実際に活動する「行為」の段階、④得られた経験を振り返り評価する「熟考」の段階の4つのステップで行われることも特徴的である[52]。プロジェクトが行われるのは③「行為」段階で、プロジェクトでは、①の「探索」段階で選択された「鍵的状況」が取り上げられる。「鍵的状況」とは、保育施設内外の「子どもたちの生活世界における具体的な出来事や経験から生まれる」[53]もので、例えば、ある子どもにきょうだいができたり、保育施設の近くの工事現場でパワーショベルが使われていたりする「子どもたちが直面している」状況である。プロジェクトは「子どもたちの好奇心や興味に方向づけられ」[54]るが、単に子どもたちが興味を持っているだけでなく、状況分析で導き出された、子どもの現在や将来の生活にとって意味のあるテーマが取り扱われるのが、状況的アプローチのプロジェクトであるといえる。

　レッジョ教育学においてプロジェクトは、一般的に「小グループの子どもが、教師とアトリエリスタ（芸術専門家）の援助の下で、自分たちで選んだ主題について、アートによる表現と対話と相互評価とを通して行う共同的探究」[55]とされる。レッジョ教育学では、子どもは知識の構成者としてとらえられており、子ども自身が、保育者の援助や保育者との対話の中で、テーマの決定から計画、実施、評価まで行うこと、そのさい、非言語も含めた多様な表現形態で探究することが、プロジェクトの特徴となっている。プロジェクトは子どもの興味の状態に応じて行われ、そのプロセスは一定ではない。保育者は子どもの思いに寄り添い、子どもの活動や表現の記録とそれに基づくリフレクションを行う。また、親や外部の大人の参加を促すことなども、レッジョ教育学の特徴と考えられている[56]。

　キュルスは、状況的アプローチとレッジョ教育学の分析から、「生活世界志向と日常関連」「社会的学習」「外へ開かれていること」「子どもたちの自己表現」「協力と子どもの参加」「共同構成的訓育・陶冶理解」「記録」といったプロジェクトのメルクマールを導き出している[57]。また、プロジェクトの進行も、

①「プロジェクトイニシアチブ」、②「プロジェクトの計画と準備」、③「プロジェクトの実施とプレゼンテーション」、④「プロジェクトの記録と評価」という4段階で整理している[58]。この中の①「プロジェクトイニシアチブ」は、プロジェクトで取り組むテーマを選択する段階である。ドイツのプロジェクト型保育に関する文献では、このプロジェクトの最初の段階で、「状況分析」によってテーマを選択するものが多い[59]。ドイツの幼児教育領域では、状況的アプローチの「状況分析」という考えが広がっているといえよう。

バイエルン州の教育計画の作成等に関わっていたライヒェルト・ガルシュハマー（Reichert-Garschhammer, E.）らは、プロジェクト活動のメルクマールと原理を次のように整理している[60]。すなわち、「日常の出来事」「テーマ志向」「子ども志向」「自発性」「長期的であること」「オープン性」「プロジェクトスパイラル」「インクルージョン」「対話志向」「参加」「共同構成」「観察と記録」「状況・生活世界・公共団体志向」「プロセス志向」「行為志向」「価値志向」「全体的な教育」「喜びでいっぱいの教育」「一回性」「変化」である。これらのメルクマールのほとんどが状況的アプローチの特徴と重なるが、「共同構成」「インクルージョン」「喜びでいっぱいの教育」「一回性」など、状況的アプローチでは明記されてこなかったメルクマールも含まれている。

このように、今日の幼児教育領域でのプロジェクト活動は、子どもの参加や生活世界志向、社会的学習といった特徴を有した状況的アプローチの伝統を引き継ぎつつ、「共通教育枠組み」が示した「全体的な学習」や新たなメルクマールを含みながら展開されている。

（2）各州教育計画におけるプロジェクトの位置づけ

各州の教育計画は、主に教育（Bildung）プロセスに関する項目の中や、各教育領域の事例の中で「プロジェクト」について言及している。全16州中8州は、プロジェクト型保育に関する項目を明確に教育計画に設けている[61]。

ベルリン、ザールラント、ハンブルクの3州は、「プロジェクトを計画しつくりあげる」という項を設定している。そこでは、プロジェクトは「子どもの生活現実からのテーマに取り組むための、時間的内容的に計画された順序のあ

る」「意識的に取り出され、目標に向けられた子どもと大人の行為」[62] として特徴づけられている。プロジェクトは「子どものためにではなく、子どもとともに計画する」[63] ものとされ、大人が用意してあげるのではなく、子どもとともに共同決定することが重視されている。答えがあらかじめ決まっていない「発見的、研究的な学習」であること、親や近隣住民や専門家などの参加、周辺環境の活用などの保育施設のオープン化に貢献することもプロジェクトに求められている[64]。子どもたちの生活現実と結びつき、地域に根ざし、子どもと大人（保育者）との共同決定を重視するオープンな計画というプロジェクトの特徴は、まさに状況的アプローチといえる。さらに、プロジェクトの「質の要求と指標」として、状況的アプローチの指標と同様のものが提示されている[65]。そこでは、子どもの興味や問い等を体系的に観察してプロジェクトのテーマを選択すること、子どもと共同で熟考し、計画すること、プロジェクトの流れを記録しリフレクションすることなどが挙げられている。

　こうした状況的アプローチと同様のプロジェクト理解を示している州は、他にもいくつか見られる。シュレスヴィヒ・ホルシュタイン州の教育計画では、プロジェクトは明確に状況的アプローチの伝統としてとらえられている[66]。

　ザクセン州の場合は、ベルリンと同様のプロジェクト理解に加えて、子どもたちが「できるだけ意見の多様性を熟考し、異なる意見を認めるよう援助する」[67] 必要性も指摘されている点が特徴的である。ノルトライン・ヴェストファーレン州では、他の子どもとの共同作業や話し合いという意味での社会的コンピテンシーの発達は期待されているものの、プロジェクトの諸段階への子どもの参加や共同決定といった状況的アプローチの特徴は強調されていない。子どもたちが長期間にわたり一つのテーマに取り組むことで、「異なる観点を知り、諸関連を自分でつくり出し、自分の生活世界にとっての意義を獲得する可能性を手に入れる」[68] ことにプロジェクトの意義が見出されている。他者との関わりの中で、生活の中の複雑な問題に取り組むことで、多様な見方ができることに重点が置かれている。「共同構成」理論に基づく教育計画とされるバイエルン州では、明確なプロジェクトに関する項目はないものの、プロジェクトに関する記述が非常に多く見られる。バイエルン州の教育計画では、「遊び

第7章　コンピテンシー志向の幼児教育改革の意義と課題　　*241*

と学習の関係」という節の中で、プロジェクト活動を自由遊びと計画された学習とをつなぐものと位置づけている。すなわち、自由遊びの中からプロジェクトが生まれるし、プロジェクトは計画された学習を誘発する。また逆に、プロジェクト活動の中では、プロジェクトにさらに取り組む自由遊びの局面もあると考えられている[69]。

　以上のように各州の教育計画では、連邦レベルの「共通教育枠組み」で示された「全体的学習」をさらに発展させた独自のプロジェクト活動の解釈が見られる。とりわけ、プロジェクトへの子どもの参加や大人と子どもとの共同形成を重視する、状況的アプローチからの影響が大きい。状況的アプローチに基づくプロジェクトでは、将来役立つ問いに関わり「世界を共同形成する」ためのコンピテンシーを獲得することが目指されているという[70]。一方で、他者との関わりの中で、子ども一人ひとりが世界の諸関連を認識することを重視する州もある。このように、各州教育計画におけるプロジェクト活動の理解には多様性も見られる。

（3）幼児教育段階でのプロジェクト活動の構想

　次に取り上げる事例は、状況的アプローチとレッジョ教育学からプロジェクト型保育を構想するキュルスが、架空の保育施設 Villa Kunterbunt で行われたプロジェクトとして提示した実践構想である。キュルスは、「フクロウグループ」（男児 11 名女児 14 名、3〜6 歳児の異年齢混合グループ）のグループ内プロジェクトと、施設内の全グループが関わる「大きな」プロジェクトを紹介している。子どもたちのグループは 2 名の保育者によって担当されている。保育施設の周辺環境は、新興住宅街と外国人や貧困層が住む団地である。プロジェクトは教育活動の重要要素として定期的に行われている[71]。以下では、3 月から5 月までを実施期間とした「大きな」プロジェクトである「ショッピングセンター」の要約を示す[72]。

【事例】「ショッピングセンター」

　このプロジェクトは、教育活動の重要要素として定期的に行われている、施設

242　　第 3 部　多様な子どもの学びと育ちに対応する教育方法改革

の全グループが関わるプロジェクトである。3月から5月までを期間とした「大きな」プロジェクトで、プロジェクトの期間中、火曜から木曜は、全グループに向けた、あるいはいくつかのグループのための活動が提供される。

　準備は秋から始まっており、保育者の「プロジェクトチーム」による会議の中で、観察してわかった子どもの興味や可能なテーマについて検討された。プロジェクトのアイデアは玄関ホールで保護者からも募り、子どもが何に興味を示すか観察した。10月には状況分析に基づき、4つから5つのアイデアを暫定的に選択する。プロジェクトチームでは、近隣小学校教師との就学前に必要な力に関する話し合いもふまえ、自然科学と数学の教育領域を中心にすることで一致した。そこで提案されたテーマは、①どこから雨は来るの、②数の国の旅、③ショッピングセンター、④1年間のカレンダーであった。

　テーマ選択には子どもたちも参加した。子ども会議で各テーマの簡単なプレゼンがなされ、その後各グループで話し合いが行われた。子どもたちが最も気に入ったテーマは「ショッピングセンター」で、「本物」のように、つまり自分たちで何かを売りたいと考えた。

　目標設定の中心は、様々なお店を開く中で、商品づくりから販売までの全プロセスを体験することであった。子どもの好奇心や知識欲を活動の中心としながら、お店の探索、リアルなお金、銀行への訪問などを通して、直接的な生活世界を知り、職業・経済世界を経験する。このことは、文化的環境の教育領域に関係する。さらに、数学的教育もプロジェクト全体の目標設定の中心とした。商品づくり・販売は、数、量、分類などの数学的な問い・内容に従事することになる。また、リフレクション過程で自分の学習過程を振り返ることで、学習コンピテンシーの発達も期待された。

　あるグループ（3〜6歳の男児11名、女児14名のグループ）では、テーマを「パン屋さん」に決定した。プロジェクトテーマ「パン屋さん」の個々のテーマと流れの計画は次の通りである。

・導入：家から持ってきたパンを、車座になって観察したり匂いを嗅いだり、味わったりする
・パン職人を招待し、パンの焼き方や販売について話してもらう
・テーマに関する絵本：「パン屋さんとパンと私」
・「穀物から粉へ」──場合によっては、郷土博物館の製粉所見学（遠足）
・パンを自分で焼く──小グループで、施設の台所で
・幼稚園フェスティバルの準備──何が計画されるか、車座で子どもたちと話し合う

- 他の焼き菓子について車座で話し合う——幼稚園フェスティバルで提供する
  ものを選択する
- フェスティバルで提供する商品を焼き、課題を分担し、組織的な取り決めを
  する
- プロジェクトのクライマックス：販売や活動を伴った幼稚園フェスティバル
 このグループのプロジェクトの実施段階では、車座になった中で保育者が、パンなどは粉を焼いたものであることを話し、子どもたちと一緒に、どのように穀物が粉になるのか考えた。「穀物について知っていることすべてをもう一度教えて」という保育者からのオープンな問いから、子どもたちが知っていることを話していく中で、「どうやって粒状の穀物から白い粉になるのか」「正確に知るために何ができるか」が話し合われた。保育者からの示唆もあり、風車のある郷土博物館を見学するというアイデアが生まれ、そのための計画がなされた。
 このプロジェクト「ショッピングセンター」では、施設全体の最終行事が確定されていた。様々なお店を開き、商品を販売する幼稚園フェスティバルが行われた。両親や家族への招待状づくり、ポスターのデザイン、保育者による近隣への宣伝が行われた。どのグループもそれぞれ何を提供しようか考え、パン屋さんをテーマにしたグループでは、自分たちで焼いたクッキーとケーキ、「大人のための本物のコーヒー」を販売するとともに、訪問者とワッフルを焼き、クッキーのデコレーションをすることにした。

　このプロジェクトの目標設定の中心は、「商品づくりから販売までの全プロセスを経験すること」であり、「直接的な生活世界を知り、職業・経済世界を経験する」という文化的環境領域に関する目標が設定されている。ショッピングセンターという子どもたちにとって具体的な生活状況を取り上げ、その生活世界（職業・経済世界）を理解し、実際に行為できるようにすることが目指されていることから、まさに社会的学習であるといえる。また、保育者が小学校教師などの意見もふまえて設定した、数学的の領域の目標もある。このプロジェクトでは、パンをつくって売るだけの活動ではなく、博物館見学やパン屋さんの招待など、様々な活動が展開されている。目標設定で、パン屋を文化的環境領域の消費活動ととらえたことにより、パン屋の販売の側面や、製造さらには製粉にまでテーマを深めた活動内容になっている。子どもの好奇心・知識欲に応じた目標が中心とされながらも、教育計画に示されている教育領域との関連が

意識されていたり、教育領域から目標が導かれたりするなど、目標設定におい
て教育領域の果たす役割が大きくなっているといえる。

　テーマ選択は状況分析に基づいて行われている。すなわち、保育者から見て
子どもたちの現在や将来の生活にとって必要と思われるものが、テーマとして
選択されている。しかし、同時に、最終的なテーマ決定者は子どもであったよ
うに、子どものテーマ選択への参加も見られる。観察で子どもの興味をとらえ
たり、実際に子どもの興味や要望を聞き取り、それを受け入れたりするなど、
子どもの状況や興味も重視されている。

　保育者は子どもの興味に応じながら、プロジェクトのテーマ収集・選択、計
画の場面で、子どもたちへの提案、意見の集約と調整を行ったり、プロジェク
トの実施段階において、子どもたちがパンの粉（小麦粉）に注目するような話
をしたり、博物館見学という考えが出てくるように話し合いを進行するといっ
た働きかけを行っている。

　テーマ収集は保護者に向けても行われており、外へ開かれている側面も見る
ことができる。施設内外の様々な場所を活用したり、地域の大人や保護者がプ
ロジェクトに関与したりするなど、周囲の環境が積極的に活用されている。

　状況的アプローチの影響を受けたプロジェクト活動の構想は、単に子どもの
興味や関心に応じるだけでなく、子どもたちの生活現実を分析し、子どもの現
在や将来の生活にとって意味があるテーマ、すなわち、自分たちの生活世界を
知り、自ら行動することができるようにするテーマの選択を必要としている。
この事例では、子どもたちの好奇心に基づいて「ショッピングセンター」や
「パン屋さん」といった子どもたちに身近なテーマが選択されたが、その際保
育者は、職業・経済世界としてテーマをとらえ、子どもたちが将来その生活世
界で行為できるようになるために意味のあるテーマとして理解している。こう
したテーマ選択は、生活世界を知り、そこに参加するという視点からの教材解
釈を促し、それによって、お店の探索だけでなく銀行の訪問や製粉所の見学に
まで発展するような、より豊かな活動をもたらしているといえる。

　しかし、状況的アプローチに基づくプロジェクト活動の構想では、将来役に
立つ問いに関わり、世界を共同形成するコンピテンシーを獲得することが目指

第7章　コンピテンシー志向の幼児教育改革の意義と課題　　245

されるなど、「将来役に立つかどうか」の意味で「意味のある」テーマが選択される可能性もある。つまり、生活世界志向や状況志向を強調することは、プロジェクトを将来に役立つコンピテンシーの獲得のためだけに限定してしまう危険も考えられうるだろう。

4. 幼児教育領域におけるコンピテンシー育成と幼小接続の課題

ドイツの幼児教育領域では、2004年の「共通教育枠組み」を契機として、基礎学校以降と同様に、コンピテンシー概念に基づくカリキュラム改革と、プロジェクト活動による教育方法改革が進行している。ドイツにおいても幼小接続は大きな課題の一つとなっており、幼児期からの一貫したコンピテンシーの育成が目指されている。ただし、ドイツの幼児教育領域におけるコンピテンシーの議論は、学校教育段階でのそれとは異なり、PISA以前の1970年代頃からのコンピテンシー理解を継承しつつ、近年の子ども観や現代的課題に応じたコンピテンシー理解が展開されている。プロジェクト活動についても、学校教育段階でのプロジェクト授業等の議論が引き合いに出されることはなく、1970年代に開発された状況的アプローチの影響を受け、レッジョ教育学なども取り込みながら、幼児教育領域で独自に展開されている。幼小接続や幼小連携を考える際に、一律に安易に小学校のやり方や考え方を幼児教育領域に取り込むのではなく、州による多様性や幼児教育領域の独自性が保障されている点は意義深い。また、幼小接続の方向性として、小学校に合わせる準備のための接続カリキュラムではなく、幼児教育から小学校教育まで一貫する、共通のカリキュラムづくりに向かう点も興味深い[73]。

しかし、ドイツの幼児教育領域においては、コンピテンシーに基づくカリキュラム改革に対する批判的、懐疑的な声もある[74]。例えば、コンピテンシーを幼児教育の目標とすることに対する批判である。そこでは、コンピテンシーを教育（Bildung）の目標にすると、教育の目標が「あらかじめ与えられた内容や知識や質の総体」となるため、「ねらいを定めて観察され、記録され、測定され、評価され」[75]ることになるとの指摘がなされている。また、幼児教育領

域で目標とされるコンピテンシーは、教科に関するものではなく、一般的なコンピテンシーではあるものの、それらは教科関連的な教育領域の中で整理されたり、関連づけられたりしている。その結果、「社会にとって重要な、教科関連的コンピテンシー」[76]の束を養うことになるとの指摘もある。つまり、コンピテンシーを教科につながる教育領域と関係づけて提示している教育計画の下では、教科的なコンピテンシーを計画的に寄せ集めたり、その視点でしか教育のプロセスを観察・評価しなくなったりする危険も含んでいることが危惧されている。

　確かに、前節のプロジェクトの構想においても、「パン屋さん」をただのお店屋さんごっこやパン作り体験で終わらせるのではなく、製粉の仕組みにまで発展させることができたのは、教育領域をふまえてテーマを分析していたからだといえる。「パン屋さん」というテーマを、職業・経済世界の経験や数学的な内容としてとらえたことで、ただのパン作りには終わらない、豊かな活動を生み出していた。しかし、保育者があらかじめ想定した方向に向かってプロジェクトが進行しており、例えば、「なぜパンは膨らむのか」といったパン作りの中で生じ得る科学的な問いや、「人気のパンは何か」といったどの教育領域にも含めにくいような問いが拾い上げられなかったとの見方もできる。

　今日のドイツの幼児教育では、伝統的な遊びではなく、教科関連的な内容や認知的学習が増えていることも指摘されている。「工作や絵を描くこと、歌を歌うこと、集団あそびではなく、数学的な練習、自然科学的な実験、技術的な製作、ワークシート、そして、あるプログラムに基づいて進行される、言語獲得や音韻体系の意識化、レジリエンスの促進のための、あるいは、暴力や中毒を予防するためのアクティビティがプログラムに入っている」[77]。つまり、教育領域やコンピテンシーに直接関わる内容が、保育・幼児教育の中心になりつつある。筆者が訪問したヘッセン州の保育施設でも、基礎学校との「共同プロジェクト」として「実験」をテーマにしたプロジェクトが行われていた[78]。基礎学校第４学年の子どもと保育施設の幼児がグループごとに、どの物質が水に沈むかを調べたり、基礎学校の子どもが考えた実験を一緒に行ったりしていた。また、ヘッセン州では基礎学校への移行のために、SINUS（Steigerung der Effizi-

第７章　コンピテンシー志向の幼児教育改革の意義と課題　247

enz des mathematisch-naturwissenschaftlichen Unterrichts ＝数学・自然科学授業の効率向上）

というプログラムに基づく取り組みが行われている。このプログラムに関する教師用資料では、カードに書かれた数字の数だけ貝殻や石を並べたり、マグネットの棒と球を使って形を作ったり、ブロックを数字の形に並べてその上を歩いたり、そうした数学的な経験を絵に描いたりする活動が紹介されている[79]。これらは、遊びながら、あるいは具体物を使って感覚的に、数学を学ぶ活動といえるだろう。このように、遊びやプロジェクトという形を取りながらも、教科やレジリエンスに関連する内容が多く取り上げられることで、ドイツの保育・幼児教育が基礎学校への移行や準備のための教育に狭められている現状もある。

　コンピテンシー志向の幼児教育改革が進行するドイツでは、幼児教育と小学校教育が共通の教育観の下で一貫した一体的な教育を行っていくべきなのか、幼児教育領域は小学校教育とは区別して、コンピテンシーによらない「遊び」を重視するべきなのかが問われている。幼児教育からの一貫した資質・能力の育成を図り、「幼児期の終わりまでに育ってほしい姿」に向けた保育・幼児教育が行われているわが国においても、同様の問いが投げかけられているといえるだろう。

（渡邉眞依子）

■注

1 ）ドイツにおける近年の幼児教育改革については、わが国の先行研究でも明らかにされてきた（例えば、豊田和子「ドイツ連邦共和国─統一後の保育・就学前教育改革の動向─」泉千勢編著『なぜ世界の幼児教育・保育を学ぶのか─子どもの豊かな育ちを保障するために─』ミネルヴァ書房、2017 年、127-157 頁、坂野慎二「ドイツにおける就学前教育の現状と課題」『論叢 玉川大学教育学部紀要 2016』2017 年、19-47 頁、小玉亮子「PISA ショックによる保育の学校化─『境界線』を越える試み─」泉千勢・一見真理子・汐見稔幸編著『世界の幼児教育・保育改革と学力』明石書店、2008 年、69-88 頁など）。

2 ）学校教育段階のカリキュラム改革については、次の先行研究において、コンピテンシー概念が導入された経緯やコンピテンシー志向のカリキュラム改革をめぐる議論の論点が明らかにされている。吉田成章「PISA 後ドイツのカリキュラム改革におけるコンピテンシー（Kompetenz）の位置」『広島大学大学院教育学研究科紀要 第三部（教育人間科学関連領域）』第 65 号、2016 年、29-38 頁、吉田成章「ドイツにおけるコンピテンシー志向の授業論に関する一

考察」広島大学大学院教育学研究科教育学教室編『教育科学』第 29 号、2013年、43-67 頁、中野和光「『コンピテンシーに基づく教育』に対するドイツ教授学における批判に関する一考察」『美作大学・美作大学短期大学部紀要』第61 号、2016 年、29-34 頁、樋口裕介・熊井将太・渡邉眞依子・吉田成章・髙木啓「PISA 後ドイツにおける学力向上政策とカリキュラム改革—学力テストの動向と Kompetenz 概念の導入に着目して—」中国四国教育学会編『教育学研究紀要』（CD-ROM 版）第 60 巻、2014 年、368-379 頁、髙橋英глキ「ドイツにおけるコンピテンシー志向の授業論に関する一考察」山梨大学教育人間科学部附属教育実践センター編『教育実践学研究』第 21 号、2016 年、11-24 頁参照。

3 ）JMK/KMK: Gemeinsamer Rahmen der Länder für die frühe Bildung in Kindertageseinrichtungen, 2004.（http://www.kmk.org/fileadmin/Dateien/veroeffentlichungen_beschluesse/2004/2004_06_03-Fruehe-Bildung-Kindertageseinrichtungen.pdf［2017 年 11 月 6 日閲覧]）

4 ）JFMK/KMK: Den Übergang von der Tageseinrichtung für Kinder in die Grundschule sinnvoll und wirksam gestalten – Das Zusammenwirken von Elementarbereich und Primarstufe optimieren, 2009.（Beschluss der Jugend- und Familienministerkonferenz vom 05.06.2009/Beschluss der Kultusministerkonferenz vom 18.06.2009）(https://www.kmk.org/fileadmin/Dateien/veroeffentlichungen_beschluesse/2009/2009_06_18-Uebergang-Tageseinrichtungen-Grundschule.pdf［2018 年 7 月 19 日閲覧]）

5 ）ドイツの幼小連携に関しては、次の先行研究がある。ランブレヒト・マティアス「保幼小連携における移行期の理論と実践モデル—統一後ドイツの動向を中心に—」『東京家政大学研究紀要』第 53 集（1）、2013 年、13-21 頁、濱谷佳奈「ドイツにおける保幼小連携の現状と課題—ベルリンとバイエルン州の事例に注目して—」『子ども研究』第 6 巻、2015 年、9-13 頁、立花有希「ドイツにおける幼小連携の取り組みに関する一考察—ヘッセン州教育計画（BEP）を中心として—」『関東教育学会紀要』第 43 巻、2016 年、13-23 頁等。

6 ）次の先行研究において、「共通教育枠組み」や各州の教育計画の概要とともに、実際のプロジェクト型保育の様子についての紹介、検討がなされている。豊田和子「統一後のドイツにおける保育・就学前教育事情（その 3）—ベルリンの教育プログラムにみる就学前教育改革—」『桜花学園大学保育学部研究紀要』第 10 号、2012 年、43-63 頁、船越美穂「幼児期における民主主義への教育（Ⅱ）—『バイエルン陶冶−訓育計画』における『参加』（Partizipation）の思想と実践—」『福岡教育大学紀要 第 4 分冊』第 61 号、2012 年、77-88 頁、百々康治・丸山真名美・浅野敬子「子どもの育ちを支援するプログラムの構築・運用に関する研究（1）—2011 年 12 月ベルリンにおける現地調査をもとに—」『至学館大学研究紀要』第 47 号、2013 年、51-64 頁、中西さやか「ドイツにおける幼児期の Bildung をめぐる取り組み—ハンブルクおよびノルトライン・ヴェストファーレン州の保育施設訪問から—」『名寄市立大学紀要』第 8巻、2014 年、79-83 頁等。また、自然科学分野を中心に、ドイツの幼児教育領

域でのプロジェクト型保育の特徴や指導方法の分析も近年進められている（後藤みな「ドイツにおけるプロジェクト活動を導入した教育課程の意義と編成の視点―HE州・NW州の『0から10歳までの子どものための陶冶計画』に着目して―」『日本科学教育学会研究報告』第32巻第3号、2017年、35-40頁、後藤みな「ドイツの幼稚園におけるプロジェクト活動の指導方法―幼児が環境とのかかわりを通して科学的概念を学ぶ事例に着目して―」『修紅短期大学紀要』第38号、2018年、9-20頁参照）。

7）2003年の中教審・幼児教育部会で「共通の目的やイメージをもって創出していく協同的な遊び・活動の経験（プロジェクト型活動）」が提案され、その後の審議会答申「今後の幼児教育の在り方」（2005年）では、「協同的な学び」が幼小連携・接続を改善するものとして提唱された（角尾和子「はじめに」角尾和子編著『プロジェクト型保育の実践研究―協同的学びを実現するために―』北大路書房、2008年、ⅰ頁）。

8）本章は、渡邉眞依子「ドイツの幼児教育カリキュラムにおけるコンピテンシーの位置」『人間発達学研究』第9号、2018年、131-132頁、および、渡邉眞依子「ドイツにおけるプロジェクト型保育の今日的展開に関する一考察」『愛知県立大学教育福祉学部論集』第67号、2019年、63-74頁をもとに、加筆・修正を行ったものである。

9）以上のドイツの幼児教育の概要については、豊田和子、前掲論文、2017年、134-137頁、坂野慎二、前掲論文、2017年、20-22頁を参照。

10）豊田和子「西ドイツ就学前教育におけるカリキュラム開発の検討―『場面アプローチ』構想を中心に―」『保育の研究』第11号、1991年、36頁参照。

11）Vgl. Textor, M. R.: *Projektarbeit im Kindergarten*, BoD, Norderstedt, ²2013, S. 27. なお、状況的アプローチ（「場面アプローチ」と同義）については、豊田和子、前掲論文、1991年、33-47頁、豊田和子「ドイツ幼稚園の『場面アプローチ』の単元研究」『高田短期大学紀要』第11号、1993年、91-108頁に詳しい。

12）Küls, H.: *Projekte ko-konstruktivisch planen und durchführen*, Bildungsverlag EINS, Köln, 2012, S. 46.

13）Kasüschuke, D.: Klassiker und aktuelle Konzepte der Elementardidaktik, In: Neuß, N. (Hrsg.): *Grundwissen Didaktik für Krippe und Kindergarten*, Cornelsen Schuleverlag, Berlin, 2013, S. 40.

14）PISA後の幼児教育改革の背景については、坂野慎二、前掲論文、2017年、19-20頁に詳しい。

15）豊田和子、前掲論文、2017年、141-146頁、相賀由美子「『状況的アプローチ』に基づくドイツ幼児教育とその質と評価の方法に関する一考察―INA研究所の試みを通して―」『保育学研究』第53巻第1号、2015年、18-30頁参照。豊田和子「ドイツの幼稚園における『教育の質』をめぐる議論と成果―Tietzeら（ベルリン自由大学研究グループ）を中心に―」『保育学研究』第49巻第3号、2011年、29-40頁にも1990年代の保育・幼児教育の質研究の動向がまと

められている。

16）Vgl. Arbeitsstab Forum Bildung in der Geschäftsstelle der Bund-Länder-Kommission für Bildungsplanung und Forschungsförderung（Hrsg.）: Abschlusskongress des Forum Bildung am 9. und 10. Januar 2002 in Berlin, 2002. http://www.blk-bonn.de/papers/forum-bildung/ergebnisse-fb-band04.pdf［2008 年 9 月 24 日閲覧］）PISA 後の教育政策については、坂野慎二『統一ドイツ教育の多様性と質保証―日本への示唆―』東信堂、2017 年、19-23 頁参照。

17）Vgl. KMK-Pressemitteilung: *296. Plenarsitzung der Kultusminister-konferenz am 05./06.Dezember 2001 in Bonn,* 2001.（https://www.kmk.org/presse-und-aktuelles/pm2001/296plenarsitzung.html［2014 年 12 月 3 日閲覧］）

18）Vgl. JMK/KMK, a. a. O., S. 2.

19）Vgl. ebenda, S. 3.

20）Ebenda.

21）Ebenda.

22）Vgl. ebenda, S. 4-5.

23）Ebenda, S. 3.

24）Vgl. ebenda, S. 4.

25）Ebenda, S. 8.

26）Vgl. JFMK/KMK, a. a. O., S. 4-5.

27）ヘッセン州、メクレンブルク・フォアポンメルン州、ノルトライン・ヴェストファーレン州では 0 歳から 10 歳までの教育計画が作成されている。テューリンゲン州では 2015 年改訂版から 0 歳から 18 歳までの教育計画となっている（渡邉眞依子、前掲論文、2018 年、131-132 頁参照）。

28）KMK/BMBF: Gemeisame Empfehlung der Kultusministerkonferenz und des Bundesministeriums für Bildung und Forschung zu den Ergenbissen von PIRLS/IGLU2006-I und PISA 2006-I: Neue Schwerpunkte zur Förderung der leistungsschwachen Schülerinnen und Schüler bei konsequenter Fortsetzung begonnener Reformprozesse, 2008.（Beschluss der Kultusministerkonferenz vom 06.03.2008）（https://www.kmk.org/fileadmin/Dateien/veroeffentlichungen_beschluesse/2008/2008_03_06-PISA-PIRLS-IGLU-2006-1.pdf［2019 年 5 月 11 日閲覧］）

　　KMK と BMBF の 2008 年勧告の内容については、柳澤良明「ドイツにおける学力向上政策と学校経営の動向（1）―『PISA ショック』後の学力向上政策の特質―」『香川大学教育学部研究報告第 I 部』第 139 号、2013 年、4-6 頁に詳しい。

29）Zimmer, J.: *Das kleine Handbuch zum Situationsansatz,* Beltz, Weinheim und Basel, 2000, S. 14.

30）Ebenda.

31）Vgl. Preissing, C./Heller, E.（Hrsg.）: *Qualität im Situationsansatz. Quali-*

tätskriterien und Materialien für die Qualitätsentwicklung in Kindertagesein-richtungen, Cornelsen, Berlin, [4]2016, S. 13-14.

32) Fthenakis, W. E.: Vorwort, In: ders.（Hrsg.）: *Elementarpädagogik nach PISA. Wie aus Kindertagesstätten. Bildungseinrichtungen werden können,* Verlag Herder, Freiburg, [2]2003, S. 9.

33) 吉田成章、前掲論文、2016 年、30-31 頁参照。

34) H・ロート著、平野正久訳『発達教育学』明治図書、1976 年（Roth, H.: *Pä-dagogische Anthropologie, Bd. II,* Hermann Schröder Verlag, Hannover, 1973.）、223 頁参照。

35) 中西さやか「保育における子どもの『学び』に関する検討―シェーファー（Schäfer, G. E.）の自己形成論としての Bildung 論に着目して―」『保育学研究』第 51 巻第 3 号、2013 年、8-9 頁参照。

36) 中西さやか「ドイツにおける幼児期の学びのプロセスの質をめぐる議論」『保育学研究』第 54 巻第 2 号、2016 年、28-36 頁、ノイマン, K. 著、大関達也・小林万里子訳「幼児教育学における鍵的能力としてのコミュニケーション」『学校教育学研究』第 21 巻、2009 年、97-114 頁参照。

37) 中西さやか「ドイツにおける保育の教育的課題の概念化をめぐる議論」日本教育学会編『教育学研究』第 81 巻第 4 号、2014 年、94-95 頁参照。

38) ノイマン, K.、前掲論文、2009 年、100 頁。

39) Vgl. Dornes, M.: *Der kompetente Säugling. Die präverbalee Entwicklung des Menschen,* Fischer Taschenbuch Verlag, Frankfurt am Main, 1993, S. 21.

40) Vgl. Fthenakis, a. a. O., S. 10-12.

41) 各州の教育計画におけるコンピテンシーの位置づけは、渡邉眞依子、前掲論文、2018 年、130-133 頁において整理している。各州教育計画はドイツ教育サーバー「保育施設での幼児教育に関する各州教育計画」のページから入手している（https://www.bildungsserver.de/Bildungsplaene-fuer-Kitas-2027-de.html ［2018 年 11 月 4 日閲覧］）。

42) Vgl. Senatsverwaltung für Bildung, Jugend und Wissenschaft Berlin（Hrsg.）: *Berliner Bildungsprogramm für Kitas und Kindertagespflege,* verlag das netz, Weimar/Berlin, 2014, S. 25ff. ベルリンの他に、ハンブルク、ザールラント、シュレスヴィヒ・ホルシュタイン、テューリンゲンが同様のコンピテンシーの枠組みを示している。なお、ベルリンは状況的アプローチの教育計画であることが指摘されている（坂野慎二、前掲論文、2017 年、37-38 頁参照）。

43) Vgl. Ministerium für Bildung, Wissenschaft und Kultur Mecklenburg-Vorpommern（Hrsg.）: *Bildungskonzeption für 0- bis 10-jährige Kinder in Mecklenburg-Vorpommern. Zur Arbeit in Kindertageseinrichtungen und Kindertagespflege,* 2011, S. 3.（https://www.bildung-mv.de/export/sites/bildungsserver/downloads/Bildungskonzeption-fuer-0-bis-10-jaehrige-Kinder-in-Mecklenburg-Vorpommern.pdf ［2018 年 11 月 4 日閲覧］）

44) 原田信之「ドイツの教育改革と学力モデル」原田信之編著『確かな学力と豊

かな学力―各国教育改革の実態と学力モデル―』ミネルヴァ書房、2010 年、272 頁参照。

45) Vgl. Bayerisches Staatsministerium für Arbeit und Sozialordnung, Familie und Frauen/Staatsinstitut für Frühpädagogik München (Hrsg.): *Der Bayerische Bildungs- und Erziehungsplan für Kinder in Tageseinrichtungen bis zur Einschulung*, Cornelsen Verlag, Berlin, [7]2016, S. 42ff.

46) Vgl. Ministerium für Familie, Kinder, Jugend, Kultur und Sport des Landes Nordrhein-Westfalen/Ministerium für Schule und Weiterbildung des Landes Nordrhein-Westfalen (Hrsg.): *Bildungsgrundsätze. Mehr Chancen durch Bildung von Anfang an. Grundsätze zur Bildungsförderung für Kinder von 0 bis 10 Jahren in Kindertageseinrichtungen und Schulen im Primarbereich in Nordrhein-Westfalen*, Verlag Herder, Freiburg, 2016, S. 71ff.

47) 中西さやか、前掲論文、2016 年、33 頁参照。

48) Vgl. Ministerium für Kultus, Jugend und Sport Baden-Württemberg (Hrsg.): *Orientierungsplan für Bildung und Erziehung in baden-württembergischen Kindergärten und weiteren Kindertageseinrichtungen. Fassung vom 15. März 2011*, Verlag Herder, Freiburg, 2014, S. 82. Referat Kindertagesstätten im Ministerium für Bildung, Frauen und Jugend Rheinland-Pfalz (Hrsg.): *Bildungs- und Erziehungsempfehlungen für Kindertagesstätten in Rheinland-Pfalz,* Cornelsen, Berlin, 2004, S. 16ff.

49) Freistaat Sachsen Staatsministerium für Kultus und Sport (Hrsg.): *Sächsischer Bildungsplan – ein Leitfaden für pädagogische Fachkräfte in Krippen, Kindergärten und Horten sowie für Kindertagespflege,* verlag das netz, Weimar/Berlin, 2011, S. 14.

50) 学校教育段階におけるプロジェクト法の展開については、渡邉眞依子「ドイツにおけるプロジェクト法の展開とその特質に関する一考察―クノル（Knoll, M.）の学説の検討を中心に―」日本教育方法学会編『教育方法学研究』第 32 巻、2007 年、渡邉眞依子「子どもとともに創る授業―ドイツにおけるプロジェクト授業の展開―」久田敏彦監修、ドイツ教授学研究会編『PISA 後の教育をどうとらえるか―ドイツをとおしてみる―』八千代出版、2013 年、83-110 頁参照。

51) 豊田和子、前掲論文、1993 年、93 頁参照。

52) Vgl. Preissing, C./Heller, E.: Der Situationsansatz – mit Kindern die Lebenswelt erkunden, In: Kasüschke, D.: *Didaktik in der Pädagogik der frühen Kindheit,* Carl Link, Köln, Kronach, 2010, S. 108.

53) Küls, H., a. a. O., S. 47.

54) Ebenda.

55) 木下龍太郎「レッジョ・エミリアの保育：探究・表現・対話―プロジェクト活動に焦点化して―」角尾和子編著、前掲書、2008 年、72 頁。

56) Vgl. Textor, M. R., a. a. O., 2013, S. 30-31.

57) Vgl. Küls, H., a. a. O., S. 56.

58) Vgl. ebenda, S. 60.

59) Vgl. Stamer-Brandt, P.: *Projektarbeit in Kita und Kindergarten,* Herder, Freiburg, 2010, S. 40ff., Günther, S.: *Projekten spielend lernen. Grundlagen, Konzepte und Methoden für erfolgreiche Projektarbeit in Kindergarten und Grundschule,* Ökotopia Verlag, Münster, 2006, S. 51ff.

60) Vgl. Reichert-Garschhammer, E., u. a.: *Projektarbeit im Fokus. Fachliche Standards und Praxisbeispiele für Kitas,* Cornelsen, Berlin, 2013, S. 18ff.

61) 各州の教育計画における「プロジェクト」の位置づけは、渡邉眞依子、前掲論文、2019 年、66-68 頁において整理している。

62) Senatsverwaltung für Bildung, Jugend und Wissenschaft Berlin, a. a. O., S. 40.

63) Ebenda.

64) Vgl. ebenda, S. 41.

65) Vgl. ebenda.

66) Ministerium für Soziales, Gesundheit, Familie und Gleichstellung des Landes Schleswig-Holstein (Hrsg.): *Erfolgreich starten. Leitlinien zum Bildungsauftrag von Kindertageseinrichtungen,* 2012, S. 49. (https://www.schleswig-holstein. de/DE/Fachinhalte/K/kindertageseinrichtungen/downloads/kindertagese inrichtungen_Bildungsauftrag_LeitlinienBildungsauftrag_Bildungsauftrag Leitlinien.pdf ［2018 年 11 月 4 日閲覧］）

67) Freistaat Sachsen Staatsministerium für Kultus und Sport, a. a. O., S. 155.

68) Ministerium für Familie, Kinder, Jugend, Kultur und Sport des Landes Nordrhein-Westfalen/Ministerium für Schule und Weiterbildung des Landes Nordrhein-Westfalen, a. a. O., S. 45.

69) Vgl. Bayerisches Staatsministerium für Arbeit und Sozialordnung, Familie und Frauen/Staatsinstitut für Frühpädagogik München, a. a. O., S. 19.

70) Vgl. Senatsverwaltung für Bildung, Jugend und Wissenschaft Berlin, a. a. O., S. 41.

71) Vgl. Küls, H., a. a. O., S. 57-58.

72) Vgl. ebenda, S. 59, 71, 76-78, 83, 86-87, 89-90, 111, 116.

73) 立花はこうしたカリキュラムによる幼小連携は「面でつなげるための組織体制づくり」の実例として評価している（立花有希、前掲論文、2016 年、21 頁参照）。

74) シェーファー（Schäfer, G. E.）は、① Bildung とコンピテンシーの混同、②コンピテンシーという能力モデルを基準とした、矮小化された学びとなる可能性、の 2 点から、コンピテンシーモデルを批判しているという（中西さやか、前掲論文、2016 年、33 頁参照）。

75) Hörtershinken, D.: Das „neue Bild" von Kind und seine „kompetenz-orientierte Bildung" in ausgewählten Bildungsplänen für Tageseinrichtun-

gen, In: *Pädagogische Rundschau,* Jahrgang 67, 2013, S. 574f.

76) Ebenda, S. 580.

77) Textor, M. R.: Freispiel, Beschäftigung, Projekt – drei Wege zur Umsetzung der Bildungspläne der Bundesländer, In: Knauf, H. (Hrsg.): *Frühe Kindheit gestalten. Perspektiven zeitgemäßer Elementarbildung,* Kohlhammer, Stuttgart, 2009, S. 21.

78) 2018 年 9 月 10 日〜17 日にヘッセン州ギーセンの Montessori-Kinderhaus と隣接する基礎学校（Ludwig-Uhland-Schule）を訪問した。9 月 11 日と 9 月 17 日に「実験」のプロジェクトが行われた。

79) Hessische Kultusministerium/SiNUS: *SINUS-Baustein 3. Übergänge gestalten. Übergang Elementarbereich – Grundschule.* （Material für Lehrkräfte）（https://kultusministerium.hessen.de/sites/default/files/media/sinus-baustein_3_uebergang_elementarbereich_-_grundschule_0.pdf ［2018 年 7 月 23 日閲覧]）

第8章

障害者権利条約批准後の
インクルーシブ教育政策とインクルーシブ授業

　2000 年のドイツ版「PISA ショック」以降の学校改革まで、ドイツの学校制度には、初等教育の基礎学校を修了すると、伝統的な中等教育の体系であるギムナジウム、実科学校、基幹学校の三分岐の学校制度以外に、総合制学校などが存在していた。またこれらの通常学校に加え、障害児教育はこれまで特別学校 (Sonderschule) で行われていたが、後述するように学校の名称が変更されるようになる。

　今日のドイツにおいてインテグレーション[1]からインクルージョン (Inklusion) への発展の契機は、サラマンカ声明と同年の 1994 年の各州文部大臣会議が発表した「ドイツ連邦共和国の学校における特別教育的促進に関する勧告」[2]に見出される。この勧告以降、障害のある子どもを「特別教育的促進ニーズのある子ども」ととらえるようになり、「特別ニーズ教育」のドイツ語訳である「特別教育的促進」(sonderpädagogische Förderung) の推進も打ち出されていった。こうして通常学校における促進ニーズのある子どもの支援が行われるようになった。また、これまで続いてきた特別学校が促進学校 (Förderschule) へと名称の変更がなされるようになった[3]。

　ドイツにおいてインクルージョンが本格的に始まる契機は障害者権利条約の批准による。2006 年 12 月の国連総会で障害者権利条約が採択され、ドイツは 2007 年 3 月に署名し、2009 年 2 月に同条約を批准した。この批准を契機にドイツにおいてインクルーシブ教育の改革が始まる。このように障害者権利条約批准後のドイツの教育政策は新たな段階に入り、障害児教育のみならず学校システム全体にまで影響を与えるようになった。例えば、これまでの実科学校、基幹学校、総合制学校の 3 つを 1 つの中等学校へと統合するなどである（ハンブルクでは市区学校〔Stadtteilschule〕、ブレーメンでは上級学校〔Oberschule〕などであ

257

る）[4]。実践レベルでもインクルーシブ教育を背景として授業づくりにも影響が見られるようになった。これまでのように、インテグレーションされた子どもに配慮するだけではなく、一人ひとりの子どものニーズにも同じように配慮するインクルーシブ授業（inklusiver Unterricht）が注目されるようになった[5]。このように、インクルーシブ教育の推進によって、一人ひとりのニーズに応じた個別の学習支援が重視されるようになったのである。

けれども、個別の学習支援への関心は、インクルーシブ教育の影響だけではない。2000 年のドイツ版「PISA ショック」以降、移民の背景のある子どもをはじめ[6]、「学力の低い」子どものための低学力対策として、各州の進捗状況報告の中で「授業における個々の生徒の促進と教育スタンダードの保障」措置とともに、教育スタンダードの保障と関わって、「学習の個別化」が多くの州で進められた[7]。ドイツでは「PISA ショック」以降、「『コンピテンシー志向の授業（kompetenzorientierter Unterricht）』のあり方が授業実践の中心的課題の一つとして認識されてきている」[8]。コンピテンシー志向の授業をめぐっては、「授業の個別化による学力保障」といったコンピテンシー志向の授業の革新性も注目されている[9]。

そこで本章では、障害者権利条約の批准によって、ドイツのインクルーシブ教育改革がどのように変化していったのかを、ドイツのインクルーシブ教育の代表的な研究者の一人でもあるハイムリッヒ（Heimlich, U.）の論考を手がかりに考察する。その上で、ドイツの中でもインクルーシブ教育の改革が進んでいるブレーメン州を中心に、教育政策の動向を明らかにするとともに、実践レベル、特に、個別の学習のあり方とも関係するインクルーシブ授業についても考察する。

1. 障害者権利条約批准後のインクルーシブ教育改革

（1）ドイツのインクルーシブ教育における通常学校をめぐる課題

すでに特別学校の制度を構築していたドイツでは、第二次世界大戦後、障害児教育は特別学校（促進学校）を中心にして歩んできた。2009 年に障害者権利

258　第3部　多様な子どもの学びと育ちに対応する教育方法改革

条約を批准することで、インクルーシブ教育制度の整備が注目されるようになった。けれども、ハイムリッヒは 2013 年の論考において、「相変わらずドイツでは、特別教育的促進ニーズのある生徒たちの約 75％が促進学校に通学し、約 25％だけが通常学校に通学している」[10] と指摘している。ハイムリッヒは、インクルーシブ教育が制度化されることで、この割合が逆になるよう特別教育的促進ニーズのある子どもたちが、もっと通常学校に通学すべきであると主張している [11]。そこには、通常学校と特別学校とを分離してきたドイツの教育の歴史とともに、通常学校においても特別教育的促進ニーズのある子どもを受け入れる課題が挙げられる。ただし、それは、インクルーシブ教育を推進することが、特別教育の廃止の意思表示になることを意味するのではない。むしろ、インクルーシブ教育には、通常教育と特別教育の両方の改革が必要なのである [12]。

　ドイツにおけるインクルージョンについての現在の教育政策の議論では、特別教育とともに、通常教育にも変化が求められる。インクルーシブ教育改革で求められるインクルーシブ学校では、特別教育士（Sonderpädagoge）や特別教育の専門能力が、通常学校に必要なのである [13]。このようにインクルーシブ教育によって、通常学校の教育改革が注目されるようになった。

(2) 障害者権利条約における「インクルージョン」をめぐる問題

　それでは、なぜドイツでは依然として特別教育的促進ニーズのある子どもが促進学校へ通学する割合が多いなど、通常学校の改革が進んでいないのであろうか。そこには、ドイツにおいて「インクルージョン」が、「インテグレーション」と同一視されてきた問題が挙げられる [14]。その問題は、特に 1994 年のサラマンカ声明以降のインクルージョンに関する議論に見られる。ハイムリッヒによると、ドイツ語の翻訳において、新たな概念「inclusion」は、なおも「Integration」と翻訳された。それは今日のドイツ語圏においてインクルージョンとインテグレーションの同一視という誤解をつくり出すことに「貢献」したのである。引き続き、2009 年の国連の障害者権利条約の批准に際しても「inclusion」は「Integration」と翻訳されており、誤解はまだ一掃されていな

第 8 章　障害者権利条約批准後のインクルーシブ教育政策とインクルーシブ授業　　259

いのである[15]。こうして、インクルージョンが「インテグレーション」として普及していったのである。

　ハイムリッヒは、ドイツ語に翻訳された障害者権利条約第24条第1項を援用して、ドイツ語訳では、「締約国は、教育についての障害者の権利を認める。締約国は、この権利を差別なしに、かつ、機会の均等を基礎として実現するため、インテグレーションをもたらすあらゆる段階の教育制度（ein integratives Bildungssystem auf allen Ebenen）を確保する。……」（※下線部は執筆者による）と記載されていると述べている[16]。けれども、障害者権利条約原文の英語について、ハイムリッヒはドイツ語訳と異なる点を指摘している。それは、下線部のドイツ語訳と原文の英語である「インクルージョンをもたらすあらゆる段階の教育制度（inclusive education system at all levels）」を比較すると、ドイツ語訳では、「インクルージョン」が「インテグレーション」へと翻訳されていることがわかる。ハイムリッヒは、国際的な状況に照らし合わせて、ドイツのインクルーシブ教育制度について正確に決めていくことが必要であると主張しているのである[17]。

　こうした議論から、ハイムリッヒの論考を整理すると次の3つにまとめられる[18]。第一に、インクルージョンは、インテグレーションの訳語とはみなされないことが確認され、インクルージョンはむしろインテグレーションを実質的にさらに発展させることを意味する。第二に、インクルーシブ教育の整備は、選別のいかなる形態も最初から放棄する。そこでは子どもたちのニーズなどの違いから生じる異質性（Heterogenität）に注目する必要がある。異質性を負担としてみなすのではなく、選別を放棄するために、あらゆる子どもたちや青少年たちに向けた教育サービス（Bildungsbagebote）をつくり出す機会としてみなすのである。第三に、教育施設を開くことで、子どもたちや青少年たちの市区をはじめ、学校と彼らの環境との能動的な相互交流が現れる。すなわち、ハイムリッヒが「インクルーシブ社会はインクルーシブ学校を必要としている」と指摘しているように、インクルーシブ教育制度は、他から隔離した場所（Insel）ではなく、インクルーシブ社会をつくり出すことを目指しているのである。

　このように、インクルージョンに発展することで、これまでの学校制度とは

260　　第3部　多様な子どもの学びと育ちに対応する教育方法改革

異なる点が見えてくる。そこでは、異質性をはじめ、社会との関係も問われるようになる。それゆえ、学校はインクルーシブ社会をつくり出す上で重要な役割を担うことになる。

(3)「インクルージョン」と「インテグレーション」との違いから見た通常学校の改革

インテグレーションからインクルージョンへの発展が問われる中、インクルージョンとインテグレーションの違いによって、通常学校はどのような役割を担っていくのであろうか。

ハイムリッヒによると、これまで親密な関係にあった家族関係や社会との結びつきが、現在、貧困をはじめ、西側諸国の産業社会に見られる排除の問題などから弱まっている。とりわけ、障害者や社会的不利益のある人は、排除されやすくなる[19]。それゆえハイムリッヒは、教育的な意味でのインクルージョンは、「あらゆる社会的領域のあらゆる人々が自己決定した社会的な参加に向けた支援に貢献し、社会における特定のグループに対する排除の傾向に能動的に立ち向かう、学校と社会におけるネットワークのような構造の創造を目標にする」[20] ことを主張している。

この点で、インテグレーションのように障害者と健常者という2つのグループに分けて排除や統合をしていく考え方ではなく、「あらゆる人々」を前提にして考えていく必要がある。ハイムリッヒは、「インテグレーション的な教育サービスにおける個別化の原則は、一様にあらゆる人々のためではなく、特別教育的促進ニーズのある子どもたちや青少年たちのために有効である」[21] と述べている。つまり、インテグレーションの教育サービスは、特別教育的促進ニーズのある子どもを対象にしているのである。特別教育の教師たちや通常学校の教師たちは、個別の促進が特別教育的促進ニーズのある子どもたちや青少年たちだけに必要ととらえているが、むしろ、個別の促進ニーズはすべての子どもや青少年にあるため、全員に個別の促進が必要であるとハイムリッヒは主張している[22]。こうしたことから、すべての子どもたちの促進ニーズから通常学校を改革していく必要があるのである。

第8章　障害者権利条約批准後のインクルーシブ教育政策とインクルーシブ授業　261

2. インクルージョンの実現に向けた教育政策
―ブレーメン州を中心に―

　1990 年代以降、ドイツではインテグレーションからインクルージョンへと
発展していく。ブレーメン州は、1970 年代にはすでにインテグレーションの
取り組みを始めている。こうした取り組みの上に、ブレーメン州ではインク
ルージョンが実践されるようになっていくのである[23]。以下では、ブレーメン
州のインクルージョンの実現に向けた教育政策を中心に、その特質を整理する。

(1) ブレーメン州の教育政策の概要
　ブレーメン州の一般学校の制度（図8-1）では、前期中等教育段階までブレー
メン州のほとんどの子どもたちは最初に 4 年間基礎学校に、そのあとに上級学
校またはギムナジウムに行く。そのどちらの学校種においても、すべての一般
教育の修了証（allgemeinbildende Schulabschluss）を獲得することができる。ギム
ナジウムでは、12 年次にアビトゥアが可能になり、上級学校では 13 年次に可
能になる。ただし、一部の上級学校でも 12 年次に追加で認められる。前期中
等教育段階の後、子どもたちは、ギムナジウムの上級段階または職業教育の学
校においてもアビトゥアまで、コースに応じて学歴を続けることができる[24]。
なお、ブレーメンでは、すべての子どもたちが通常学校で学んでいるわけでは
ない。2009 年のブレーメン州の学校法第 70a 項は、視覚、聴覚、身体・運動
の発達について特別教育的促進ニーズのある子どもたちのために、視覚障害の
ための学校、聴覚障害のための学校、身体と運動のための学校で教育を受ける
選択の申し出の継続を明記している。こうした学校との手続きの申請などに関
連して、図8-1 に記載されている「視覚、聴覚、身体・運動の発達の領域のた
めの促進センター」が設置されている[25]。
　またブレーメン州の上級学校とギムナジウムでは、できるだけ長く、異なる
技能や能力のある子どもの共同学習（Gemeinsames Lernen）を提供する。学校は
入学した生徒たちに責任を負い、適切な促進の提供を介して、個別に可能な限

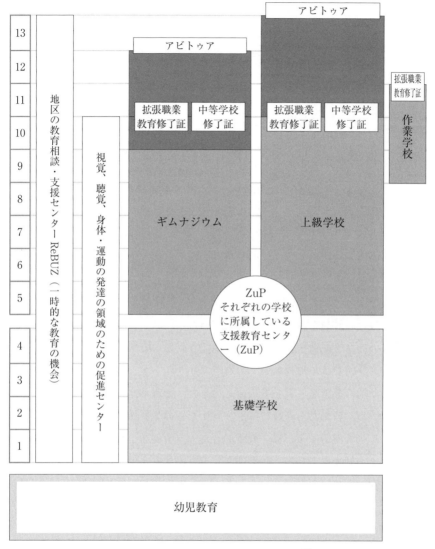

図 8-1　ブレーメン州の一般学校の制度[26]

り教育修了証を取得させる。「転学（Abschulen）」や「留年（Sitzenbleiben）」という言葉は、今日では、教育の機会を提供し、誰もが可能な限り最良の方法で支援を受けるという考え方を意味しない。それゆえブレーメン州では、両方の

学校種において前期中等教育段階の修了時に、ギムナジウムの上級段階への移行についての進級の決定が初めて行われる[27]。このように、成績に応じて同質の集団を強固にしているのではなく、異質な集団での学びを推進しているのである。

（2）ブレーメン州におけるインクルージョンの支援システム

ブレーメン州は、学習困難または障害のある子どもたちが通常の学校教育に参加できるようにするために、インクルージョンを実施する最初の州の一つになった[28]。2009年に改訂されたブレーメン州の学校法第3条（4）において次のことが規定されている。「ブレーメン州の学校は、インクルーシブ学校の開発を課題とする。ブレーメン州の学校は、教育（Erziehung）と陶冶（Bildung）の課題の枠組みにおいて、民族的出自、国籍、宗教、または社会生活や学校共同体における侵害に左右されないすべての生徒たちのインクルージョンを促進し、一人ひとりの除外を回避することである」[29]。つまり、インテグレーションでは、教育の対象を障害児に限定していたが、インクルージョンではすべての子どもの教育可能性を保障するよう明記されたのである。

ブレーメン州では、促進ニーズの有無にかかわらず、共に授業するために障害者権利条約の要請を一貫して実施してきた。それゆえ、学校は高度な要求に直面している。教師たち、特に特別教育士たちの職業像は、大きな変化を遂げている。チームで働くことは、教育的行為の本質的な土台である。インクルーシブ教育を実施することは、教育的な場を拡張する必要がある。それはまた、教育や特別教育の専門性が求められる。それゆえ、インクルーシブ学校では、学校経営（Schulleitung）、スクールソーシャルワーカー、教育者（Erzieher）など学校のスタッフ全員で教育を行うことが求められている[30]。

こうした多職種協働の取り組みとして、ブレーメン州における支援システムには、支援教育センター（Zentren für unterstützende Pädagogik：以下、ZuP）と地区の教育相談・支援センター（Regionales Beratungs- und Unterstützungszentrum：以下、ReBUZ）という2つの組織が挙げられる[31]。図8-1からもわかるように、ZuPは基礎学校、上級学校、ギムナジウムのそれぞれの学校に置かれている。

またReBUZは学校の外から支援が行えるように整備されている。

1）支援教育センター（ZuP）

ZuPは、各学校内、または複数の学校の連合体（Verband）において設置されている支援センターである。このZuPの設置は、インクルーシブ授業の実施において包括的な促進と必要な資源である専門家の投入などに見られる専門性の維持を保障する。このようにZuPは、学校や学校の連合体に不可欠な構成要素である。ZuPのメンバーは、学校や学校の連合体で子どもたちの促進を担当する専門家である。それは、特別な専門知識のある教師（例えば、特別教育士）、教育的な協力者（例えば、アシスタントや社会教育の専門家）、スクールソーシャルワーカーである。2012年のはじめにすべての学校にZuPが設置され、小規模の基礎学校は連合体をつくった[32]。

なお、課題は次のようなニーズのある生徒たちの促進である。それは、読み書きの困難さの促進、計算障害の促進、読みの促進（例えば、読みの集中的な促進）、特別な才能の促進（きわめて才能に恵まれた子どもへの促進など）、特別教育的促進ニーズ（視覚、聴覚、運動の発達、知覚と発達の促進、学習、言語、情緒的社会的発達）、言語の促進、である[33]。

またZuPの支援教育（unterstützende Pädadogik）は次の内容を保証している。それは、授業中の2つの役割、ZuPのメンバーのマルチプロフェッショナルな専門能力、促進の診断と促進プラン、ブライユ点字と手話の使用、個別支援（individuelle Hilfe）、学校外の専門家の治療的、社会的、その他の支援の参入、特別教育的、その他の支援教育的な促進についての問題に対する助言と支援、共同授業の計画、実施、評価、支援教育の質保障のスタンダード、支援教育を可能にするメディアと材料の作成と提供、である[34]。

2）地区の教育相談・支援センター（ReBUZ）

ReBUZは、ブレーメン市の各地区にあるセンターである。ブレーメン市の東部、西部、南部、北部に拠点があり、各学校の促進教育の相談にのっている。助言と支援については、特に困難な状況にある学校のスタッフ、保護者、子どもたちに提供される。ブレーメン州のホームページでは、保護者と子どもたちに対して以下のような対応が記載されていた。

保護者は、娘や息子の学校の問題に関する助言をもらうために、所轄のReBUZに連絡することができる。最初の相談は、子どもと一緒でなくても、また子どもと一緒、子ども一人といった状況でも対応することができる。さらに関係する教師も相談に参加することができる。またいくつかの質問によって学校心理検査も受けることができる。そのさい、ReBUZの担当者は次のような問題について明らかにする。例えば、読み書きを学ぶ際の問題、学習と集中の困難、学校での不快感、学校での不安、不登校（Schulvermeidung）、友情の発見と維持の問題、他の子どもたちとの衝突、教師との共同作業における問題、家庭での安息を妨害し危険にさらす学校の問題、である。なお、すべての会話内容と検査データといった個人情報が保護されることや、助言についての費用がかからないことも記載されている[35]。

　次に子どもたちは、学校に問題がある場合、学級担任の教師や学校の社会教育士（Schulsozialpädagog）などとしかるべき場所で相談することができない場合、または学校外で会話する相手が必要な場合は連絡するように記載されている。なお、子どもたちの抱えている問題について、次のような具体例を挙げている。例えば、学校でのいじめ、同級生との問題、先生たちとの葛藤、テストの不安、学習と成績の問題、読み書きの問題、学校での不快感、である。なお、訓練を受けた経験豊富な助言者が耳を傾け、望むなら支援することや、助言は秘密にされ、費用も無料であることが記載されている。さらに、保護者との対応とは違って、「所轄のReBUZに電話または電子メールで連絡することができる」と最後に明記されていた[36]。

　ReBUZは、（特別）教育士、学校心理士、社会教育士をはじめ様々な専門家がチームとなっている。こうした多職種が協働して様々な視点から問題の解決を支援することができる。そのさい、学校のZuPと緊密に協力したり、他の機関と協力したりすることが強調されている[37]。

　以上から、ブレーメン州におけるZuPやReBUZの支援システムには、インクルーシブ教育を行う上で重要な特質が挙げられる。第一に、障害児だけではなく、あらゆる子どもを教育の対象にしている点である。ZuPの場合、学習する上で教育的なニーズのある子どもはすべて支援の対象になっている。ま

たReBUZの場合は、学校におけるすべての問題が対象になっている。第二に、教師以外の専門家を含む支援システムが構築されている点である。特に、ReBUZは多職種協働をつくり出している。これは社会全体で学校を支えようとしているのである。このようにブレーメン州ではマクロ的な視点から学校を支えている点が特質である。

3. ドイツにおけるインクルーシブ授業の展開
—ブレーメン州を中心に—

(1) インクルーシブ授業の展開動向

　ドイツでは障害者権利条約の批准後、先述したように、本格的にインクルージョンを迎えることになった。2011年10月20日に決議された各州文部大臣会議の勧告「学校における障害のある子どもたちや青少年たちのインクルーシブ教育」では、インクルーシブ授業との関連で、授業レベルでは子どもたちの個別のニーズが注目され、内的分化（Binnendifferenzierung）や個別化が検討されるようになった[38]。また、教授学研究においても、インクルーシブ授業の構想について、「あらゆる生徒たちの最善の促進を補償しなければならない」ことや「教師は異質な学習グループに分化する」ことが挙げられている[39]。インクルーシブ教育を推進する上で、学級内での子ども一人ひとりのニーズに応じた分化的な措置や個別の学習のあり方が、授業改革として問われるようになった。

(2) ブレーメン州におけるインクルーシブ授業の理論的背景と授業実践

　ブレーメン州は1970年代からインテグレーションの取り組みを行ってきた。このインテグレーションを実践的にも進めていく上で注目されたのが、元ブレーメン大学教授のフォイザー（Feuser, G.）の教授学理論である[40]。フォイザーは発達論的教授学（entwicklungslogische Didaktik）を主張し、「共通の対象（gemeinsamer Gegenstand）」を提案した。それは、すべての子どもが共通のテーマで活動するが、個人の活動の仕方やテンポは異なるため、一人ひとり個別の

第8章　障害者権利条約批准後のインクルーシブ教育政策とインクルーシブ授業　　267

学習目標を達成する方法である。これは単に個別に学ぶのではなく、共通の
テーマが設定されることで共通に活動する機会や共有することを生み出す。つ
まり、個別の目標を目指して活動するが、同じテーマや同じ場を共有すること
で友だちを意識しながら学ぶことができるのである。

　フォイザーの理論は今日のブレーメン州の実践にも見ることができる。ブ
レーメン市内の基礎学校４年ａ組の数学[41]では、２つの数字の組み合わせか
らなる４桁の数字の関係性から、計算能力の向上と数学的法則性の発見を狙っ
て設定された「ANNA-Zahlen」の学習が実践されていた。これは、A と N に
それぞれ数字を入れる。例えば、「$A=9$」、「$N=8$」とした場合、「$ANNA=$
9889」となる。次に A と N の数字を「$A=8$」、「$N=9$」と入れ換えると
「$ANNA=8998$」となる。これを「$9889-8998$」とするとその差は「891」と
なる。A と N の数字を１つ下げても「$8778-7887=891$」となる。このような
数学的法則性の発見を共通の課題・目標とした上で、教師は子どもたちに個別
やペアでの学習を指示した。子どもたちは個別で問題を解いたり、ペアになっ
て「数学的法則性」を見つけようと議論したりした。なおこの間、教師は声を
かけたり、一緒に計算したり、見守ったりしていた。最終的には教師の指示の
下、子どもたちは車座になって全体で確認をした。本授業では、「共通の目
標・課題は全員で共有しつつ、それぞれの学習の取り組みは多様」というよう
に、完全に個々別々の目標や課題ではなく、共通に学び合う場面が構想されて
いたのである。

　ブレーメン州の授業づくりでは、授業の中で個別化が行われているが、個々
別々の学びではなく、子どもたちは学級集団の中で学び合い、共通・共同する
機会を取り入れた個別化を実践していた。そこでは、共通の目標や課題を設定
することで、たとえ一人ひとりのニーズがあり、学習の取り組みが多様になっ
ても、お互いを意識しながら共に学ぶ場面が形成されていたのである。

4.　ブレーメン州におけるインクルーシブ教育からの示唆

　ブレーメン州はフォイザーの理論に見られるように、一人ひとり個別の学習

目標を達成するために、共通・共同を介する個別化が見られた。これは、今日のあらゆる子どもを教育の対象にしたインクルーシブ教育にとっても十分示唆的な考え方である。あらゆる子どもを教育の対象とする上で、1970 年代からのブレーメン州におけるインテグレーションでの取り組みは、インクルーシブ教育を先取りする実践であったのではないだろうか。それゆえ、障害者権利条約の「inclusion」の訳語をめぐる問題は、ブレーメン州にとって大きな問題ではなかったと考える。

　ただし、障害者権利条約批准後、ブレーメン州では学校法が改訂されるなど、インクルーシブ教育改革が推進されたことも見逃せない点である。特に、ZuPと ReBUZ の支援システムは、学級、学校の問題を多職種協働の視点からアプローチしている。ブレーメン州は移民の背景のある子どもが多く在籍している学校もある[42]が、支援システムは単に学校だけですべてを解決しようとしているわけではない。ReBUZ といった学校外の社会との協働も含めて子どもたちの問題を解決しようとしているのである。これは、インクルーシブ社会の構築を目指して、学校と社会とに分けられた教育の領域をインクルーシブ教育の視点からとらえ直しているのである。これまでのように教育の領域を学校と社会に分けてとらえるのではなく、お互いが領域を越境し、融合した取り組みをつくり出しているのではないだろうか[43]。このようにブレーメン州のインクルーシブ教育では、インクルーシブ社会を目指して、学校と社会が多職種で協働しながら構築していく支援システムが重要な点である。

（吉田茂孝）

〈付記〉なお本章は、吉田茂孝・髙木啓・吉田成章「インクルージョンとコンピテンシーに着目した個別の学習支援の特質と教育方法改革—ハンブルク州・ブレーメン州調査を中心に—」『PISA 後のドイツにおける学力向上政策と教育方法改革』（2014〜2016 年度科学研究費補助金 基盤研究（B）（海外学術調査）最終報告書 研究代表者：久田敏彦）、2017 年において執筆者が担当した箇所を一部参照している。

■注
1 ）なお、旧西ドイツを見れば、1973 年に西ドイツ教育審議会による「障害児

および障害の恐れのある児童と生徒の教育的促進について」（西ドイツ教育審議会著、井谷善則訳『西ドイツの障害児教育』明治図書、1980 年参照〔Deutscher Bildungsrat, Empfehlungen der Bildungskommission（Hrsg.）: *Zur pädagogischen Förderung behinderter und von Behinderung bedrohter Kinder und Jungendlicher*, Ernst Klett Verlag, Stuttgart, ^{2}1976, 1973〕）が出されるなどし、1970 年代にはインテグレーションの気運が高まっていた。

2）なお、この勧告については窪島務・野口明子によって紹介されている（窪島務・野口明子訳「資料『ドイツ連邦共和国の学校における特別な教育的促進に関する勧告』」特別なニーズ教育とインテグレーション学会編『SNE ジャーナル』第 1 巻、1996 年、126-147 頁参照）。

3）荒川智「ドイツの特別教育的促進とインクルーシブ教育」日本発達障害学会編『発達障害研究』第 32 巻第 2 号、2010 年、146 頁参照。

4）窪島務「ドイツにおけるインクルーシブ教育の展開」黒田学編『ヨーロッパのインクルーシブ教育と福祉の課題』クリエイツかもがわ、2016 年、24-25 頁参照。

5）Vgl. Sander, A.: Bildungspolitik und Individuum, In: Kaiser, A./Schmetz, D./Wachtel, P./Werner, B.（Hrsg.）: *Bildung und Erziehung*, Kohlhammer Verlag, Stuttgart, 2010, S. 75.

6）中山あおい「PISA 以降のドイツの移民と学力向上政策」久田敏彦監修、ドイツ教授学研究会編『PISA 後の教育をどうとらえるか―ドイツをとおしてみる―』八千代出版、2013 年、194-196 頁参照。

7）久田敏彦「ドイツにとっての PISA」民主教育研究所編『人間と教育』第 84 号、旬報社、2014 年、35-36 頁参照。

8）吉田成章、ハンナ・キーパー、ヴォルフガング・ミーシュケ「PISA 後のカリキュラム改革と教育実践の課題」ハンナ・キーパー、吉田成章編『教授学と心理学との対話―これからの授業論入門―』渓水社、2016 年、26-27 頁参照。

9）高橋英児「ドイツにおけるコンピテンシー志向の授業論に関する一考察」山梨大学教育人間科学部附属教育実践総合センター編『教育実践学研究』No. 21、2016 年、16-17 頁参照。

10）Heimlich, U.: Inklusion in Schule und Unterricht, In: Haag, L./Rahm, S./Apel, H.-J./Sacher, W.（Hrsg.）: *Studienbuch Schulpädagogik*, Julius Klinkhardt, Bad Heilbrunn, ^{5}2013, 2002, S. 263.

11）Vgl. ebenda, S. 263-264.

12）Vgl. ebenda, S. 264.

13）Vgl. ebenda.

14）このように、ドイツにおける翻訳をめぐる問題についてはすでに日本でも紹介されている（荒川智「ドイツにおけるインクルーシブ教育の動向」『障害者問題研究』第 39 巻第 1 号、2011 年、37 頁参照）。

15）Vgl. Heimlich, a. a. O., S. 265.

16）Vgl. ebenda, S. 265.

17）Vgl. ebenda.

18）Vgl. ebenda, S. 265-266.

19）Vgl. ebenda, S. 267.

20）Ebenda, S. 267.

21）Ebenda, S. 268.

22）Vgl. ebenda.

23）吉田茂孝「ブレーメン州におけるインクルーシブ教育に向けた実践の展開」湯浅恭正・新井英靖編『インクルーシブ授業の国際比較研究』福村出版、2018年、371-372 頁参照。

24）ブレーメン州の文部省のウェブサイト（https://www.bildung.bremen.de/allgemeinbildende_ schulen-3716［2018 年 10 月 28 日閲覧]）参照。

25）ブレーメン州の文部省のウェブサイト（https://www.bildung.bremen.de/foerderzentren-4482［2018 年 10 月 28 日閲覧]）参照。

26）ブレーメン州の文部省のウェブサイトに記載されている学校制度の図に日本語を挿入した（https://www.bildung.bremen.de/allgemeinbildende_schulen-3716［2018 年 10 月 28 日閲覧]）。なお、図 8-1 の「拡張職業教育修了証」のドイツ語は、Erweiterte Berufsbildungsreife（ErwBBR）で、「中等学校修了証」のドイツ語は、Mittlerer Schulabschluss（MSA）である。

27）ブレーメン州の文部省のウェブサイト（https://www.bildung.bremen.de/allgemeinbildende_ schulen-3716［2018 年 10 月 28 日閲覧]）参照。

28）同上。

29）Die Senatorin für Bildung und Wissenschaft: Entwicklungsplan Inklusion, 02.12.2010, 2010, S. 49.（https://www.lis.bremen.de/fortbildung/detail.php?gsid=bremen56.c.107819.de［2018 年 10 月 28 日閲覧]）

30）ブレーメン州の州立学校研究所（Landesinstitut für Schule：LIS）のウェブサイト（https://www.lis.bremen.de/fortbildung/inklusion-7767［2018 年 10 月 28 日閲覧]）参照。

31）すでに、ZuP と ReBUZ については、吉田茂孝・樋口裕介「ドイツにおけるインクルーシブ教育のカリキュラムの検討」中国四国教育学会編『教育学研究紀要』（CD-ROM 版）第 63 巻、2018 年などにおいて簡単には紹介されている。

32）ブレーメン州の文部省のウェブサイト（https://www.bildung.bremen.de/sixcms/detail.php?gsid=bremen117.c.4417.de［2018 年 10 月 28 日閲覧]）参照。

33）同上。

34）同上。

35）ブレーメン州の地区の教育相談・支援センターのウェブサイト（https://www.rebuz.bremen.de/service/eltern-9833［2018 年 10 月 28 閲覧]）参照。

36）ブレーメン州の地区の教育相談・支援センターのウェブサイト（https://www.rebuz.bremen.de/service/schuelerinnen_und_schueler-9829［2018 年 10 月 28 日閲覧]）参照。

37）ブレーメン州の地区の教育相談・支援センターのウェブサイト（https://

www.rebuz.bremen.de/startseite-1459〔2018年10月28日閲覧〕）参照。

38）Vgl. Inklusive Bildung von Kinder und Jugendlichen mit Behinderungen in Schulen（Beschluss der Kultusministerkonferenz vom 20.10.2011), S. 15.（http://www.kmk.org/fileadmin/Dateien/veroeffentlichungen_beschluesse/2011/2011_10_20-Inklusive-Bildung.Pdf〔2018年10月28日閲覧〕）

39）Vgl. Moser Opitz, E.: Inklusive Didaktik im Spannungsfeld von gemeinsamen Lernen und effektiver Förderung, In: Zierer, K. u. a.（Hrsg.）: *Jahrbuch für Allgemeine Didaktik*, Schneider Verlag, Hohengehren, 2014, S. 53.

40）Vgl. Feuser, G.: *Behinderte Kinder und Jugendliche: Zwischen Integration und Aussonderung*, Wissenschaftliche Buchgesellschaft Verlag, Darmstadt, ²2005, 1995.　なお、ここでのフォイザーの理論は、吉田茂孝「ドイツのインクルーシブ教育における教授学の構造—ゲオルグ・フォイザー（Georg Feuser）論の検討を中心に—」湯浅恭正・新井英靖編、前掲書、2018年に詳しい。

41）吉田茂孝・髙木啓・吉田成章「インクルージョンとコンピテンシーに着目した個別の学習支援の特質と教育方法改革—ハンブルク州・ブレーメン州調査を中心に—」『PISA後のドイツにおける学力向上政策と教育方法改革』（2014～2016年度科学研究費補助金 基盤研究（B）（海外学術調査）最終報告書 研究代表者：久田敏彦）、2017年、85-88頁参照。

42）福田敦志「生活者を育てる学校への挑戦—Roland zu Bremen Oberschuleの実践から—」湯浅恭正・新井英靖編、前掲書、2018年参照。

43）学校と社会が問題解決に向けて、お互いが領域を越境し、融合して取り組む考え方については、次の論考を参照した。新井英靖「特別ニーズのある子どもの授業づくりと学校福祉論の視座—『合理的配慮』と『補償』的アプローチを超えて—」鈴木庸裕編著『学校福祉とは何か』ミネルヴァ書房、2018年、140-144頁参照。

第9章

多様な子どものための個別支援
―ドイツの学力向上政策に焦点を合わせて―

　PISA などの国際的な学力調査（PISA 2006, PIRLS/IGLU 2006, TIMSS 2007）や国内で実施している学力調査の結果を受けて、ドイツの各州文部大臣会議（以下KMK と記す）は、「学力の低い生徒のための促進戦略」という勧告（Förderstrategie für leistungsschwächere Schülerinnen und Schüler Beschluss vom 04.03.2010）を出した。この学力の低い生徒の中には、移民の生徒も多く含まれる。というのはPISA において、ドイツでは経済的・社会的背景と学力の相関関係が強いことが明らかになるとともに、移民の背景のある生徒の学力が低いことが判明したからである。そのため PISA 以降の学力向上政策において、移民の背景のある生徒への支援の必要性が明記されるようになった。例えば KMK が打ち出した7つの行動分野の4つめの対策として、「教育的に不利な条件にある子ども、特に移民の背景のある子どもと青少年の現実的な支援」が挙げられている。

　2010 年の促進戦略は、移民を含めた低学力層の生徒を対象に、①教育課程のミニマムスタンダードに到達しない生徒比率の減少、②学校教育の修了証のない生徒数の半減という2つの目標を掲げ、各州に促進戦略の政策と強化を呼びかけ、そのための9つの指針を示している。

1. 授業における個別支援および教育スタンダードを確実にすること。
2. 学習時間の増大と目標を定めた支援。
3. 実践的な授業開発。
4. 移民の背景のある生徒への支援を強め、多様性をチャンスとして活用する。
5. 特別なニーズのある生徒にも基幹学校の修了証書を獲得させる。
6. 終日教育の拡充と教育パートナーの強化。
7. 職業オリエンテーションを専門的に行い、職業への移行を確実にする。
8. 教師教育を質的に拡充する。

9. 成果を評価し成功モデルを広める。

　この指針でも「移民の背景のある生徒の支援」が挙げられるとともに、「個別支援 (Individuelle Förderung)」が重視されていることがわかる。KMK は「個別支援」を、「生徒それぞれの才能と可能性に応じて将来の最善のチャンスをつかめるようにするための前提である」とし、「様々な要因で学習が困難な生徒」だけではなく「学習速度の速い子ども」や「特別な才能」のある場合も対象にしている。本章では、学力の低い生徒の促進戦略における「個別支援」について取り上げ、それが移民などの多様な子どもの支援においてどのようにとらえられているのかを検討するとともに、実際の教育政策や教育実践にどのように具体化しているのかを考察する。

　まず、この促進戦略について分析し[1]、この促進戦略を受けて各州が実施している取り組みをまとめた KMK の報告書「学力の低い生徒のための促進戦略実施状況報告」(2013, 2017)[2] において、戦略がどのような取り組みとして実践されているのか検討したい。また、ヘッセン州やバーデン・ヴュルテンベルク州において、これらの戦略がどのように具体的な実践に結びついているのかを検証する。

1.　学力の低い生徒のための促進戦略

　2010 年の KMK の勧告においては、先に挙げた 9 つの指針とともに、各州では以下の 5 つの分野の取り組みがなされていると述べられている。

①個別支援の強化。

②学習を新しく創造する：コンピテンシー志向の授業開発、コンピテンシー獲得の新しい形態。

③卒業を可能にし、（次の進路への）移行と接続を確実にする。

④（教育支援の）パートナーと連携し、行動を調整し、ネットワークを構築する。

⑤教育の質を確実にし、拡充する。

　ここで、勧告で最初に挙げられ、重視されている「個別支援」について詳し

く見てみたい。

「個別支援」は、1つ目の指針「授業における個別支援および教育スタンダードを確実にすること」に挙げられ、さらに「学校での教授と学習の主要な基盤」ととらえられている。そして「すべての授業は個々の子どもや青少年の潜在力と発達状況を前提にし、教育スタンダードを志向する」という。そのため個々の子どもの学習プラン（individualisierte Lernpläne）とそれぞれに異なる学習のフィードバック（differenzierte Leistungsrückmeldungen）が学力向上につながると示されている。その際、子どもの自律した学習を奨励しながら、社会教育士（Sozialpädagogen）やカウンセラー等との協働が、支援において重要な要素とされている。

また、各州においては「個別支援」が、学校法や学校規則において「基本的な学校課題」や「授業の原則」として記されている。特に学力の低い生徒については、通常の授業とともに、補習での個々のニーズに合わせた支援が必要とされている。そのためには、各州では以下の5つの対策が取られているという。

①個々の診断（Individualdiagnose）と個々の学力や発達状況の記録

個々の生徒の学力や発達状況の診断のために、多くの州で就学前の「言語能力」診断が行われ、さらに初等教育や中等教育段階Ⅰにおける様々な学年でのコンピテンシー分析などが実施されている。そして、個々の支援策（individuelle Fördermaßnahme）が個々の学習と支援プランにおいて行われ、学習発展はポートフォリオや言語学習日記（Sprachlerntagebücher）などに記録される。

②個々の相談、支援、寄り添い

学力の低い生徒への相談や寄り添いのために、生徒の支援プランの開発を行う相談教員（Beratungslehrkräfte）の配置や、青少年社会福祉（Jugendsozialarbeit）支援などがある。

③支援ニーズのある生徒の支援

学力の低い生徒のコンピテンシーを伸ばすためには、学習時間の拡充だけではなく、個々の支援ニーズに合わせた特別な支援も必要になる。数学やドイツ語、外国語などの核となる教科における支援とともに言語支援が実施され、そのために各州は財源や人材の条件整備を行っている。通常授業の教員だけでは

第9章　多様な子どものための個別支援　275

なく、支援教員（Förderlehrkräfte）、教育支援者（Pädagogische Assistenten）、社会教育士、特別支援学校の教員などの特別な技能をもつ人材や、幼稚園では言語支援教員（Sprachförderkräfte）が配置されている。「個別支援」の根底には、各学校の「支援コンセプト」があり、それが「学校開発」の基礎となっている。学校の内外で支援が行われているが、特に重視されている支援を以下に挙げる。

・言語支援

ドイツ語は「学校の成功や職業訓練、ひいては社会参加への鍵」として考えられている。様々な支援があるが、10州で実施されたモデルプログラム FÖRMIG（移民の背景のある子どもと青少年の支援：Förderung von Kindern und Jugendlichen mit Migrationshintergrund）は、幼稚園からすべての学年とすべての教科における一貫した言語支援というコンセプトの下に実施されている。移民の子どもには、ドイツ語を重点的に学ぶ準備学級や準備コースがあり、学外でも言語支援キャンプや週末の補習などが行われている。

・読みの支援（Leseförderung）

すべての州において実施されているプロジェクトとしては „ProLesen" があり、「読みの支援がすべての教科の課題である」というコンセプトが基本となっている。特に、ドイツ語以外を母語とする生徒と教育環境の良くない家庭の生徒に重点が置かれている。

・移民の背景のある生徒の統合政策

各州文部大臣会議の 2006 年の報告書（Zuwanderung）に統合のための目標と政策が示されており、統合をチャンスとしてとらえるとともに、移民の保護者と教育機関との連携、早期教育や支援政策の重要性について保護者に情報を提示することなどが、統合プラン（Nationaler Integrationsplan）にもりこまれている。

・特別支援

2006 年の国連の「障害者の権利に関する条約」を受けて、KMK において「ドイツ連邦共和国における特別支援の勧告」が出され、特別支援の必要な生徒の統合政策が、特別支援教員の加配やインクルーシブ授業などを通して実施されている。

・その他の個別支援のためのグループに特化した支援

読み書きや計算が苦手な子どもや登校拒否の子どもなどへの支援が行われている。

④個別支援や個別診断分野における人材の資格化

個別支援に必要な診断能力には特別な専門性がなければならず、特に学力の低い生徒の支援には配慮を有する。そのため各州の教員養成や研修において、学習前提の状況把握や学力の判定などの教育的診断（pädagogische Diagnostik）、個別支援、相談、多様性に向き合うこと（Umgang mit Heterogenität）などが重視されるようになった。支援のため診断や第二言語としてのドイツ語、学習障害や注意欠陥・多動性障害（AD〔H〕S）などの専門性を高める研修もある。

以上のように、2010年の勧告においては「個別支援」は学力の低い子どもの支援のための基盤として考えられており、そのためには個々の子どもの状況を「診断」する能力が必要とされ、教員養成や研修において、そうした専門性を高めることが重視されていることがわかる。それでは、各州での取り組みをまとめた報告書からさらに個別支援がどのように具体化されているのか、次に検討したい。

2. 学力の低い生徒のための促進戦略の報告

KMKの2010年の勧告を受けて各州で行われた取り組みは、「学力の低い生徒のための促進戦略実施状況報告」（2013, 2017）にまとめられている。

報告書は、前述した学力の低い生徒の促進に関する共通の9つの指針の下に、16州の取り組みが報告されている。以下、指針の下に行われている各州の取り組みの中から「個別支援」に関するものについて見ていく。

（1）促進戦略における「個別支援」の拡充

各州の促進戦略においても「個別支援」が重視されており、報告書には「個別支援」の内容や個別支援を可能にするための補習や休暇中のプログラムなどが取り上げられている。これらの促進戦略における「個別支援」においては、①個別支援の開発やネットワークの構築、また②個別支援を可能にする人員配

置や学習時間数の増大、が特徴的である。以下、それぞれの取り組みの特徴について述べる。

1）個別支援の開発やネットワークの構築

　個別支援はどの州でも重視され、様々なプログラムが開発されているが、やはり言語支援が多い。言語支援は、ドイツ語の書き言葉の習得や読みの促進などの学力の向上を目指すものと、ドイツ語を母語としない生徒に向けたドイツ語の支援に重点をおいたものとがある。言語に関するプロジェクトが多いのは、一つには「言語支援のコンセプトには、低学力の生徒を包括的な言語教育および言語支援によって減少させるという目標があり、就学前から中等段階１まで及ぶ」というハンブルク州の考え方や、ノルトライン・ヴェストファーレン州の「言語のコンピテンシーの発達は、教科学習や生徒の成績の向上において非常に有効である」という考え方に見られるように、言語能力の向上が教科学習や成績の向上と関連づけて考えられているからである。また、もう一つの背景としては、低学力層に移民の割合が高く、教授言語のドイツ語の支援が学力向上政策において重視されているからである。例えば、ハンブルク州では、学力向上のために言語支援が重視されており、スタンダードテストの結果に従い、個別の言語支援プランが作られている。また、訓練された言語学習助言者（Ausgebildete Sprachlernberaterinnen und -berater）が各学校に合った言語支援のコンセプトをつくり、学校での実施や評価に携わっている。

　言語支援以外のプロジェクトでは、ハンブルク州の "PriMa" などの算数（数学）のプロジェクトがある。ヘッセン州の個別支援プロジェクトオフィス（Projektbüro Individuelle Förderung）も書き言葉とともに計算に力を入れている。また、ハンブルク州の学校実験（Schulversuch）では、ドイツ語、数学、英語、事実教授（Sachunterricht）、自然科学、社会、宗教、音楽、美術などにおいて、コンピテンシー志向の個別化した授業の開発が行われており、研究者は、ライプニッツ自然科学・数学教育研究所（IPN）の指導の下で、専門領域を超えて連帯している（Forschungsverbund：komdif）。さらに、個別支援という観点から、バーデン・ヴュルテンベルク州では子どもの学習速度に応じて、１学年から３学年の間は学年をまたいだ学習グループを作ったり、個に応じた入学時期を設

けたりしている。

　注目すべきは、個別支援の取り組みの情報交換や共同開発を行うネットワークが構築されている点である。前述したハンブルク州の „alles»könner" という学校実験においては 48 の学校の教師と研究者、継続教育者によるプログラム「コンピテンシー志向の個別化授業と学習促進のためのフィードバックの形態（kompetenzorientierter individualisierter Unterricht und lernförderliche Rückmeldeform)」が開発されている。またノルトライン・ヴェストファーレン州においては、1000 以上の学校が参加する「未来の学校 NRW―学習文化と個別支援―（Zukunftsschule NRW – Lernkultur Individuelle Förderung)」というネットワークが構築された。このネットワークは、学校監督庁と教師教育の専門家の支援を受けており、個別支援をすべての学校の教育的基盤にするために、コンセプトや対策、個別支援に用いられる教材や道具を教師教育のいう観点からとらえて開発しており、„Komm mit!" などの様々なプロジェクトが含まれる。また、バイエルン州では、個別支援の教材やプロジェクトを、「学校の質および教育研究所（ISB)」のサイト „Infö"（Individuell fördern）で見ることができる。さらに、ヘッセン州においては前述した学校や教師を対象に「個別支援プロジェクトオフィス（Projektbüro Individuelle Förderung)」が州内 5 ヵ所に置かれ、特に「書き言葉の習得や計算」に関する助言や教師教育が行われている。

　筆者は 2018 年 9 月にフランクフルト大学内にある個別支援プロジェクトオフィスを訪問した。所長のコンスタンツ・フックス（Constanze Fuchs）氏とアロイジア・アブラハム（Aloysia Abraham）氏によると、所属する 6 人のメンバーは個別支援に関する教員への相談や研修を行っているという。また、資料室には個別支援の教材が並び、閲覧が可能になっている。研修に参加した教員は、学校において個別支援の教材を自ら開発し、そのストックを蓄積していくことで、教員間で共有されるようになるという。

2）個別支援を可能にする人員配置や学習時間数の増大

　このように各州で取り組まれている個別支援であるが、個別支援が必要な生徒のために多くの州で補習（促進授業）が行われている。例えばバーデン・ヴュルテンベルク州ではドイツ語や数学、外国語などの教科において、促進授業の

ための教員が配置されている。また、ハンブルク州においても外国語のアシスタント（Fremdsprachenassistentinnen und -assistenten）による、個々の生徒や小グループの学習支援を行っている。また、算数（数学）のプロジェクト „PriMa" において、基礎学校2年生を対象に診断に基づいた追加の授業を実施し、基礎学校において「計算力の低い生徒への接し方」などの研修を受けた資格のある数学支援者（Mathematik Moderatorinnen/-moderatoren）を配置するなどしている。

補習はまた、イースター休暇や秋休みなどにおいて行われることもある。例えば、ヘッセン州では留年者を減らすためのイースターキャンプにおいて、ドイツ語、英語、数学の補習が行われている。また、ノルトライン・ヴェストファーレン州においても留年のおそれのある8年生を対象にした補習 „Lernen lernen（学習を学ぶ）" や、成績の良い学生のための10～12年生を対象にした „Lern Ferien"（学習休暇）などが実施されている。

このように、通常の授業の他に、補習や個別支援をする時間を増やし、そのための特別な人員を配置していることがわかる。例えばバーデン・ヴュルテンベルク州では「教育的アシスタント（Pädagogische Assistenten）」「青少年支援（Jugendbegleiter/in）」「特別支援の教員」「個別支援の専門的助言者（Fachberater/in individuelle Förderung）」などを配置している。

個別支援はまた、いくつかの学校種を統合した新たな中等教育学校において重視されており、例えばヘッセン州の中等段階学校（Mittelstufenschule）では、個別支援とコンピテンシー志向の授業が授業形成の特徴とされている。新たな中等教育学校においては、従来の基幹学校や実科学校、総合制学校などが統合されているため、以前より多様な生徒に対応するために個別支援の重要性が増していると考えられる。

（2）移民の背景のある生徒への支援

1）移民の背景のある生徒への支援

促進戦略の「4. 移民の背景のある生徒への支援を強め、多様性をチャンスとして利用する」に関しては、個別支援が必要とされる移民の背景のある生徒への支援について、各州の取り組みを紹介している。前述した戦略の他に、特

に移民の背景のある生徒を対象とした支援としては、ドイツ語支援と出身国の言語教育が挙げられる。これらの言語支援は様々な州でPISA以前から実施されてきたが、PISA調査後は特に早期からのドイツ語支援に力点が置かれている。

・ドイツ語支援

就学前1年半〜2年前に、ドイツ語力の診断を行い、支援の必要な子どもにはドイツ語支援が行われている。例えばヘッセン州では、言語診断の結果、ドイツ語の不十分な子どもには12ヵ月のドイツ語コース（Vorlaufkurse）が義務づけられている。また、ドイツの学校に編入しドイツ語力の不足している生徒には、ドイツ語の集中クラスや集中コース（Intensivklassen und Intensivkurse）がある。またドイツ語能力の低い生徒のためのドイツ語のコースや、中等教育段階への進学に備えるために基礎学校のドイツ語力の低い3年生を対象にした夏季休暇中のドイツ語の補習 „DeutschSommer" なども実施している。

・出身言語の支援

出身言語についても多言語支援という観点から支援が行われており、出身言語の授業（Herkunftssprachenunterricht）の実施だけではなく、出身言語を第二外国語として扱う州もある。例えばノルトライン・ヴェストファーレン州では出身言語の成績が良いと、不足している外国語の成績を補うことができる。

2）専門的な助言と移民の背景のある教師への支援

移民の背景のある生徒の教育に関しては、教員養成や教師教育において第二言語としてのドイツ語（DaZ）の授業や研修が重視されている州や、言語学習の専門家による助言やネットワークシステムの構築が進んでいる州もある。例えば、ヘッセン州では第二言語としてのドイツ語の専門家（Fachberaterinnen und Fachberater für Deutsch als Zweitsprache）がすべての学校監督庁に配置され助言を行っており、ノルトライン・ヴェストファーレン州では地域統合センター（Kommunale Integrationszentren）や、統合支援所（Integrationsstellen）において、学校における異文化間授業や言語支援の観点から援助を行っている。

また、移民の背景のある教師への支援やネットワークの構築も奨励されており、例えばハンブルク州の教師教育では「多様性と多言語性に向き合う Umgang mit Heterogenität und Mehrsprachigkeit」が重視され、移民の背景のある教師のネットワーク（Netzwerk Lehrkräfte mit Migrationshintergrund）が、移民の背景のある教員試補を支援している。また、ニーダーザクセン州においては、移民の背景のある教員数を増やすために、教員養成において移民の背景のある学生に奨学金を与えている。

（3）教師教育における取り組み

　このような個別支援や移民の背景のある生徒への支援は、近年の教師教育改革においても顧慮されるようになった。戦略の中の「8. 教師教育を質的に拡充する」においては、各州の取り組みの多くに共通した特徴が表れている。

　それは、教員養成の重点課題として「多様性と向き合う」「個別支援」「診断と支援」「インクルージョン」が挙げられている点である。例えば、ザクセン・アンハルト州においては、教員養成第一段階において、「インクルーシブな学校」というモジュールがすべての教員養成の学生のカリキュラムに組み込まれており、2012/2013 年以降は「教育科学における多様性」「多様性とインクルージョン」が導入された。また、教員養成第二段階では「診断、支援、判断」というモジュールが組み込まれている。このように「多様性」とともに「個別支援」と「診断」が重視されている州は少なくなく、ラインラント・プファルツ州の教員養成においては、必修となる教育科学の科目として「個別学習の支援と診断」がある。同様にバーデン・ヴュルテンベルク州の教師教育では「特別な支援の必要のある生徒のための個人学習と発達」、ノルトライン・ヴェストファーレン州の教師教育改革においては「生徒の個別支援と多様性と向き合う力」が重視されている。同様にベルリンの教師教育改革では、教科を横断する重要課題として「多様性と向き合う」「言語教育」「インクルージョン」「診断」が挙げられている。

　教員養成において見られた傾向は、試補教育や教員研修においても見られる。例えばブレーメン州の試補期間においては、教育科学分野のカリキュラムと教科教育のカリキュラムにおいて、「インクルーシブな教授法」「学習グループのコンピテンシーの診断」「インクルージョンと多様性の『答え』としての個別

化と差異化」「言語に配慮した教科の授業」「異文化間能力」が試補養成における教育科学と教科教授法における重要な要素となっている。教員研修においても、「インクルージョン」「多様性」「異文化間」というテーマの他に、2011 年より「一緒に学ぶ（Gemeinsam lernen）インクルーシブな学校への道」が加わり、州研修所の重点課題として「支援の診断と計画」「目立つ行動をとる生徒」「特別教育的な助言」が挙げられている。

　これらのことから、教師教育において子どもの多様性に関しては「インクルージョン」や「診断」に基づく「個別支援」が必要とされていることがわかる。

3.　バーデン・ヴュルテンベルク州での取り組み

　以上、KMK の「学力の低い生徒のための促進戦略」(2010) とその報告書から、どのような支援が行われているのかを整理してみたが、ここで、バーデン・ヴュルテンベルク州（以下 BW 州）での取り組みについて検討する。

　同州では、就学前からドイツ語を母語としない子どもの言語支援（SPATZ）に取り組んでいる。ドイツ語の支援が必要な子どもが、専門の言語支援教員による年 120 時間のドイツ語集中コース（Intensive Sprachförderung im Kindergarten：ISK）を受けるか、ドイツ語の促進を行う「Singen（歌う）-Bewegen（動く）-Sprechen（話す）」プログラムを受けることでドイツ語能力を向上させる試みを行われている。

　また、基礎学校入学以降は、学力テスト（3 年生、5 年生、8 年生）等の診断システムがあり、診断に応じた個別支援を行っている。移民の背景のある子どもについては、同州では、「普通教育および職業教育における言語支援の必要な子どもと青少年のための規則」(2008) により、ドイツ語の能力により、通常学級かドイツ語を集中して学ぶ準備学級、準備コースなどに振り分けられ、能力に応じたドイツ語の支援を行っている。注目すべきは、移住してきた子どもの診断において、「2P（Potenzial & Perspective）」という分析を用いて、ドイツ語能力の他に英語と数学（算数）の能力、認知能力と問題解決能力などの方法論

第 9 章　多様な子どものための個別支援　　283

的能力、教育歴を総合的に判断している点である。そのため、ドイツ語能力が低くてもギムナジウムの準備学級に振り分けられることができる。

　個別支援については、同州の 2016 年の学習指導要領（Bildungsplan）は、「学力と個々に応じ、生徒の様々な学習の前提に立って、すべての生徒の学力の向上をもたらす授業を支援する」とあり、個に応じた授業を重視していることがわかる。州文科省に委託された州立教育研究所は、個別支援と自律学習を支えるコンピテンシーの枠組み（Kompetenzraster）を開発している。

　この枠組みをもとに教員は指導計画を作成する。2018 年 9 月に訪問した Elise von der Gemeinschaftsschule の基礎学校 3 年生担任のジュリアン・ヴィドマン（Julian Widmann）氏によると、教科のテーマごとに段階別のプラン（Arbeitsplan）をつくり（表9-1）、それぞれの段階ごとに学習プランをつくる。個別支援の観点からすると、それぞれの指導計画や学習プランの課題には難易度の異なる課題があり、生徒は自分の能力に合った課題を選ぶことができる。

　また、時間割には、週に 7 時間「Lernbüro」という時間が設けられ、自分

表9-1　テーマごとの段階別プラン例

重さ					
学習の歩み	私はできます！	課題			
		●（簡単）	■（やや難しい）	▣（難しい）	
1 👣	私は重さを配分したり、比べたりできます。さらに、kg を g でいうことができます。	👂 – 教材の頁と課題の番号	👂 – 教材の頁と課題の番号	👂 – 教材の頁と課題の番号	
2 👣	私はトン（t）という単位を知っていて、それをつかって重さを表すことができます。私は重さを、小数点をつかって計算できます。	👂 – 教材の頁と課題の番号	👂 – 教材の頁と課題の番号	👂 – 教材の頁と課題の番号	
3 👣	私は重さをつかった文章題を解くことができます。	👂 – 教材の頁と課題の番号	👂 – 教材の頁と課題の番号	👂 – 教材の頁と課題の番号	

注）👂は教員の説明を聞く必要があることを示すマーク。
出典）Elise von der Gemeinschaftsschule の Julian Widmann 氏作成の算数の配布資料をもとに筆者作成。

表9-2　基礎学校3年生の時間割例

	月	火	水	木	金
8：00 - 8：30	ドイツ語	スポーツ	ドイツ語	宗教	ドイツ語
8：30 - 9：00	ドイツ語	スポーツ	ドイツ語	宗教	ドイツ語
9：00 - 9：30	算数	スポーツ	事実教授	宗教	Lernbüro
9：45 - 10：15	算数	ドイツ語	事実教授	算数	支援
10：15 - 10：45	ドイツ語	算数	算数	算数	支援
11：15 - 11：45	ドイツ語	算数	Lernbüro	Lernbüro	美術
11：45 - 12：15	Lernbüro	Lernbüro	Lernbüro	Lernbüro	美術
12：15 - 12：45					美術
13：30 - 14：00	事実教授	スタジオ	英語	ドイツ語	
14：00 - 15：00	事実教授	スタジオ	英語	音楽	

出典）Elise von der Gemeinschaftsschule の Julian Widmann 氏作成の時間割
をもとに筆者作成。

で課題を行う自律学習の時間になっている（表9-2）。この時間に教員は教室に
おり、必要に応じて説明したり、指導したりすることで学習を支援する。また
週に2時間、「支援（Fördern）」という時間があり、そこで言語支援など支援が
必要な生徒を集めて補習をする。その時間に支援が必要ではない生徒は自律学
習を行う。

　このように、生徒の能力に合わせ、複数の課題が用意され、また自分のペー
スで自律的に学習する時間が設けられると同時に、手厚い個別支援が必要な生
徒のために少人数で学習する補習を設けることで、個々の子どもの能力に対応
している。

　同氏によると移民の背景のある子どもが多く、言語支援に加えて、母語授業
や宗教の授業でイスラム教の授業を受けることができる。

4.　まとめにかえて

　以上、KMK の 2010 年の勧告「学力の低い生徒のための促進戦略」とその
報告書から「個別支援」について見てきた。勧告においては、「個別支援」が
促進戦略の基盤としてとらえられていることがわかった。そのためには個々の

第9章　多様な子どものための個別支援　　285

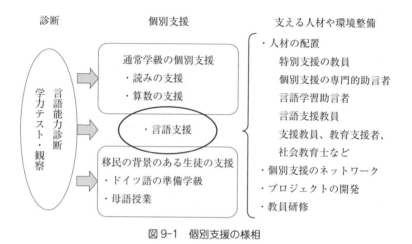

図9-1　個別支援の様相

　生徒の言語能力や学力の「診断」が必要であり、それをもとに、個々の生徒の支援や学習プランが立てられ、専門技能のある人材との連携や学内外の連携が重視されていることがうかがえる。また、学力の低い生徒の中で、移民の背景のある生徒にも配慮し、言語支援のためのプロジェクトが様々な州で行われていることがわかった。

　また、報告書においては、個別支援を重視したプロジェクトや支援活動、学校開発が行われているだけではなく、専門家による助言やネットワークの構築など、促進戦略を行う学校や教育機関が相互に繋がりながら展開している点が特徴的である。さらに、個別支援は、生徒の多様性への「答え」としても考えられており、そのため移民の支援やインクルージョンが、教師教育においても重点課題として取り組まれていることが注目される。ドイツでは、従来、学校制度については、均質な学習グループを作る均質性のパラダイムに立って語られる傾向にあった[3]。しかし移民の背景のある子どもの増加や特別な支援が必要な子どもの顕在化など、子どもの多様性が増していく中で、多様な子どもがいる学級において個々の子どもに応じた「個別支援」が重視され推進されていくようになったと考えられる。報告書においても、学力の低い生徒のための促進戦略の根本に「個別支援」があり、各州の様々なプロジェクトに反映していることがわかった。

移民の子どもの支援については、個別支援というより大きな支援の枠組みの中で、状況に応じて移民であることが要因となっている場合は、ドイツ語支援などの支援を受け、また他の要因がある場合は、移民の背景あるなしに関わりなく、支援を受けるという構図になっている。準備学級でドイツ語支援を受けていた移民の子どもが、通常学級に編入されると、移民であるか否かにかかわらず「言語支援」や「読みの支援」などのドイツ語の支援を続けて受けることになる。これは移民の子どもの言語学習を、生活言語から学習言語へと継続的に支援する意味では意義深く、外国人の子どもが増加している日本においても示唆深い。

ただ、個別の学習が進む中で、学力差のある生徒がともに学ぶ場がどのように確保されているのか、また個別支援の効果について検証していく必要があり、今後の課題としたい。

（中山あおい）

■注

1）分析の対象は KMK: Förderstrategie für leistungsschwächere Schülerinnen und Schüler, 2010.（Beschluss der Kultusministerkonferenz vom 04.03.2010）である。

2）ここで検討する実施報告書は、主に KMK: Bericht zum Stand der Umsetzung der Förderstrategie für leistungsschwächere Schülerinnen und Schüler, 2013.（Bericht der Kultusministerkonferenz vom 07.11.2013）である。2017年のそれは、KMK: Bericht zum Stand der Umsetzung der Förderstrategie für leistungsschwächere Schülerinnen und Schüler, 2017.（Beschluss der Kultusministerkonferenz vom 14.09.2017）である。

3）Sliwka, A.: From homogeneity to diversity in German education, In Centre for Educational Research and Innovation: *Education Teachers for Diversity. Meeting the Challenge*, OECD, 2010. ドイツの学校における単一言語・単一文化性については、Gogolin, I./Neumann, U.（Hrsg.）: *Großstadt-Grundschule. Eine Fallstudie über sprachliche und kulturelle Pluralität als Bedingung der Grundschularbeit,* Waxmann Verlag, Münster, 1997. 参照。

■参考文献

KMK: Förderstrategie für leistungsschwächere Schülerinnen und Schüler, 2010.（Beschluss der Kultusministerkonferenz vom 04.03.2010）

KMK: Bericht zum Stand der Umsetzung der Förderstrategie für leistungs-schwächere Schülerinnen und Schüler, 2013. (Bericht der Kultusminister-konferenz vom 07.11.2013)

KMK: Bericht zum Stand der Umsetzung der Förderstrategie für leistungs-schwächere Schülerinnen und Schüler, 2017. (Beschluss der Kultusminister-konferenz vom 14.09.2017)

Gogolin, I./Neumann, U. (Hrsg.): *Großstadt-Grundschule. Eine Fallstudie über sprachliche und kulturelle Pluralität als Bedingung der Grundschularbeit*, Waxmann Verlag, Münster, 1997.

Sliwka, A.: From homogeneity to diversity in German education, In Centre for Educational Research and Innovation: *Education Teachers for Diversity. Meeting the Challenge*, OECD, 2010.

Ziener, G.: *Herausforderung Vielfalt. Kompetenzorientiert unterichten zwischen Standardsierung und Individualizierung*, Seelze, Kallmeyer in Verbindung mit Klett, 2016.

『PISA 後のドイツにおける学力向上政策と教育方法改革』（2014～2016 年度科学研究費補助金 基盤研究（B）（海外学術調査）最終報告書 研究代表者：久田敏彦）、2017 年。

終章

ポスト PISA の教育のゆくえ
―啓蒙の教授学へ―

　啓蒙という言葉は、いかにも古めかしい。元をたどれば、啓蒙は、イギリス、フランス、そして遅れてドイツにおいて 18 世紀の中心的な思潮であったからである。しかも、その後何度となく批判されてもきたからである。そのため、啓蒙はすでに過ぎ去った遺産であって、それに着目するのはもはやまったくの時代錯誤のようにさえみえる。だが、それにもかかわらず、啓蒙の重要性はなお根強く語り継がれてきた。それどころか、批判された啓蒙を新たな地平で再生させようとする試みも繰り広げられてきた。本終章の目的は、そうした新たな地平での再生の方向に学んだ教授学をあえて「啓蒙の教授学」と仮称し、そこにポスト PISA の教育のゆくえを探るひとつの端緒を求めてみることにある。

　「PISA 後の教育」が「ラージスケール・アセスメントによる比較調査の結果およびその公表が学校教育の現場や教育改革の動向に及ぼした後の教育状況」[1]であるならば、その範囲は広く、その実態は複雑である。したがって、「ポスト」が字義通り「以後」をさすのであれば、「ポスト PISA の教育」と銘打ったとしても、広さと複雑さに変わりがあるわけではない。ただし、あえてここで「ポスト」という言葉に置き換えるのは、ポストモダニズムがモダンへの批判を試みたのと同様に、PISA とその後の教育改革状況に対する批判意識を内在させているからである。そのため、ポストモダニズムがモダンを清算したほどではないが、広さと複雑さの中で PISA とその後の教育改革状況の何が問題とされるのかは、まずもって扱われなくてはならない課題となる。とはいえ、そのことは、批判の自己目的化を意味するわけではない。批判内容は明確にしつつも、それ以上に問われなければならないのは、ではいかなる対応が求められるのか、にある。その問いに応える一助として、ここでは授業構想に焦点をあてて「啓蒙の教授学」を提起してみようと思うのである。

もっとも、「啓蒙の教授学」と名づけたとしても、その具体的な実相がすでにどこかに存在しているというわけではない。啓蒙と教育の間に親和性があり、ある種の共通特徴が語られることはあるにしても、「啓蒙の教育学あるいは啓蒙的教育学そのものはほとんどない」[2] といわれる。教授学もまた然りである。例えば、ポスト PISA に関わって啓蒙に着目した教授学研究の有無に関するわれわれの問い合わせに対して、ドイツの教授学者ドゥンカー（Duncker, L.）は、ビルドゥング（陶冶、教養、人間形成）に関わってはグルーシュカ（Gruschka, A.）の研究があるし、それ以前にはクラフキ（Klafki, W.）も挙げられるが、「今日の教授学の議論では……啓蒙へのかかわりはほとんど取り組まれていない。遺憾に思う。今日の教授学の議論は、多くが浅薄となり、しかも学校が為すべきことの核心が視野から外されるに至っているからである」と応答する。これは、裏返していえば、それほどにドイツにとって「啓蒙の教授学」が求められていることへの言及として受けとめることもできよう。しかし、それはドイツに固有ではないはずである。PISA に大きな影響を受けて教育を改革してきた日本にとっても重要な課題となるにちがいないのである。

　本終章では、このような問題意識の下に、前半では、PISA ショック後のドイツの教育改革の主な経緯と特徴をまずは概観した上で、それに対して展開されてきた批判点を整理し、啓蒙に着目する必要性を導きだす。後半では、新たな啓蒙の探究に関する議論の経緯を点描し、そこから示唆される日独ともに求められる「啓蒙の教授学」の授業構想を、試論として提起してみることにしたい[3]。

1. PISA ショック後の教育改革の主な経緯と特徴

　PISA と聞くと一般にはイタリアが想起されるかもしれない。だが、教育界では、OECD（経済協力開発機構）が 2000 年から 3 年ごとに 15 歳を対象にして読解、数学、自然科学の各分野のリテラシーを中心にして（2015 年からはコンピュータ使用型調査を導入して）実施してきた国際的な「学力」比較調査であることは広く認知されている。認知されているどころか、PISA の調査結果は、日

本に先んじて、ドイツにおいて教育改革を促してきた決定的に重要な契機として席捲してきた。第1回調査の惨憺たる結果が、教育界ばかりではなく、政治、経済、社会など、広範囲にわたってドイツを震撼させたからである。いわゆるPISAショックである。もっとも、それ以前にはTIMSSショックもあった。知識の活用を問うPISAとは異なって、数学・自然科学の知識をどの程度身につけているかに関してIEA（国際教育到達度評価学会）が実施したTIMSSの結果が、ドイツに一定のショックを与えてはいた。だが、決定的な転換をもたらしたのはPISAショックであった[4]。それ以降、大規模かつ急速な教育改革がなされてきたのである。

その教育改革の射程と構図あるいは課題については、すでに序章で詳しく言及されている。ここでは、念のため、ショック後のドイツにおける連邦レベルでの教育改革のごく主立った経緯と特徴に限ってまずは概観しておこう。

PISA 2000の調査結果が判明した2001年に、教育政策上の調整・勧告・決議を行うことのできる常設の各州文部大臣会議（KMK）は、ショックに素早く対応して7つの行動領域を合意するとともに、2003年8月までに、これらの領域に関して各州で取り組んでいる改革状況をまとめるようドイツ国際教育研究所責任下でのコンソーシアムに指示した[5]。そのさい、7つの行動領域とは、①就学前における言語能力の改善、②早期入学を目標とした就学前領域と基礎学校とのよりよい接続、③基礎学校での教育改善ならびに読解力と数学・自然科学関係の基礎理解の全般的改善、④教育的にハンディキャップをもつ子ども、特に移民背景のある子ども・青年の効果的支援、⑤拘束力のあるスタンダードと成果志向の評価に基づく授業と学校の質の徹底的な発展と確保、⑥教師の活動の専門性、特に組織的な学校づくりの構成要素としての診断的・方法的能力に関する教師の専門性の改善、⑦教育・支援機会の拡充を目標とした、特に教育不足の生徒と特別な才能をもつ生徒のための学校と学校外の終日プログラムの強化、である[6]。

コンソーシアムは、上記の要請を受けて、16州からの申告をもとにして改革状況をまとめた。各州はそれぞれに教育権限をもつため、具体的な取り組みにおいて差異はもちろんあるが、その内容をさきの7つの領域に即して各州横

終 章　ポストPISAの教育のゆくえ　　*291*

断的に俯瞰するならば、少なくとも次の特徴がうかがえる。第一に、改革の力点はすでに就学前から置かれ、特に移民背景のある子どもの言語能力の支援が重視されている、第二に、幼稚園と基礎学校との協働が強化され、就学猶予の生徒数の削減が目指されている、第三に、半日で授業が終わる基礎学校の終日学校化が進み、学習状態の継続的な確認と学力診断方法の開発や読解力形成のための教授方法の開発が計画ないし実施されている、第四に、家庭と学校との協働やドイツ語の第二言語化によって、移民背景のある生徒に対する特別措置が講じられている、第五に、学校プログラムが作成されるとともに、後述の教育スタンダードを予定した教育課程の改訂が企図され、生徒の学力の外部評価や横断的な学校評価が進行している、第六に、教師の方法的能力や診断能力の促進ならびに学力格差などへの取り組みのための継続教育がほぼ整備されている、第七に、終日プログラムが作成され、教育不足の生徒や特別な才能のある生徒のための特別措置が講じられ、特に特別なハンディキャップのある生徒には福祉事業との協働が企図されている[7]、といった特徴である。

　みてのとおり、KMK の合意とそれに主導された各州の改革状況は、多様な分野にまたがっている。だが、多様ではあっても、それらが学力向上に収斂していることは明らかである。しかも、成果志向の評価、学習状況調査・学力診断、そのための教師の能力の促進、学力の外部評価、学校の外部評価といった措置にみられるように、インプットではなくアウトプットを重視した学力向上という特質が認められる。このことは、PISA ショックを起点にしているにもかかわらず、KMK が主導した教育改革には、その調査結果で明示された学校種間格差の改善策がみられないことをも同時に示している。惨憺たる結果の原因については多様な要因が挙げられてはいるが[8]、調査結果自体からみれば、明らかに、移民背景のある生徒の低学力問題とならんで、中等教育段階での分岐型学校制度（ギムナジウム、実科学校、基幹学校、総合制学校）がもともと内在させていた学力格差があらためて実証されたのであるが、KMK はその改善については回避したのである。むしろ、分岐型学校制度は、KMK の意に反して各州ごとに再編され、二分岐型の中等教育制度への転換がその後散見されるにいたっている[9]。長らく議論されてきた学校制度というマクロレベルから学校や

学力というミクロレベルへの政策転換がなされ、「改革努力の中心にあるのは、……いまや包括的な学校構造の問題ではなく、個々の学校である」[10]と特徴づけられたのも、このためである。

　さらに、「マクロからミクロへ」の中での「インプットからアウトプットへ」という二重のパラダイム転換による学力向上政策は、KMK による教育スタンダードの策定と教育の質開発研究所（IQB）の設置によっていっそう拍車が掛けられることとなった。つまり、KMK は、さきの 7 つの行動領域中の⑤に関わって、2003-2004 年の間に、基礎学校修了段階（ドイツ語、数学）、基幹学校修了段階（ドイツ語、数学、第一外国語〔英語ないし仏語〕）、中等学校修了段階（ドイツ語、数学、第一外国語〔英語ないし仏語〕、生物、化学、物理）の教育スタンダードを設定したのである（その後 2012 年には、大学入学資格〔ドイツ語、数学、発展レベルの外国語〈英語／仏語〉〕のスタンダードも設定した）。そのさい、このスタンダードの策定に最も大きな影響力をもったのは、いわゆる「クリーメ鑑定書」（2003年）である。「クリーメ鑑定書」は、学校が伝え生徒が獲得する必要があり、課題設定に転換され、しかもテストで検証される「コンピテンシー」を提起した[11]。KMK は、これを基礎にして、各州独自作成の学習指導要領が共通に従うべき拘束力のある教育スタンダードを設定したのである。その内容は、基礎学校のドイツ語を一例に挙げれば、「話す・聴く」「書く」「読む」「言語と言語使用を研究する」という 4 つのコンピテンシーから構成されているが、そのすべてに関わって「方法・活動技術の獲得」が中心に位置づけられている[12]。詳細は省くが、この傾向はドイツ語ばかりではなく、他の教科でもほぼ同様であるといってよい。それは、「クリーメ鑑定書」がいう、不活発なままに終わって活用できない知識ではなく、実証主義的教育学や認知科学が検証してきた「知るということを個別知識に還元しないより一般的な認知概念」[13]の反映である。他方、ドイツでは国内の拡大標本に基づいた PISA の補足調査も初回から実施され、各州比較調査も行われたが、それは PISA 2006 までであり、2004 年に KMK の委託を受けて設置された IQB が各州比較調査を受け継ぐことになった。ただし、そのさいの各州比較は、PISA の結果比較ではなく、教育スタンダードにおけるコンピテンシーの達成チェックを狙いとした。同時に

終　章　ポスト PISA の教育のゆくえ　　293

IQB は、学習状況調査（VERA）を開発し、学校・教師への結果のフィードバックも任務とした。特に VERA は、各州独自の学力テストの中に包含されて基幹として位置づけられることになったのである。

　学力向上に収斂させてきたドイツの教育改革は、こうして、教育スタンダードの開発・導入とその成果検証、テスト開発とその結果のフィードバックとしてさらに具体化されてきた。言い換えれば、教育スタンダードの策定それ自体を単独でみればインプット重視のようにみえても、成果の検証をそこに重ねることでアウトプット重視への転換がいっそう具体化されたのである。したがって、こうした成果主義の手法は、インプットを重視するよりもはるかに強力に学校・教師・子どもを呪縛する危うさをあわせもつものとなったといえるのである。

　その上で、KMK は、ほぼ 10 年近くにわたるこうした改革の延長として2010 年には、特に低学力生徒の学力向上対策を打ち出した。つまり、基幹学校修了のスタンダードに到達した生徒比率を向上させ、学校修了証のない生徒を半減させる（職業・社会生活への参加を保障する）という目標の下に、学力の低い生徒のための促進戦略を取り決めたのである。そして、そこで合意された 9つの指針に従って、KMK は各州からの進捗状況の申告を 2013 年に報告書としてまとめた。そのさいの指針は、さきの行動領域をベースにしてより実践的に、かつ的を絞ったかたちで具体化され、①「授業において個々の生徒を支援し、教育スタンダードを確実にする」、②「学習時間を増やし、目標を定めて支援する」、③「授業を実践に近づけて構成する」、④「移民背景のある生徒への支援を強め、多様性をチャンスとして利用する」、⑤「特別な教育的ニーズのある生徒にも基幹学校の修了証を」、⑥「終日教育を拡充し、教育パートナーシップを強化する」、⑦「職業オリエンテーションを専門的に行い、職業への移行を確実にする」、⑧「教師教育を質的に拡充する」、⑨「成果を評価し、成功モデルを広める」となった[14]。各州は独自の教育権限をもつだけに、ここでもまた、取り組み内容に多様性が認められる。だが、その多様性にほぼ通底する各州横断的な特徴をあえてすくいだせば、何よりも低学力生徒の「個別支援」を挙げることができる。それは、さきの指針①での取り組みを中心とはし

ているが、しかしそれに限定されない各指針にあらかたまたがる特徴である。具体的には、学習の進展と計画化のための個別対話、能力の比較的等質なグループ編成による授業、コース別授業、低学力生徒に個別に対応した内容・課題・方法の設定、移民背景のある生徒のドイツ語支援や母語支援などによる個別支援であり、特別な教育的ニーズのある生徒が基幹学校修了証を獲得する機会の拡大と職業オリエンテーションなどにおける個別支援である。しかも、そのために各種のネットワークやプロジェクトがつくられたり、学校外の支援員や組織との連携がはかられている[15]。つまり、個別支援を基軸とした低学力生徒の学力向上のためのあたかも総力戦といえるほどの様相を呈しているのである。ちなみに、KMK は、同じ9つの指針に従った各州からの進捗状況の申告を 2017 年に新たに報告書としてまとめているが[16]、前回からの進展はもちろんみられるものの、こうした特徴自体に変更はないようである。

　ところで、学力向上政策は、上述の諸措置に尽きない。中心となる学校での授業そのものの改革にまで当然及ぶ。その授業は、教育スタンダードの中心に据わるコンピテンシーに方向づけられるものとなった。「コンピテンシー志向の授業」である。もちろん、達成すべき統一的な教育スタンダードが導入されても、それにいたる方法は実際には多様である。「コンピテンシー志向の授業」をタイトルにする理論書が多く出版され、しかも実践に至れば至るほど具体的なアプローチは州・学校・教師によって異なっているのは[17]、その証左である。ただし、連邦レベルでみれば、KMK は『教育スタンダードを活用した授業の開発に関する KMK の構想』を提示し、その中で「よい授業」の基準を掲げている。ここでいう「よい授業」とは、コンピテンシー志向の授業にほかならない。そこで提示されている基準を簡潔に挙げれば、①確かな内容理解、②学習者にとって意味をもたらす学習の促進、③知的興味をひく個々人の学習活動の支援、④学習の喜びや内容関心が促進されることによる学習に対する肯定的な態度の形成、⑤コンピテンシーが実際に実現される機会の提供、⑥学習方法の伝達と自己調整学習力の形成、⑦自己効力感の促進と価値志向の形成、⑧協働などの社会的コンピテンシーの促進、である[18]。つまり、コンピテンシー志向の授業は、内容レベルでは、学習内容の理解、意味の発見や構成、実

終　章　ポスト PISA の教育のゆくえ　　295

際への適用、方法レベルでは、学習のし方の習得、学習の自己コントロール、資質などのレベルでは、学習の喜びや意欲や態度、自己肯定感、他者との協働、を支援する授業であると全体的に特徴づけることができる。授業が求めるべき要素のほとんどが網羅されている包括的な授業指針のようにみえるが、そのベースは、他者との協働が位置づけられているとはいえ、基本は個別化にある。しかも、内容理解も内包されているにせよ、どちらかといえば、教科固有であろうと教科を越えていようとも、学び方なども含めた汎用的な資質や能力が重視されている。そういえるのは、KMKの「構想」では、「最も重要なのは、何を（学習対象として――引用者）扱うかではなく、どのような考え、能力、構えが発展しているかである」（ブルーム）という言説が引用され、授業が準拠すべきは、教材の徹底した検討ではなく、生徒のコンピテンシーの構築成果である[19]という認識が強調されているからである。

　以上、ドイツの教育を研究する者にとっては目新しくはないが、ひとまず連邦レベルでの主立った経緯と特徴をごく簡潔に整理した。こうした改革は、PISAにおけるこの間の漸次的得点向上ゆえに、ドイツの為政者や関係者（Pisaner）から奏功してきたととらえられている。例えば、PISA 2012の場合では、高成績グループの生徒の割合は以前と同程度であり、さらにそうした生徒の個別支援は必要ではあるが、低学力生徒の割合は持続的に減少し、移民背景のある生徒の成績も明らかに持続的に改善され、貧困層の生徒の成績は著しく改善されたと評されている[20]。直近のPISA 2015では、成績に男女差があり、親の社会的地位と生徒の成績との相関も依然としてあり、移民背景のある生徒の割合が増加する中で特に第一世代の生徒のコンピテンシーが低いといった事態はあるが、3つのコンピテンシーとも2012年以降OECD平均を上回り、その水準は安定してきたし、低学力生徒の割合は減少したと特徴づけられているのである[21]。逆にいえば、こうした評価は、スタンダードを設定してその達成管理を総力を挙げて行えば、PISAの得点向上も相応に見込まれることの実証にすぎないともいえよう。

2. PISA と教育改革に対する批判

　金持ちクラブの OECD は、経済的効果や打算だけを追求し、経済・技術万能主義に一面化しながら、PISA をアフリカやラテンアメリカにまで広げることで教育政策の植民地化を成し遂げようとしている、そして、統計的な人工物を創始した PISA は、国際的な競争を導き、教えと学びを規格化している[22]。シュピーゲル誌のインタビューの中でこう鋭く指摘するのは、PISA を主導するシュライヒャーに宛てた有名な公開書簡の差出人であるマイヤー (Meyer, H.-D.)である。このインタビューより少し前に公開された当の書簡は、PISA の順位づけがもたらす影響が、テスト結果の不完全性、順位を上げるための短期的な制度変更、計測外の教育への無関心、公教育の経済的役割の過大視、教育意志決定における民主的な参加メカニズムの欠如、多国籍営利企業の参入、にあり、その結果、選択式テスト対策と業者製の授業内容に追われるようになり、子どもたちは傷つけられ、教室での教育はいっそう貧しくさせられていると批判し、賛同署名を募るものであった[23]。この包括的な批判に対して、アメリカ発とはいえドイツの教育関係者たちも少なからず賛意を示した。というのは、書簡の公表は 2014 年であるが、ドイツで当初より指摘されてきた問題とかなりの部分で通底していたからである。

　ドイツでは当初からいかなる批判が展開されてきたのであろうか。PISAショック後の教育改革がポスト PISA の教育状況のひとつの局面であるならば、それに対する批判的応答がいまひとつの局面であるだけに、次にみておく必要があろう。むろん、その論点は多岐にわたりかつ輻輳している。すべてを逐一列挙するわけにはいかないが、上述した教育改革の経緯と特徴に関わる限りでみれば、少なくとも次の局面で整理することはできよう。

　第一は、PISA と教育改革の背景にある経済グローバリズムに関してである。

　例えば、メスナー (Messner, R.) は、公開書簡よりほぼ 10 年前に、PISA の社会的文脈を、グローバル化のための資質形成と発達した産業国家における知識社会への移行との二重性においてとらえるとともに、その哲学的背景には生

活の必要から真理をとらえるプラグマティズムがあるだけに、一方では従来の
ビルドゥング理解を部分修正する可能性はあるが、他方では経済分野への無批
判的な適応という落とし穴があると指摘する[24]。あるいは、ヤーンケ（Jahnke, T.）
は、「公的セクターにおける私的経済の統制原理の貫徹、教育組織・学問組織
の企業経済的改造、あらゆるプロセスレベルへの市場－マネジメント要素の導
入」（ポンガルツ）という指摘をふまえて、「PISA で何より重要なのは、確かに
その参加者たちにパンと仕事と賞賛を与えはするがさらにその範囲を越えて作
動する経済的な目標設定のプロジェクトなのである」という[25]。

　これらは批判の矛先を PISA の社会的・経済的背景に向けたものであるが、
同時に、教育改革の背景に対する批判も当初からある。例えば、最も先陣を
切っている一人と評してよいグルーシュカは、さきの「クリーメ鑑定書」を含
めた多くの改革措置は「現在脅かされているドイツの経済的位置を多くの教育
アウトプットによって直接ないし間接に改善するという経済的必然性の幻想に
駆り立てられている」[26]と手厳しく批判する。また、「教育制度は経済－企業
体ではない」と主張し、5点にわたる異議を連名で唱え、そのいの一番に、企
業経済的な計画策定道具が有用な場合がありうるにしても、「企業経済的な点
検に従って教育システムを制御しようとする……教育政策の幻想に反対であ
る」とも抗議する[27]。

　経済か教育かの二分法ではなく、経済と教育の平和的な共存関係が重要であ
るとする議論も確かにあるが[28]、総じて、以上は、グローバル化と知識社会へ
の移行とが補完し合う経済グローバリズムならびにそれを背景にした教育の新
自由主義的改革への批判であるとまとめることができよう。

　第二は、実証主義的な教育研究の評価に関してである。

　教育の実証主義的研究に関しては、多岐にわたる論点を含めた両論がある。
例えば、PISA 2000 コンソーシアムのメンバーであったティルマン（Tillmann,
K.-J.）のように、一方で限界を冷静に認識しつつ、なお他方で肯定的にみる見
解がある。つまり、「PISA & Co.」[29]は、一方では、選ばれた領域のコンピテ
ンシーを調査するだけであり、達成状況は示すがそれにいたるプロセスは調査
せず、学校システムの欠陥を明らかにはするが具体的な改善策は示さないとい

298

う問題はあるにしても、他方では、実証主義的な教育研究によって、学力、社会的選別、移民背景のある生徒、学校形態、各州の状況に関して 10 年ないし 15 年前よりも知れ渡り、ショック以降各州でかなりの改革が着手されたと肯定的に評価する[30]。あるいは、PISA の数学テスト問題の段階づけを中心にしてデータ処理において破綻していると批判する[31] ヴットケ（Wuttke, J.）に対して、ヴットケの算定方法は誤りであるとする PISA 2003・2006 のコンソーシアムに関わったプレンツェル（Prenzel, M.）の反論[32] もある。さらには、膨大なサンプル数の個別研究とそのメタ分析をさらに分析して効果的な学習の要因をランキングしたハッティ（Hattie, J.）の実証主義的研究をさらに学校や授業の評価基準のベースにするという二重の実証主義の浸透もあり、その功罪が議論されている[33]。これらは、実証主義的研究をめぐる多様なアスペクトの下での多岐にわたる論点を内包した両論の一例であって、実際にはこれらにとどまらない。だが、こうした複層の中でも、実証主義のあり方それ自体に対する批判は見過ごせないだろう。

　例えば、1961 年に端を発した批判的社会理論と批判的合理主義の間の実証主義論争におけるアドルノ（Adorno, T. W.）の批判を引き合いに出して、今日の状況にもそれがそのまま妥当するというヤーンケの指摘がある。つまり、実証主義者は、その専門性ゆえに、事実と社会的メカニズム全体に対して、そして自分が組み込まれつつ支配していると信じているプロセスに対して、盲目的である。また、実証主義では、調査されるものの本質よりも調査対象が方法によって都合よく選択されるし、コンピテンシー段階の設定に現れているように、カテゴリーが操作的・道具的に定義されている。しかも、調査する者の自己満足的な調査遂行なので、それを困惑させる異質なものは調査が始まる前に選別除外されている、というのである。そして、諸状況から真理を手に入れず、厚顔無恥な概念や概念システムを広めるならば、それは科学ではないとまでいうのである[34]。この指摘は、「説明責任」や「結果によるマネジメント」のためにエビデンスベースのアウトプット志向の制御とその基礎データの収集という面をもたらす事態[35] に対する根底からの批判であるといえる。それはまた、測定可能な学力への方法上の還元は学校像を変化させ、教育は学力のアウト

プットと同一視され、数と比較の圧力が支配するところでは教育的に決定される学校の自主的活動は芳しくならないと当初から危惧されたといわれる[36] 数値化に対する、素因に遡った批判でもあろう。

第三は、コンピテンシー概念およびコンピテンシー志向とスタンダード化に関してである。

コンピテンシー概念をめぐる議論としては、何よりも、ビルドゥングとの対比で検討されている[37]。その焦点は、双方の概念の位置づけを含んで、提起されているコンピテンシーが汎用的であるために内容関連が限定的ないし希薄となるし、教養や人間形成の視野が欠落する点にあると概括できる。この通底する問題はふまえた上で、なおさらに立ち入ってみて見逃せないのは、次のような批判があることである。

まずは、コンピテンシー概念自体の評価である。代表的なのは、グルーシュカのそれである。グルーシュカは、「理解することを教える」教授学構想を提起し、その具体化をすすめているのであって[38]、批判に終始しているわけではないにしても、批判の矛先を、「クリーメ鑑定書」のコンピテンシー理解に向ける。グルーシュカは、これを多角的な観点から詳しく検討しているが、その論点の中心をすくいだしてみれば、「コンピテンシーが描くのは、ビルドゥング概念も意図し想定してきたような主体の能力以外の何ものでもない」[39] という「鑑定書」の理解に対して、「人間科学上（教育心理学上――引用者）の作為である『コンピテンシー』と古典的な哲学的省察形態である『ビルドゥング』との間の重大な意味論上の相違が、事柄の本質からみてまったく規定されえていない」[40] という点にある。教育心理学がビルドゥング論に接近することを批判しているのではない。教育的概念を心理学の操作概念で覆うことを問題にしているのである。コンピテンシーが、ある特定の課題内容やそれに即応した限定的な応用に結びつくのではなく、多様な解決を認め、そのことでよく考えられた決定を必要とするなら、この点では、開かれた状況・課題を受けとめ解決する中で主体の前進的な運動が実現するので、ビルドゥングと共通する部分があると注意深く留意しているのも[41]、このためである。さらにグルーシュカは、上の論点をふまえて、「鑑定書」が依拠しているヴァイネルト（Weinert, F. E.）

のコンピテンシー概念も「能力、知識、理解、技能、行為、経験、動機づけ」に対する上位概念とされるが、それらは全体の中の区分できる必要な部分であることの証明抜きの規定であり、しかも知識の内的構造や理解することの作用素や行為の様式などといったようなコンピテンシーの内実が、じつは規定されていないというのである[42]。

　ところで、コンピテンシー概念への批判は、コンピテンシー志向とスタンダード化を問いただすことにも必然的に連動する。ドイツにおけるその批判点についてはすでに詳しく整理・検討されているが[43]、いま一度グルーシュカに戻れば、彼は、学ばれたルーティンを使って、スタンダード化された平凡な課題に応じて機械的に問題を解決する場合を例に挙げて、コンピテンシーは行為の自由を開く能力であって、それを除外する能力ではないとシニカルに説くのである[44]。ちなみに、これは「コンピテンシー志向は、コンピテンシーの実現を妨げる」[45]と皮肉るリースマン（Liessmann, K. P.）の主張と相通じている。別のところでグルーシュカが、教育スタンダードは教育活動の内在的な改善への偏見のない取り組みが帰結されるようには述べられておらず、また、主体形成の独自な論理には盲目的であるので、コンピテンシーの発達は、結局、ビルドゥング概念のデリケートさとはかけ離れて、はるかに簡単な操作可能なコンピテンシー概念とコンピテンシーテストとの循環に陥らざるをえないと喝破するのも[46]、同様の意味である。もちろん、グルーシュカばかりではない。例えば、レクス（Rekus, J.）は、「予測しえない生活状況の中で理性的に行為し、その行為に責任を取りうる能力」の形成としてビルドゥングを擁護し重視する立場から、「いつでもどこでも観覧に供しうるスタンダード化された行動コンピテンシー」を批判する[47]。あるいは、同じくビルドゥングとの比較からコンピテンシー志向・スタンダード化を批判するメークリンク（Moegling. K.）は、次の６点を指摘する。つまり、①ビルドゥングとはかけ離れた、学校教育過程の受益者の利害の機能化、②学校での選別過程を介した社会的セレクションの先鋭化のための悪用、③個別化の代わりに強化されるスタンダード化、④文化的に価値ある知のストックの継承と発展に関する教授学的な恣意性、⑤国内および国際的な比較調査の枠内でテスト理論的に定着したよい基準の成果検証と要

件への学習過程の方向づけ、⑥様々なバリエーションを考慮せずにランキング
プロセスの枠内で最終段階に位置づけられる国家による学校の制裁のための悪
用、である[48]。さらに、成人教授学の分野では、例えば、コンピテンシー志向
による教授学の後退を危惧し、コンピテンシーとビルドゥングとの接続を説く
ことで、逆にコンピテンシー志向をとらえ直して教授原理以上の内容・方法に
わたる教授学的モデルの構築の契機にしようとするフランク（Frank. S.）らは、
しかし同時に、教育スタンダードとその内容が絶対視され実証的に根拠あるも
のと承認されると、学びとコンピテンシーの発達は経済上の利用可能性やテス
ト診断による証明可能性から一面的にみられ、今日の状況が単にコピーされる
にとどまり、人間の成熟への解放的な方向づけと個性的な行為能力が失われて
しまう、と警鐘を鳴らすのである[49]。

　以上、PISA と教育改革に対する批判点を 3 つの局面からみた。粗くまとめ
れば、それらは、経済グローバリズムとそれを背景とした教育の新自由主義的
改革、調査内容に対する調査方法の優越視や調査内容の恣意性や操作的な概念
定義、コンピテンシー概念の狭隘さとその内実の曖昧さ、コンピテンシー志向
がコンピテンシーを除外しさえする陥穽、そのスタンダード化による学びの画
一化と学びの内容の貧困化、学校の統制や生徒の社会的選別などの点にあると
いえよう。

　ところで、批判の射程はこのように広いが、そこから、問われるべき通底す
る課題はいったい何に求められるのであろうか。これへの応答は射程の広さに
応じて多様となるのは当然であるが、管見の限りでは、そのひとつとして、批
判的で理性的な認識・能力の形成という課題が浮上するように思われる。そう
とらえられるのは、以下の理由からである。上の批判内容と関係づけてみてみ
よう。

　もともと経済グローバリズムは、知識社会自体を問いに付すことなく、それ
を自明視している。だが、そこには、リースマンが指摘するように、「産業社
会に取って代わったのではなく、逆に知識がすさまじいスピードで産業化され
た」社会が知識社会であり、「そもそも知識とは世界洞察の一つの形式、認識、
理解、把握」であるために、「知識社会ほど知識を侮蔑した社会はないといえ

る。なぜなら、知識社会にとっては真理も教養も重要な問題とはならないからである」といった問題がある[50]。知識社会自体が真理への接近を脇に置いているというわけである。したがって、知識社会が真理の探究の存在価値を認めない程度に応じて、そこから要請されるコンピテンシーもまた同様の問題を抱えることにならざるをえないのである。その上、コンピテンシーは、端から外在しているのではなく、実際にはある特定の課題内容やそれに即応した限定的な応用と関わって形成されざるをえない以上、たとえ自主的で活用的であろうとも、そこでの所与性を疑うことなく与えられた枠組みの中に回収される資質や能力になる危うさをもつことになる。例えば、PISA などのテスト内容にみられるように、知識・技能ならびにその活用が必要とされる「状況・文脈」が提示されているが、しかしそれはすでに問題の中に与えられているのであって、そのぶん学ぶ者の状況・文脈との往還の中で所与の状況・文脈自体を問いただす批判的で理性的な認識の形成にさほど頓着されていないのは、そのひとつの証左である。この意味で、提唱されるコンピテンシーには実際にはスキル化の素地が多分に内包されているとみてよい。そのため、コンピテンシー志向もまた、批判的・理性的な認識や能力の形成におもむくというよりは、むしろ平凡な所与の課題に応じた機械的な問題解決を志向する危うさを多分にもつようになり、詰まるところ学びの貧困化に帰結しやすくなるのである。そうだとすれば、スタンダート化は、こうした知識社会とそれが要請するコンピテンシーとコンピテンシー志向に授業をますます統制的に回収する装置にほかならなくなると危惧されるのである。ものごとの本質をすくいだし真理を手に入れようとしないといわれる実証主義的な成果検証も、そうした授業に屋上屋を架すような方法とならざるをえなくなるのである。

　したがって、このようにとらえることができるのであれば、上に紹介してきた批判に見え隠れする今後の通底する課題を批判的で理性的な認識や能力の形成に求めるのは、あながち的外れとはいえないであろう。ちなみに、日本の場合も、基本的には同様であると考えられる。というのは、経済グローバリズムを背景にした人材養成とナショナル・アイデンティティ育成の政治的統治から、「育成すべき資質・能力」を目標とし、その達成方法として「主体的・対話的

で深い学び」を重視する改訂学習指導要領には、真理や真実を求め問いただすという視座はほとんどうかがえないからである。また、コンテンツベースからコンピテンシーベースへの転換ばかりではなく、両者の結合を主張する議論でも、批判的で理性的な認識・能力の形成という観点がみえてこないからである。

一見唐突のようにみえても、それゆえにこそ、日独ともにあらためて啓蒙とは何かを探る必要もまた生ずる。啓蒙にあたる英語の enlightenment も仏語の lumières も独語の Aufklärung も、理性の光で照らし明らかにする（独語では「晴らす」）ことを含意しているからである。この意味で、啓蒙とは何かの探究は、的を外した課題ではないと考えられるのである。

3. 新たな啓蒙の探究

啓蒙は、教育にも関わる概念であるが、同時にそれ以上に哲学的概念であり、ときに政治的概念となる。しかも、その意味や位置づけは一様ではない。啓蒙主義の時代とか啓蒙の世紀と特徴づけられる 18 世紀をみても、例えば、イギリスの場合、経済的な自活としての個人の自立を専制から守る、下層階級の狂信や迷信による無秩序をただす、万人の啓蒙可能性にみえながらも世論を決定する中産階級による支配を正当化するイデオロギーを含むといった意味や位置で啓蒙思想が展開されたり [51]、あるいはフランスの場合、理性の光の拡大と無知・偏見の減少による社会進歩が語られ、すべての人のための知的啓蒙が目指される一方で、逆に国家に有用なエリート養成も唱えられたりした [52]。ドイツの場合でも、カント（Kant, I.）による引用にもみられる「君たちは、いくらでもまた何ごとについても、欲するままに論議せよ、しかし服従せよ」といった枠組みの中で臣民の啓蒙が求められもした [53]。これらは 18 世紀啓蒙思想に関するいくつかの例にすぎないが、こうした例示だけでも、啓蒙の意味や位置づけが多様であることがわかる。そればかりではなく、ルソーの文明社会批判にみられるような啓蒙批判 [54] も同時代で展開されたし、その後でも、理性の全否定ではないものの「理性＝光」に対して「感情＝闇」がロマン主義によって対置されたり、さらには後述するような啓蒙の自己崩壊が説かれたり、あるい

は啓蒙が予定する大きな物語としての社会進歩がポストモダニズムから批判されてきた。だが、その一方では、啓蒙の再構築もまた求められ続けてきたのである。したがって、啓蒙とは何かという問いは、問い自体としては単純ではあるが、それへの回答は、たやすく述べきれるほど単純ではない。そのため、ここでは、本終章の冒頭でふれたように、啓蒙を新たに構築しようとするいくつかの議論に目を向けて、その特徴をただ点描するのみである。

　ドイツに目を向けて啓蒙とは何かを考察しようとするならば、メンデルスゾーンの論考もあるが、やはりカントを外すことはできない。また、知りうる限りでは PISA とその後の教育改革に関わって啓蒙をタイトルに挙げている唯一の単行本であるラーナー（Lahner, A.）の『PISA 後のビルドゥングと啓蒙』も、後のフンボルト、ヘーゲル、アドルノの議論を吟味しているが、同じくカントを出発点に位置づけている。そのさい、学校外の青少年教育に関してではあるが、ラーナーは、要約すれば、偏見に満ちた未成熟な人間の精神を克服して、事柄や状況を自主的・理性的に明らかにし、そこから真理認識としての客観的な洞察と判断ができる知や意識を形成することに啓蒙の関心事があるとする[55]。つまり、啓蒙を批判的で客観的な知や理性の形成による偏見からの解放といった意味で理解しているのだが、そのさいの理解のドイツでの基礎をカントに求めているのである。

　カントは、周知のように、「啓蒙とは、人間が自ら招いた自分の未成熟状態から抜け出ることである。未成熟状態とは、他人の指導がなければ、自分の悟性を使用できない状態である。この未成熟状態は、その原因が悟性の不足ではなくて、他人の指導がなくても自分自身の悟性を使用しようとする決意と勇気が不足していることにある場合、自分に責任がある」[56] という。つまり、カントのいう啓蒙とは、自分自身の理性（悟性）を使用しようとする決意と勇気を欠くことで自ら招いた未成熟状態から勇気をもって脱出することとまとめることができる。ただし、この啓蒙理解には、さらに克服されるべき難点もまたある。ときに指摘されることだが、ひとつは、啓蒙がさきの「欲するままに論議せよ、しかし服従せよ」という枠組みを是認しているという問題である。いまひとつは、他人の指導を受けずに自らが自らを啓蒙し個の自律（成熟）を目指

終 章　ポスト PISA の教育のゆくえ　　*305*

すという意味があるだけに、個人主義という傾向が払拭できないという問題である。新たな啓蒙は、理性の使用による未成熟状態からの脱出という点ではカントとともに、社会の創造と変革あるいは個人主義からの脱却という点ではカントに抗して、探られてよいであろう。

その方向を探るさいにひとつの参考となるのは、「啓蒙の未来」という魅力的なテーマを論ずるシュネーデルバッハ（Schnädelbach, H.）の指摘である。彼は、啓蒙を脅かすのは、新保守主義の潮流、ポストモダニズムの台頭、一度は病の治療とみなされた合理性それ自体を病とみなすラディカルな理性批判、原理主義のテロリズムにあるのではなく、現代の情報社会のメカニズムにあり[57]、「今日の啓蒙の問題は、18世紀のような情報の不足ではなく、情報を隠蔽するにもってこいの情報過剰の中での偽りの情報という問題である」[58] という。そしてだからこそ、今日でも啓蒙はなお議論の日程にのせられるべきだが、その場合、「未成熟状態からの脱出」「いつでも自分で考える」（カント）という啓蒙概念は、歴史哲学ではなく実践原理としてのみ現実味を帯びるという[59]。偽りやごまかしを見抜く批判的理性の獲得といってよいこの啓蒙理解は、知識・情報社会だけではなく、日本の場合には、ナショナル・アイデンティティへの政治的統治を主導する現在の新保守主義に対抗する視座としても位置づけられる必要はあるが、いずれにせよ、シュネーデルバッハは、啓蒙をこのようにカントに立脚しつつも、なお実践原理ととらえるのである。

ところで、実践原理としての方向を探るならば、やはりハーバーマス（Habermas, J.）を避けて通ることはできないだろう。ハーバーマスは、宗教や神話から解放された近代的な啓蒙的理性に対する批判と不信に抗して、啓蒙が行き着くところの道具的理性とは異なるコミュニケーション的理性を提起し、コミュニケーション的行為を介した生活世界における理性の再生を求めるからである[60]。つまり、告発された啓蒙を止揚して別の意味で批判的でコミュナルな「啓蒙というプロジェクト」を重視するのである。そのさい、啓蒙の告発とは、アドルノ（Adorno, T. W.）らのそれをさしている。アドルノらは、文明化としての啓蒙過程が神話からの決別でありながら、一方で「啓蒙によって犠牲にされたさまざまの神話は、それ自体すでに、啓蒙自身が造り出したもので

あった」という意味で「すでに神話が啓蒙であった」とするとともに[61]、他方で「啓蒙的思想は、その具体的な歴史上の諸形態や、それが組み込まれている社会の諸制度のうちばかりではなく、ほかならぬその概念のうちに、すでに、……退行への萌芽を含んでいる」ので、啓蒙が自己崩壊して「啓蒙は神話に退化する」とする[62]。その後アドルノは、カントに還って啓蒙のより積極的な意義に言及しているにせよ[63]、ハーバーマスは、こうした神話と共犯関係にあるとする、啓蒙への元も子もないような批判に対して、理性を道具的理性としてしかみておらず「理性的内実を正当に評価していない」[64]と批判する。そして、それと競合するものとして、日常の対話的な実践の中で生活世界を創りだすことのできる理性をすくいだすのである。そこには、いかに挫折していようとも啓蒙を守るという立ち位置、しかも同時に反近代主義や前近代主義やポストモダニズムに対抗するという立ち位置が明らかにある[65]。いま少しハーバーマスのいうコミュニケーション的行為とそれに関わる理性の中身に立ち入ってみよう。

　ハーバーマスは、生活世界の合理化がシステムの複合性を増大させるが、あまりに肥大化するとそのシステムが逆に生活世界を侵食するというパラドックスを解き明かし、生活世界の構築（社会変革）を理論的に構想する。それを推進するのがコミュニケーション的行為である。このコミュニケーション的行為の基本特質は、行為者がある目的を設定し、目的にふさわしい手段を選んで、対象を思うがままに加工して自分の目的を実現する行為（成果志向的行為）ではなく、参加者が、自己中心的な成果を計算に入れるのではなくて、互いの了解という行為を経て調整される行為（了解志向的行為）という点にある[66]。したがって、成果志向的行為において発揮されるのが道具的理性であるのに対して、コミュニケーション的理性はこの了解志向的行為において追求される。しかもそのさい、了解志向的行為としてのコミュニケーション的行為は、客観的世界たる事実に関わって何が真理であるかについて合意を得ること、社会的世界に関わって共同して合意を形成する相互行為のために必要かつ正当な規範を相互承認すること、主体的世界に関わって自分の思念・意図などを誠実に表出することの三位一体の要件を満たす行為とされる。そこから「了解という機能的な

終　章　ポスト PISA の教育のゆくえ　307

局面においては、文化知の伝承と更新とに役立っている。また行為の調整という局面では、それは社会的統合と連帯の確立とに役立っている。最後に社会化という局面では、それは人格的同一性の形成に役立っている」[67]と、コミュニケーション的行為の意義を導くのである。まとめれば、コミュニケーション的行為とは、対話規範を合意するとともに合意による真理知の確証と更新ならびに主体的真実の獲得を共同探究の中で一体的に目指す行為といえるだろう。したがって、道具的理性と対置されるコミュニケーション的理性も、真理知の確証・更新と規範の合意と主体的真実の獲得との三位一体に貫かれる批判的でコミュナルな理性であるととらえることができる。「啓蒙のプロジェクト」とはそうした理性の再生を求める試みであるといえるのである。

　ところで、このようなハーバーマスの議論に関しては、むろんいくつもの批判がある。逐一紹介する余裕も必要もないが、特に啓蒙に関わっては、スローターダイク（Sloterdijk, P.）のそれを挙げることができる。スローターダイクは、「理性が啓蒙のひとつの極なら、この理性の実現を求める人々が交わす自由な対話がそのもう一方の極である」とおそらく暗にハーバーマスの議論を取り上げ、「崇高なまでに平和な光景」「ユートピア的な原風景」「認識論の平和な牧歌的風景」「美しくアカデミックな幻想」と嘲笑する[68]。そして「啓蒙はコミュニケーションの神話に頼らなければならない」[69]とまでいう。コミュニケーションが神話であるとする批判は、その後のドイツの社会変革をみれば、正鵠を射たものでは必ずしもない。そうした批判自体が幻想に回帰していると批判されなければならない事態をドイツは経験しているのである。ただし、そうであっても、ハーバーマスの議論には陥穽がある。価値観や感性まで合意されるべきではないとか、合意内容が直ちに真理ととらえられてはならないといった批判をさしているのではなく、フレーザー（Fraser, N.）が指摘するような「対話者が地位の差異を括弧に入れて、あたかも社会的に平等であるかのように協議し合う」[70]という落とし穴である。行論に関わってこの批判を引き取れば、もともと合意が必要とされるのは対話者の間に異なった立場があるからだが、にもかかわらず合意形成に収斂すると差異が最終的には解消され、同一性に回収されかねないという問題である。新たな啓蒙は批判的でコミュナルで

あっても、この点は看過できない。これに関しては、直観や感性に傾斜する傾向に抗するヒース（Heath, J.）の指摘が参考になる。ヒースは、「18世紀の啓蒙思想を鼓舞した理性という概念の主な欠陥は、それがまったく個人主義的なものだったことだ。……新たな啓蒙思想の発展には、理性は多様な個人にまたがる非集権的で分散的なものであるという認識が必要だ。自分だけで合理的にはなれない。合理性は本来、集団的プロジェクトである」[71]という。カント的啓蒙理解から新たな啓蒙への方向を示すこの指摘は、明らかにハーバーマスの系譜に位置づけられるが、同時に「多様な個人にまたがる非集権的で分散的なもの」という理性理解によって複数性をより積極的に認めている点で、ハーバーマスとは異なる。新たな啓蒙とは、批判的でコミュナルでありつつ、このようにその中に複数性という視点が織り込まれる必要があるとみてよいのである。ただし、ヒースの場合、合理的思考の特徴のひとつとして、問題から文脈上の詳細を取り除く脱文脈化を挙げるが[72]、それはことのすべてではなく、同時に再文脈化するという側面もまた合理的思考の特質にちがいないと考えられるのである。

　こうして、新たな啓蒙とは、おおよそ、社会の創造と変革にいたる、複数性を内包した批判的でコミュナルな、そして脱文脈化と再文脈化の往還から成る理性の自己形成であるとまとめておくことができるだろう。

4. 啓蒙の教授学に向けて

　啓蒙は何よりも哲学的概念であるが、永らくそれと結びついた教育に関係する概念でもあり続けてきた。その意味では、啓蒙は教育とさほど距離があるわけではない。上の新たな啓蒙に関する点描も、教育との隔絶があるようにみえるが、教育の今後を展望するひとつの切り口となる。

　啓蒙を教育的概念として位置づける場合、誰が誰を啓蒙するのかという点からみると、ときに教師が子どもを啓蒙するといった意味が導かれることがある。そして、教師が子どもの無知蒙昧を啓くという曲解から、教師と子どもの権力的関係が容易に招かれる場合もある。したがって、これを「啓蒙としての教

育」とあえて括れば、そこには思わぬ落とし穴があることになる。だが、啓蒙とは、もともとカントにみられるように、自らの未成熟状態から自ら理性によって抜け出す営みである。それだけに、啓蒙を教育的概念として位置づけるならば、「啓蒙としての教育」というよりは、「啓蒙を教育する」という意味での「啓蒙の教育」としてまずは理解される必要があろう。そのうえで、さきに点描した新たな啓蒙の教育が求められるのである。

　新たな啓蒙の教育とは、第3節で述べた論点をあらためてすくいだして教育に重ねれば、第一に、偽りや偏見を見抜くとともに、ものごとや状況を客観的に洞察し判断する批判的な理性、第二に、個人の孤独な省察の内にだけではなく、その省察を他者に晒すことによって合意されるコミュナルな理性、第三に、コミュナルな理性を鍛えるにふさわしい他者との関係性を構築する理性、第四に、いずれの場合も同一性に解消されずに、たえず複数性を内在させた理性、第五に、脱文脈化と再文脈化の往還の中で相互確証されながら自己の真実にいたる理性、の形成におもむく営みであるといえる。もちろん、このような新たな啓蒙の教育に対しても、これまでと同様に理性至上主義という批判がつきまとうことは想像に難くない。だが、PISA後の教育改革は、逆にそうした批判をもっけの幸いと喜んで受け入れる状況をつくりだしている。この限りでは、カントがいう「啓蒙された時代」ではなく「啓蒙の時代」に生きているという応答[73]は、今日でもなお妥当する。

　ところで、このような新たな啓蒙の教育は、対象としての授業実践を教えと学びの関係行為から理論－実践関係の中で探究する教授学において、どのような授業構想として追究されうるのであろうか。一言に集約すれば、批判的で対話的な授業が、それである。そこで最後に、この批判的で対話的な授業のアウトラインを描いておくことにしよう。さきの5点を含めて整理すれば、それは、少なくとも次の局面から構想することができる[74]。

　第一は、子どもが獲得する知のあり方に関わる局面である。批判的で対話的な授業は、定められた真理とそれに至るプロセスに予定調和的に子どもの主体的な学びを引き込むような、客観的真理の主体的真実化を目指す授業ではない。かといって、自己の生活と経験に基づくその時点での子どもの主体的な真実の

310

単なる交流に埋没し、知の相対主義に帰着する授業でももちろんない。さしあたって真理として提示される知や教科書内容などと当事者としての自己の真実や生活世界とを相互環流的に問いただし合う中で、同一性に回収されることのないような複数の真理知を共同構築する[75]授業である。そのためには、例えば、教師の発問を子どもの問いに転化する構図ではなく、子どもの「内省の問い」を重視する回路が必要となる。というのは、発問は、内容習得への能動的な思考と対立・分化した意見を呼び起こすことで、教えによる学びの成立と対話の展開を実現しようとする有効な方法ではあるが、同時に、対話のテーマと展開を発問内容に収斂させるとともに、学びから教えをとらえ直す方向を閉ざすという難点をもっているからである。これに対して重視されてよい「内省の問い」とは、ボルノーによれば、情報を求めて知識の増大で完結する問いではなく、自明であったことが疑わしくなったときに成立し、対対象世界と対自己の二重性から成る問いである。そのさい、「内省の問い」は、一方では、一人ひとりの内に孤独な省察を余儀なくさせ、自己の誤りへの当惑を抱かせるが、他方では、だからこそ他者との対話を導く。しかも、対話に分け入れば入るほど共同の問いも複数生み出されることになり、「対話が問いを生み出し、また対話のみがこの問いを解明する」といわれる[76]。問いと対話のこうした循環的連鎖を授業においても追求する中で、自己の生活世界ならびにそこで身につけた当事者としての子どもの知識や認識やものの見方・考え方と学ぶ対象の意味や真理性とをともども批判的に「なぜ、どうして」「本当にそうなのか」と問い直し合い、対話を通して複数の問いからコミュナルな真理知が複数的に構築されていくのである。

　第二は、学びの規範やルールの確立である。対話の成立にとって規範やルールはいうまでもなく不可欠であるが、それを教師が子どもに巧みにあてがうのでは、じつは対話的とはいえない。対話の成立が要請するのは、そのための規範やルールをもまた対話的共同の中で創られる必要があるということである。そのさい、最も重要なのは、同一世界に回収されない多様性の相互承認である。一様で強固な共同体における同一性の追求は、そこに所属するものにとっては「共属感情」による癒やしを実感する場合もあるが、何がどのように「同じ」

終　章　ポスト PISA の教育のゆくえ　　*311*

なのかの問い直しはできない。そればかりか、「同じ」はしばしば「違い」を排除・抑圧さえすることもある。同質性を取り戻して凝集性を強化するエスノ・ナショナリズムであろうと、少数者を寛容しつつ多数者が中心になるリベラル・ナショナリズムであろうと、いずれも異質や少数者の抑圧や同化や排除となる点で通底しているといわれる[77]とおりである。それゆえに、多様性が対置される。同一性への回収がもたらす同化・抑圧・排除は、多様性が許容される中で確かに解消される。だが、多様性を個の単なる算術的総和と理解すると、他者と違って当たり前とされる中で安堵感を覚える反面で、互いの差異ゆえに序列化がすすみ、果ては自己選択・自己責任に帰せられかねない陥穽にはまる。したがって、多様性を認めないことに伴う同化・抑圧・排除と、多様性を個の単なる集合に解消することが導き出す序列化や自己責任への帰着、この両極を越える方向で多様性の相互承認が求められるのである。それは、インクルーシブ教育・授業論が心を砕いている「異質と共同」を問う課題[78]と通底する。つまり、子どもの間に互いの対等性をふまえながら差異を承認し合うことを規範やルールとして合意することの意識的追求が必要なのである。

　第三は、授業が前提とする制度文化に関わる局面である。授業の計画や進行の共同決定までも授業と位置づけるようなドイツのプロジェクト授業論[79]から示唆されるように、批判的・対話的な授業は、暗黙の前提とされる授業の制度文化を教師と子どもの共同で脱構築し、複数の真理知を共同構築しうるに足る新たな授業文化の創造をも要請する。具体的には、例えば、教材づくりへの子どもの関与にくだかれる。子どもによる教材決定を意味するわけではなく、教材づくりに対する子どもの意見表明という回路を開いておくことをさす。教材は多様な視点を働かせて教師が作成・提示するという暗黙の前提を問い直さない場合、対話的授業はときに対話不全に陥りかねないからである。あるいは、学びの方法・活動や形態（調査、観察、実験、フィールドワーク、聞き取り、ディベート、ロールプレイ、制作などや、一斉、グループ、ペア、個別）の共同選択である。教師が事前の計画どおりにそれらをあてがうのではなく、何が真理であるのかの共同探究にふさわしい多様な方法・活動・形態もまた、対話をとおした子どもの納得と合意の下に選び取られてしかるべきなのである。

啓蒙の教授学が構想する批判的で対話的な授業は、少なくとも以上の局面の三位一体としてある。そこでの「教える」とは、この三位一体を「伝える」ことであり、そこに「誘う」行為にほかならない。そのことをとおして、子どもたちは、批判的でコミュナルな理性とそれにふさわしい対他者関係を築いていくことができ、この意味で、未成熟状態をともども一歩ずつ脱出していくことができるのである。「コンピテンシー」も「資質・能力」もこの文脈で「未来を拓く力」としてあらためてとらえ直される必要があろう。このような授業創造の実証主義的でない「実証」が、産業化された知識が席捲する時代、あるいは偽りや偏見がはびこる「ポスト真実」といわれる時代の中で、求められているのである。

（久田敏彦）

■注

1）山名淳「ビルドゥングとしての『PISA 後の教育』―現代ドイツにおける教育哲学批判の可能性―」教育哲学会編『教育哲学研究』第 116 号、2017 年、101 頁。

2）Langewand, A.: Aufklärung, In: Lenzen, D. (Hrsg.): *Pädagogische Grundbegriffe, Band 1,* Rowohlt Taschenbuch Verlag, Reinbek, ⁵1998, S. 94.

3）ドイツの教育改革に関する日本の先行研究は少なくはないが、ここでは、久田敏彦「ドイツにおける学力問題と教育改革」大桃敏行・上杉孝實・井ノ口淳三・植田健男編『教育改革の国際比較』ミネルヴァ書房、2007 年、同「ポスト『PISA ショック』の教育」久田敏彦監修、ドイツ教授学研究会編『PISA 後の教育をどうとらえるか―ドイツをとおしてみる―』八千代出版、2013 年のごく一部を参照している。また、新たな啓蒙の探究に関する論述は、同「新たな啓蒙の探究と『主体的・対話的で深い学び』の構想」「読み」の授業研究会「研究紀要」編集委員会編『研究紀要 17』、2018 年の一部を加筆・修正したものである。

4）Cortina, K. S./Baumert, J./Leschinsky, A./Mayer, K. U./Trommer, L. (Hrsg.): *Das Bildungswesen in der Bundesrepublik Deutschland. Strukturen und Entwicklungen im Überblick,* Rowohlt Taschenbuch Verlag, Reinbek, 2003, S. 45.

5）Avenarius, H./Ditton, H./Döbert, H./Klemm, K./Klieme, E./Rürup, M./Thenorth, H.-E./Weischaupt, H./Weiß, M.: *Bildungsbericht für Deutschland. Erste Befunde,* Leske+Budrich, Opladen, 2003, S. 3.

6）Ebenda, S. 258-259.

7）Ebenda, S. 259-274.

8）Terhart, E.: *Nach PISA. Bildungsqualität entwickeln,* Sabine Groenewold Verlag, Hamburg, 2002, S. 31-32.

9）坂野慎二『統一ドイツ教育の多様性と質保証―日本への示唆―』東信堂、2017年、91-98頁。

10）Massing, P.: Konjunkturen und Institutionen der Bildungspolitik, In: ders. (Hrsg.): *Bildungspolitik in der Bundesrepublik Deutschland,* Wochenschau Verlag, Schwalbach/Ts., 2003, S. 28.

11）Bundesministerium für Bildung und Forschung (Hrsg.): Zur Entwicklung nationaler Bildungsstandards. Eine Expertise, 2003, S. 19. (https://edudoc. ch/record/33468/files/develop_standards_nat_form_d.pdf#search='Zur+ Entwicklung+nationaler++Bildungsstandards.'［2015年10月7日閲覧］）　なお、この点は、吉田成章「『国家的な教育スタンダードの開発について―鑑定書』（2003年）の翻訳とその解説」『PISA後のドイツにおける学力向上政策と教育方法改革』（2014～2016年度科学研究費補助金 基盤研究（B）（海外学術調査）最終報告書 研究代表者：久田敏彦）、2017年でも注目されている。また、本鑑定書の翻訳は、同最終報告書に掲載されている。以下でこの報告書を引用する場合は、『最終報告書』と略記する。

12）Sekretariat der Ständigen Konferenz der Kultusminister der Länder in der Bundesrepublik Deutschland (Hrsg.): Beschlüsse der Kultusministerkonferenz: Bildungsstandards im Fach Deutsch für den Primarbereich (Jahrgangsstufe 4), Luchterhand, S. 7. (https://www.kmk.org/fileadmin/veroeffentlichungen_ beschluesse/2004/2004_10_15-Bildungsstandards-Deutsch-Primar.pdf［2013年1月31日閲覧］)

13）Bundesministerium für Bildung und Forschung (Hrsg.), a. a. O., S. 78.

14）Sekretariat der Ständigen Konferenz der Kultusminister der Länder in der Bundesrepublik Deutschland (Hrsg.): Bericht zum Stand der Umsetzung der Förderstrategie für leistungsschwächere Schülerinnen und Schüler. Bericht der Kultusministerkonferenz vom 07.11.2013. (https://www.kmk. org/fileadmin/Dateien/veroeffentlichungen_beschluesse/2013/2013_11_07-Umsetzungsbericht_Foerderstrategie.pdf［2014年9月3日閲覧］)　なお、本報告書の全訳は、注8の『最終報告書』に掲載されている。

15）中山あおい・松田充・久田敏彦「低学力生徒のための促進戦略の特質」『最終報告書』、久田敏彦「ドイツにとってのPISA」民主教育研究所編『人間と教育』第84号、旬報社、2014年を参照。

16）Sekretariat der Ständigen Konferenz der Kultusminister der Länder in der Bundesrepublik Deutschland (Hrsg.): Bericht zum Stand der Umsetzung der Förderstrategie für leistungsschwächere Schülerinnen und Schüler, 2017. (Beschluss der Kultusministerkonferenz vom 14.09.2017) (https://www.kmk. org/fileadmin/Dateien/veroeffentlichungen_beschluesse/2017/2017_09_14-

Umsetzung-Foerderstrategie.pdf［2018 年 5 月 2 日閲覧］)

17) コンピテンシー志向の授業の経緯と動向ならびにコンピテンシー志向の授業の理論的・実践的検討については、例えば、吉田成章「ドイツにおけるコンピテンシー志向の授業論に関する一考察」広島大学大学院教育学研究科教育学教室『教育科学』第 29 号、2013 年、原田信之『ドイツの協同学習と汎用的能力の育成—持続可能性教育の基盤形成のために—』あいり出版、2016 年がある。

18) KMK/IQB: *Konzeption der Kultusministerkonferenz zur Nutzung der Bildungsstandards für die Unterrichtsentwicklung,* Carl Link, Bonn, 2010, S. 10.（https://www.kmk.org/fileadmin/Dateien/veroeffentlichungen_beschluesse/2010/2010_00_00-Konzeption-Bildungsstandards.pdf［2018 年 5 月 2 日閲覧］)

19) Ebenda, S. 9-10.

20) Bundesministerium für Bildung und Forschung: PISA 2012: Schulische Bildung in Deutschland besser und gerechter, 2013.（https://www.bmbf.de/de/pisa-2012-schulische-bildung-in-deutschland-besser-und-gerechter-441.html［2018 年 5 月 18 日閲覧］)

21) Bundesministerium für Bildung und Forschung: PISA 2015 bestätigt Deutschlands gute Platzierung, 2016.（https://www.bmbf/de/pisa-2015-bestaetigt-deutschlands-gute-platzierung-3987.html［2018 年 5 月 18 日閲覧］)

22) http://www.spiegel.de/lebenundlernen/schule/pisa-und-bildungspolitik-interview-mit-heinz-dieter-meyer-a-969330.html［2018 年 5 月 18 日閲覧］

23) OECD PISA LETTER（http://oecdpisaletter.org./authorized-german-translation/［2014 年 10 月 30 日閲覧］)　邦訳は、民主教育研究所編『人間と教育』第 83 号、旬報社、2014 年。

24) Messner, R.: PISA und Allgemeinbildung, In: *Zeitschrift für Pädagogik,* Jahrgang 65, Heft 3, 2003, S. 403-405, S. 407.

25) Jahnke, T.: Zur Ideologie von PISA & Co, In: Jahnke, T./Meyerhöfer, W.（Hrsg.）: *PISA & Co. Kritik eines Programms,* Franzbecker Verlag, Hildesheim/Berlin, 2006, S. 10.

26) Gruschka, A.: Welche Bildung leisten wir uns? Was kann Bildung leisten?, 2006, S. 9.（https://www.uni-frankfurt.de/51699396/rabanus.pdf［2018 年 5 月 9 日閲覧］)

27) Gruschka, A./Hermann, U./Radtke, F.-O./Rauin, U./Ruhloff, J./Rumpf, H./Winkler, M.: DAS BILDUNGSWESEN IST KEIN WIRTSCHAFTS-BETRIEB! Fünf Einsprüche gegen die technokratische Umsteuerung des Bildungswesens, 2005, S. 2.（https://bildung-wissen.eu/wp-content/uploads/2010/06/Thesen10.pdf［2018 年 5 月 9 日閲覧］)

28) Barz, H.: Der PISA-Schock. Über die Zukunft von Bildung und Wissenschaft im Land der "Kulturnation", 2011, S. 22-23.（https://www.phil-fak.uni-duesseldorf.de/fileadmin/Redaktion/Institute/Sozialwissenschaften/BF/Lehre/SoSe2011/VL_International_vergleichende_Bildungsforschung/Barz_

PISA_Schock_Manuskript_Dresden.pdf［2018 年 5 月 3 日閲覧］）

29）PISA & Co. とは、PISA、IGLU（国際基礎学校読解調査）、TIMMS、VERA、IQB-Ländervergleich（各州比較）、PIAAG（国際成人コンピテンシー調査）、ICILS（国際コンピュータ・情報リテラシー調査）、NEPS（国内教育世論調査）、Bildungsbericht（教育報告書）の総称である。Vgl. Bundesministerium für Bildung und Forschung : PISA & Co.. Die wichtigsten Bildungsvergleichsstudien im Überblick.

30）Tillmann, K.-J.: PISA & Co － eine kritische Bilanz, 2015, S. 7.（http://www.bpb.de/gesellschaft/bildung/zukunft-bildung/208550/pisa-co-eine-kritische-bilanz［2018 年 5 月 8 日閲覧］）

31）Wuttke, J.: Fehler, Verzerrungen, Unsicherheiten in der PISA-Auswertung, In: Jahnke, T./Meyerhöfer, W.（Hrsg.）, a. a. O., S. 146.

32）Prenzel, M.: Wie solide ist PISA? oder Ist die Kritik von Joachim Wuttke begründet?（https://archiv.ipn.uni-kiel.de［2018 年 5 月 6 日閲覧］）

33）例えば、原田信之、ヒルベルト・マイヤー編著『ドイツ教授学へのメタ分析研究の受容―ジョン・ハッティ「可視化された」学習のインパクト―』デザインエッグ、2015 年を参照。

34）Jahnke, T., a. a. O., S. 20-22.

35）Bellmann, J./Waldow, F.: Standards in historischer Perspektive － Zur vergessenen Vorgeschichte outputorientierter Steuerung im Bildungssystem, In: *Zeitschrift für Pädagogik,* Jahrgang 58, Heft 2, 2012, S. 139.

36）Vgl. Muszynski, B.: Empirische Wende oder heiße Luft? Was die PISA-Debatte bewegen könnte, In: Massing, P.（Hrsg.）, a. a. O., S. 117-118.

37）コンピテンシーとビルドゥングとの対比に関するドイツの研究動向については、中野和光「『コンピテンシーに基づく教育』に対するドイツ教授学における批判に関する一考察」『美作大学・美作大学短期大学部紀要』第 61 号、2016 年がある。また、両者の間に関する議論については、伊藤実歩子「ドイツ語圏の教育改革における Bildung とコンピテンシー」田中耕治編著『グローバル化時代の教育評価改革―日本・アジア・欧米を結ぶ―』日本標準、2016 年もある。

38）その検討については、松田充「批判理論に基づく授業の教育学的再構成―A. グルーシュカの教授学構想を手がかりに―」日本教育方法学会編『教育方法学研究』第 40 巻、2015 年がある。

39）Bundesministerium für Bildung und Forschung（Hrsg.）: Zur Entwicklung nationaler Bildungsstandards, Eine Expertise, 2003, S. 65.

40）Gruschka, A.: *Verstehen lehren. Ein plädoyer für guten Unterricht,* Reclam, Stuttgart, 2011, S. 38.

41）Ebenda, S. 45.

42）Ebenda, S. 60.

43）詳しくは、高橋英児「ドイツにおけるコンピテンシー志向の授業論に関する一考察」山梨大学教育人間科学部附属教育実践総合センター編『教育実践学研

究』第 21 巻、2016 年を参照されたい。

44）Gruschka, A., a. a. O., S. 47.

45）Liessmann, K. P.: Kompetenzorientierung verhindert die Kompetenz, 2014.
（https://www.profil.at/portfolio/aufstieg/liessmann-6175594 ［2018 年 9 月 10
日閲覧］）

46）Gruschka, A.: Bildungsstandards und Kompetenzmodelle als praktischer
Sieg der Bildungstheorie?　ただし、Moegling, K.: Die Kompetenzdebatte -
Zum Verhältniss von Bildung und Kompetenzorientierung, In: Schulpädagogik
heute, Heft. 1, 2010, S. 3.（http://www.schulp-aedagogik-heute.de ［2018 年 5
月 2 日閲覧］）からの重引。

47）Rekus, J.: Qualitätssicherung durch nationale Bildungsstandards Schulauf-
sicht vor neuen Aufgaben? In: Beichel, J. J./Fees, K. (Hrsg.): *Bildung oder
outcome?*, Centaurus Verlag, Herbolzheim, 2007, S. 64-65.

48）Moegling, K., a. a. O., S. 4.　すでに高橋はメークリンクによる批判を 3 点に
わたって詳しく論じている（高橋英児「現在・未来を生きる子どもに必要な教
育とは？―PISA 後のカリキュラム開発・授業づくりの課題―」久田敏彦監修、
ドイツ教授学研究会編、前掲書、2013 年）。ここでの 6 点はメークリンク自身
のまとめである。

49）Frank, S./Iller, C.: Kompetenzorientierung - mehr als ein didaktisches
Prinzip, 2013, S. 3, S. 5.（https://www.ph-heidelberg.de ［2018 年 5 月 2 日閲
覧］）

50）コンラート・パウル・リースマン著、斎藤成夫・齋藤直樹訳『反教養の理論
―大学改革の錯誤―』法政大学出版局、2017 年、32-33 頁、23 頁、147 頁。

51）岩下誠「イギリス啓蒙主義期の教育思想」眞壁宏幹編『西洋教育思想史』慶
應義塾大学出版会、2016 年、102 頁、105 頁、112-113 頁。

52）綾井桜子「フランス啓蒙主義期の教育思想」、同上書、159-161 頁。

53）眞壁宏幹「ドイツ語圏啓蒙主義期の教育思想」、同上書、173 頁。

54）ルソーは全体としては文明社会を批判して、ときには大人による「拒絶」や
「力」によりながらも子どもの「自然人」としての自己成長を重視した。この
意味で反啓蒙主義者であることに間違いないが、実際にはそれは、子ども期に
限定されているのであって、青年期ではこの限りではない。この点は、綾井、
前掲書、167-168 頁でも指摘されている。したがって、正確にはルソーは半啓
蒙主義の立場ととらえてもよい。

55）Lahner, A.: *Bildung und Aufklärung nach PISA. Theorie und Praxis
außerschulischer politischer Jugendbildung*, VS Verlag, Wiesbaden, 2011, S.
28.

56）Kant, I.: *Beantwortung der Frage Was ist Aufklärung?*, Springer, Wiesba-
den, 1914, S. 9.（カント著、篠田英雄訳『啓蒙とは何か 他四編』岩波書店、
2014 年、7 頁。ただし、訳文は変更した）

57）Schnädelbach, H.: *Analytische und postanalytische Philosophie*, Suhrkamp

Verlag, Frankfurt am Main, 2004, S. 66-68.

58) Ebenda, S. 88.

59) Ebenda, S. 89.

60) Vgl. Habermas, J.: *Theorie des kommunikativen Handelns, Band 1, Band 2,* Suhrkamp Verlag, Frankfurt am Main, ⁴1987. なお整理にあたっては、野家啓一「現象学と社会批判」同責任編集『哲学の歴史 第10巻 危機の時代の哲学』中央公論社、2008年、49-50頁も参照した。

61) Horkheimer, M./Adorno, T. W.: *Dialektik der Aufklärung. Philosophische Fragmente,* S. Fischer Verlag, Frankfurt am Main, 1969, S. 14, S. 6.（ホルクハイマー・アドルノ著、徳永恂訳『啓蒙の弁証法―哲学的断層―』岩波書店、2013年、30頁、15頁）

62) Ebenda, S. 3, S. 6.（邦訳、同上書、11頁、15頁）

63) アドルノは次のようにいう。「『啓蒙とは、人間が自ら招いた自分の未成熟状態から抜け出ることである』。カントのこの綱領は、たとえどんなに悪意のある人間でも、不明瞭だと非難できるものではないが、私には今日なおもきわめて現実味をもっているように思われる」（Adorno, T. W.: *Erziehung zur Mündigkeit,* Suhrkamp Verlag, Frankfurt am Main, 1971, S. 133.〔テオドール・W・アドルノ著、原千史・小田智敏・柿本伸之訳『自律への教育』中央公論新社、2011年、188頁〕ただし訳語は変更した）

64) Habermas, J.: *Der Philosophische Diskurs der Moderne,* Suhrkamp Verlag, Frankfurt am Main, ²1985, S. 137-138.（ユルゲン・ハーバーマス著、三島憲一・轡田収・木前利秋・大貫敦子訳『近代の哲学的ディスクルスⅠ』岩波書店、1990年、198-199頁）

65) Habermas, J.: *Kleine Politische Schriften* (I-IV), Suhrkamp Verlag, Frankfurt am Main, 1981, S. 453, S. 463-464.（J. ハーバーマス著、三島憲一訳『近代 未完のプロジェクト』岩波書店、2011年、23頁、40-43頁）

66) Habermas, J.: *Theorie des kommunikativen Handelns, Band 1,* Suhrkamp Verlag, Frankfurt am Main, ⁴1987, S. 384-385.（ユルゲン・ハーバーマス著、岩倉正博・藤沢賢一郎・徳永恂・平野嘉彦・山口節郎訳『コミュニケイション的行為の理論（中）』未来社、1987年、21-22頁）

67) Habermas, J.: *Theorie des kommunikativen Handelns, Band 2,* Suhrkamp Verlag, Frankfurt am Main, ⁴1987, S. 208.（ユルゲン・ハーバーマス著、丸山高司・丸山徳次・厚東洋輔・森田数実・馬場孚瑳江・脇圭平訳『コミュニケイション的行為の理論（下）』未来社、1987年、44頁）

68) Sloterdijk, P.: *Kritik der zynischen Vernuft,* Suhrkamp Verlag, Frankfurt am Main, ²⁰2016, S. 47.（ペーター・スローターダイク著、高田珠樹訳『シニカル理性批判』ミネルヴァ書房、1996年、24-25頁）

69) Ebenda, S. 945.（邦訳、同上書、528頁）

70) ナンシー・フレーザー「公共圏の再考：既存の民主主義の批判のために」クレイグ・キャルホーン編、山本啓・新田滋訳『ハーバーマスと公共圏』未来社、

1999 年、129 頁。

71）ジョセフ・ヒース著、栗原百代訳『啓蒙思想 2.0―政治・経済・生活を正気に戻すために―』NTT 出版、2014 年、27-28 頁。

72）同上書、38-39 頁。

73）Kant, I., a. a. O., S. 22.

74）論点と実践例については、久田敏彦「授業における教師の専門性」小柳和喜雄・久田敏彦・湯浅恭正編『新教師論―学校の現代的課題に挑む教師力とは何か―』ミネルヴァ書房、2014 年、同「アクティブ・ラーニングの光と影」「読み」の授業研究会編『国語授業の改革 16』学文社、2016 年、同「『つながり』と『多様性』のある学びで未来をひらく」日本生活教育連盟編『生活教育』No. 837、2018 年をさらに参照されたい。

75）子安潤『リスク社会の授業づくり』白澤社、2013 年、33-34 頁。

76）O. F. ボルノー著、森田孝・大塚恵一訳編『問いへの教育』川島書店、1978 年、181-189 頁。

77）齋藤純一『不平等を考える―政治理論入門―』筑摩書房、2017 年、72-74 頁。

78）湯浅恭正・新井英康編著『インクルーシブ授業の国際比較研究』福村出版、2018 年、30-35 頁、60-71 頁。

79）久田敏彦「『行為する授業』の位置と意義」H. グードヨンス著、久田敏彦監訳『行為する授業―授業のプロジェクト化をめざして―』ミネルヴァ書房、2005 年参照。

おわりに

2019年——。この年をどのようにとらえることができるだろうか。日本の文脈に目を向ければ、30年ぶりの改元の年でもあった。30年前の1989年には『学習指導要領』が改訂され、「新学力観」およびいわゆる「ゆとり路線」での教育改革が進行し、PISA調査を契機とした大きな転換点を描いた30年間でもあった。

ドイツの文脈に目を向ければ、ドイツ連邦共和国基本法の制定から70年、ベルリンの壁の崩壊から30年を迎える2019年は、「民主化」あるいは「民主主義」の教育を見つめ直す大きな転換期である。とりわけベルリンの壁を打ち崩すきっかけとなったライプツィヒの「月曜デモ」の意味は、「民衆」あるいは「国民」による社会構築をいかに考えることができるのかという点で、ドイツのみならずわが国の状況に鑑みても再考に値するだろう。

こうした文脈の中で刊行される本書には、2017年・2018年版学習指導要領の告示において示された「資質・能力」ベースのカリキュラム改革と、「主体的・対話的で深い学び」を視点としたカリキュラム・マネジメント、さらには「インクルーシブ教育システム」の構築や、これらを支える公教育制度・学校教育制度・教師教育制度の改革といった、今日のわが国の学校教育実践において議論となっているトピックを、ドイツの教育状況に照らして検討した成果がおさめられている。

ドイツ教授学研究会を母体としたわれわれの研究の取り組みは、「PISA後(nach PISA)」そのものの相対化を踏まえて、新たな局面に入ろうとしている。すなわち、「ポスト資質能力」あるいは「ポストPISA」を視点としながら、「公教育」のあり方そのものへと踏み込むために、日本あるいはドイツ「の」研究をするのでも、それぞれの教育システムの相互参照をするのでもなく、それぞれの文脈に深く根ざしながらもそれぞれの切実な教育問題状況や学問状況に照らして、相互に乗り入れながら国際的な共同研究へと発展させようという局面である。

本書刊行の基盤となった３年間の研究調査によって培ってきた研究・実践ネットワークを活かしながら、ドイツの大学の研究者や学校を含めた各教育施設の研究者との共同研究体制の下で、ドイツを通して日本の教育を、日本の教育を通してドイツの教育を、日本とドイツの教育を通して世界の教育のあり方を展望していきたいと考えている。

　これからの研究としてわれわれが念頭に置いていることは、「カリキュラム研究セクション」「教師教育セクション」「福祉・インクルーシブセクション」という上述した今日のわが国において重要視されている論点・テーマを３つのセクションとして設定し、それぞれのセクションごとに共同研究体制を構築していこうというものである。もちろん、教育実践のレベルではこれらのセクション毎に分けられて実践が展開されるわけではないため、３つのセクションを積極的に横断しながら研究・調査にあたっていくことになる。

　その意味で、本書におさめられた成果はこれまでの３年間の研究調査の成果であるとともに、これからの教育研究・実践の展望を開いていくための基盤となるものである。読者諸氏からのご批判やご批正をいただきながら、より広い展望で教育研究にあたっていくことができれば、われわれにとっては望外の喜びである。

　最後に、本書の刊行にあたって御礼を申し述べたい。まずは、前回の著書の刊行に引き続いて本書の刊行の労をとってくださった八千代出版の森口恵美子社長および丁寧な校正を行っていただいた御堂真志氏に感謝申し上げたい。また、本書の各論考をまとめるにあたっては、ドイツの大学や学校はもとより、各州の文部省や教育関係諸機関の方々の熱心で丁寧なご対応に大いに励まされ、また支えられてきた。心より御礼申し上げたい。

2019 年 8 月　ドイツ・ライプツィヒにて

吉田成章

参考文献・資料一覧

欧文文献・資料

Adorno, T. W.: *Erziehung zur Mündigkeit,* Suhrkamp Verlag, Frankfurt am Main, 1971.（テオドール・W・アドルノ著、原千史・小田智敏・柿本伸之訳『自律への教育』中央公論新社、2011 年）

Anderson, B.: *Imagined Communities. Reflections on the Origin and Spread of Nationalism,* Verso, London, 2016, [revised ed.].（B. アンダーソン著、白石隆・白石さや訳『想像の共同体』書籍工房早山、2007 年）

Arbeitsstab Forum Bildung in der Geschäftsstelle der Bund-Länder-Kommission für Bildungsplanung und Forschungsförderung（Hrsg.）: Abschlusskongress des Forum Bildung am 9. und 10. Januar 2002 in Berlin, 2002.（http://www.blk-bonn.de/papers/forum-bildung/ergebnisse-fb-band04.pdf）

Arnold, R.: *Aberglaube Disziplin. Antworten der Pädagogik auf das „Lob der Disziplin",* Carl Auer, Heidelberg, 2007.

Aschwanden, J.: Stadt-als-Schule Berlin: Mitten im Leben lernen als Gewaltprävention, In: *Erziehungskunst: Waldorfpädagogik heute,* Heft 5, 2001.

Avenarius, H./Ditton, H./Döbert, H./Klemm, K./Klieme, E./Rürup, M./Thenorth, H.-E./Weischaupt, H./Weiß, M.: *Bildungsbericht für Deutschland. Erste Befunde,* Leske+Budrich, Opladen, 2003.

Avenarius, H./Füssel H.-P.: *Schulrecht,* Carl Link, Kronach, [8]2010.

Avenarius, H./Heckel, H.: *Schulrechtskunde,* Lutherland, Neuwied/Kriftel, [7]2000.

Baader, M. S.: Die Erziehung der '68er und die Folgen. Das Beispiel der Kinderläden und Elterninitiativen, In: *Pädagogik,* Jahrgang 70, Heft 7-8, 2018.

Barz, H.: Der PISA-Schock. Über die Zukunft von Bildung und Wissenschaft im Land der "Kulturnation", 2011.（https://www.phil-fak.uni-duesseldorf.de/fileadmin/Redaktion/Institute/Sozialwissenschaften/BF/Lehre/SoSe2011/VL_International_vergleichende_Bildungsforschung/Barz_PISA_Schock_Manuskript_Dresden.pdf）

Bauer, K.-O./Logemann, N.（Hrsg.）: *Kompetenzmodelle und Unterrichtsentwicklung,* Klinkhardt, Bad Heilburnn, 2009.

Bäurle, W. u. a.（Hrsg.）: *umwelt: chemie,* Klett, Stuttgart, [2]2007, 1996.

Bayerisches Staatsministerium für Arbeit und Sozialordnung, Familie und Frauen/Staatsinstitut für Frühpädagogik München（Hrsg.）: *Der Bayerische Bildungs-und Erziehungsplan für Kinder in Tageseinrichtungen bis zur Einschulung,* Cornelsen Verlag, Berlin, [7]2016.

Becker, G. E.: *Disziplin im Unterricht. Auf dem Weg zu einer zeitgemaßen Autorität,* Beltz, Weinheim und Basel, 2009.

Becker, H.: Die verwaltete Schule. Gefahren und Moeglichkeiten, In: Merkur, Jahrgang 8, Heft 82, 1954.

Behrmann, D.: *Bildung, Qualifikation, Schlüsselqualifikation, Kompetenz. Gestaltungsperspektiven pädagogischer Leitkategorien,* VAS Verlag, Frankfurt am Main, 2006.

Bekes, P.: *Lernen fördern. Deutsch. Unterricht in der Sukundarsufe 1.* Kallmeyer, Seelze, 2012.

Bellmann, J./Waldow, F.: Standards in historischer Perspektive – Zur vergessenen Vorgeschichte outputorientierter Steuerung im Bildungssystem, In: *Zeitschrift für Pädagogik*, Jahrgang 58, Heft 2, 2012.

Benner, D.: Erziehung und Bildung! Zur Konzeptualisierung eines erziehenden Unterrichts, der bildet, In: *Zeitschrift für Pädagogik*, Jahrgang 61, Heft 4, 2015.

Bildungskommission NRW: Zukunft der Bildung. Schule der Zukunft, Luchterhand, Neuwied/Kriftel/Berlin, 1995.

Boger, M.-A./Textor, A.: Demokratische Klassenführung in inklusiven Lerngruppen, In: Zierer, K. u. a. (Hrsg.): *Jahrbuch für Allgemeine Didaktik. Themanteil Klassenmanagement/Klassenführung*, Schneider Verlag, Hohengehren, 2015.

Böhm, I./Schneider, J.: WAS IST PRODUKTIVES LERNEN?: Theoretische Grundlegung dieser Bildungsform. Februar, IPLE, 2006. (http://www.iple.de/Pdf/Was-ist-PL_Langfassung.pdf)

Böhm, T.: *Schulrechtliche Fallbeispiele für Lehrer*, Luchterhand, Neuwied/Kriftel, [3]2001.

Böhm, T.: *Schulrechtliche Fallbeispiele für Lehrer*, Carl Link, Kronach, [6]2010.

Bönsch, M./Kohnen, H./Möllers, B./Müller, G./Nather, W./Schürmann, A.: *Kompetenzorientieter Unterricht. Selbstständiges Lernen in der Grundschule*, Westermann, Braunschweig, 2010.

Brackhahn, B./Brockmeyer, R./Gruner, P. (Hrsg.): *Schulaufsicht und Schulleitung*, Luchterhand, Neuwied/Kriftel, 2004.

Brumlik, M. (Hrsg.): *Vom Missbrauch der Disziplin. Antworten der Wissenschaft auf Bernhard Bueb*, Beltz, Weinheim und Basel, 2007.

Buchen, H./Rolff, H.-G. (Hrsg.): *Professionswissen Schulleitung*, Beltz, Weinheim und Basel, 2006.

Bueb, B.: *Lob der Disziplin. Eine Streitschrift*, Ullstein, Berlin, 2006.

Bundesministerium für Bildung und Forschung (Hrsg.): Zur Entwicklung nationaler Bildungsstandards. Eine Expertise, 2003. (https://edudoc.ch/record/33468/files/develop_standards_nat_form_d.pdf#search='Zur+Entwicklung+nationaler++Bildungsstandards.')

Bundesministerium für Bildung und Forschung: PISA & Co.. Die wichtigsten Bildungsvergleichsstudien im Überblick.

Bundesministerium für Bildung und Forschung: PISA 2012: Schulische Bildung in Deutschland besser und gerechter, 2013. (https://www.bmbf.de/de/pisa-2012-schulische-bildung-in-deutschland-besser-und-gerechter-441.html)

Bundesministerium für Bildung und Forschung: PISA 2015 bestätigt Deutschlands gute Platzierung, 2016. (https://www.bmbf.de/de/pisa-2015-bestaetigt-deutschlands-gute-platzierung-3987.html)

Coriand, R.: Von der (Unterrichts-) Führung zum (Classroom-Management) - die Wieder entdeckung des Zusammenhang von Didaktik und Hodegetik, In: Coriand, R./Schotte, A. (Hrsg.): *„Einheimische Begriffe" und Disziplinentwicklung*, Garamond Verlag, Jena, 2014.

Cortina, K. S./Baumert, J./Leschinsky, A./Mayer, K. U./Trommer, L. (Hrsg.): *Das Bildungswesen in der Bundesrepublik Deutschland. Strukturen und Entwicklungen im*

Überblick, Rowohlt Taschenbuch Verlag, Reinbek, 2003.

de Maizière, T.: Leitkultur für Deutschland – Was ist das eigentlich?, 2017. （https://www. bmi.bund.de/SharedDocs/interviews/DE/2017/05/namensartikel-bild.html）

Deutscher Bildungsrat: *Empfehlungen der Bildungskommision. Zur Neuordnung der Sekundarstufe II,* Ernst Klett Verlag, Stuttgart, 1974.

Die Senatorin für Bildung und Wissenschaft: Entwicklungsplan Inklusion, 02.12.2010, 2010. （https://www.lis.bremen.de/fortbildung/detail. php?gsid=bremen56.c.107819.de）

Dornes, M.: *Der kompetente Säugling. Die präverbalee Entwicklung des Menschen,* Fischer Taschenbuch Verlag, Frankfurt am Main, 1993.

Dörpinghaus, A.: Theorie der Bildung. Versuch einer „unzureichenden" Grundlegung, In: *Zeitschrift für Pädagogik,* Jahrgang 61, Heft 4, 2015.

Drieschner, E.: *Bildungsstandards praktisch. Perspektiven kompetenzorientierten Lehrens und Lernens,* VS Verlag, Wiesbaden, 2009.

Emmerman, R./Fastenrath, S.: *Kompetenzorientierter Unterricht,* Verlag Europa-Lehrmittel, Haan-Gruiten, 2016.

Ermert, K.: Was ist kulturelle Bildung?, In: bpb （Bundeszentrale für politische Bildung） （Hrsg.）: Dossier Kulturelle Bildung vom 23.7.2009, 2009. （https://www.bpb.de/ gesellschaft/kultur/kulturelle-bildung/59910/was-ist-kulturelle-bildung?p=all）

Faulstich-Christ, K./Lersch, R./Moegling, K. （Hrsg.）: *Kompetenzorientierung in Theorie, Forschung und Praxis. Sekundarstufe I und II,* Prolog-Verlag, Kassel, 2010.

Feuser, G.: *Behinderte Kinder und Jugendliche: Zwischen Integration und Aussonderung,* Wissenschaftliche Buchgesellschaft Verlag, Darmstadt, [2]2005, 1995.

Forum Bildung: *Expertenberichte des Forum Bildung. Kompetenzen als Ziele von Bildung und Qualifikation,* Forum Bildung, Bonn, 2002.

Frank, S./Iller, C.: Kompetenzorientierung - mehr als ein didaktisches Prinzip, 2013. （https://www.ph-heidelberg.de）

Frech-Becker, C.: *Disziplin durch Bildung-Ein vergessener Zusammenhang. Eine historisch-systematische Untersuchung aus antinomischer Perspektive als Grundlage für ein bildungstheoretisches Verständnis des Disziplinproblems,* Peter Lang, Frankfurt am Main, 2015.

Freistaat Sachsen Staatsministerium für Kultus und Sport （Hrsg.）: *Sächsischer Bildungsplan – ein Leitfaden für pädagogische Fachkräfte in Krippen, Kindergärten und Horten sowie für Kindertagespflege,* verlag das netz, Weimar/Berlin, 2011.

Fthenakis, W. E.: Vorwort, In: ders. （Hrsg.）: *Elementarpädagogik nach PISA. Wie aus Kindertagesstätten. Bildungseinrichtungen werden können,* Verlag Herder, Freiburg, [2]2003.

Fuchs, M.: Kulturelle Bildung als neoliberale Formung des Subjekts? Eine Nachfrage, 2014. （https://www.kubi-online.de/artikel/kulturelle-bildung-neoliberale-formung-des-subjekts-nachfrage）

Fuchs, M.: Kulturelle Schulentwicklung und außerschulische Partner. Erfahrungen und Erkenntnisse. Vortrag bei der Tagung „Durch Kooperation zum Bildungserfolg" des BJKE am 28.3.2015 in Potsdam, 2015. （https://www.maxfuchs.eu, Aufsätze und Vorträge.）

Fuchs, M.: Kulturelle Bildung in Deutschland. Zwischen Hype und Marginalisierung.

Eröffnungsvortrag bei der Konferenz „Kulturelle Bildung: Russland und Deutschland im Dialog" in Sankt Petersburg am 12.05.2015, 2015. (http://www.goethe.de/mmo/priv/14826110-STANDARD.pdf)

Fuchs, M.: Kulturpädagogik und kulturelle Bildung. Eine symboltheoretische Grundlegung, In: Braun, T./Fuchs, M./Zacharias, W. (Hrsg.): *Theorien der Kulturpädagogik*, Beltz, Weinheim und Basel, 2015.

Fuchs, M.: Brauchen wir eine „Kritische Kulturpädagogik"?, In: Fuchs, M./Braun, T. (Hrsg.): *Kritische Kulturpädagogik. Gesellschaft–Bildung–Kultur*, München, 2017.

Fuchs, M.: Das starke Subjekt als Bildungsziel, In: Fuchs, M./Braun, T. (Hrsg.): *Kritische Kulturpädagogik. Gesellschaft–Bildung–Kultur*, kopaed, München, 2017.

Fuchs, M.: Kulturelle Bildung zwischen Evidenzbasiertheit, Governance und neuen Akteuren, In: Fuchs, M./Braun, T. (Hrsg.): *Kritische Kulturpädagogik. Gesellschaft–Bildung–Kultur*, kopaed, München, 2017.

Fuchs, M.: *Kulturelle Schulentwicklung. Eine Einführung*, Beltz, Weinheim, 2017.

Fuchs, M.: Subjekte stärken – Zusammenhalt fördern. Der gesellschaftspolitische Auftrag kultureller Bildung. Vortrag bei der Fachtagung der BKJ „Perspektiven wechseln. Chancen schaffen" am 16.3.2018 in Remscheid, 2018. (https://www.maxfuchs.eu, Aufsätze und Vorträge.)

Fuhrmann, H.: *Literatur, Literaturunterricht und die Idee der Humanität. Aufsätze und Vorträge*, Königshausen & Neumann, Wiesbaden, 2007.

Gehrmann, A./Hericks, U./Lüders, M. (Hrsg.): *Bildungsstandards und Kompetenzmodelle. Beiträge zu einer aktuellen Diskussion über Schule, Lehrerbildung und Unterricht*, Klinkhardt, Bad Heilbrunn, 2010.

Glänzel, H.: Die Stadt-als-Schule gibt es nicht mehr, In: *Gewerkschaft Erziehung und Wissenschaft*, blz. 11, 2013.

Glöckel, H.: *Klassen führen – Koflikte bewältigen*, Klinkhardt, Bad Heilbrunn, 2000.

Gogolin, I./Neumann, U. (Hrsg.): *Großstadt-Grundschule. Eine Fallstudie über sprachliche und kulturelle Pluralität als Bedingung der Grundschularbeit*, Waxmann Verlag, Münster, 1997.

Green, A.: *Education, Globalization and the Nation State*, Palgrave Macmillan, London, 1997.（A. グリーン著、大田直子訳『教育・グローバリゼーション・国民国家』東京都立大学出版会、2000 年）

Greenberg, A.: City-As-School: An Approach to External Interdisciplinary Education, In: *The English Journal*, Vol. 65, No. 7, 1976.

Groeben, A. v. d.: Unsere Standards, In: *Neue Sammlung*. Jahrgang 45, Heft 2, 2005.

Grunert, C.: *Bildung und Kompetenz. Theoretische und empirische Perspektiven auf außerschulische Handlungsfelder*, VS Verlag, Wiesbaden, 2012.

Gruschka, A.: *Verstehen lehren: Ein Plädoyer für guten Unterricht*, Reclam, Stuttgart, 2011.

Gruschka, A.: Welche Bildung leisten wir uns? Was kann Bildung leisten?, 2006. (https://www.uni-frankfurt.de/51699396/rabanus.pdf)

Gruschka, A./Herrmann, U./Radtke, F.-O./Rauin, U./Ruhloff, J./Rumpf, H./Winkler, M.: Das Bildungswesen ist kein Wirtschaftsbetrieb! Fünf Einsprüche gegen die technokratische Umsteuerung des Bildungswesens, In: *Pädagogische Korrespondenz*, Heft 35, Herbst 2006.

Günther, S.: *Projekten spielend lernen. Grundlagen, Konzepte und Methoden für erfolgreiche Projektarbeit in Kindergarten und Grundschule*, Ökotopia Verlag, Münster, 2006.

Haag, J./Weißenbröck, J./Gruber, W./Flensleben-Teutscher, C. F. (Hrsg.): *Kompetenzorientiert Lehren und Prüfen. Basics-Modelle-Best Practices*, ikon Verlags, Brunn am Geborge, 2016.

Habermas, J.: *Kleine Politische Schriften* (I-IV), Suhrkamp Verlag, Frankfurt am Main, 1981. (J. ハーバーマス著、三島憲一訳『近代 未完のプロジェクト』岩波書店、2011 年)

Habermas, J.: *Der Philosophische Diskurs der Moderne*, Suhrkamp Verlag, Frankfurt am Main, [2]1985. (ユルゲン・ハーバーマス著、三島憲一・轡田収・木前利秋・大貫敦子訳『近代の哲学的ディスクルス I』岩波書店、1990 年)

Habermas, J.: *Theorie des kommunikativen Handelns, Band 1*, Suhrkamp Verlag, Frankfurt am Main, [4]1987. (ユルゲン・ハーバーマス著、岩倉正博・藤沢賢一郎・徳永恂・平野嘉彦・山口節郎訳『コミュニケイション的行為の理論（中）』未来社、1987 年)

Habermas, J.: *Theorie des kommunikativen Handelns, Band 2*, Suhrkamp Verlag, Frankfurt am Main, [4]1987. (ユルゲン・ハーバーマス著、丸山高司・丸山徳次・厚東洋輔・森田数実・馬場孚瑳江・脇圭平訳『コミュニケイション的行為の理論（下）』未来社、1987 年)

Habermas, J.: „Keine Muslima muss Herrn de Maizière die Hand geben.", Rheinische Post online vom 03.05.2017, 2017. (https://rp-online.de/politik/deutschland/leitkultur-das-sagt-juergen-habermas-zur-debatte_aid-17919711)

Hallet W.: *Lernen fördern. Englisch. Kompetenzorientierter Unterricht in der Sekundarstufe 1*. Kallmeyer, Seelze, 2011.

Heimlich, U.: Inklusion in Schule und Unterricht, In: Haag, L./Rahm, S./Apel, H.-J./ Sacher, W. (Hrsg.): *Studienbuch Schulpädagogik*, Julius Klinkhardt, Bad Heilbrunn, [5]2013, 2002.

Hermes, C./Vaßen, P.: *Entwicklung Kompetenzorientierter Aufgaben für den Mathematikunterricht*, Cornelsen, Berlin, 2012.

Horkheimer, M./Adorno, T. W.: *Dialektik der Aufklärung. Philosophische Fragmente*, S. Fischer Verlag, Frankfurt am Main, 1969. (ホルクハイマー・アドルノ著、徳永恂訳『啓蒙の弁証法—哲学的断層—』岩波書店、2013 年)

Horkheimer, M.: Begriff der Bildung. Immatrikulations-Rede Wintersemester 1952/53, In: *Begriff der Bildung. Mit Anmerkungen von Ken'ichi Mishima*, Tokyo, 1977.

Hörtershinken, D.: Das „neue Bild" von Kind und seine „kompetenzorientierte Bildung" in ausgewählten Bildungsplänen für Tageseinrichtungen, In: *Pädagogische Rundschau*, Jahrgang 67, 2013.

IPLE: Produktives Lernen - kurz gefasst, 2009. (http://www.iple.de/pl_kurz.htm)

Jahnke, T.: Zur Ideologie von PISA & Co, In: Jahnke, T./Meyerhöfer, W. (Hrsg.): *PISA & Co. Kritik eines Programms*, Franzbecker Verlag, Hildesheim/Berlin, 2006.

JFMK/KMK: Den Übergang von der Tageseinrichtung für Kinder in die Grundschule sinnvoll und wirksam gestalten – Das Zusammenwirken von Elementarbereich und Primarstufe optimieren, 2009. (Beschluss der Jugend- und Familienministerkonferenz vom 05.06.2009/Beschluss der Kultusministerkonferenz vom 18.06.2009) (https://www.

kmk.org/fileadmin/Dateien/veroeffentlichungen_beschluesse/2009/2009_06_18-Uebergang-Tageseinrichtungen-Grundschule.pdf)

JMK/KMK: Gemeinsamer Rahmen der Länder für die frühe Bildung in Kindertage seinrichtungen, 2004. (http://www.kmk.org/fileadmin/Dateien/eroeffentlichungen_beschluesse/2004/2004_06_03-Fruehe-Bildung-Kindertageseinrichtungen.pdf)

Kant, I.: *Beantwortung der Frage Was ist Aufklärung?*, Springer, Wiesbaden, 1914. (カント著、篠田英雄訳『啓蒙とは何か 他四編』岩波書店、2014 年)

Kasüschuke, D.: Klassiker und aktuelle Konzepte der Elementardidaktik, In: Neuß, N. (Hrsg.): *Grundwissen Didaktik für Krippe und Kindergarten*, Cornelsen Schulever-lag, Berlin, 2013.

Kelb, V.: Wege von Kulturschulen – Fünf Schulen im Wandel, In: Braun, T./Fuchs, M./ Kelb, V. (Hrsg.): *Auf dem Weg zur Kulturschule. Bausteine zu Theorie und Praxis der Kulturellen Schulentwicklung*, kopaed, München, 2010.

Kelb, V./Braun, T.: Bildungspartnerschaften im Querschnitt Jugend, Kultur und Schule in: bpb (Bundeszentrale für politische Bildung) (Hrsg.): Dossier Kulturelle Bildung vom 6.1.2010, 2010. (http://www.bpb.de/gesellschaft/bildung/kulturelle-bildung/59977/ kooperationen?p=all)

Keller, G.: *Disziplinmanagement in der Schulklasse*, Hogrefe AG, Huber, 2008.

Kiebisch, U. W./Mdloefski, R.: *LehrerSein. Erfolgreich handeln in der Praxis, Band 3.*, Schneider, Baltmannsweiler, 2012.

Kiper, H.: Unterrichtsplanung auf der Grundlage einer Integrativen Didaktik, In: Zierer, K. (Hrsg.): *Jahrbuch für Allgemeine Didaktik*, Schneider Verlag, Baltmannsweiler, 2011.

Kiyonaga, N.: *Alfred Lichtwark - Kunsterziehung als Kulturpolitik*, kopaed, München, 2008.

Klafki, W.: *Studien zur Bildungstheorie und Didaktik*, Beltz, Weinheim und Basel, 1975.

Klieme, E.: Bildungsstandards als Instrumente zur Harmonisierung von Leistungsbewertun-gen und zur Weiterentwicklung didaktischer Kulturen, In: Eder, F./Gastager, A./Hofmann, F. (Hrsg.): *Qualität durch Standards?*, Waxmann Verlag, Münster, 2006.

Klieme, E./Hartig, J.: Kompetenzkonzepte in den Sozialwissenschaften und im erziehungs-wissenschaftlichen Diskurs, In: Prenzel, M./Gogolin, I./Krüger, H.-H. (Hrsg.): *Kompe-tenzdiagnostik. Zeitschrift für Erziehungswissenschaft Sonderheft 8*. VS Verlag, Wiesba-den, 2008.

Klinger, U.: *Kooperative Unterrichtsentwicklung. Mit Fachgruppen auf dem Weg zum Schulcurriculum*, Kallmeyer, Seelze, 2013.

KMK: Bildungsstandards im Fach Deutsch für den Primarbereich, 2004.

KMK: Bildungsstandards im Fach Mathematik für den Primarbereich, 2004.

KMK: *Bildungsstandards der Kultusminisiterkonferenz. Erläuterungen zur Konzeption und Entwicklung*, Luchterhand, München, 2005.

KMK: Empfehlung der Kultusministerkonferenz zur kulturellen Kinder- und Jugendbildung, 2007. (Beschluss der Kultusministerkonferenz vom 01.02.2007 i. d. F. vom 10.10.2013) (https://www.kmk.org/fileadmin/Dateien/pdf/Themen/Kultur/2007_02_01-Empfehlung-Kulturelle_Bildung.pdf)

KMK: Grundsatzposition der Länder zur begabungsgerechten Förderung, 2009. (Beschluss der Kultusministerkonferenz vom 10.12.2009)

KMK: Förderstrategie für leistungsschwächere Schülerinnen und Schüler, 2010. (Beschluss der Kultusministerkonferenz vom 04.03.2010) (https://www.kmk.org/fileadmin/ veroeffentlichungen_beschluesse/2010/2010_04_03-Foerderstrategie-Broschuere.pdf)

KMK: Inklusive Bildung von Kinder und Jugendlichen mit Behinderungen in Schulen, 2011. (Beschluss der Kultusministerkonferenz vom 20.10.2011) (http://www.kmk.org/ fileadmin/Dateien/veroeffentlichungen_beschluesse/2011/2011_10_20-Inklusive-Bildung. Pdf)

KMK: Bericht zum Stand der Umsetzung der Förderstrategie für leistungsschwächere Schülerinnen und Schüler, 2013. (Bericht der Kultusministerkonferenz vom 07.11.2013)

KMK: Förderstrategie für leistungsstarke Schülerinnen und Schüler, 2015. (Beschluss der Kultusministerkonferenz vom 11.06.2015) (https://www.kmk.org/themen/allgeme inbildende-schulen/individuelle-foerderung/foerderung-leistungsstaerkere.html)

KMK: Bericht zum Stand der Umsetzung der Förderstrategie für leistungsschwächere Schülerinnen und Schüler, 2017. (Beschluss der Kultusministerkonferenz vom 14.09.2017) (https://www.kmk.org/fileadmin/Dateien/veroeffentlichungen_beschlues- se/2017/2017_09_14-Umsetzung-Foerderstrategie.pdf)

KMK/BMBF: Gemeisame Empfehlung der Kultusministerkonferenz und des Bundesminis- teriums für Bildung und Forschung zu den Ergenbissen von PIRLS/IGLU2006-I und PISA 2006-I: Neue Schwerpunkte zur Förderung der leistungsschwachen Schülerinnen und Schüler bei konsequenter Fortsetzung begonnener Reformprozesse, 2008. Beschluss der Kultusministerkonferenz vom 06.03.2008) (https://www.kmk.org/ fileadmin/Dateien/veroeffentlichungen_beschluesse/2008/2008_03_06-PISA-PIRLS- IGLU-2006-1.pdf)

KMK/BMBF: Ergebnisse von PIRLS/IGLU 2006-I und PISA 2006-I: Gemeinsame Empfehlungen der Kultusministerkonferenz und des Bundesministeriums für Bildung und Forschung. Neue Schwerpunkte zur Förderung der leistungsschwachen Schülerinnen und Schüler bei konsequenter Fortsetzung begonnener Reformprozesse, 2008. (Beschluss der Kultusministerkonferenz vom 06.03.2008) (https://www.kmk.org/ fileadmin/Dateien/pdf/PresseUndAktuelles/080306-pisa.pdf)

KMK/IQB: *Konzeption der Kultusministerkonferenz zur Nutzung der Bildungsstandards für die Unterrichtsentwicklung,* Carl Link, Bonn, 2010. (https://www.kmk.org/filead- min/Dateien/veroeffentlichungen_beschluesse/2010/2010_00_00-Konzeption-Bildungs- standards.pdf)

KMK-Pressemitteilung: *296. Plenarsitzung der Kultusministerkonferenz am 05./06. Dezember.2001 in Bonn,* 2001. (https://www.kmk.org/presse-und-aktuelles/ pm2001/296plenarsitzung.html)

Korn, C.: *Bildung und Disziplin. Problemgeschichtlich - systematische Untersuchung zum Begriff der Disziplin in Erziehung und Unterricht,* Peter Lang, Frankfurt am Main, 2003.

Kounin, J. S.: *Techniken der Klassenführung (Reprint),* Waxmann, Bern, 2006.

Krug, U.: *Handbuch zur förder- und kompetenzorientierten Unterrichtsentwicklung. Prakti- sche Anleitung zur Unterrichts- und Schulentwicklung in allen Schularten,* Carl Link, Köln, 2013.

Küls, H.: *Projekte ko-konstruktivisch planen und durchführen,* Bildungsverlag EINS, Köln,

2012.

Lahner, A.: *Bildung und Aufklärung nach PISA. Theorie und Praxis außerschulicher politischer Jugendbildung*, VS Verlag, Wiesbaden, 2011.

Langewand, A.: Aufklärung, In: Lenzen, D. (Hrsg.): *Pädagogische Grundbegriffe, Band 1*, Rowohlt Taschenbuch Verlag, Reinbek, [5]1998.

Lehmann, G./Nieke, W.: Zum Kompetenz-Modell, 2001. (http://sinus.uni-bayreuth.de/fileadmin/sinusen/PDF/modul10/text-lehmann-nieke.pdf)

Lersch, R./Schreder, G.: *Grundlagen kompetenzorientierten Unterrichts. Von den Bildungsstandards zum Schulcurriculum*, Barbara Budrich, Opladen/Berlin/Toronto, 2013.

Liebau, E.: Kultur- und Freizeitpädagogik, In: Tenorth, H.-E. /Tippelt, R. (Hrsg.): *Beltz Lexikon Pädagogik*, Beltz, Weinheim und Basel, 2007.

Liebau, E.: Kulturelle Bildung in Zeiten der Globalisierung, In: Braun, T./Fuchs, M./Zacharias, W. (Hrsg.): *Theorien der Kulturpädagogik*, Beltz, Weinheim und Basel, 2015.

Liessmann, K. P.: Kompetenzorientierung verhindert die Kompetenz, 2014. (https://www.profil.at/portfolio/aufstieg/liessmann-6175594)

Liessmann, K. P.: Veränderung durch Bildung? Über eine rhetorische Figur, In: *Bildung als Provokation*, Paul Zsolnay Verlag, Wien, 2017.

Löwisch, D.-J.: *Kompetentes Handeln. Bausteine für eine lebensweltbezogene Bildung*, Wissenschaftliche Buchgesellschaft, Darmstadt, 2000.

Massing, P.: Konjunkturen und Institutionen der Bildungspolitik, In: ders. (Hrsg.): *Bildungspolitik in der Bundesrepublik Deutschland*, Wochenschau Verlag, Schwalbach/Ts., 2003.

Mendelssohn, M.: Über die Frage: was heißt aufklären?, In: Bahr, E. (Hrsg.): *Was ist Aufklärung? Thesen und Definitionen*, Reclam, Stuttgart, 1996.

Mertens, D.: Schlüsselqualifikationen. Thesen zur Schulung für eine moderne Gesellschaft, In: *Mitteilungen aus der Arbeitsmarkt- und Berufsforschung*, Jahrgang 7, 1974.

Messner, R.: PISA und Allgemeinbildung, In: *Zeitschrift für Pädagogik*, Jahrgang 65, Heft 3, 2003.

Ministerium für Bildung, Wissenschaft und Kultur Mecklenburg-Vorpommern (Hrsg.): Bildungskonzeption für 0- bis 10-jährige Kinder in Mecklenburg-Vorpommern. Zur Arbeit in Kindertageseinrichtungen und Kindertagespflege, 2011. (https://www.bildung-mv.de/export/sites/bildungsserver/downloads/Bildungskonzeption-fuer-0-bis-10-jaehrige-Kinder-in-Mecklenburg-Vorpommern.pdf)

Ministerium für Familie, Kinder, Jugend, Kultur und Sport des des Landes Nordrhein-Westfalen/Ministerium für Schule und Weiterbildung des Landes Nordrhein-Westfalen (Hrsg.): *Bildungsgrundsätze. Mehr Chancen durch Bildung von Anfang an. Grundsätze zur Bildungsförderung für Kinder von 0 bis 10 Jahren in Kindertageseinrichtungen und Schulen im Primarbereich in Nordrhein-Westfalen*, Verlag Herder, Freiburg, 2016.

Ministerium für Kultus, Jugend und Sport Baden-Württemberg (Hrsg.): *Orientierungsplan* für Bildung und Erziehung in baden-württembergischen Kindergärten und weiteren *Kindertageseinrichtungen*. Fassung vom 15. März 2011, Verlag Herder, Freiburg, 2014.

Ministerium für Schule und Weiterbildung des Landes Nordrhein-Westfalen: Qualitätsanalyse in Nordrhein-Westfalen Landbericht 2016, 2016. (https://www.schulministerium.nrw.de/docs/Schulentwicklung/Qualitaetsanalyse/Download/index.html)

Ministerium für Soziales, Gesundheit, Familie und Gleichstellung des Landes Schleswig-Holstein (Hrsg.): *Erfolgreich starten. Leitlinien zum Bildungsauftrag von Kindertageseinrichtungen,* 2012. (https://www.schleswig-holstein.de/DE/Fachinhalte/K/kindertageseinrichtungen/downloads/kindertageseinrichtungen_Bildungsauftrag_LeitlinienBildungsauftrag_BildungsauftragLeitlinien.pdf)

Moegling, K.: Die Kompetenzdebatte - Zum Verhältniss von Bildung und Kompeten zorientierung, In: *Schulpädagogik heute,* Heft 1, 2010. (http://www.schulpaedagogikheute.de)

Moser Opitz, E.: Inklusive Didaktik im Spannungsfeld von gemeinsamen Lernen und effektiver Förderung, In: Zierer, K./Reusser, K. (Hrsg): *Jahrbuch für Allgemeine Didaktik,* Schneider Verlag, Hohengehren, 2014.

Muszynski, B.: Empirische Wende oder heiße Luft? Was die PISA-Debatte bewegen könnte, In: Massing, P. (Hrsg.): *Bildungspolitik in der Bundesrepublik Deutschland,* Wochenschau Verlag, Schwalbach/Ts., 2003.

Peachter, M./Stock, M./Schmölzer-Eibinger, S./Slepcevic-Zach, P./Weirer, W. (Hrsg.): *Handbuch Kompetenzorientierter Unterricht,* Beltz, Weinheim und Basel, 2012.

Preissing, C./Heller, E.: Der Situationsansatz – mit Kindern die Lebenswelt erkunden, In: Kasüschke, D.: *Didaktik in der Pädagogik der frühen Kindheit,* Carl Link, Köln/Kronach, 2010.

Preissing, C./Heller, E. (Hrsg.): *Qualität im Situationsansatz. Qualitätskriterien und Materialien für die Qualitätsentwicklung in Kindertageseinrichtungen,* Cornelsen, Berlin, [4]2016.

Prenzel, M./Sälzer, C./Klieme, E./Köller, O. (Hrsg.): *PISA 2012. Fortschritte und Herausforderungen in Deutschland,* Waxmann, Münster, 2013.

Referat Kindertagesstätten im Ministerium für Bildung, Frauen und Jugend Rheinland-Pfalz (Hrsg.): *Bildungs- und Erziehungsempfehlungen für Kindertagesstätten in Rheinland-Pfalz,* Cornelsen, Berlin, 2004.

Reich, W.: *Wie erreiche ich im Unterricht Disziplin?,* Volk und Wissen Volkseigener Verlag, Berlin, 1983.

Reichert-Garschhammer, E., u. a.: *Projektarbeit im Fokus. Fachliche Standards und Praxisbeispiele für Kitas,* Cornelsen, Berlin, 2013.

Reiss, K./Sälzer, C.: Fünfzehn Jahre PISA: Bilanz und Ausblick, In: Reiss, K. u. a. (Hrsg.): *PISA 2015. Eine Studie zwischen Kontinuität und Innovation,* Waxmann, Münster, 2016.

Reiss, K./Sälzer, C./Schiepe-Tiska, A./Klieme, E./Köller, O. (Hrsg.): PISA 2015 - Zusammenfassung, 2015. (PISA 2015: Deutschland im internationalen Bildungsvergleich) (http://www.pisa.tum.de/pisa-2000–2015/pisa-2015/)

Reiss, K./Sälzer, C./Schiepe-Tiska, A./Klieme, E./Köller, O. (Hrsg.): *PISA 2015. Eine Studie zwischen Kontinuität und Innovation,* Waxmann, Münster, 2016.

Rekus, J.: Qualitätssicherung durch nationale Bildungsstandards Schulaufsicht vor neuen Aufgaben? In: Beichel, J. J./Fees, K. (Hrsg.): *Bildung oder outcome?*, Centaurus Verlag, Herbolzheim, 2007.

Roth, H.: *Pädagogische Anthropologie. Band II. Entwicklung und Erziehung*, Hermann Schroedel Verlag, Hannover, 1971. (H・ロート著、平野正久訳『発達教育学』明治図書、1976 年)

Rüedi, J.: *Disziplin und Selbstdisziplin in der Schule. Plädoyer für ein antinomisches Verständnis von Disziplin und Selbstdisziplin. Begrundungen, Möglichkeiten und Beispiele zur Klassenführung*, Haupt Verlag, Atelier Mühlberg/Basel, 2013.

Sander, A.: Bildungspolitik und Individuum. In: Kaiser, A./Schmetz, D./Wachtel, P./Werner, B. (Hrsg.): *Bildung und Erziehung*, Kohlhammer Verlag, Stuttgart, 2010.

Sander, W.: Was heißt "Renaissance der Bildung"? Ein Kommentar, In: *Zeitschrift für Pädagogik*, Jahrgang 61, Heft 4, 2015.

Sandkaulen, B.: La Bildung, In: Frankfurter Allgemeine Zeitung, Die Gegenwart vom 19.11.2004, 2004.

Scherr, A.: Subjektbildung: Grundlagen, Herausforderungen und Perspektiven, In: Fuchs, M./Braun, T. (Hrsg.): *Kritische Kulturpädagogik. Gesellschaft–Bildung–Kultur*, kopaed, München, 2017.

Schott, F./Ghanbari, S. A.: *Kompetenzdiagnostik, Kompetenzmodelle, kompetenzorientierter Unterricht. Zur Theorie und Praxis überprüfbarer Bildungsstandards*, Waxmann, Münster, 2008.

Schrimpf, G.: Disciplina, In: Ritter, J. (Hrsg.): *Historisches Wörterbuch der Philosophie* (Bd. 2, D-F), Schwaven, Basel und Stuttgart, 1972.

SCHULVERBUND BLICKÜBERZAUN: Unsere Standards, 2005. (http://www. blickueberdenzaun.de/?p=377)

Schnädelbach, H.: *Analytische und postanalytische Philosophie*, Suhrkamp Verlag, Frankfurt am Main, 2004.

Seel, M.: In Demokratien gibt es keine „Leitkultur", Frankfurter Rundschau vom 04.12.2016, 2016. (http://www.fr.de/kultur/leitkultur-in-demokratien-gibt-es-keine-leitkultur-a-728978)

Senatsverwaltung für Bildung, Jugend und Familie, Berlin (Hrsg.): *Blickpunkt Schule: Schuljahr 2016/2017*, 2017.

Senatsverwaltung für Bildung, Jugend und Wissenschaft Berlin (Hrsg.): *Berliner Bildungsprogramm für Kitas und Kindertagespflege*, verlag das netz, Weimar/Berlin, 2014.

Sliwka, A.: From homogeneity to diversity in German education, In Centre for Educational Research and Innovation: *Education Teachers for Diversity. Meeting the Challenge*, OECD, 2010.

Sloterdijk, P.: *Kritik der zynischen Vernuft*, Suhrkamp Verlag, Frankfurt am Main, [20]2016. (ペーター・スローターダイク著、高田珠樹訳『シニカル理性批判』ミネルヴァ書房、1996 年)

Stamer-Brandt, P.: *Projektarbeit in Kita und Kindergarten*, Herder, Freiburg, 2010.

Stanat, P./Schipolowski, S./Rjosk, C./Weirich, S./Haag, N. (Hrsg.): IQB-Bildungstrend 2016 Bericht, 2017. (https://www.iqb.hu-berlin.de/bt/BT2016/Bericht/BT2016_Bericht.pdf)

Tändler, M.: 1968 und die Therapeutisierung der Pädagogik. Lerkräfte im Psychoboom, In: *Pädagogik*, Jahrgang 70, Heft 6, 2018.

Taube, G./Fuchs, M. (Hrsg.): *Handbuch. Das starke Subjekt: Schlüsselbegriffe in Theorie und Praxis*, kopaed, München, 2017.

Tenorth, H.-E.: Milchmädchenrechnung. Warum der Vorwurf der Ökonomisierung des Bildungswesens falsch ist, ZEIT-ONLINE vom 06.10.2005, 2005. (https://www.zeit.de/2005/41/C-Bildungsforscher)

Terhart, E.: *Nach PISA. Bildungsqualität entwickeln*, Sabine Groenewold Verlag, Hamburg, 2002.

Textor, M. R.: Freispiel, Beschäftigung, Projekt – drei Wege zur Umsetzung der Bildungspläne der Bundesländer, In: Knauf, H. (Hrsg.): *Frühe Kindheit gestalten. Perspektiven zeitgemäßer Elementarbildung*, Kohlhammer, Stuttgart, 2009.

Textor, M. R.: *Projektarbeit im Kindergarten*, BoD, Norderstedt, [2]2013.

Thiersch, H.: Rigide Verkürzungen – zur Attraktivität von Bernhard Buebs »Lob der Disziplin«, In: Brumlik, R. (Hrsg.): *Vom Missbrauch der Disziplin. Antworten der Wissenschaft auf Bernhard Bueb*, Beltz, Weinheim und Basel, 2007.

Tillmann, K.-J.: PISA & Co – eine kritische Bilanz, 2015. (http://www.bpb.de/gesellschaft/bildung/zukunft-bildung/208550/pisa-co-eine-kritische-bilanz)

Unicef: Konvention über die Rechte des Kindes, 1989. (https://www.unicef.de/blob/9364/a1bbed70474053cc61d1c64d4f82d604/d0006-kinderkonvention-pdf-data.pdf)

Varda, K. A.: *Kompetenzorientierter Unterricht: Lernaufgaben in heterogenen Gruppen*, Akademikerverlag, Saarbrücken, 2014.

Weinert, F. E.: Vergleichende Leistungsmessung in Schulen – eine umstrittene Selbstverständlichkeit, In: Ders. (Hrsg.): *Leistungsmessungen in Schulen*, Beltz, Weinheim und Basel, 2001.

Welsch, W.: *Transkulturalität. Realität-Geschichte-Aufgabe*, new academic press, Wien, 2017.

Winkel, R.: *Der gestörte Unterricht. Diagnostische und therapeutische Möglichkeiten*, Schneider, Baltmannsweiler, 1976.

Winterhoff, M.: *Warum unsere Kinder Tyrannen warden*, Goldmann, München, 2008.（ミヒャエル・ヴィンターホフ著、織田昌子訳『モンスターチルドレン―子ども時代を奪われた子どもたち―』新教出版社、2009 年）

Wuttke, J.: Fehler, Verzerrungen, Unsicherheiten in der PISA-Auswertung, In: Jahnke, T./Meyerhöfer, W. (Hrsg.): *PISA & Co. Kritik eines Programms*, Franzbecker Verlag, Hildesheim/Berlin, 2006.

Yoshida, N.: Didaktische Forschung und pädagogische Praxis nach und in Zeiten der Wende. In: Katja Grundig de Vazquez/Alexandra Schotte (Hrsg.): *Erziehung und Unterricht-Neue Perspektiven auf Johann Friedrich Herbarts Allgemeine Pädagogik*, Verlag Ferdinand Schöningh, Paderborn, 2018.

Zellner, M.: *Pädagogische Führung. Geschichte-Grundlegung-Orientierung*, Peter Lang, Frankfurt am Main, 2015.

Ziener, G.: *Bildungsstandards in der Praxis. Kompetenzorientiert unterrichten*, Kallmeyer, Seelze, 2008.

Ziener, G.: *Herausforderung Vielfalt.Kompetenzorientiert unterichten zwischen Standardsie-rung und Individualisierung,* Kallmeyer in Verbindung mit Klett, Seelze, 2016.

Ziener, G./Kessler, M.: *Kompetenzorientiert unterrhcten – mit Methode. Methoden entde-cken, verändern, erfinden,* Kallmeyer, Seelze, 2012.

Zimmer, J.: *Das kleine Handbuch zum Situationsansatz,* Beltz, Weinheim und Basel, 2000.

Zirfas, J.: Zur Geschichte der Kulturpädagogik, In: Braun, T./Fuchs, M./Zacharias, W. (Hrsg.): *Theorien der Kulturpädagogik,* Beltz, Weinheim und Basel, 2015.

和文文献・資料

相賀由美子「『状況的アプローチ』に基づくドイツ幼児教育とその質と評価の方法に関する一考察—INA 研究所の試みを通して—」日本保育学会編『保育学研究』第 53 巻第 1 号、2015 年。

テオドール・アドルノ著、三光長治訳「半教養の理論（1959 年）」三光長治・市村仁・藤野寛訳『ゾチオロギカ—フランクフルト学派の社会学論集—』平凡社、2012 年。

綾井桜子「フランス啓蒙主義期の教育思想」眞壁宏幹編『西洋教育思想史』慶應義塾大学出版会、2016 年。

新井英靖「特別ニーズのある子どもの授業づくりと学校福祉論の視座—『合理的配慮』と『補償』的アプローチを超えて—」鈴木庸裕編著『学校福祉とは何か』ミネルヴァ書房、2018 年。

荒川智「ドイツの特別教育的促進とインクルーシブ教育」日本発達障害学会編『発達障害研究』第 32 巻第 2 号、2010 年。

荒川智「ドイツにおけるインクルーシブ教育の動向」『障害者問題研究』第 39 巻第 1 号、2011 年。

育成すべき資質・能力を踏まえた教育目標・内容と評価の在り方に関する検討会「育成すべき資質・能力を踏まえた教育目標・内容と評価の在り方に関する検討会—論点整理—について」（2014 年 3 月 31 日）（http://www.mext.go.jp/b_menu/shingi/chousa/shotou/095/houkoku/1346321.htm）、2014 年。

石井英真『今求められる学力と学びとは—コンピテンシー・ベースのカリキュラムの光と影—』日本標準、2015 年。

井関正久「六〇年代の旧東西ドイツ—異なる体制下における抗議運動の展開—」日本国際政治学会編『国際政治』第 126 号、2001 年。

井関正久『戦後ドイツの抗議運動—「成熟した市民社会」への模索—』岩波書店、2016 年。

井関正久「ドイツの『一九六八年』を振り返る—五〇年後の視点からこの時代をどうとらえるか—」『思想』1129 号、岩波書店、2018 年。

伊藤実歩子「『PISA 型教育改革』と Bildung」『立教大学教育学科研究年報』第 59 号、2015 年。

伊藤実歩子「ドイツ語圏の教育改革における Bildung とコンピテンシー」田中耕治編著『グローバル化時代の教育評価改革—日本・アジア・欧米を結ぶ—』日本標準、2016 年。

岩下誠「イギリス啓蒙主義期の教育思想」眞壁宏幹編『西洋教育思想史』慶應義塾大学出版会、2016 年。

ローター・ヴィガー、山名淳、藤井佳世編著『間形成と承認—教育哲学の新たな展開—』北大路書房、2014 年。

遠藤孝夫『管理から自律へ—戦後ドイツの学校改革—』勁草書房、2004 年。

大西忠治『教師の指導とは何か』明治図書、1983 年。

木戸裕『ドイツ統一・EU 統合とグローバリズム』東信堂、2012 年。

木下龍太郎「レッジョ・エミリアの保育：探究・表現・対話―プロジェクト活動に焦点化して―」角尾和子編著『プロジェクト型保育の実践研究―協同的学びを実現するために―』北大路書房、2008 年。

清永修全「多元文化社会における芸術教育の可能性とその視座―近年のドイツにおけるいくつかの理論的展開について―」『東亜大学紀要』第 25 号、2017 年。

清永修全「教育現場における『問い返しの文化』の創造に向けて―テューリンゲン州の学力向上政策と『コンピテンシーテスト』」『PISA 後のドイツにおける学力向上政策と教育方法改革』（2014 ～ 2016 年度科学研究費補助金 基盤研究（B）（海外学術調査）最終報告書 研究代表者：久田敏彦）、2017 年。

窪島務「ドイツにおけるインクルーシブ教育の展開」黒田学編『ヨーロッパのインクルーシブ教育と福祉の課題』クリエイツかもがわ、2016 年。

窪島務・野口明子訳「資料『ドイツ連邦共和国の学校における特別な教育的促進に関する勧告』」特別なニーズ教育とインテグレーション学会編『SNE ジャーナル』第 1 巻、1996 年。

熊井将太「学級経営論の教育方法学的検討―学級経営の再評価をめぐる国際的動向―」『山口大学教育学部研究論叢　第三部』第 63 巻、2013 年。

熊井将太「生徒指導における規律概念の検討」中国四国教育学会編『教育学研究紀要』（CD-ROM 版）第 58 巻、2013 年。

熊井将太「学校の外部評価の展開と学校現場への影響―バイエルン州調査から―」『PISA 後のドイツにおける学力向上政策と教育方法改革』（2014 ～ 2016 年度科学研究費補助金 基盤研究（B）（海外学術調査）最終報告書 研究代表者：久田敏彦）、2017 年。

熊井将太「PISA 後ドイツの学力向上政策における学級経営・学級指導をめぐる動向―各州の『参照枠組』『方向枠組』の検討から―」『山口大学教育学部研究論叢　第三部』第 67 巻、2019 年。

熊井将太「PISA 後ドイツの学力向上政策における学級指導・学級経営の位置づけ―各州の『参照枠組』『分析枠組』の検討から―」『山口大学教育学部研究論叢』第 68 巻、2019 年。

国立教育政策研究所編『資質・能力 理論編』東洋館出版社、2016 年。

小玉亮子「PISA ショックによる保育の学校化―『境界線』を越える試み」泉千勢・一見真理子・汐見稔幸『世界の幼児教育・保育改革と学力』明石書店、2008 年。

後藤みな「ドイツにおけるプロジェクト活動を導入した教育課程の意義と編成の視点―HE 州・NW 州の『0 から 10 歳までの子どものための陶冶計画』に着目して―」『日本科学教育学会研究報告』第 32 巻第 3 号、2017 年。

後藤みな「ドイツの幼稚園におけるプロジェクト活動の指導方法―幼児が環境とのかかわりを通して科学的概念を学ぶ事例に着目して―」『修紅短期大学紀要』第 38 号、2018 年。

子安潤『リスク社会の授業づくり』白澤社、2013 年。

今野元「ザラツィン論争―体制化した『六八年世代』への『異議申立』―」『愛知県立大学大学院国際文化研究科論集』第 14 号、2013 年。

齋藤純一『不平等を考える―政治理論入門―』筑摩書房、2017 年。

坂野慎二「学力と教育政策―ドイツにおける PISA の影響から―」論文集編集委員会編『学力の総合的研究』黎明書房、2005 年。

坂野慎二「ドイツにおける就学前教育の現状と課題」『論叢 玉川大学教育学部紀要 2016』、2017 年。

坂野慎二『統一ドイツ教育の多様性と質保証─日本への示唆─』東信堂、2017年。

坂野慎二「教育の目的・目標と教育課程に関する一考察─日本とドイツのコンピテンシー理解を中心に─」『玉川大学教育学部紀要』第18号、2019年。

桜井哲夫『現代思想の冒険者たち フーコー知と権力』講談社、2006年。

清水俊彦「ボン基本法第7条の考察」『和歌山大学学芸学部紀要』第15号、1965年。

庄原市立総領中学校編『研究紀要─平成29・29年度広島県「学びの変革」パイロット校事業実践指定校「資質・能力の育成」のための実践報告書』2018年。

角尾和子「はじめに」角尾和子編著『プロジェクト型保育の実践研究─協同的学びを実現するために─』北大路書房、2008年。

髙木啓「ドイツにおける学力向上プログラムに関する一考察─'SINUS an Grundschulen'を例にして─」『千葉大学教育学部紀要』第63巻、2015年。

髙木啓「学校改善・授業改善に向けたコンピテンシーテスト─ハンブルク・KERMITの取り組み─」『PISA後のドイツにおける学力向上政策と教育方法改革』（2014〜2016年度科学研究費補助金 基盤研究（B）（海外学術調査）最終報告書 研究代表者：久田敏彦）、2017年。

高橋英児「現在・未来を生きる子どもに必要な教育とは？─PISA後のカリキュラム開発・授業づくりの課題─」久田敏彦監修、ドイツ教授学研究会編『PISA後の教育をどうとらえるか─ドイツをとおしてみる─』八千代出版、2013年。

高橋英児「ドイツの暴力予防教育に関する動向研究（1）─ドイツにおける子ども・若者の暴力の現状と暴力予防教育の研究・実践動向を中心に─」山梨大学教育人間科学部附属教育実践総合センター編『教育実践学研究』第20巻、2015年。

高橋英児「ドイツにおけるコンピテンシー志向の授業論に関する一考察」山梨大学教育人間科学部附属教育実践総合センター編『教育実践学研究』第21巻、2016年。

高橋英児「NRW州における教育の質保証のための取り組み─NRW州における質分析（QA）と実験学校の良い学校のためのスタンダード─」『PISA後のドイツにおける学力向上政策と教育方法改革』（2014〜2016年度科学研究費補助金 基盤研究（B）（海外学術調査）最終報告書 研究代表者：久田敏彦）、2017年。

高橋英児「教育の『基準』をひらく─スタンダードとは何だろう─」教育をひらく研究会編『公教育の問いをひらく』デザインエッグ、2018年。

高橋英児「教育のスタンダード化がもたらす諸問題と対抗の可能性」日本生活指導学会編『生活指導研究』No. 36、2019年。

竹内俊子「『教育の自由』と学校に対する国家の『監督』」名古屋大学『法政論集』66、1976年。

立花有希「ドイツにおける幼小連携の取り組みに関する一考察─ヘッセン州教育計画（BEP）を中心として─」『関東教育学会紀要』第43巻、2016年。

中央教育審議会「幼稚園、小学校、中学校、高等学校及び特別支援学校の学習指導要領等の改善について（答申）」、2008年。

中央教育審議会「幼稚園、小学校、中学校、高等学校及び特別支援学校の学習指導要領等の改善及び必要な方策等について（答申）」、2016年。

辻野けんま「ドイツにおける『教師の教育上の自由』論の現状─J. ルクスとH. ビスマンによる2つの新たな理論─」日本比較教育学会編『比較教育学研究』38、2009年。

辻野けんま「ドイツの学校は国家とどう付き合ってきたか」末松裕基編著『現代の学校を読み解く─学校の現在地と教育の未来─』春風社、2016年。

辻野けんま「ドイツにおける学校監督の現在—BW 州と NRW 州における三段階の学校監督機関への訪問調査から—」『PISA 後のドイツにおける学力向上政策と教育方法改革』（2014〜2016 年度科学研究費補助金 基盤研究（B）（海外学術調査）最終報告書 研究代表者：久田敏彦）、2017 年。

辻野けんま「学校の『専門性』をひらく—教員・保護者・子どもの合意形成によるドイツの学校経営—」教育をひらく研究会編『公教育の問いをひらく』デザインエッグ、2018 年。

ヴァンサン・デコンブ著、安川慶治訳「『主体の批判』と『主体の批判』の批判について」ジャン＝リュック・ナンシー編、港道隆・鵜飼哲ほか訳『主体の後に誰が来るのか？』現代企画室、2006 年。

百々康治・丸山真名美・浅яма敬子「子どもの育ちを支援するプログラムの構築・運用に関する研究（1）—2011 年 12 月ベルリンにおける現地調査をもとに—」『至学館大学研究紀要』第 47 号、2013 年。

豊田和子「西ドイツ就学前教育におけるカリキュラム開発の検討—『場面アプローチ』構想を中心に—」全国保育団体連絡会保育研究所編『保育の研究』第 11 号、1991 年。

豊田和子「ドイツ幼稚園の『場面アプローチ』の単元研究」『高田短期大学紀要』第 11 号、1993 年。

豊田和子「ドイツの幼稚園における『教育の質』をめぐる議論と成果—Tietze ら（ベルリン自由大学研究グループ）を中心に—」日本保育学会編『保育学研究』第 49 巻第 3 号、2011 年。

豊田和子「統一後のドイツにおける保育・就学前教育事情（その 3）—ベルリンの教育プログラムにみる就学前教育改革—」『桜花学園大学保育学部研究紀要』第 10 号、2012 年。

豊田和子「ドイツ連邦共和国—統一後の保育・就学前教育改革の動向—」泉千勢編著『なぜ世界の幼児教育・保育を学ぶのか—子どもの豊かな育ちを保障するために—』ミネルヴァ書房、2017 年。

中西さやか「保育における子どもの『学び』に関する検討—シェーファー（Schäfer, G. E.）の自己形成論としての Bildung 論に着目して—」日本保育学会編『保育学研究』第 51 巻第 3 号、2013 年。

中西さやか「ドイツにおける保育の教育的課題の概念化をめぐる議論」日本教育学会編『教育学研究』第 81 巻第 4 号、2014 年。

中西さやか「ドイツにおける幼児期の Bildung をめぐる取り組み—ハンブルクおよびノルトライン・ヴェストファーレン州の保育施設訪問から—」『名寄市立大学紀要』第 8 巻、2014 年。

中西さやか「ドイツにおける幼児期の学びのプロセスの質をめぐる議論」日本保育学会編『保育学研究』第 54 巻第 2 号、2016 年。

中野和光「グローバル化の中の教育方法学」日本教育方法学会編『教育方法 44 教育のグローバル化と道徳の「特別の教科」化』図書文化、2015 年。

中野和光「グローバル化の中の学校カリキュラムへの一視点」日本カリキュラム学会編『カリキュラム研究』第 25 号、2016 年。

中野和光「『コンピテンシーに基づく教育』に対するドイツ教授学における批判に関する一考察」『美作大学・美作大学短期大学部紀要』第 61 号、2016 年。

中野和光「コンピテンシーによる教育のスタンダード化の中の学習集団研究の課題」深澤広明・吉田成章責任編集『学習集団研究の現在 Vol. 1 いま求められる授業づくりの転換』溪水社、2016 年。

参考文献・資料一覧　　337

中山あおい「PISA 以降のドイツの移民と学力向上政策」久田敏彦監修、ドイツ教授学研究
　会編『PISA 後の教育をどうとらえるか—ドイツをとおしてみる—』八千代出版、2013 年。
中山あおい・松田充・久田敏彦「低学力生徒のための促進戦略の特質」『PISA 後のドイツ
　における学力向上政策と教育方法改革』（2014 〜 2016 年度科学研究費補助金 基盤研究
　（B）（海外学術調査）最終報告書 研究代表者：久田敏彦）、2017 年。
南部初世「ドイツにおける教育行政の基本構造と新たな役割—協同して担う専門性—」『教
　育行財政研究』39（0）、2012 年。
西ドイツ教育審議会著、井谷善則訳『西ドイツの障害児教育』明治図書、1980 年（Deut-
　scher Bildungsrat, Empfehlungen der Bildungskommission（Hrsg.）: *Zur pädagogischen*
　Förderung behinderter und von Behinderung bedrohter Kinder und Jungendlicher, Ernst
　Klett Verlag, Stuttgart, [2]1976, 1973）。
日本教育方法学会編『教育方法 47 学習指導要領の改訂に関する教育方法学的検討』図書文
　化、2017 年。
野家啓一「現象学と社会批判」野家啓一編『哲学の歴史 第 10 巻 危機の時代の哲学』中央
　公論社、2008 年。
ノイマン、K. 著、大関達也・小林万里子訳「幼児教育学における鍵的能力としてのコミュニ
　ケーション」兵庫教育大学学校教育センター編『学校教育学研究』第 21 巻、2009 年。
濱谷佳奈「ドイツにおける保幼小連携の現状と課題—ベルリンとバイエルン州の事例に注目
　して—」大阪樟蔭女子大学附属子ども研究所編『子ども研究』第 6 巻、2015 年。
早川知宏「現代ドイツにおける学級経営論に関する一考察」『広島大学大学院教育学研究科
　紀要・第三部（教育人間科学関連領域）』第 67 号、2018 年。
早川知宏「現代ドイツにおける規律指導論の再提起—『ブエブ論争』のその後の展開—」中
　国四国教育学会編『教育学研究ジャーナル』第 23 巻、2018 年。
早川知宏「現代ドイツ教育学における指導論に関する一考察」日本教育方法学会編『教育方
　法学研究』第 44 巻、2019 年。
原田信之「教育スタンダーズによるカリキュラム政策の展開」『九州情報大学研究論集』第
　8 巻第 1 号、2006 年。
原田信之「ドイツの教育改革と学力モデル」原田信之編著『確かな学力と豊かな学力—各国
　教育改革の実態と学力モデル—』ミネルヴァ書房、2007 年
原田信之「ドイツは PISA 問題にどのように取り組んでいるか」日本教育方法学会編『教育
　方法 37　現代カリキュラム研究と教育方法学』図書文化、2008 年。
原田信之「ドイツの統合教科『事実教授』のカリキュラムとコンピテンシー—ハンブルク州
　2010 年版基礎学校学習指導要領の検討—」『岐阜大学教育学部報告人文科学』第 59 巻第 1
　号、2010 年。
原田信之『ドイツの協同学習と汎用的能力の育成—持続可能性教育の基盤形成のために—』
　あいり出版、2016 年。
原田信之「ドイツのカリキュラム・マネジメントと授業の質保証」原田信之編著『カリキュ
　ラム・マネジメントと授業の質保証—各国の事例の比較から—』北大路書房、2018 年。
原田信之、ヒルベルト・マイヤー編著『ドイツ教授学へのメタ分析研究の受容—ジョン・
　ハッティ「可視化された」学習のインパクト—』デザインエッグ、2015 年。
ジョセフ・ヒース著、栗原百代訳『啓蒙思想 2.0—政治・経済・生活を正気に戻すために
　—』NTT 出版、2014 年。
樋口裕介「『スタンダード化』する教育におけるテストの役割と課題」久田敏彦監修、ドイ

ツ教授学研究会編『PISA 後の教育をどうとらえるか―ドイツをとおしてみる―』八千代出版、2013 年。

樋口裕介「ドイツの学力向上政策における教育の質開発研究所（IQB）の位置と役割」『PISA 後のドイツにおける学力向上政策と教育方法改革』(2014〜2016 年度科学研究費補助金 基盤研究（B）(海外学術調査）最終報告書 研究代表者：久田敏彦)、2017 年。

樋口裕介・熊井将太・深澤広明「ドイツにおける規律指導をめぐる教育学的応答―ブエブの『規律礼賛』をめぐって―」『学習集団づくりの組織方法論による授業規律形成のための指導評価表の開発研究』(2007〜2009 年度科学研究費補助金 基盤研究（C）補足報告書 課題番号 19530701 研究代表者：深澤広明)、2010 年。

樋口裕介・熊井将太・渡邉眞依子・吉田成章・髙木啓「PISA 後ドイツにおける学力向上政策とカリキュラム改革―学力テストの動向と Kompetenz 概念の導入に着目して―」中国四国教育学会編『教育学研究紀要』(CD-ROM 版）第 60 巻、2015 年。

久田敏彦「『行為する授業』の位置と意義」H. グードヨンス著、久田敏彦監訳『行為する授業―授業のプロジェクト化をめざして―』ミネルヴァ書房、2005 年。

久田敏彦「ドイツにおける学力問題と教育改革」大桃敏行・上杉孝實・井ノ口淳三・植田健男編『教育改革の国際比較』ミネルヴァ書房、2007 年。

久田敏彦「ポスト『PISA ショック』の教育」久田敏彦監修、ドイツ教授学研究会編『PISA 後の教育をどうとらえるか―ドイツをとおしてみる―』八千代出版、2013 年。

久田敏彦「授業における教師の専門性」小柳和喜雄・久田敏彦・湯浅恭正編『新教師論―学校の現代的課題に挑む教師力とは何か―』ミネルヴァ書房、2014 年。

久田敏彦「ドイツにとっての PISA」民主教育研究所編『人間と教育』第 84 号、旬報社、2014 年。

久田敏彦「アクティブ・ラーニングの光と影」「読み」の授業研究会編『国語授業の改革 16』学文社、2016 年。

久田敏彦「新たな啓蒙の探究と『主体的・対話的で深い学び』の構想」「読み」の授業研究会「研究紀要」編集委員会編『研究紀要 17』、2018 年。

久田敏彦「『つながり』と『多様性』のある学びで未来をひらく」日本生活教育連盟編『生活教育』No. 837、2018 年。

久田敏彦監修、ドイツ教授学研究会編『PISA 後の教育をどうとらえるか―ドイツをとおしてみる―』八千代出版、2013 年。

久田敏彦・高橋英児「ドイツにおける学力向上政策と教育方法改革の特質―研究成果の概要―」『PISA 後のドイツにおける学力向上政策と教育方法改革』(2014〜2016 年度科学研究費補助金 基盤研究（B）(海外学術調査）最終報告書 研究代表者：久田敏彦)、2017 年。

久田敏彦他『PISA 後のドイツにおける学力向上政策と教育方法改革』(2014〜2016 年度科学研究費補助金 基盤研究（B）(海外学術調査）最終報告書 研究代表者：久田敏彦)、2017 年。

平野正久「教育人間学の課題と方法―H. ロートの所論を中心に―」『大阪大学人間科学部紀要』第 19 巻、1993 年。

広島県教育委員会「広島版『学びの変革』アクション・プラン―コンピテンシーの育成を目指した主体的な学びの充実―」、2014 年 (http://www.pref.hiroshima.lg.jp/site/global-manabinohenkaku-actionplan/)。

広島県立庄原格致高等学校編『研究紀要―平成 26 年度文部科学省研究指定【論理的思考】実践報告書―』、2015 年。

広島県立庄原格致高等学校編『研究紀要―平成 27 年度文部科学省研究指定【論理的思考】実践報告書―』、2016 年。

広島県立庄原格致高等学校編『研究紀要―平成 28 年度文部科学省研究指定【論理的思考】実践報告書―』、2017 年。

広島県立庄原格致高等学校編『研究紀要―平成 29 年度国立教育政策研究所指定【論理的思考】実践報告書―』、2018 年。

ミシェル・フーコー著、根本美作子訳「人間は死んだのか」ミシェル・フーコー著、小林康夫ほか編『思考集成 II 1964-1967 文学・言語・エピステモロジー』筑摩書房、1999 年。

福岡県教育委員会『福岡県立高校「新たな学びプロジェクト」平成 27 年度報告書―アクティブ・ラーニング実践の手引き―』、2016 年。

福岡県教育委員会『福岡県立高校「新たな学びプロジェクト」平成 28 年度報告書―生徒を伸ばす "我が校の AL" を創ろう―』、2017 年。

福岡県教育委員会『福岡県立学校「新たな学びプロジェクト」平成 29 年度報告書―「主体的・対話的で深い学び」で未来を創ろう―』、2018 年。

福岡県教育委員会『福岡県立学校「新たな学びプロジェクト」平成 30 年度報告書―「新たな学び」を「いつもの学び」へ―』、2019 年。

福田敦志「生活者を育てる学校への挑戦―Roland zu Bremen Oberschule の実践から―」湯浅恭正・新井英靖編『インクルーシブ授業の国際比較研究』福村出版、2018 年。

藤井啓之「ザクセン州における『生産的学習』（Produktives Lernen）と教育の質保障」『PISA 後のドイツにおける学力向上政策と教育方法改革』（2014〜2016 年度科学研究費補助金 基盤研究（B）（海外学術調査）最終報告書 研究代表者：久田敏彦）、2017 年。

船越美穂「幼児期における民主主義への教育（II）―『バイエルン陶冶－調育計画』における『参加』（Partizipation）の思想と実践―」『福岡教育大学紀要 第 4 分冊』第 61 号、2012 年。

ナンシー・フレーザー「公共圏の再考：既存の民主主義の批判のために」クレイグ・キャルホーン編、山本啓・新田滋訳『ハーバーマスと公共圏』未来社、1999 年。

O. F. ボルノー著、森田孝・大塚恵一訳編『問いへの教育』川島書店、1978 年。

眞壁宏幹「ドイツ語圏啓蒙主義期の教育思想」眞壁宏幹編『西洋教育思想史』慶應義塾大学出版会、2016 年。

松下佳代「資質・能力の形成とアクティブ・ラーニング―資質・能力の『3・3・1 モデル』の提案―」日本教育方法学会編『教育方法 45 アクティブ・ラーニングの教育方法学的検討』図書文化、2016 年。

松田充「批判理論に基づく授業の教育学的再構成―A. グルーシュカの教授学構想を手がかりに―」日本教育方法学会編『教育方法学研究』第 40 巻、2015 年。

ランブレヒト・マティアス「保幼小連携における移行期の理論と実践モデル―統一後ドイツの動向を中心に―」『東京家政大学研究紀要』第 53 集（1）、2013 年。

ジョージ・モッセ著、三宅昭良訳『ユダヤ人の〈ドイツ〉宗教と民族をこえて』講談社、1996 年。

森田英嗣・石原陽子「ドイツにみる学力政策の転換と公正の確保」志水宏吉・鈴木勇編著『学力政策の比較社会学【国際編】PISA は各国に何をもたらしたか』明石書店、2012 年。

文部科学省国立教育政策研究所「OECD 生徒の学習到達度調査〜2015 年調査国際結果の要約〜」、2016 年。（http://www.nier.go.jp/kokusai/pisa/index.html#PISA2015）

文部科学省『小学校学習指導要領』、2017 年。

文部科学省ホームページ「全国的な学力調査（全国学力・学習状況調査等）」（http://www.mext.go.jp/a_menu/shotou/gakuryoku-chosa/zenkoku/1344101.htm）

安彦忠彦『「コンピテンシー・ベース」を超える授業づくり―人格形成を見すえた能力育成をめざして―』図書文化、2014 年。

柳澤良明『ドイツ学校経営の研究―合議制学校経営と校長職の役割変容―』亜紀書房、1996 年。

柳澤良明「ドイツにおける学力向上政策と学校経営の動向（1）―『PISA ショック』後の学力向上政策の特質―」『香川大学教育学部研究報告 第 1 部』第 139 巻、2013 年。

柳澤良明「ドイツにおける学力向上政策と学校経営の動向（2）―学力向上政策から生じた学校経営の新たな課題―」『香川大学教育学部研究報告 第 1 部』第 139 巻、2013 年。

山名淳「『陶冶』と『人間形成』―ビルドゥンク（Bildung）をめぐる教育学的な意味世界の構成」小笠原道雄編『教育哲学の課題「教育の知とは何か」―啓蒙・革新・実践』福村出版、2015 年。

山名淳「ビルドゥングとしての『PISA 後の教育』―現代ドイツにおける教育哲学批判の可能性」教育哲学会編『教育哲学研究』第 116 号、2017 年。

山本信也「数学教育の基礎としての数学観：数学＝パターンの科学」『熊本大学教育学部紀要、人文科学』第 60 号、2011 年。

湯浅恭正・新井英康編著『インクルーシブ授業の国際比較研究』福村出版、2018 年。

結城忠『教育法制の理論―日本と西ドイツ―』教育家庭新聞社、1988 年。

結城忠『教育の自治・分権と学校法制』東信堂、2009 年。

吉田茂孝「ドイツのインクルーシブ教育における教授学の構造―ゲオルグ・フォイザー（Georg Feuser）論の検討を中心に―」湯浅恭正・新井英靖編『インクルーシブ授業の国際比較研究』福村出版、2018 年。

吉田茂孝「ブレーメン州におけるインクルーシブ教育に向けた実践の展開」湯浅恭正・新井英靖編『インクルーシブ授業の国際比較研究』福村出版、2018 年。

吉田茂孝・髙木啓・吉田成章「インクルージョンとコンピテンシーに着目した個別の学習支援の特質と教育方法改革―ハンブルク州・ブレーメン州調査を中心に―」『コンピテンシーテスト』』『PISA 後のドイツにおける学力向上政策と教育方法改革』（2014 ～ 2016 年度科学研究費補助金 基盤研究（B）（海外学術調査）最終報告書 研究代表者：久田敏彦）、2017 年。

吉田茂孝・樋口裕介「ドイツにおけるインクルーシブ教育のカリキュラムの検討」中国四国教育学会編『教育学研究紀要』（CD-ROM 版）第 63 巻、2018 年。

吉田成章『ドイツ統一と教授学の再編―東ドイツ教授学の歴史的評価―』広島大学出版会、2011 年。

吉田成章「ドイツにおける教科書研究の動向に関する一考察―『学習課題』への着目と授業との関連を中心に―」『広島大学大学院教育学研究科紀要 第三部（教育人間科学関連領域）』第 61 号、2012 年。

吉田成章「ドイツにおけるコンピテンシー志向の授業論に関する一考察」広島大学大学院教育学研究科教育学教室『教育科学』第 29 号、2013 年。

吉田成章「教科書における『学習課題』の教授学的機能に関する研究―日本とドイツの教科書比較を通して―」日本カリキュラム学会編『カリキュラム研究』第 24 号、2015 年。

吉田成章「PISA 後ドイツのカリキュラム改革におけるコンピテンシー（Kompetenz）の位置」『広島大学大学院教育学研究科紀要 第三部（教育人間科学関連領域）』第 65 号、2016

参考文献・資料一覧　　341

年。

吉田成章「『国家的な教育スタンダードの開発について—鑑定書』(2003 年)の翻訳とその解説」『PISA 後のドイツにおける学力向上政策と教育方法改革』(2014〜2016 年度科学研究費補助金 基盤研究 (B)(海外学術調査)最終報告書 研究代表者：久田敏彦)、2017年。

吉田成章「ドイツにおける健康教育実践に関する一考察」中国四国教育学会編『教育学研究紀要』(CD-ROM 版)第 62 巻、2017 年。

吉田成章「現代ドイツのカリキュラム改革—教育の自由はどのように守られているか—」広島大学大学院教育学研究科附属教育実践総合センター編『学校教育実践学研究』第 24 巻、2018 年。

吉田成章「誰の、何のためのスタンダード化なのか」『体育科教育』第 66 巻第 10 号、大修館書店、2018 年。

吉田成章「学習集団づくりが描く『学びの地図』：結びにかえて」深澤広明・吉田成章編『学習集団研究の現在 Vol. 2 学習集団づくりが描く「学びの地図」』渓水社、2018 年。

吉田成章「ドイツにおけるコンピテンシー志向の授業づくりの動向と課題」中国四国教育学会編『教育学研究紀要』(CD-ROM 版)第 64 巻、2019 年。

吉田成章、ハンナ・キーパー、ヴォルフガング・ミーシュケ「PISA 後のカリキュラム改革と教育実践の課題」ハンナ・キーパー、吉田成章編『教授学と心理学との対話—これからの授業論入門—』渓水社、2016 年。

吉田成章・佐藤雄一郎・山根万里佳「『資質・能力』を軸とした高等学校カリキュラムにおける教科と総合との関連—『吉舎できさの子どもを育てる』課題発見・解決学習の取組—」広島県立日彰館高等学校編『研究紀要』第 16 号、2019 年。

吉田成章・松尾奈美・佐藤雄一郎「『論理的思考力及び表現力の育成』に向けたカリキュラム改革の意義と課題—『評価』のあり方に着目して—」『研究紀要—平成 27 年度文部科学省研究指定【論理的思考】実践報告書』、2016 年。

コンラート・パウル・リースマン著、斎藤成夫・齋藤直樹訳『反教養の理論—大学改革の錯誤—』法政大学出版局、2017 年。

レオンチェフ著、西村学・黒田直実訳『活動と意識と人格』明治図書、1980 年。

H・ロート著、平野正久訳『発達教育学』明治図書、1976 年 (Roth, H.: *Pädagogische Anthropologie, Bd. II,* Hermann Schrödel Verlag, Hannover, 1976.)。

渡邉眞依子「ドイツにおけるプロジェクト法の展開とその特質に関する一考察—クノル(Knoll, M.)の学説の検討を中心に—」日本教育方法学会編『教育方法学研究』第 32 巻、2007 年。

渡邉眞依子「子どもとともに創る授業—ドイツにおけるプロジェクト授業の展開—」久田敏彦監修、ドイツ教授学研究会編『PISA 後の教育をどうとらえるか—ドイツをとおしてみる—』八千代出版、2013 年。

渡邉眞依子「コンピテンシー志向の授業の展開と特質—ザクセン州とバイエルン州の調査をもとに—」『PISA 後のドイツにおける学力向上政策と教育方法改革』(2014〜2016 年度科学研究費補助金 基盤研究 (B)(海外学術調査)最終報告書 研究代表者：久田敏彦)、2017 年。

渡邉眞依子「ドイツの幼児教育カリキュラムにおけるコンピテンシーの位置」愛知県立大学大学院人間発達学研究所編『人間発達学研究』第 9 号、2018 年。

渡邉眞依子「ドイツにおけるプロジェクト型保育の今日的展開に関する一考察」『愛知県立

大学教育福祉学部論集』第 67 号、2019 年。

事 項 索 引

ア 行

アウトプット・コントロール（出口管理）　　34, 151
アクティブ・ラーニング　　58
アビトゥア（Abitur）　　138, 158, 262-263
生きる力　　58
（保育施設から基礎学校への）移行　　229, 233, 247
一般大学入学資格（allgemeine Hochschulreife）　　51
移民背景のある生徒　　29, 32-33, 273-274, 280-281, 285, 286, 292, 294, 296
インクルーシブ教育　　2, 25-26, 28, 36-37, 219-220, 258
インクルーシブ授業（inklusiver Unterricht）　　1-3, 26-27, 36-37, 267-268
インクルージョン（Inklusion）　　161, 259-261
インテグレーション（Integration）　　257, 259-261
エビデンスベースの教育　　2
オーバーシューレ（Oberschule）　　81
音読タンデム（Lautlesetandem）　　187-188

カ 行

鍵的資質（Schlüsselqualifikation）　　49-50
学習状況調査（Vergleichsarbeiten：VERA）　　2-4, 6, 294
学習日誌（Logbuch）　　25
学習の基礎モデル（Basismodelle des Lernens）　　62
各州文部大臣会議（Ständige Konferenz der Kultusminister der Länder in der Bundesrepublik Deutschland：KMK）　　1, 3, 21-23, 25, 51, 127, 291
学力の構成要素　　59
学力の低い生徒のための促進戦略（Förderstrategie für leistungsschwächere Schülerinnen und Schüler）　　23, 66, 127, 273-274, 294
学校開発論（Schulentwicklungstheorie）　　151
学校監督庁　　153
　　下級学校監督庁　　153, 160
　　最高学校監督庁　　153, 155
　　上級学校監督庁　　153, 157
学校高権（Schulhoheit）　　153
学校法学（Schulrechtskunde）　　151
カリキュラム改革（Curriculumrevision）　　51
管理された学校（die verwaltete Schule）　　151
基幹学校（Hauptschule）　　52, 154
基礎学校（Grundschule）　　51, 154, 263
ギムナジウム（Gymnasium）　　52, 154, 160, 262-263, 284
「客観的な意義」と「個人的な意味」　　132

教育学の治療化・心理学化（Therapeutisierung・Psychologisierung）　204

教育計画（Bildungsplan）　229, 236, 240

教育上の自由（pädagogische Freiheit）　13, 151

教育スタンダード（Bildungsstandards）　3-4, 16, 21-22, 27-28, 34, 36, 50, 52, 293

　『教育スタンダードを活用した授業の開発に関する KMK の構想』　23, 295

　初等段階の数学教育スタンダード　189

　初等段階のドイツ語教育スタンダード　185

教育的指導　216

教育の質開発研究所（Institut zur Qualitätsentwicklung im Bildungswesen：IQB）　2-4, 13, 23, 51, 175, 293

教育フォーラム（Forum Bildung）　50

教育領域（Bildungsbereiche）　233, 237, 247

教授学的助言（didaktische Kommentierung）　188

強靭な主体（Das starke Subjekt）　110

共同構成／コンピテンシー発達　235

キンダーラーデン運動（Kinderladenbewegung）　203

クリエイティブな学校のための文化エージェンシー（Kulturagenten für kreative Schulen）　107

クリーメ鑑定書（Klieme-Expertise/Klieme-Gutachten）　34, 50, 293, 300

訓育（Erziehung）　61

訓育的教授（erziehender Unterricht）　61

経済グローバリズム　298

形式陶冶（formale Bildung）　63

啓蒙（Aufklärung）　304

啓蒙の教授学　309

行為（Handlung）　48

行為能力（Handlungsfähigkeit）　49

個人化と個別化　145

国家の学校監督（staatliche Schulaufsicht）　151

個別化・個性化された学習（Individualisiertes Lernen）　27-28, 36

個別支援（individuelle Förderung）　26, 36-37, 66, 273, 294-295

コミュニケーション的行為　307

コミュニケーション的理性　308

コンピテンシー（Kompetenz）　14-15, 20, 25, 34, 37, 47, 214, 232, 234, 293, 300

　学習コンピテンシー　53

　キーコンピテンシー　14, 58

　教科横断コンピテンシー（fachübergreifende Kompetenz）　50

　教科コンピテンシー（fachliche Kompetenz）　50

　行為コンピテンシー（Handlungskompetenz）　50

　コミュニケーションコンピテンシー（Kommunikative Kompetenz）　48

　コンピテンシー志向　25, 34-35, 143, 301

　コンピテンシー志向の授業（Kompetenzorientierter Unterricht）　1-3, 15, 23-24, 26-28, 36-37, 63, 295

事項索引　　345

コンピテンシー段階（Kompetenzstufe）　51, 184-185, 186-187
コンピテンシー段階モデル（Kompetenzstufenmodell）　51-52
コンピテンシーテスト（Kompetenztest）　14
コンピテンシー・ラスター（Kompetenzraster）　78, 87, 284
自己コンピテンシー（Selbstkompetenz）　48
事象コンピテンシー（Sachkompetenz）　48
社会コンピテンシー（Sozialkompetenz）　48
社会的－政治的コンピテンシー（gesellschaftlich-politische Kompetenz）　49
専門コンピテンシー（Fachkompetenz）　49
内容関連的コンピテンシー（inhaltsbezogene Kompetenz）　55
人間的コンピテンシー（humane Kompetenz）　49
プロセス関連的コンピテンシー（prozessbezogene Kompetenz）　55

サ 行

支援教育センター（Zentren für unterstützende Pädagogik：ZuP）　264-266, 269
資格付与（Qualifikation）　49
自己規律（Selbstdisziplin）　214
自己形成（Selbstbildung）　235
自己指導　216
資質・能力　47, 58-60
実質陶冶（materiale Bildung）　63
実証主義的研究　298-300
実証的転回（empirische Wende）　61
質保証（Qualitätsicherung）　1-4, 16, 34-36
児童青少年援助法規（Gesetz zur Neuordnung des Kinder- und Jugendhilferechts）　103
児童の権利に関する条約（UN-Kinderrechtskonvention）　103
州間比較（Ländervergleich）　51, 175
終日制学校（Ganztagsschule）　81, 106
州の文部省（Kultusministerium）　152
修了証　63
　拡張職業教育修了証（Erweiterte Berufsbildungsreife：eBBR/EBBR）　136, 263
　職業教育修了証（Berufsbildungsreife：BBR）　136
　職業志向修了証（Berufsorientierender Abschluss：BoA）　136
　中等学校修了証（Mittlerer Schulabschluss：MSA）　136, 263
授業開発（Unterrichtsentwicklung）　63, 196
授業課題　196
授業妨害（Unterrichtsstörung）　204
準備学級（Vorbereitungsklasse）　276, 284
障害者権利条約　257
状況的アプローチ（Situationsansatz）　231, 234, 238-239
診断（Diagnose）　275
スタンダード化　301
生産的学習（Produktives Lernen）　27, 127, 130

生徒会（SchülerInnenvertretung）　167
専門アビトゥア（Fachabitur）　137
専門監督（Fachaufsicht）　153
総合制学校（Gesamtschule）　52, 154
促進学校（Förderschule）　257
促進授業（Förderunterricht）　279

タ 行

第二言語としてのドイツ語（DaZ）　277, 281
（子どもの）多様性／異質性（Heterogenität）　27, 260, 283, 286
地区の教育相談・支援センター（Regionales Beratungs- und Unterstützungszentrum：Re-
　BUZ）　264-266, 269
知識経済／知識社会　35, 115, 302-303
TIMSS ショック　291
データに支えられた開発サイクル　177
テスト課題　196
DeSeCo プロジェクト　50
ドイツ教育審議会（Deutsche Bildungsrat）　48
ドイツ文化評議会（Deutscher Kulturrat）　99
陶冶・ビルドゥング（Bildung）　15, 20, 97, 214, 300
陶冶による規律／規律による陶冶（Disziplin durch Bildung/Bildung durch Disziplin）　215
特別学校（Sonderschule）　257
特別教育的促進（sonderpädagogische Förderung）　257

ナ 行

内省の問い　311
21 世紀型スキル　69-70
二面的開示（doppelseitige Erschliessung）　134

ハ 行

パフォーマンス（Performanz）　48
反権威主義　202
ビーレフェルト実験学校　21
比較対象となる学校（Vergleichsschule）　192
PISA & Co.　298
PISA 公開書簡　297
PISA ショック　1-2, 28, 31, 34, 201, 291
批判的文化教育学（Kritische Kulturpädagogik）　113
ブエブ論争　206
服務監督（Dienstaufsicht）　153
プロジェクト活動　232, 238
文化が学校をつくる（Kultur macht Schule）　107
文化が鍛える―教育のための諸同盟（Kultur macht stark. Bündnisse für Bildung）　104

事項索引　*347*

文化学校（Kulturschule）　106

文化教育学（Kulturpädagogik）　101

文化的学校づくり（Kulturelle Schulentwicklung）　106

文化的陶冶（Kulturelle Bildung）　97

文化的陶冶評議会（Der Rat für Kulturelle Bildung）　105

分岐型学校制度　292

保育施設における幼児教育のための州共通枠組み（共通教育枠組み）　229, 232

法監督（Rechtsaufsicht）　153

方向枠組み／参照枠組み（Orientierungsrahmen/Referenzrahemn）　205

母語授業／ドイツ語を母語としない子どもの言語支援　278, 281, 283, 285, 286

ポストコンピテンシー・ポスト資質能力　87

マ　行

ミューズ的陶冶（Musische Bildung）　101

目標協定（Zielvereinbarung）　156

ヤ　行

良い授業　17, 20, 295

ラ　行

リテラシー　58

　科学的リテラシー　28, 30-32

　数学的リテラシー　28-32

　読解リテラシー　28, 31-32

レジリエンス　237, 247

レッジョ教育学　239

レムシャイト・アカデミー（Akademie Remscheid für Kulturelle Bildung）　99

連邦教育研究省（Bundesministerium für Bildung und Forschung：BMBF）　1, 104, 152,
164, 234

連邦連合文化的青少年陶冶（Bundesvereinigung Kulturelle Kinder- und Jugendbildung）
100

六八年運動　202

348

人名索引

ア 行

アドルノ（Adorno, T. W.） 115, 299, 306
ヴァイネルト（Weinert, F. E.） 50, 212, 300
ヴィゴツキー（Vygotsky, L. S.） 132
ヴットケ（Wuttke, J.） 299
エルマート（Ermert, K.） 100

カ 行

カント（Kant, I.） 60, 304, 305
キーパー（Kiper, H.） 62
クーニン（Kounin, J.） 211
クラフキ（Klafki, W.） 15, 62, 134
クリーメ（Klieme, E.） 51
クリングベルク（Klingberg, L.） 205
グルーシュカ（Gruschka, A.） 60, 298, 300
グルーネルト（Grunert, C.） 48
ゲルハルト（Gelhard, A.） 60

サ 行

ザンダー（Sander, W.） 61
シェア（Scherr, A.） 112
シュネーデルバッハ（Schnädelbach, H.） 306
スローターダイク（Sloterdijk, P.） 308

タ 行

チョムスキー（Chomsky, N.） 47-48
ツァハリアス（Zacharias, W.） 111
ツィアファス（Zirfas, J.） 101-102
ツェルナー（Zellner, M.） 216-217
テアハルト（Terhart, E.） 15
ティルマン（Tillmann, K.-J.） 298-299
デルピングハウス（Dörpinghaus, A.） 61
ドゥンカー（Duncker, L.） 290

ハ 行

ハーバーマス（Habermas, J.） 47-48, 306-308

ハイムリッヒ（Heimlich, U.） 258-260
ハッティ（Hattie, J.） 20, 299
ヒース（Heath, J.） 309
フーコー（Foucault, M.） 110
ブエブ（Bueb, B.） 206-208
フォイザー（Feuser, G.） 267-268
フックス（Fuchs, M.） 99-100
フレーザー（Fraser, N.） 308
フレヒ・ベッカー（Frech-Becker, C.） 214-216
プレンツェル（Prenzel, M.） 299
ベッカー（Becker, G. E.） 210-211
ペヒター（Paechter, M.） 68
ヘルムケ（Helmke, A.） 20
ベンナー（Benner, D.） 61
ホワイト（White, R. H.） 47

マ 行

マイヤー（Meyer, H.） 20, 61, 62
マイヤー（Meyer, H.-D.） 297
マカレンコ（Makarenko, A. S.） 205
マクレランド（McClelland, D. C.） 47-48
メークリンク（Moegling, K.） 301-302
メスナー（Messner, R.） 297-298
メンデルスゾーン（Mendelssohn, M.） 98

ヤ 行

ヤーンケ（Jahnke, T.） 298, 299

ラ 行

ラーナー（Lahner, A.） 305
リースマン（Liessmann, K. P.） 115, 301, 302
リーバウ（Liebau, E.） 102
リュエディ（Rüedi, J.） 213-214
レオンチェフ（Leontiev, A. N.） 132
レクス（Rekus, J.） 301
レルシュ（Lersch, R.） 61
ロート（Roth, H.） 48

監修者略歴

久田敏彦（ひさだ・としひこ）
東京都生まれ
大阪青山大学学長
広島大学大学院教育学研究科博士課程後期中退、大阪教育大学教授を経て、
現在に至る
主な著作
　『行為する授業―授業のプロジェクト化をめざして―』（H. グードヨンス
　　著、久田敏彦監訳）ミネルヴァ書房、2005 年
　『教室で教えるということ』（岩垣攝・子安潤・久田敏彦著）八千代出版、
　　2010 年
　『PISA 後の教育をどうとらえるか―ドイツをとおしてみる―』（久田敏彦
　　監修、ドイツ教授学研究会編）八千代出版、2013 年
　『新教師論―学校の現代的課題に挑む教師力とは何か―』（小柳和喜雄・久
　　田敏彦・湯浅恭正編著）ミネルヴァ書房、2014 年　など

PISA 後のドイツにおける
学力向上政策と教育方法改革

2019 年 12 月 6 日　第 1 版 1 刷発行

監　修―久　田　敏　彦

編　者―ドイツ教授学研究会

発行者―森　口　恵美子

印刷所―壮 光 舎 印 刷 ㈱

製本所―渡 邉 製 本 ㈱

発行所―八千代出版株式会社

〒101
-0061　　東京都千代田区神田三崎町 2-2-13

TEL　　03-3262-0420

FAX　　03-3237-0723

振替　　00190-4-168060

＊定価はカバーに表示してあります。
＊落丁・乱丁本はお取替えいたします。

ISBN978-4-8429-1758-0　　　　　Ⓒ2019　T. Hisada et al.